EL LIBRO DE LA HISTORIA MILITAR

EL LIBRO DE LA
HISTORIA MILITAR

DK LONDON

EDICIÓN DE ARTE SÉNIOR
Nicola Rodway

EDICIÓN SÉNIOR
Victoria Heyworth-Dunne

EDICIÓN
John Andrews, Rose Blackett-Ord, Tim Harris, Dorothy Stannard y Rachel Warren Chadd

ILUSTRACIÓN
James Graham

CARTOGRAFÍA
Simon Mumford

PRODUCCIÓN
Andy Hilliard

CONTROL DE PRODUCCIÓN
Rachel Ng

COORDINACIÓN EDITORIAL
Gareth Jones

COORDINACIÓN DE ARTE SÉNIOR
Lee Griffiths

COORDINACIÓN DE ARTE
Luke Griffin

DIRECCIÓN DE PUBLICACIONES
Georgina Dee

DIRECCIÓN DE ARTE
Maxine Pedliham

DIRECCIÓN EDITORIAL
Liz Gough

SANDS PUBLISHING SOLUTIONS

EDICIÓN
David y Silvia Tombesi-Walton

DISEÑO
Simon Murrell

Estilismo de
STUDIO 8

DE LA EDICIÓN EN ESPAÑOL

SERVICIOS EDITORIALES
deleatur, s.l.

TRADUCCIÓN
Antón Corriente Basús

COORDINACIÓN DE PROYECTO
Helena Peña Del Valle

DIRECCIÓN EDITORIAL
Elsa Vicente

Este libro se ha impreso con papel certificado por el Forest Stewardship Council™ como parte del compromiso de DK por un futuro sostenible.
Para más información, visita www.dk.com/uk/information/sustainability.

Publicado originalmente en Gran Bretaña en 2025 por Dorling Kindersley Limited
20 Vauxhall Bridge Road,
London SW1V 2SA

Parte de Penguin Random House

002-325018-Nov/2025

Título original: *The Military History Book*

Primera edición 2025

ISBN 979-8-2171-3016-0

Impreso en India

www.dkespañol.com

ASESOR Y COLABORADORES

ADRIAN GILBERT (ASESOR)

Adrian Gilbert es escritor y asesor especializado en temas militares. Entre sus obras se encuentran los superventas *Sniper One-on-One*, *Germany's Lightning War: From Poland to El Alamein*, *POW: Allied Prisoners in Europe 1939–1945* y *The Imperial War Museum Book of the Desert War*, este último galardonado *ex aequo* con la Medalla de Literatura Militar del duque de Westminster.

TIM COOKE

Tim Cooke es un escritor especializado en historia. Ha escrito sobre guerras y conflictos, incluyendo la Revolución Americana, la Guerra Civil de EE. UU., las dos guerras mundiales y las guerras de Vietnam y Corea, así como numerosos conflictos menores en todo el mundo.

JACOB F FIELD

Jacob F. Field es profesor, escritor e historiador. Su doctorado trata sobre el impacto del Gran Incendio de Londres, y ha sido también profesor de historia militar en la Universidad de Waikato. Ha escrito libros sobre diversos temas, como el desembarco de Normandía, grandes discursos en la historia militar y la vida de Winston Churchill.

MARK COLLINS JENKINS

Antiguo historiador de la National Geographic Society, Jenkins es el autor principal de *Yardarm to Yardarm: The War of 1812 and the Rise of the U.S. Navy*, la historia oficial de la Armada estadounidense sobre ese conflicto decisivo. También es uno de los principales colaboradores de los superventas de DK *The Civil War: A Visual History* y su continuación *The Revolutionary War: A Visual History*.

MICHAEL KERRIGAN

Michael Kerrigan nació en Liverpool. Entre sus numerosos libros se encuentran *The Ancients in their Own Words* (2009), *Cold War Plans that Never Happened* (2012), *The War in Afghanistan* (2023) y *History of the World: From the Stone Age to the Tech Revolution* (2024). Ha colaborado en *1001 Battles that Changed the Course of History* (2011), *La Segunda Guerra Mundial* (2009) y *La Primera Guerra Mundial* (2024), todas ellas publicadas por Dorling Kindersley. Es crítico en el *Times Literary Supplement* y vive en Edimburgo.

JOEL LEVY

Joel Levy es un escritor especializado en historia y ciencia, que ha escrito sobre la historia de la guerra y las armas. Ha colaborado en títulos como *Historia del mundo mapa a mapa* y *La Segunda Guerra Mundial*, de DK, y es autor de obras como *History's Worst Battles*, *Fifty Weapons that Changed the Course of History*, *Meltdown: Stories of Nuclear Disaster and the Cost of Going Critical* y *Reality Ahead of Schedule: How Science Fiction Inspires Science Fact*.

SEUN MATILUKO

Seun Matiluko es una periodista británico-nigeriana que recientemente ha producido y presentado un pódcast para la BBC sobre la vida en el África Occidental británica. Cursó un máster sobre imperios, colonialismo y globalización en la London School of Economics centrado en el estudio de las historias coloniales y poscoloniales de África.

CONTENIDO

LA GUERRA EN LA EDAD MODERNA
1500–1775

REVOLUCIONES E IMPERIOS
1775–1914

LAS GUERRAS MUNDIALES Y DESPUÉS
1914–PRESENTE

INTRODU

CCIÓN

La historia militar estudia los conflictos armados, una constante en las sociedades humanas desde hace milenios. En pinturas rupestres prehistóricas de alrededor de 10 000 a. C. hay pequeños grupos de arqueros en combate, y antiguas fosas comunes atestiguan batallas de mayor envergadura.

Desde alrededor de 2700 a. C., la guerra fue una empresa colectiva más organizada. Se cree que en Mesopotamia hubo el primer ejército permanente, con el cual el rey Sargón forjó el Imperio acadio. Mil años después, los asirios, igualmente belicosos y despiadados, pero también innovadores, fueron los pioneros de un estilo de guerra de asedio que perduró más de 2000 años. Al declinar su imperio, el babilónico se alzó para sustituirlo, una pauta repetida durante siglos. La guerra se extendía, y armas y estrategias se replanteaban y mejoraban constantemente.

Poder, tierra y riqueza fueron potentes incentivos para gobernantes y miembros de su círculo más cercano, que habían luchado para llegar a la cima. Los frutos de la victoria enriquecieron a esta élite, que buscó una grandeza duradera construyendo templos, palacios y tumbas que contribuyeron a definir naciones y dotarlas de identidad. Esta traía consigo el patriotismo, que animaba a los guerreros a defender su tierra contra agresores extranjeros. Los soberanos prometían protección a sus súbditos a cambio de servicio en tiempo de guerra, y la poesía épica celebró la muerte en combate, elevando al guerrero heroico a la categoría divina y ensalzando el valor como camino a la gloria.

Inspirar a las tropas

Puesto que la guerra rara vez deja de ser sangrienta y aterradora, motivar al ejército es vital. Desde Alejandro Magno hasta Napoleón Bonaparte, hubo líderes dotados para ello, capaces de inspirar a sus oficiales, conocer los puntos fuertes y débiles de sus tropas y emplear estrategias eficaces. Antes del recurso a una propaganda más sofisticada, fue su carisma lo que galvanizaba a los ejércitos para luchar hasta la muerte. Igualmente inspirador podía ser el fervor religioso, que movió a los guerreros árabes del siglo VII d. C. a difundir por la fuerza el islam, a los cruzados a conquistar Tierra Santa y a figuras como Juana de Arco a gestas de valor notables. La religión sirvió también de pretexto a los soberanos para expandir sus dominios.

Otros desencadenantes de la guerra fueron la opresión, la miseria y la explotación. Esclavos y pobres se rebelaron, y naciones y etnias sometidas lucharon por la independencia. Ha habido revoluciones en América, Europa, África y por toda Asia.

> Al acercarse la batalla, al surgir la guerra, los planes de los dioses, amados por los dioses, quedan destruidos.
>
> **Proverbio sumerio**
> **III milenio a. C.**

Tácticas y armas

El campo de batalla también ha sido un escenario de la innovación tecnológica, que trae consigo nuevas estrategias. Los antiguos griegos perfeccionaron armas y tácticas de civilizaciones anteriores, agrupando a su infantería pesada (hoplitas) en unidades casi inexpugnables (falanges) de hasta doce hombres de fondo, mucho más eficaces que la lucha cuerpo a cuer-

po. Unidades más móviles dejaron obsoletos a los hoplitas, al igual que mucho después la caballería ligera musulmana superó en velocidad y maniobrabilidad a los caballeros europeos con armadura, también vulnerables a las flechas del arco largo inglés.

Desde la Baja Edad Media, las armas de fuego redujeron el recurso al combate cuerpo a cuerpo, y la artillería que abría brechas en las murallas puso fin a la guerra de asedio tradicional. Frente a las armas primitivas de los pueblos indígenas, las armas de fuego también procuraron colonias en el Nuevo Mundo y África a las potencias europeas. Las carabinas de repetición y pistolas automáticas del siglo XIX dieron paso a los fusiles semiautomáticos y ametralladoras de ambas guerras mundiales, en las que también una potente artillería tuvo efectos devastadores.

La artillería también transformó la guerra naval. Soldados a bordo de galeras, y luego barcos de vela, trataban de embestir y abordar a sus adversarios, a los que bombardearon desde lejos con cañones desde el siglo XV. Al considerar esencial la superioridad naval para su seguridad nacional, Gran Bretaña construyó una flota de buques de guerra con cañones montados que, a partir del siglo XVIII, hizo de su Marina Real la más poderosa del mundo. Un siglo después, EE. UU. utilizó por primera vez barcos de vapor con fines militares, contra Gran Bretaña en la guerra de 1812. A principios del siglo XX, el vapor cedía terreno al diésel y luego a sistemas integrados de combustibles fósiles, hasta llegar a los portaaviones y submarinos actuales con pequeños reactores nucleares.

La guerra aérea llegó a principios del siglo XX. En la Primera Guerra Mundial hubo escaramuzas de aviones de combate, se lanzaron las primeras bombas y la fotografía aérea ayudó al reconocimiento. Menos de treinta años después, dos bombas atómicas lanzadas desde aviones estadounidenses arrasaron las ciudades japonesas de Hiroshima y Nagasaki, poniendo fin así a la Segunda Guerra Mundial. Más recientemente, cohetes teledirigidos, misiles de crucero y drones han distanciado aún más a los agresores de sus adversarios y de la muerte y destrucción que causan.

Las guerras sirven invariablemente de aulas y laboratorios donde se preparan hombres, técnicas y actitudes para la próxima guerra.

Wendell Berry

Novelista estadounidense (n. en 1934)

Justificación de la guerra

La terrible certeza de que el ingenio y la técnica humanos habían creado armas capaces de acabar con la vida en la Tierra no puso fin a las guerras ni a la carrera armamentística. Durante la Guerra Fría, la estrategia occidental se basaba en lo que el presidente de EE. UU. Dwight D. Eisenhower llamó complejo industrial-militar. EE. UU. justificó el creciente gasto militar por la amenaza que suponían las bombas nucleares y misiles de la URSS, cuyos dirigentes comunistas afirmaban igualmente proteger a su pueblo del belicismo occidental. La situación hoy en día no es distinta.

Como cuenta *El libro de la historia militar*, la guerra ha evolucionado de múltiples maneras en 4500 años. Sus causas y características han sido de una variedad infinita, sus tecnologías, notables, y no parece que vaya a terminar nunca. ■

GUERRA ANTIGUA
3500 a. C.–500 d. C.

Se funda Uruk, una de las primeras grandes ciudades, cerca del río Éufrates, en Mesopotamia. Su población llegará a 80000 habitantes en 700 años.

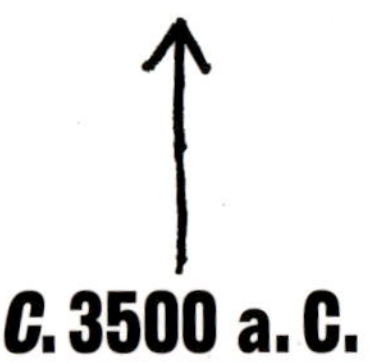

***C.* 3500 a. C.**

2721 a. C.

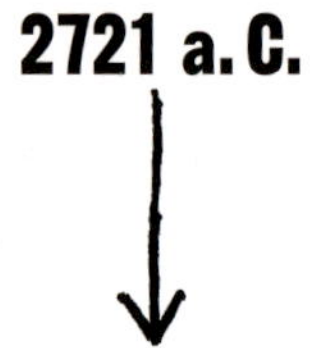

La **primera guerra de la que hay constancia** se libra en Mesopotamia entre las ciudades de **Sumer** y **Elam**.

La victoria en **Megido**, al norte de Israel, da al faraón **Tutmés III** el control de gran parte de Oriente Próximo.

1457 a. C.

612 a. C.

El reino de **Babilonia se apodera de Nínive, capital de Asiria**.

La **victoria griega en Maratón frena** la expansión de Persia.

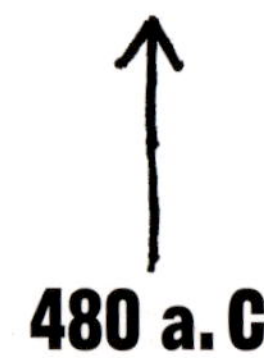

480 a. C.

431 a. C.

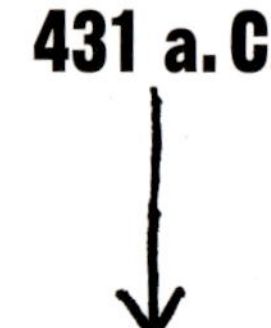

Comienzan las guerras del Peloponeso entre Atenas y Esparta y sus aliadas.

Roma **se libra de su destrucción** por invasores galos. Esto inspira reformas militares que contribuyen a hacer de ella una **potencia imperial**.

390 a. C.

331 a. C.

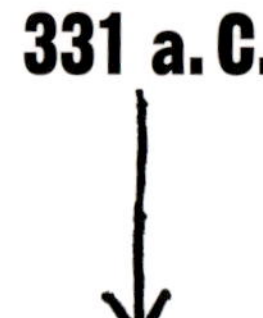

Alejandro Magno **vence a Darío III de Persia** en Gaugamela.

Hace unos 12000 años, el clima templado del llamado Creciente Fértil de Oriente Próximo y el valle del Nilo en Egipto animó a asentarse y cultivar la tierra a diversos grupos humanos, que llegarían a enfrentarse por los recursos naturales y las rutas comerciales. En el primer conflicto registrado, hace unos 4700 años en Mesopotamia, los contendientes lucharon con hoces, lanzas y hachas de cobre y bronce.

Auge y caída de los primeros imperios

En Mesopotamia, Sargón I, rey de Acad entre 2334 y 2279 a. C., reunió un ejército profesional de arqueros e infantes desplegados en falanges. Sus fuerzas conquistaron tierras desde el golfo Pérsico hasta el Mediterráneo oriental, creando así el primer imperio del mundo.

Allí donde surgía una dinastía poderosa, lo hacían otras dispuestas a ocupar su lugar. Hacia 2047 a. C., la ciudad de Ur había conquistado a sus vecinas del sur de Mesopotamia, y su dinastía creó un nuevo imperio. Este fue conquistado por los asirios, que perfeccionaron las tácticas y estrategias bélicas. Los asirios fueron pioneros de la guerra de asedio con rampas de adobe, arietes y torres con ruedas obra de ingenieros innovadores y también emplearon el terror, decapitando, desollando y empalando a sus víctimas, mientras forjaban su enorme imperio, que alcanzó su apogeo a principios del I milenio a. C.

Mientras tanto, la civilización egipcia florecía a lo largo del río Nilo. Los hicsos, un pueblo de Oriente Próximo que se apoderó de Egipto hacia 1640 a. C., introdujeron carros de dos ruedas más ligeros y armas mejores. Los egipcios los expulsaron, pero adoptaron sus innovaciones y crearon un ejército con el que conquistaron a sus vecinos y asentaron su propio imperio.

Armas y estrategias

A principios del siglo VI a. C., Asiria declinaba y los persas se volvían más poderosos. A medida que conquistaban, reclutaban a guerreros hábiles, como arqueros etíopes y marineros fenicios. Su imperio, el mayor hasta entonces, que abarcaba parte de los Balcanes y el norte de África, y se extendía hasta India, permaneció intacto hasta su primera derrota por los griegos en Maratón, al noreste de Atenas, en el siglo V a. C. La victoria griega fue un triunfo de los hábiles y disciplinados hoplitas (infantería) atenienses,

Muere Alejandro Magno. Sus generales se disputan la sucesión.

323 a. C.

264 a. C.

Comienzan las guerras púnicas. **La victoria final de Roma** sellará la destrucción de Cartago y el dominio romano del Mediterráneo.

El rey maurya **Asoka logra una sangrienta victoria** sobre la vecina Kalinga. Horrorizado por tanta muerte, se convierte al budismo.

261 a. C.

221 a. C.

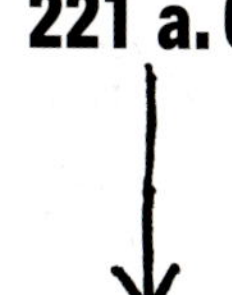

Ying Zheng conquista China para los Qin y toma el título de **Qin Shi Huang** («primer emperador de Qin»).

Octavio toma el título de Augusto y se convierte en **primer emperador de Roma**.

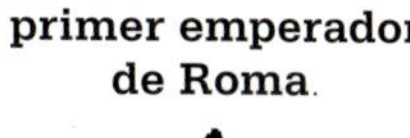

27 a. C.

98 d. C.

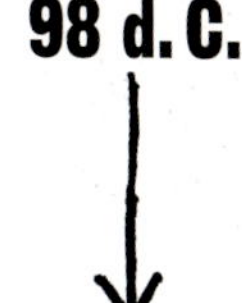

Trajano es coronado **emperador romano**. Su reinado llevará al **imperio a su mayor extensión**.

A la caída de la dinastía Han en China sigue la era de los **Tres Reinos**.

220 a. C.

410 d. C.

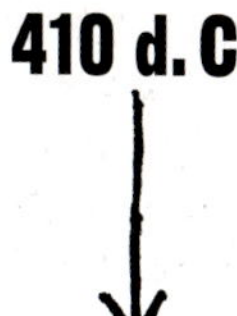

Debilitada y marginada dentro de su propio imperio, Roma es **saqueada por los visigodos**.

que superaron a una fuerza persa mucho mayor. La astucia, la capacidad naval, estrategias avanzadas y un frente unido permitieron a los griegos resistir una segunda invasión persa, pero pronto las alianzas rivales de ciudades-estado independientes desgarraron Grecia en las guerras del Peloponeso.

En el siglo IV a. C., Alejandro Magno obtuvo una serie de victorias contra los persas y otros pueblos en tres continentes y creó un vasto pero efímero imperio que apenas sobrevivió a su muerte, que sumió en la inestabilidad al sureste de Europa, Asia occidental y el Egeo.

En India, donde las tropas de Alejandro habían retrocedido, surgió un nuevo Imperio maurya. Sus ejércitos tenían un elemento novedoso, los elefantes, cuyos colmillos y tamaño aterrorizaron a las tropas griegas, aunque luego los emplearon griegos y romanos, y tuvieron un papel clave en otros lugares antes de las armas de fuego.

Al este de India, en el vasto territorio que luego sería China, tuvo lugar una evolución social similar a la de Oriente Próximo y Egipto. Sus señores feudales y estados compitieron por la supremacía y, desde el siglo VI a. C., instruidos por *El arte de la guerra*, un compendio de textos sobre los aspectos necesarios para la victoria, incluido el espionaje. En el siglo III a. C., el estado de Qin emergió como una gran potencia que conquistó a sus vecinos para crear un imperio. Los miles de figuras de cerámica enterradas junto a su primer emperador, Qin Shi Huang, revelan la estructura de su vasto ejército y su corte. La dinastía Han, que sucedió a la Qin en el 206 a. C., produjo armas superiores de hierro fundido e incluso una forma de acero inoxidable y permaneció en el poder 400 años.

Roma deja su huella

Desde mediados del siglo IV a. C., Roma fue en ascenso. Hacia 275 a. C. dominaba Italia, y 34 años después, tras construir una armada, logró su primera victoria sobre Cartago, su rival en el Mediterráneo. Siguieron conquistas en Grecia, África y Anatolia. En 50 a. C., Julio César conquistó la Galia, y en 77 d. C., gran parte de Gran Bretaña era romana. Por todo el imperio, calzadas y puentes abastecían a los ejércitos y facilitaban el comercio. Dos siglos después, socavado por los ataques bárbaros, el Imperio romano de Occidente se tambaleaba. Roma cayó en 476 d. C., pero su espíritu resurgiría en Bizancio. ■

DESTRUCTOR DE LA TIERRA ENEMIGA

MESOPOTAMIA Y ANTIGUO EGIPTO (*c.* 3500–1200 a. C.)

EN CONTEXTO

ENFOQUE
Los inicios de la guerra

ANTES
***C.* 10 000 a. C.** Acaba la última glaciación, y el clima se vuelve más templado.

***C.* 9000 a. C.** En el Mesolítico se produce una revolución en el estilo de vida. La sedentarización y la agricultura causan disputas por la tierra y los bienes.

***C.* 7000 a. C.** Hasta 10 000 personas viven en Çatalhöyük (Anatolia). La arqueología indica que la violencia estallaba con frecuencia en esta ciudad.

DESPUÉS
***C.* 1077 a. C.** Fin del Imperio Nuevo de Egipto al morir Ramsés XI.

332 a. C. Alejandro Magno invade Egipto.

637 d. C. Los árabes vencen al ejército del Imperio sasánida y controlan Mesopotamia.

El clima templado que siguió al final de la última glaciación, hace unos 12 000 años, favoreció el asentamiento allí donde la tierra era especialmente fértil, iniciando así una revolución agrícola. A mediados del IV milenio a. C., algunos asentamientos se convirtieron en las primeras ciudades, sobre todo en el Creciente Fértil asiático, un arco que va desde el actual Israel hasta Irak, pasando por Líbano, Siria y el sur de Turquía.

Bien gestionada, la agricultura producía más de lo necesario para

Véase también: El Imperio asirio 22 ▪ Persia 23 ▪ La Grecia clásica 24–27 ▪ Las conquistas de Alejandro Magno 32–39 ▪ Los sucesores de Alejandro 40–41 ▪ César y su legado 54–55 ▪ El auge del islam 76–81 ▪ El Imperio otomano 130–133

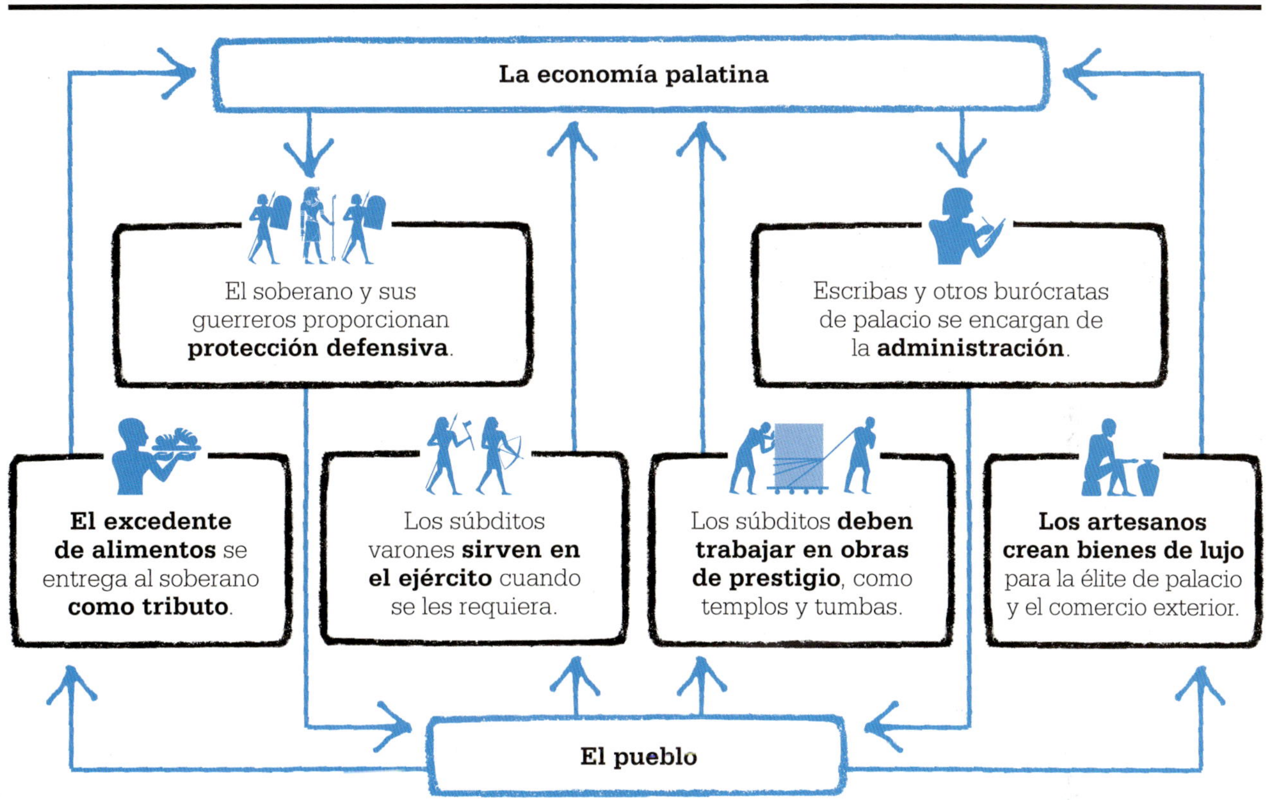

la supervivencia de una comunidad y quedaban excedentes que se podían almacenar, generando así riqueza. Esta se fue concentrando en manos de una élite que contaba con la fuerza o el carácter necesarios para hacerse con el control. Las élites acapararon la mayor parte de lo que producía el pueblo, al que ofrecían protección a cambio.

El sistema, llamado economía palatina, permitió liberar a algunas personas del trabajo agrícola y crear nuevos oficios, como el servicio doméstico y la artesanía, para mantener el estatus de los gobernantes. Al crecer los asentamientos, los comerciantes intercambiaron excedentes y bienes manufacturados con el mundo exterior. Surgió una clase administrativa y una casta de soldados para proteger los privilegios de los poderosos, y la guerra se convirtió en un negocio para la élite. La expansión territorial conllevaba mayor riqueza y acceso a fuentes de agua o pasos fluviales. La competencia era inevitable, y con ella, los conflictos.

Civilizaciones en guerra

El paso hacia la competencia entre estados se dio a mayor escala en Mesopotamia, en el extremo oriental del Creciente Fértil. En torno a 3500 a. C., Uruk, en las marismas del delta meridional, era ya una ciudad importante. En su apogeo, hacia 2800 a. C., era probablemente la mayor del mundo, con una población de hasta 80 000 habitantes. Uruk y otras ciudades menores formaban la civilización de Sumer. Las ciudades sumerias se disputaban la supremacía, pero hacia 2700 a. C. se unieron contra el estado vecino de Elam, otra civilización agraria que había surgido al este de Sumer. La guerra –la primera registrada– se libró por los recursos naturales y las rutas comerciales, entre soldados bien entrenados con lanzas, hoces y hachas de cobre y bronce.

Otras ciudades sumerias siguieron el ejemplo de Uruk, como Umma, que invadió la ciudad-estado vecina de Lagash hacia 2400 a. C. por una disputa sobre fuentes de agua. En 2350 a. C., Lugalzagesi, gobernante de Umma, había añadido a sus »

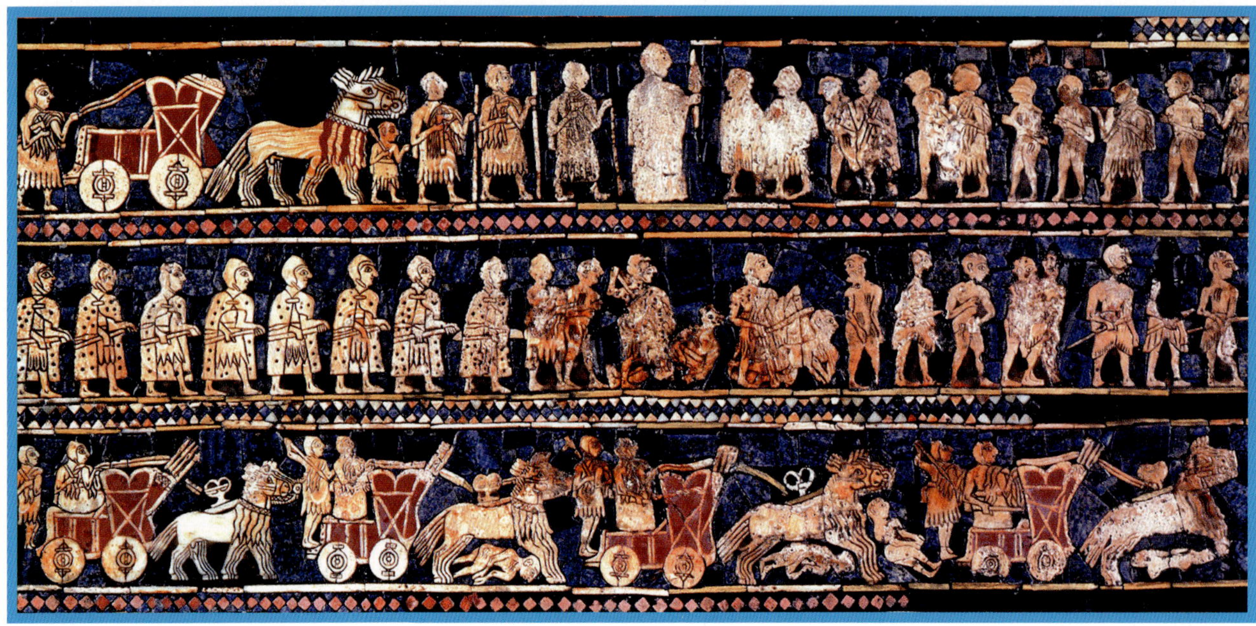

conquistas las ciudades de Kish y Ur, además de Uruk. Sumer estaba ahora unido, pero amenazado por el reino de Acad, cuyo rey Sargón I había creado un ejército profesional con arqueros en masa e infantes fuertemente armados en formaciones llamadas falanges, con las primeras filas protegidas por altos escudos. Sargón emprendió un programa de expansión militar y conquistó casi toda Mesopotamia en 2279 a. C., creando así un imperio multinacional –el primero del mundo– que iba del golfo Pérsico al Mediterráneo oriental.

Antes de 200 años, ataques externos y posiblemente una grave sequía fracturaron el Imperio acadio. Una nueva dinastía de Ur llenó el vacío de poder en Mesopotamia hasta la aparición de un nuevo imperio, Asiria, en torno a la ciudad de Asur.

Los reinos del Nilo

Mientras los ríos Tigris y Éufrates nutrían las ciudades de Mesopotamia, otra civilización prosperaba a lo largo del Nilo, en Egipto. Hasta finales del IV milenio a. C. existían dos Egiptos, el Alto y el Bajo, cada uno con su propia identidad y cultura. Hacia 3100 a. C., Menes –rey semilegendario también llamado Narmer– forjó un solo reino a partir de ambos por conquista. La representación de Narmer en una placa de pizarra ceremonial, o paleta, fechada hacia esa época, golpeando a un enemigo –posiblemente el Bajo Egipto– con una maza, sugiere los violentos enfrentamientos que pudieron conducir a la unificación egipcia.

Sargón [...] apresó a Lugalzagesi [...] durante la batalla y lo llevó atado con un collar a la puerta de Enlil.

Inscripción de Sargón
Nippur (Nuffar) [sureste de Irak]

El estandarte de Ur, hallado en una tumba sumeria de *c.* 2500 a. C., contiene una de las primeras escenas bélicas, con infantes matando a soldados enemigos con lanzas y hachas.

Durante mil años, desde alrededor de 2700 a. C., a lo largo de los imperios Antiguo y Medio, los reyes de Egipto, o faraones, gobernaron el valle del Nilo sin interrupción. La guerra fue una fuerza unificadora, que aportaba botín a la élite militar y gloria al reino. Como en Mesopotamia, el contrato social implícito exigía a los súbditos agricultores formar el grueso de todo ejército de campaña.

Evolución de armas y tácticas

La eficacia del ejército egipcio se vio menoscabada alrededor de 1640 a. C., cuando los hicsos (pueblo inmigrante originario de la región del Levante mediterráneo) se hicieron con el poder. Su dominio fue breve (duró poco más de un siglo), pero influyente. Los hicsos introdujeron en Egipto el carro, el caballo, armas de metal mejores y el arco compuesto, fuerte y flexible, hecho de madera reforzada con tendones y cuerno. Cuando fueron expulsados de Egipto en 1532 a. C., el ejército del faraón había adoptado sus innovaciones. Este se convirtió en un ejército permanente, organizado en tres o cuatro divisiones de entre 5000 y 10 000 soldados cada una y con una estructura de mando compleja.

El ejército del Imperio Nuevo (establecido hacia 1570 a. C.) permitió a sucesivos faraones mirar más allá de sus fronteras y construir un imperio. Sus ejércitos emprendieron campañas de conquista en Nubia, al sur, y también ocuparon Gaza, Canaán y gran parte de Siria. En 1457 a. C., el ejército del faraón Tutmés III aplastó un levantamiento que tuvo lugar en Megido (Canaán), en los territorios rebeldes del Mediterráneo oriental, y consolidó el dominio egipcio en la zona. El propio Tutmés dirigió 1000 carros en la batalla, con arqueros montados galopando a su lado.

La amenaza hitita

Mesopotamia continuó siendo un foco de inestabilidad, con sus ciudades en auge y caída constantes. El reinado de Hammurabi (*c.* 1792–1750 a. C.) encumbró a Babilonia (situada a 89 km al sur de la actual Bagdad); sin embargo, la edad de oro que instauró no fue muy duradera. Los hititas conquistaron su reino y el resto de Mesopotamia en el siglo XVI a. C. desde su imperio ya asentado en el norte de Siria y Anatolia. Los hititas gozaban de dos grandes ventajas: carros ligeros en gran número y armas de hierro, más resistentes.

Los arqueros nubios solían servir como mercenarios en los ejércitos egipcios tras la conquista de su país. Estos están representados en el templo funerario de Hatshepsut, esposa de Tutmés II.

Su majestad salió en un carro de electro, ataviado con sus armas de guerra, como Horus, el Destructor, señor del poder.

Anales de Tutmés III

sobre la batalla de Megido, inscritos en Karnak (Egipto) [siglo XV a. C.]

Alrededor de 1300 a. C., los hititas empezaban a amenazar también a Egipto. En 1274 a. C., el faraón Ramsés II se enfrentó al ejército del rey hitita Muwatalli en Qadesh, cerca de la actual frontera entre Líbano y Siria. Creyendo que el enemigo aún se encontraba lejos, Ramsés permitió que las cuatro divisiones de su ejército perdieran contacto entre ellas. Cuando la fuerza hitita de hasta 40 000 infantes y 3000 carros atacó, el ejército egipcio, de tamaño similar, no estaba preparado, pero más adelante se reagrupó y obtuvo una importante victoria.

A los 2000 años de los primeros conflictos registrados entre las primeras civilizaciones, la práctica bélica ya estaba bien asentada. ■

El carro

A mediados del III milenio a. C. aparecieron en los campos de batalla sumerios los carros de guerra de cuatro ruedas, tirados por onagros (asnos salvajes asiáticos). Aunque pesados y poco manejables, podían transportar a dos o tres soldados armados con lanzas y hachas.

La rueda de radios, ligera pero fuerte y flexible, inventada hacia 2000 a. C. en Asia central, revolucionó la tecnología de los carros y fue adoptada en los 500 años siguientes en Mesopotamia, Anatolia y Egipto. Las dos ruedas se convirtieron en la norma, al igual que los caballos (otra aportación de Asia central) en tiros de dos o cuatro que se elegían por su velocidad más que por su fuerza bruta. A todo galope, podían alcanzar 40 km/h. Los egipcios innovaron aún más al trasladar el eje del carro a la parte trasera de la plataforma de carga, desde donde los arqueros podían lanzar una lluvia de flechas al enemigo con arcos compuestos de carga rápida y gran precisión.

El faraón Ramsés II dispara una flecha desde un carro con ruedas de radios en la batalla de Qadesh. Este relieve se halla en su tumba del Valle de los Reyes.

ASEDIÉ, CAPTURÉ Y ME LLEVÉ SU BOTÍN

EL IMPERIO ASIRIO (*c.* 1300–600 a. C.)

EN CONTEXTO

ENFOQUE
Guerra de asedio

ANTES
***C.* 2000 a. C.** Una pintura mural de Beni Hasan (Egipto), representa un ariete simple.

***C.* 1600 a. C.** Los hititas se expanden desde Anatolia hasta Mesopotamia, llevando consigo nuevas armas de hierro.

1457 a. C. El ejército egipcio rodea Megido, en Canaán, durante siete meses, el primer sitio del que hay noticia.

DESPUÉS
332 a. C. Alejandro Magno sitia la ciudad fenicia de Tiro y construye dos calzadas para llegar hasta sus murallas.

146 a. C. Al cabo de tres años de asedio, un ejército romano destruye Cartago.

Siglos XII–XV Con el castillo como principal forma de defensa, el asedio se vuelve habitual en la guerra.

Asiria, con capital en Asur, en el actual norte de Irak, estaba en declive a mediados del II milenio a. C. Sin embargo, bajo Tiglatpileser I (r. 1114–1076 a. C.), el reino comenzó a reafirmarse, y la campaña de expansión imperial siguió bajo Asurnasirpal II y su hijo Salmanasar III. Al principio, la guerra seguía un ciclo estacional entre la siembra de primavera y la cosecha de otoño, y luego durante todo el año, después de que Tiglatpileser III creara el primer ejército profesional permanente de Asiria en el siglo VIII a. C.

En el siglo siguiente, el Imperio asirio era el mayor del mundo y se extendía desde el golfo Pérsico hasta el Mediterráneo. Después de la muerte del rey Asurbanipal hacia 631 a. C. se derrumbó rápidamente, y en 612 a. C., el reino de Babilonia se apoderó de Nínive, la capital de Asiria.

Tácticas de terror y asedio

Los asirios guerreaban sin piedad, atemorizando a sus adversarios, que sabían que podían ser empalados, decapitados, desollados o quemados vivos. Primero había que abrir una brecha en las murallas de la ciudad, y para ello, además de aurigas, arqueros e infantería de élite, el ejército asirio disponía de ingenieros que construían enormes rampas de tierra, arietes rematados con hierro y torres con ruedas que permitían enfrentarse a los defensores desde la misma altura. Este fue el modelo de la guerra de asedio durante los siguientes 2000 años, hasta la llegada del cañón en el siglo XIV d. C. ■

Empalé a 700 soldados en estacas ante la puerta de su ciudad.
Asurnasirpal II

Véase también: Mesopotamia y Antiguo Egipto 18–21 ▪ Las conquistas de Alejandro Magno 32–39 ▪ El Imperio romano en su apogeo 56–57

YO SOY CIRO, REY DEL UNIVERSO

PERSIA (*c.* 600–350 a. C.)

EN CONTEXTO

ENFOQUE
Un ejército de muchos pueblos

ANTES
1457 a. C. El rey de Qadesh forma una coalición de estados rebeldes en Canaán y se enfrenta a Egipto en la batalla de Megido.

745–727 a. C. Tiglatpileser III reforma el ejército asirio, reclutando soldados de regiones como Babilonia, los montes Zagros y Anatolia.

DESPUÉS
331 a. C. Alejandro Magno vence a Darío III en la batalla de Gaugamela y toma el control del Imperio aqueménida.

1914–1918 La Primera Guerra Mundial se libra entre dos alianzas multinacionales: la Entente y las Potencias Centrales.

1945 Se fundan las Naciones Unidas; en sus operaciones para mantener la paz, desplegarán tropas de todo el mundo.

A principios del siglo VI a. C., el Imperio medo dominaba el antiguo Irán, incluido un pequeño reino persa en el suroeste, gobernado por la dinastía aqueménida. Sin embargo, cuando Ciro II accedió al trono aqueménida en el año 559 a. C., se rebeló contra sus señores. Al cabo de nueve años, había vencido a los medos y comenzado a establecer Persia como potencia imperial. Expandió sus territorios hacia el este y el oeste y conquistó el Imperio neobabilónico en 539 a. C.

El vasto Imperio aqueménida –o primer Imperio persa–, que alcanzó su apogeo bajo el reinado de Darío el Grande, desde el año 522 hasta 486 a. C., se extendía desde India hasta los Balcanes y el norte de África. Darío fomentó el reclutamiento de los pueblos conquistados, lo cual le permitió emplear tropas más especializadas, como arqueros etíopes, lanceros egipcios, marinos fenicios y jinetes anatolios, que reforzaron su ejército y lo convirtieron en una fuerza de combate más eficaz. No obstante, los 10 000 soldados de la unidad de infantería pesada de élite llamados Inmortales eran predominantemente persas.

Darío el Grande (sentado) recibe al líder de una nación sometida en un relieve de la Apadana (Sala de Audiencias) de Persépolis, capital del Imperio aqueménida.

Los posteriores intentos persas de someter a las ciudades-estado griegas que desafiaban su control de Anatolia fracasaron, pero pese a las invasiones fallidas de Grecia en 492–490 y 480 a. C., los aqueménidas dominaron Asia occidental hasta la llegada de Alejandro Magno en el siglo IV a. C. ■

Véase también: Mesopotamia y Antiguo Egipto 18–21 ▪ El Imperio asirio 22 ▪ La Grecia clásica 24–27 ▪ Las conquistas de Alejandro Magno 32–39

UN PUEBLO DE MARINOS

LA GRECIA CLÁSICA (*c.* 700–479 a. C.)

EN CONTEXTO

ENFOQUE
El dominio naval griego

ANTES
***C.* siglo VII a. C.** Los corintios desarrollan las primeras trirremes a partir de naves fenicias.

Siglos VII–VI a. C. Los griegos establecen colonias y asentamientos en Anatolia, Italia, Sicilia, Francia, España y el norte de África.

DESPUÉS
449 a. C. La paz de Calias, firmada por Persia y Atenas, pone fin a las guerras entre ambas.

431–404 a. C. Atenas pierde la mayor parte de su armada al ser derrotada por Esparta en la Segunda Guerra del Peloponeso.

332 a. C. Alejandro Magno utiliza cuadrirremes (galeras con cuatro bancos de remos) durante el asedio de Tiro.

Tras la caída de la civilización micénica en el siglo XI a. C., poco se sabe de la evolución de Grecia hasta que empezaron a surgir ciudades-estado (polis) hacia 800 a. C., cada una con sus leyes, costumbres y dioses protectores. Para evitar la conquista por rivales más poderosos, estas crearon ejércitos y establecieron alianzas, y muchas construyeron armadas para lograr la supremacía marítima. Entre ellas destacaron dos: Atenas y Esparta.

La guerra era casi endémica en la Grecia clásica, al competir las ciudades-estado por el poder regional y anexionarse a veces rivales más

Véase también: Persia 23 ▪ Las guerras del Peloponeso 28–31 ▪ Las conquistas de Alejandro Magno 32–39 ▪ Los sucesores de Alejandro 40–41 ▪ El ascenso de Roma 50–51 ▪ Las guerras púnicas 52–53

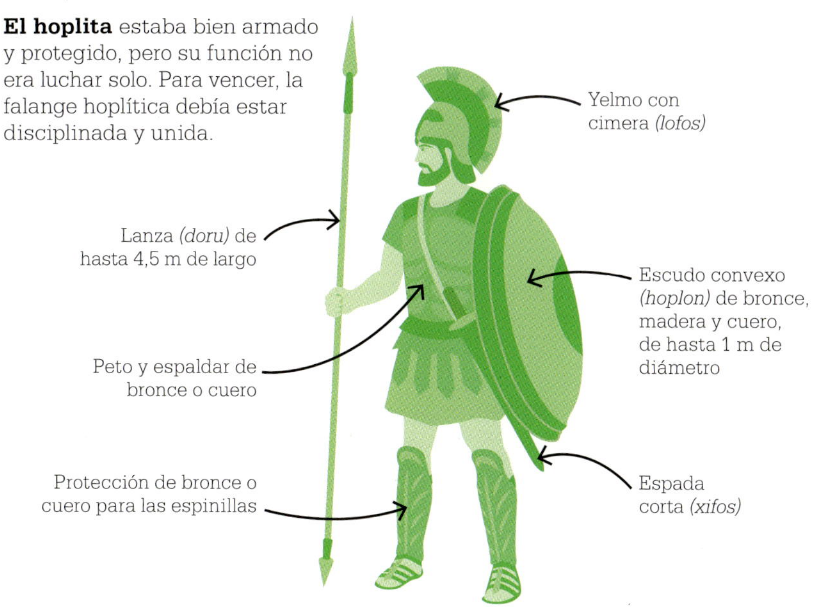

El hoplita estaba bien armado y protegido, pero su función no era luchar solo. Para vencer, la falange hoplítica debía estar disciplinada y unida.

débiles. En las guerras anteriores se practicaba el combate singular, pero hacia 700 a. C., los griegos emplearon cada vez más la infantería pesada, los llamados hoplitas, agrupados en formaciones cerradas, o falanges, de hasta doce hombres de fondo, que repelían con lanzas los ataques tras un muro de pesados escudos circulares. La mayoría eran hombres libres que aportaban sus propias armaduras, escudos y lanzas, según sus medios.

Los ejércitos griegos de la época incluían también tropas con armas de largo alcance, como jabalinas, arcos y hondas, y a veces caballería, pero las disciplinadas falanges de infantería hacían más probable la victoria.

Democracia, o no

A finales del siglo VI a. C., Atenas había adoptado reformas democráticas. Otras polis seguirían su ejemplo. El servicio militar se convirtió en una obligación del ciudadano de una democracia: a cambio del derecho a votar y a ocupar cargos políticos, los hombres libres de entre 18 y 60 años debían servir en las fuerzas armadas si era necesario.

Una notable excepción en la tendencia hacia la democracia fue Esparta, una gran potencia en torno a 650 a. C. Todos sus ciudadanos debían ser soldados profesionales a tiempo completo; la mayor parte del trabajo lo realizaban los ilotas, siervos no espartanos. A los siete años, los niños espartanos ingresaban en la *agogé*, un régimen estricto e intensivo de entrenamiento y educación militar. A los 20 años se incorporaban oficialmente al ejército, pero a menudo permanecían en la *agogé* otros 10 años.

Barcos de guerra griegos

A partir del siglo VIII a. C., más ciudades-estado construyeron armadas al empezar a fundar colonias comerciales en todo el Mediterráneo y, más tarde, en la costa del mar Negro. La armada mayor y más poderosa fue la de Atenas, que financiaba en gran parte su construcción naval con la plata de las minas del sur del Ática.

La base del poder marítimo griego era la trirreme, un barco de guerra largo, esbelto y muy maniobrable, de unos 37 m de eslora, con tres bancos de remos con los que podía alcanzar una velocidad máxima de más de 13 km/h. Aunque las trirremes podían llevar armas que lanzaran »

La trirreme ateniense reconstruida *Olympias* tiene tres bancos de remos a cada lado para acomodar a 170 remeros, dos velas cuadradas y un espolón de bronce para embestir en la proa.

Temístocles

Nacido en torno a 524 a. C. en Frearrioi, cerca de Atenas, era hijo de un aristócrata y su concubina, que tal vez no era griega. Se cree que creció en un barrio de inmigrantes. Sin embargo, gracias a las reformas democráticas de su época –que aseguraban que todos los hombres libres se convirtieran en ciudadanos atenienses– esto no fue obstáculo para su ascenso al poder y a los 31 años se convirtió en arconte de la ciudad.

Una de sus políticas clave fue reforzar la armada de Atenas, sus defensas costeras y sus puertos, empleando la riqueza de las minas de plata propiedad del estado. Durante la segunda guerra médica dirigió la flota ateniense y supervisó su victoria decisiva en la batalla de Salamina en 480 a. C. Sin embargo, se enemistó con el consejo de nobles de la ciudad y fue condenado al ostracismo en torno a 472 a. C. Se trasladó a Argos, en el Peloponeso, y unos años después, cuando Esparta le acusó de conspirar con Persia, huyó de Grecia. Acogido por el rey persa Artajerjes, murió en Anatolia en 459 a. C.

Comienzan a **surgir ciudades-estado** en toda Grecia.

Al **competir entre ellas** por el poder y el territorio, **se perfeccionan las técnicas de combate**.

En tierra, los hoplitas en formación cerrada (falange) **resultan muy eficaces**.

En el mar, trirremes rápidas y maniobrables superan y embisten a las naves enemigas.

Cuando las ciudades-estado, incluidas **Atenas y Esparta, se unen**, sus fuerzas **derrotan a los invasores imperiales persas**.

proyectiles y tropas para el abordaje, la principal táctica de combate era embestir a los barcos con el espolón blindado de bronce fijado a la base de la proa.

La lucha contra Persia

Al extender sus actividades por Anatolia, las polis entraron en conflicto con el poderoso Imperio persa, cuyo rey, Darío el Grande, planeó nuevas incursiones en Europa. En 499 a. C., los colonos griegos de Jonia, en la costa occidental de Anatolia, se rebelaron contra Persia. Atenas y Eretria enviaron trirremes para apoyar la rebelión, que se extendió a otras zonas pobladas por griegos en poder de Persia, incluida Chipre. Sin embargo, en la batalla de Lade, en 494 a. C., se impuso el poderío marítimo persa, y la revuelta griega fue finalmente sofocada un año después.

Las rebeliones de los colonos alimentaron el deseo de Darío de invadir Grecia, y en 492 a. C., los persas avanzaron hacia el oeste desde Anatolia, consolidaron su control de Tracia, región ribereña de los mares Egeo y Negro, y ocuparon Macedonia, al norte de Grecia. Al año siguiente, Darío envió embajadores a otras ciudades-estado griegas exigiendo su sumisión. Por temor a las represalias, todas cedieron, salvo Atenas y Esparta, que ejecutaron a los embajadores.

Los persas volvieron a invadir el país en 490 a. C. Tomaron las islas Cícladas, en el Egeo, y desembarcaron en la Grecia continental, donde saquearon Eretria y esclavizaron a sus ciudadanos. Luego navegaron hacia el sur y desembarcaron en Maratón, en el Ática, con la intención de avanzar sobre Atenas, a 40 km. Antes de que pudieran salir de Maratón, los atenienses, apoyados por unos 1000 soldados de la ciudad-estado de Platea, les cerraron el paso y enviaron un emisario a los espartanos pidiendo refuerzos. Conscientes de que la caballería persa estaba en otra parte, los atenienses decidieron atacar por sorpresa. Pese a la superioridad numérica persa, las armas, táctica y disciplina de los hoplitas dieron la victoria a los griegos en Maratón, poniendo fin así a la primera invasión persa.

Una segunda invasión persa

Darío planeó otra invasión de Grecia, pero murió en 486 a. C., antes de emprenderla. Su hijo y sucesor Jerjes I reunió un ejército mucho mayor, posiblemente de 250 000 hombres, y una flota de más de 800 barcos, y dirigió la segunda invasión persa de Grecia en 480 a. C. Muchas ciudades-estado griegas permanecieron neutrales o cedieron ante los persas, pero Atenas, Esparta y otras 28 formaron una alianza para luchar contra su enemigo común.

Los persas marcharon hacia el sur desde Macedonia hasta la región de Tesalia. En su camino se interpuso una fuerza de 7000 hombres liderada por Leónidas I, rey de Esparta, en el estrecho paso de montaña de las Termópilas, donde los persas no pudieron sacar partido de su superioridad numérica. Leónidas, que murió en la batalla, instó a sus hombres a resistir durante tres días, dando así tiempo a sus aliados para organizarse. Con todo, los persas pudieron avanzar hacia el sur del Ática y saquearon Atenas y otras ciudades, pero los griegos no se rindieron y consolidaron sus fuerzas para impedirles marchar hacia el Peloponeso.

Triunfo en Salamina

En septiembre de 480 a. C., el político y líder militar ateniense Temístocles supervisó la batalla naval de Salamina. Como la flota persa contaba con más de 1000 naves y los griegos tenían solo 370, Temístocles incitó a sus adversarios a atacar en un estrecho para minimizar su enorme ventaja. En las aguas repletas de naves, los barcos griegos atraparon y embistieron a la congestionada flota persa, que se sumió en el caos. La flota griega triunfó, los barcos persas regresaron a Anatolia y Jerjes se retiró a Persia con gran parte de su ejército.

En el tumulto, los atenienses destruyeron las naves [persas] que se resistieron o trataron de huir.

Heródoto
Historiador y geógrafo griego (*c.* 484–*c.* 425 a. C.)

Sin embargo, otra fuerza persa de unos 100 000 hombres volvió a saquear Atenas. En respuesta, los griegos reunieron la mayor fuerza de hoplitas de la historia –unos 750 000 hombres– y obtuvieron una victoria decisiva en la batalla de Platea en agosto de 479 a. C., el mismo día en que destruyeron los restos de la flota persa en la batalla de Micala. La segunda guerra médica había terminado, pero los conflictos esporádicos entre griegos y persas continuaron durante otras tres décadas. ■

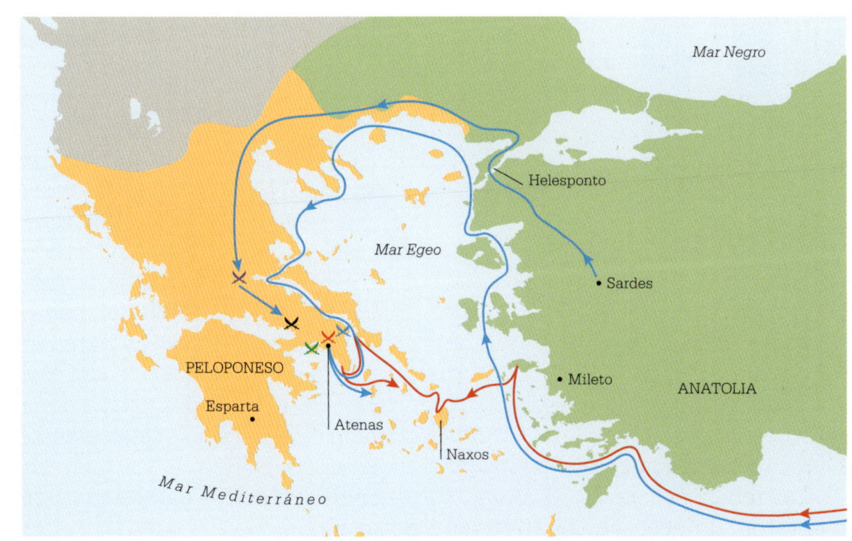

Clave
- Imperio persa
- Estados griegos
- Primera invasión persa (492–490 a. C.)
- Segunda invasión persa (480–479 a. C.)
- Batalla de Maratón (490 a. C.)
- Batalla de las Termópilas (480 a. C.)
- Los persas saquean e incendian Atenas (480 a. C.)
- Batalla de Salamina (480 a. C.)
- Batalla de Platea (479 a. C.)

Este mapa muestra las rutas desde el vasto Imperio persa hasta el territorio griego durante las invasiones persas y los lugares de las batallas clave que cambiaron el curso del conflicto.

EN LA GUERRA NO SE TRATA TANTO DE ARMAS COMO DE DINERO

LAS GUERRAS DEL PELOPONESO (460–404 a. C.)

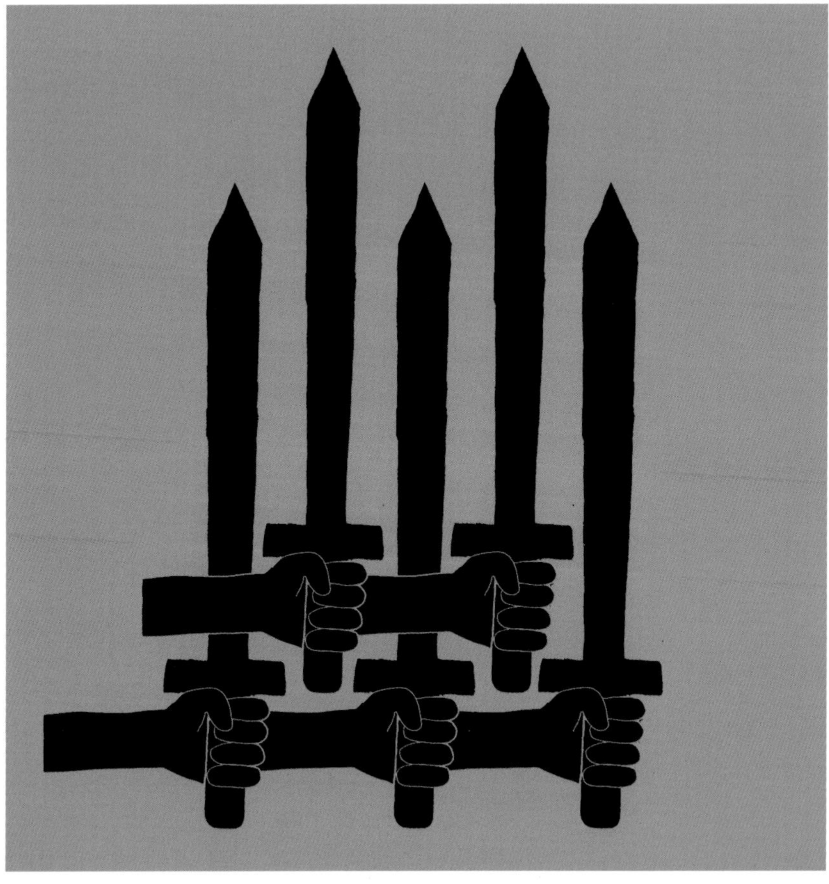

EN CONTEXTO

ENFOQUE
Guerra de desgaste

ANTES
***C.* 550 a. C.** Esparta funda la Liga del Peloponeso, una alianza con sus vecinas del sur de la península griega.

513 a. C. Escitia, en Asia central, frustra una invasión de Darío I con una estrategia de desgaste para hostigar y agotar a las fuerzas persas.

DESPUÉS
395–387 a. C. Esparta lucha contra una coalición de polis en la guerra de Corinto y se mantiene dominante, pero debilitada.

1864–1865 El comandante de la Unión Ulysses S. Grant dirige una campaña de desgaste contra los confederados en la guerra de Secesión de EE. UU.

1916 Batallas de Verdún y del Somme, en Francia, dos de las batallas de desgaste más cruentas de la Primera Guerra Mundial.

A principios del siglo v a. C., Atenas y Esparta unieron sus fuerzas y expulsaron a los persas en 479 a. C., pero la rivalidad histórica entre las dos poderosas ciudades-estado se reanudó con las guerras del Peloponeso, que duraron décadas, arrastraron a otras ciudades-estado y potencias extranjeras, y causaron miles de muertes de civiles, al tratar cada bando de desgastar al otro.

Véase también: Persia 23 ▪ La Grecia clásica 24–27 ▪ Las conquistas de Alejandro Magno 32–39 ▪ Los sucesores de Alejandro 40–41 ▪ La guerra de Secesión de EE. UU. 214–221 ▪ Estancamiento en el Frente Occidental 248–251

Después de que sus **fuerzas combinadas** rechacen la invasión persa, **resurge la rivalidad entre ciudades-estado** griegas.

Atenas reconstruye sus **murallas defensivas**, se dedica al **comercio marítimo** lucrativo y **amplía su armada**.

El antiguo dominio militar **espartano se ve amenazado, y vecinas hostiles** obtienen el apoyo de Atenas.

Ambas ciudades-estado **tratan de ganar** influencia, **y el conflicto se hace inevitable**.

La guerra no termina hasta que Esparta aniquila la flota ateniense y pone fin a su supremacía marítima.

Si vamos a la guerra [...] estad decididos a no desistir [...] es en los mayores peligros donde se ha de ganar la mayor gloria.

Pericles
Líder y estadista ateniense (431 a. C.)

De las tensiones al conflicto

Esparta, gobernada simultáneamente por dos reyes, lideraba la Liga del Peloponeso de ciudades-estado. Su fuerza residía en su formidable ejército de hoplitas profesionales, complementado con tropas aliadas. La Liga del Peloponeso había puesto fin a sus hostilidades con Persia, pero Atenas lideraba la Liga de Delos, una confederación de ciudades-estado que siguió luchando con Persia en el Egeo y Anatolia hasta 449 a. C. Con su gran flota de trirremes, Atenas era la potencia naval griega dominante y, contra los deseos de Esparta, reconstruyó sus murallas para sustituir las destruidas por los persas, extendiéndolas a sus puertos del Pireo y Falero.

Esparta empezó a temer la creciente fuerza y el imperio comercial marítimo de Atenas, que ya podía dictar la política de sus aliados, cobrarles tributos y usar su riqueza para reforzar aún más su armada.

La tensión entre ambas creció al pedir Esparta ayuda a Atenas para reprimir una revuelta de sus ilotas (siervos no espartanos), y luego rechazarla por temer que apoyara a los rebeldes. Esta afrenta, junto con nuevas alianzas de Atenas con ciudades opuestas a Esparta y su aliada Corinto, desencadenó la primera guerra del Peloponeso en 460 a. C. En la mayoría de las batallas terrestres vencieron los hoplitas de Esparta y sus aliadas, mientras que la velocidad y maniobrabilidad de las trirremes atenienses tendía a imponerse en la guerra naval. Los combates continuaron periódicamente hasta 445 a. C., cuando las dos contendientes principales y otras ciudades firmaron una paz efímera.

Guerra y peste

El nuevo clamor de guerra comenzó en Corinto, poderosa aliada de Esparta, cuyos líderes acusaban a Atenas de romper la paz interfiriendo en los asuntos económicos y políticos de los miembros de la Liga del Peloponeso. En 432 a. C., Corinto pidió a la liga que se dirigiera a la asamblea espartana y la persuadiera para que se enfrentara a Atenas por las acusaciones. Aunque llegó una delegación ateniense para advertir de los peligros de la guerra y uno de »

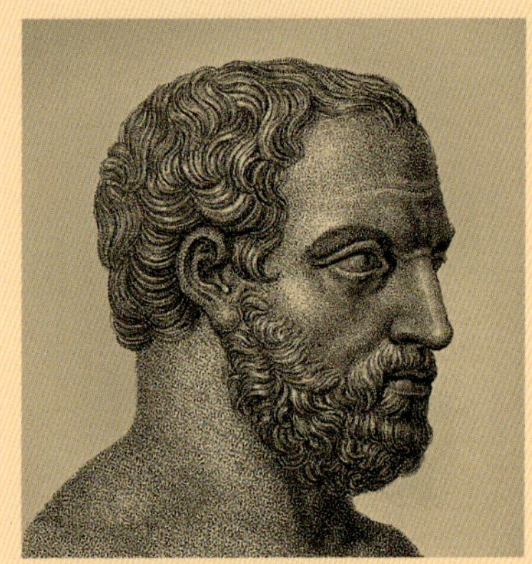

Tucídides

La segunda guerra del Peloponeso inspiró uno de los primeros y más influyentes libros de historia. Escrita por Tucídides (*c.* 460–400 a. C.), general ateniense que luchó en la contienda, la *Historia de la Guerra del Peloponeso* abrió nuevos caminos. El autor, a diferencia de muchos de sus contemporáneos, trató de ser imparcial y basar su relato en pruebas que había recogido personalmente, sobre todo después de 422 a. C., cuando fue desterrado de Atenas por no haber logrado salvar la ciudad de Anfípolis de la captura de Esparta y se dedicó a viajar por el Peloponeso, donde se familiarizó con sus antiguos enemigos.

Dividida en ocho libros, la obra comienza con un resumen de la historia griega anterior a 431 a. C. y las principales causas del conflicto. Luego registra los principales acontecimientos de cada año, por orden cronológico.

Tucídides murió antes de poder acabarla. La narración acaba de manera abrupta en 411 a. C., siete años antes del fin de la guerra.

los reyes espartanos –Arquidamo II– se pronunció en contra del conflicto, la asamblea declaró a Atenas culpable. Esto condujo a una segunda guerra en 431 a. C., mucho más destructiva que la primera.

Durante la fase inicial, llamada guerra arquidámica por el rey de Esparta, la fuerza de Esparta y sus aliadas de la Liga del Peloponeso residía en sus formidables ejércitos, mientras que Atenas y la Liga de Delos predominaban en el mar. Los espartanos marcharon casi sin oposición hasta el Ática, la región de Atenas, y la asolaron, pero no pudieron reunir hombres suficientes para ocuparla más de unas semanas, y la mayor parte de la población de Atenas se había refugiado tras las murallas de la ciudad, que se extendían hasta sus puertos. Esto significaba que los atenienses aún podían recibir suministros de alimentos por mar.

Frente a la amenaza de Esparta, el líder ateniense Pericles propuso una estrategia naval de ataques por sorpresa. Podrían haber tenido éxito, pero en 430 a. C., poco después de que Pericles pronunciara un discurso fúnebre por los caídos en la guerra, llegó el desastre. La peste devastó a la densa población ateniense, matando a unas 30 000 personas, más de un tercio de sus habitantes. El propio Pericles sucumbió en 429 a. C., y su sucesor, el político Cleón, se inclinó por una estrategia más agresiva.

La lucha se extiende

Las fuerzas atenienses, dirigidas por el general Demóstenes, combinaron incursiones navales con avances terrestres en el Peloponeso occidental. En 425 a. C. derrotaron a una poderosa falange espartana en Esfacteria, una isla al sur del puerto peloponesio de Pilos. Allí, Atenas había complementado sus hoplitas con honderos, arqueros y soldados de infantería ligera, como los peltastas, que luchaban con jabalinas y espadas. Estas tropas podían hostigar a los hoplitas espartanos con ataques de proyectiles y luego huir. A lo largo de la guerra, la infantería ligera fue adquiriendo cada vez más importancia y se integró con los hoplitas y la caballería .

Como respuesta, en 424 a. C., el general espartano Brasidas dirigió un ejército hacia el norte, obtuvo victorias en Macedonia y animó a la revuelta a las ciudades-estado súbditas de Atenas. En 422 a. C., Brasidas y su ejército atacaron Anfípolis, una colonia ateniense en Tracia, para tomar sus minas de plata y privar a Atenas de ingresos esenciales. Esparta venció, esta vez con peltastas propios, pero Brasidas fue asesinado, al igual que el general ateniense Cleón. Exhaustos, ambos bandos negociaron y firmaron la paz de Nicias en 421 a. C.

Pese a la paz temporal entre Atenas y Esparta, las tensiones en el Peloponeso no tardaron en crecer cuando Argos, una potencia democrática independiente de Esparta, se alió con las ciudades-estado de-

Los ejércitos de las polis griegas incorporaron cada vez más peltastas (infantería ligera), que lanzaban jabalinas hasta 25 m y se movían más rápido que los hoplitas de armadura pesada.

Choque de trirremes al intentar la armada ateniense escapar del bloqueo espartano de Siracusa en 413 a. C. La flota ateniense fue destruida y 40 000 hombres quedaron atrapados en la costa.

mocráticas vecinas. En 418 a. C., Argos y sus aliadas intentaron tomar Tegea, una ciudad cercana a Esparta. El mismo año, Esparta derrotó a la alianza democrática en la batalla de Mantinea y restableció su dominio sobre el Peloponeso.

La guerra en Sicilia

En 415 a. C., Atenas lanzó una expedición ultramarina más ambiciosa hacia el oeste, a la isla de Sicilia, que llevaba colonizada por griegos desde el siglo VIII a. C. El objetivo de algunos miembros de la asamblea ateniense era conquistar la ciudad de Siracusa y enriquecer Atenas con el control de las rutas comerciales del Mediterráneo oriental. Una fuerza ateniense de unos 100 barcos y más de 5000 soldados se hizo a la mar. Tras desembarcar en Sicilia, los atenienses reunieron algunos aliados locales, pero no lograron atacar antes del invierno. El retraso dio tiempo a Esparta para enviar refuerzos a Siracusa, lo que permitió a los siracusanos y sus aliados una serie de victorias en el mar y en tierra.

Debilitada Atenas, los espartanos ahogaron poco a poco la economía de su enemiga. En 413 a. C. tomaron Decelea, bloqueando así las rutas terrestres hacia Atenas desde el norte, de manera que todos los suministros tenían que llegar por mar. La ciudad tuvo que imponer tributos más elevados a sus aliadas, lo que tensó las relaciones con la Liga de Delos. El dinero se empleó sobre todo en enviar otros 5000 soldados y 100 barcos a Sicilia en 413 a. C. A finales de año, esta fuerza había sido destruida en combate. Todo el contingente murió o fue esclavizado, y se perdieron decenas de trirremes. A Atenas le costaba cada vez más reunir suficientes hombres y barcos, mientras que Persia, deseosa de ver a Atenas destruida, prometía dinero y barcos a Esparta.

Recuperación parcial

La guerra se prolongó casi una década. Atenas conservaba una flota de reserva de 100 barcos, que obtuvo una serie de victorias contra los espartanos, logrando así estabilidad y tiempo para la reconstrucción. Temiendo que Atenas se recuperase del todo, Persia se implicó más a fondo, enviando más dinero y suministros a Esparta.

En 405 a. C., el rey y comandante espartano Lisandro navegó con su flota reforzada hacia los Dardanelos para amenazar las rutas comerciales marítimas a Atenas y rendir por hambre la ciudad. Los atenienses tuvieron que enviar sus últimas 180 naves al norte. En la batalla de Egospótamos, Lisandro supervisó la victoria espartana, en la que fueron destruidas todas las naves atenienses excepto doce. Rodeada, sin tropas de refuerzo y amenazada de inanición, Atenas se rindió en el año 404 a. C., y sus aliadas no tardaron en seguirla.

En vez de arrasar Atenas, Esparta destruyó sus murallas y su flota, e impuso una oligarquía tiránica para gobernarla. Al cabo de tres décadas de sangre derramada, los espartanos eran amos de Grecia. ■

Los espartanos [...] exhortaron a cada camarada [...] a recordar lo aprendido [...] conscientes de que el largo entrenamiento [...] era más útil para salvar vidas que cualquier breve exhortación verbal.

Tucídides

Historia de la guerra del Peloponeso

EL ESFUERZO Y EL RIESGO SON EL PRECIO DE LA GLORIA

LAS CONQUISTAS DE ALEJANDRO MAGNO (359–323 a. C.)

EN CONTEXTO

ENFOQUE
Alejandro Magno

ANTES
***C.* 808 a. C.** Carano se convierte en rey de la tribu de los *macednoi*, en Macedonia.

***C.* 512 a. C.** Macedonia se convierte en estado vasallo del Imperio persa aqueménida y es totalmente sometida tras la revuelta jonia (499–493 a. C.).

479 a. C. Tras rechazar los griegos la segunda invasión persa de la Grecia continental, Macedonia recupera su independencia.

DESPUÉS
322–281 a. C. En las guerras de los diádocos, los generales y sucesores de Alejandro se disputan su legado, y el Imperio macedonio se fragmenta.

214–148 a. C. Los romanos y sus aliados griegos libran las guerras macedónicas contra otros reinos griegos.

En 356 a. C., la princesa griega Olimpia de Epiro, esposa de Filipo II de Macedonia, dio a luz un hijo, Alejandro. Por entonces Macedonia era un reino pequeño y en gran parte periférico del norte de Grecia que había sufrido una rápida rotación de gobernantes, disputas sucesorias e invasiones. Cuando Alejandro murió, 32 años después, su imperio abarcaba toda Grecia y se extendía hacia el sur hasta Egipto y hacia el este por Asia hasta el noroeste de India. Basándose en el fructífero gobierno de su padre, Alejandro ganó una batalla tras otra y se convirtió en una de las mayores figuras militares de la historia.

Poner los cimientos

Filipo II accedió al trono de Macedonia en 359 a. C. con 24 años de edad y cambió la suerte de su país. Reformó el ejército, mejorando su disciplina y entrenamiento, y aumentando los efectivos de la caballería. Su mayor innovación fue la sarisa, una pica o lanza de unos 6 m de largo que se convirtió en el arma principal de la falange macedonia. Filipo dirigió una serie de conquistas que ampliaron las fronteras de Macedonia hacia el norte, hasta los Balcanes, y hacia el sur, hasta Grecia. En 346 a. C., Macedonia se había convertido en la primera potencia de la región aprovechando las luchas internas entre otras ciudades-estado. Atenas, una posible rival, fue derrotada en la batalla de Queronea (338 a. C.), dejando a Filipo libre para enfrentarse a otro enemigo, los aqueménidas de Persia.

La dinastía aqueménida gobernaba el Imperio persa, entonces el más grande y poderoso que había existido nunca, al que pertenecían Anatolia occidental y las islas de su costa, que Filipo esperaba conquistar a continuación. En 336 a. C. envió un ejército de 10 000 hombres a Anatolia y animó a los numerosos griegos de la región a rebelarse contra Persia, pero antes de que pudiera reunirse con sus tropas, un guardaespaldas lo asesinó mientras celebraba la boda de su hija. Macedonia tuvo pronto un nuevo rey: Alejandro, hijo de Filipo, de 20 años.

Trazando el camino

La educación de Alejandro fue decisiva para su éxito futuro. Desde los 13 años su maestro fue el filósofo Aristóteles, que le enseñó lógica, medicina, religión y artes. Con 16 años,

Filipo II de Macedonia

Nacido en 382 a. C., fue el hijo menor de Amintas III. Cuando su hermano mayor, Alejandro II, fue asesinado en 368 a. C., Filipo fue retenido como rehén en Iliria y luego enviado a Tebas, donde el general griego Epaminondas le instruyó en diplomacia y estrategia militar.

En 364 a. C. regresó a Macedonia, a la sazón gobernada por su hermano Perdicas III, y después de la muerte de este en combate, reclamó el trono de Amintas IV, su sobrino. Tomando las riendas de un reino al borde del colapso, Filipo reformó las fuerzas militares de Macedonia y se dedicó a someter a sus hostiles vecinos. Se le atribuye la creación de la formación de infantería de la falange armada con sarisa, que tan importante resultaría en el campo de batalla.

En 338 a. C. había dominado a todos sus rivales en Grecia, y al año siguiente fundó la Liga de Corinto, destinada a unificar los estados griegos, con delegados de cada uno de ellos excepto Esparta. Se desconoce el motivo de su asesinato en 336 a. C.

Véase también: Persia 23 ▪ La Grecia clásica 24–27 ▪ Las guerras del Peloponeso 28–31 ▪ Los sucesores de Alejandro 40–41 ▪ El ascenso de Roma 50–51 ▪ El Imperio romano en su apogeo 56–57 ▪ El Imperio bizantino 70–73

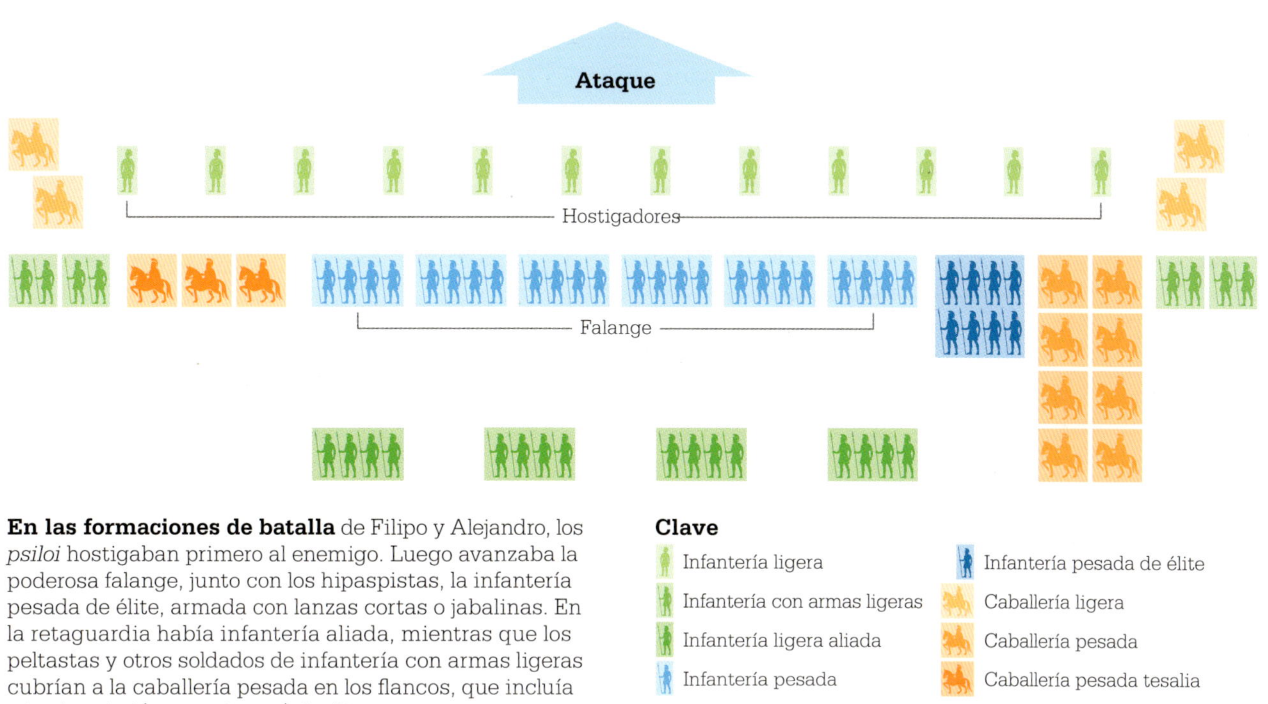

En las formaciones de batalla de Filipo y Alejandro, los *psiloi* hostigaban primero al enemigo. Luego avanzaba la poderosa falange, junto con los hipaspistas, la infantería pesada de élite, armada con lanzas cortas o jabalinas. En la retaguardia había infantería aliada, mientras que los peltastas y otros soldados de infantería con armas ligeras cubrían a la caballería pesada en los flancos, que incluía a los *hetairoi* («compañeros») de élite.

Alejandro ya ejercía de regente mientras su padre estaba en campaña y obtuvo su primera victoria al sofocar una revuelta de los medos, una tribu de Tracia. A los 18 había comandado el ala izquierda macedonia en la batalla de Queronea, contribuyendo así a la victoria de su padre.

Eficacia despiadada

Tras acceder al trono en 336 a. C., Alejandro consolidó su posición. Ordenó ejecutar a su primo (un posible rival), antes de marchar con 3000 hombres al sur de Grecia para sofocar revueltas dispersas y aseguró sus fronteras septentrionales en 335 a. C., suprimiendo facciones rebeldes en Tracia e Iliria. Luego sitió la ciudad-estado rebelde de Tebas, dividiendo juiciosamente sus fuerzas en tres. Una parte atacó la empalizada defensiva que rodeaba la ciudad, la segunda se enfrentó a su infantería y, cuando Alejandro vio una puerta indefensa, la fuerza de reserva atacó e irrumpió en la ciudad y mató a unos 6000 combatientes. Como advertencia a otros rebeldes, la ciudad fue incendiada y la población superviviente esclavizada. Ya dueño incuestionable de Grecia, Alejandro retomó la empresa inconclusa de su padre: la invasión de Anatolia.

La campaña persa de Alejandro, de 334 a 327 a. C., fue una de las más brillantes de la historia militar. Pese a luchar en territorio enemigo, tener largas líneas de suministro y estar a menudo en inferioridad numérica, Alejandro nunca perdió una batalla. Era un comandante intrépido que combatía en primera línea. Normalmente desplegaba un bloque central de infantería en formación de falange, flanqueado por arqueros y caballería. La táctica cambiaba según el número de enemigos, pero una estratagema frecuente era inmovilizar a las fuerzas enemigas con un ataque frontal a pie antes de flanquearlas y envolverlas con la caballería, abriendo una brecha en sus líneas. Podía ser implacable con el enemigo, dispuesto a ordenar matar y esclavizar civiles para intimidarlo.

La conquista de Persia

En 334 a. C., Alejandro cruzó a Anatolia con más de 48 000 soldados de a pie y 6000 de caballería, transportados por 120 navíos griegos. Su primer gran enfrentamiento con los persas tuvo lugar en mayo de 334 a. C., en la batalla del Gránico, un río al este del estrecho de los Dardanelos. Alejandro participó en una carga de caballería a través del »

De su padre Filipo II de Macedonia, **Alejandro hereda** un **ejército reestructurado** y **disciplinado**, y una **Grecia conquistada**.

Bien instruido en asuntos militares, Alejandro se decide a completar la misión de su padre: **la conquista de Anatolia**.

Alejandro obtiene **una victoria tras otra**, impresionando a sus tropas con sus **estrategias y su valiente liderazgo** desde el frente.

Su **carisma y habilidad táctica** fomentan **la moral alta y la lealtad** de sus tropas mientras libran batallas por Oriente Próximo y Asia.

El ejército de Alejandro resulta invencible. En once años construye el mayor imperio del mundo antiguo.

Nuestros enemigos son medos y persas, hombres que durante siglos han vivido vidas de comodidad y lujo [...]

Alejandro Magno
en la batalla de Issos,
Anábasis de Alejandro Magno

río, pero una contraofensiva persa casi le cuesta la vida. Las tropas macedonias se agruparon a su alrededor, y su caballería pesada rompió finalmente las filas persas, seguida por la falange de hoplitas, que obligó a los persas a huir.

Luego, Alejandro tomó la capital de la provincia, Sardes, y avanzó hacia el sur por la costa anatolia. Las fuerzas persas de la región se habían reunido en Halicarnaso, una ciudad portuaria del suroeste de Anatolia. Pese a las catapultas y una resistencia tenaz, la infantería de Alejandro logró abrir una brecha en las murallas de la ciudad al cabo de cuatro meses. Ahora controlaba la mayor parte de Anatolia occidental.

Líderes cara a cara

Ante las primeras victorias de Alejandro en Anatolia, el rey persa Darío III tomó el mando personal de sus fuerzas, y en noviembre de 333 a.C. ambos se enfrentaron por primera vez en la batalla de Issos, en el sureste de Anatolia. Alejandro disponía de unos 40 000 hombres frente a los 60 000 de Darío III, pero esta superioridad numérica no beneficiaba al ejército persa, ya que el campo de batalla era una estrecha llanura costera.

Los macedonios se desplegaron en su formación característica, una falange central de infantería flanqueada por caballería. La batalla dio un vuelco cuando los hipaspistas (infantería pesada de élite), liderados por Alejandro, perforaron las líneas persas. Entonces, Alejandro dirigió una carga con su caballería de élite, los *hetairoi*, contra la posición que ocupaba Darío. El monarca persa huyó a caballo, sus hombres se desmoralizaron y la contienda derivó rápidamente en una derrota que costó a los persas la mitad de sus tropas. Tras la batalla, los macedonios capturaron a la esposa, la madre y dos de las hijas de Darío (con una de las cuales se casó Alejandro más tarde), junto con un cuantioso tesoro.

En vez de avanzar hacia el este, hacia Mesopotamia, Alejandro marchó hacia el sur, hacia Siria. Su objetivo era dominar el Mediterráneo oriental, empezando por la ciudad-estado de Tiro, un puerto importante con una flota potente y murallas formidables, que suponía un complejo desafío militar. Para evitar un costoso asedio, Alejandro propuso una alianza, pero los tirios respondieron matando a sus emisarios.

El sitio de Tiro

A principios del 332 a. C., Alejandro, falto de una fuerza naval importante, inició su primer intento de tomar Tiro, emplazada en su mayor parte en una isla. Construyó una calzada de piedra de 1 km casi hasta las murallas de la ciudad e hizo avanzar sus torres de asedio de madera. Esta extraordinaria proeza de ingeniería militar fracasó, pues los tirios llenaron un viejo barco de material explosivo, lo incendiaron y lo hicieron flotar hacia las torres, que ardieron.

Las victorias anteriores de Alejandro provocaron deserciones en las filas persas: 80 barcos persas se unieron a sus fuerzas y otros 120 llegaron desde Chipre. Con una fuerza naval superior, podía bloquear Tiro y preparar el asalto, que tuvo lugar en julio. Los hombres de Alejandro abrieron una brecha en los muros de la guarnición con arietes montados en los barcos, mientras el resto de la flota lanzaba un bombardeo coordinado desde el mar. Una vez dentro de las murallas, la guarnición fue rápidamente derrotada, y la ciudad cayó. Furioso por la resistencia anterior de la ciudad, Alejandro mandó destruir parte de ella y vendió a la mayoría de sus habitantes como esclavos.

La mayoría de las ciudades de la región se rindió para no correr la suerte de Tiro. El único obstáculo que quedaba para el avance de Alejandro hacia Egipto era una fuerte guarnición persa en Gaza, cuyo comandante se negó a rendirse, confiando en su posición bien fortificada en lo alto de una colina. En octubre del 332 a. C., Alejandro tomó Gaza por la fuerza de las armas, abriendo una brecha en las murallas al cuarto intento, pero fue herido en el hombro. Aunque derrotado, el comandante persa se negó a someterse, y Alejandro hizo que lo mutilaran y ejecutaran arrastrado por un carro. Los hombres de Gaza fueron asesinados, y las mujeres y los niños, esclavizados.

Faraón de Egipto

El camino hacia Egipto, gobernado por los persas durante más de 200 años, estaba despejado. Muchas de sus fuerzas persas habían acudido a luchar contra Alejandro en conflictos anteriores, y conociendo el posible coste de la derrota, los egipcios se rindieron y le nombraron faraón. »

El ejército victorioso de Alejandro en la batalla de Issos contaba con 3000 hipaspistas con lanzas y numerosa caballería pesada.

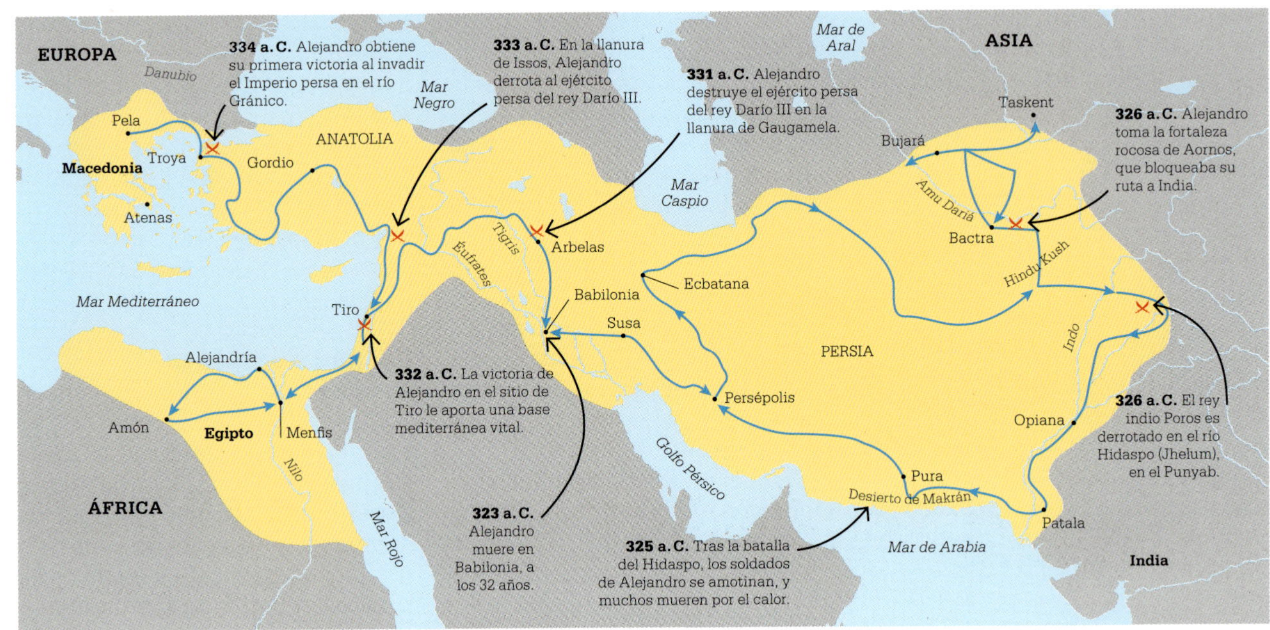

Entre 334 y 323 a. C., Alejandro construyó un imperio que se extendía a lo largo de más de 6400 km, desde Grecia hasta el río Indo a través de Asia, y abarcaba una superficie de más de 5 millones de km^2. Junto con sus tropas recorrió más de 32 000 km atravesando desiertos y montañas, soportando a veces un calor extremo y, en India, lluvias monzónicas, y conquistando hasta 70 ciudades por el camino.

Clave
- La ruta de Alejandro
- Imperio de Alejandro
- Batalla

Este título llevaba aparejado un flujo constante de ingresos fiscales, que le ayudaron a financiar sus conquistas posteriores.

La batalla de Gaugamela

En el verano de 331 a. C., Alejandro y sus tropas entraron en Mesopotamia desde Egipto casi sin oposición. Darío, que había ofrecido repetidamente negociaciones –rechazadas por Alejandro–, había reunido un enorme ejército para enfrentarse a los macedonios, que pensaba se dirigirían directamente a Babilonia. Sin embargo, Alejandro tomó una ruta hacia el norte para evitar el calor extremo y reunir más suministros. En octubre, los dos soberanos se enfrentaron por segunda vez en la llanura de Gaugamela, cerca de Arbelas, lugar elegido por Darío por considerarlo adecuado para su numerosa caballería y carros falcados. Alejandro disponía de unos 47 000 soldados frente a una fuerza persa al menos el doble de numerosa.

Tal desigualdad podría haber supuesto para los macedonios verse flanqueados, pero Alejandro ideó una solución ingeniosa: Darío estaba en el centro de sus tropas, y él se situó en el ala derecha con su caballería de élite, los *hetairoi*. Mientras su poderosa falange con picas se enfrentaba al centro persa, Alejandro cabalgó hacia el extremo de su flanco derecho, atrayendo así a la caballería persa del flanco izquierdo de Darío para que le siguiera. Esta inesperada maniobra abrió una brecha en las líneas persas, dejando vulnerable a su infantería.

Aunque se cuenta que los persas abrieron brecha en sus filas una o dos veces, Alejandro había creado una línea de fuerzas de reserva que contrarrestaba eficazmente al enemigo. Tras horas de resistencia disciplinada, Alejandro aprovechó su momento. Formó una cuña con la caballería y la infantería disponibles y dirigió una carga devastadora contra el centro persa. Aislado y a punto de ser capturado, Darío huyó, y la resistencia persa acabó por remitir.

Persia derrotada

La riqueza y el prestigio del Imperio persa ya estaban al alcance de Alejandro, que se apoderó de dos de sus grandes ciudades, Babilonia y Susa, y sus tesoros para pagar a sus hombres y enviar una fortuna a Grecia. Mientras Darío intentaba mantener el apoyo de sus sátrapas regionales y reunir un ejército en el oeste de Irán,

Alejandro avanzó hacia su capital, Persépolis, dividiendo sus fuerzas en dos y conduciendo a sus hombres por una peligrosa ruta a través de los montes Zagros.

En enero de 330 a. C., las tropas persas tendieron una emboscada a las de Alejandro en un estrecho paso de montaña cerca de Persépolis. Las de Alejandro sufrieron numerosas bajas y no pudieron enterrar a sus muertos. Sin embargo, al cabo de un mes, gracias a informadores locales, Alejandro flanqueó, rodeó y aniquiló a sus adversarios. Marchó hacia Persépolis, se apoderó del tesoro y permitió que sus hombres saquearan la ciudad y quemaran sus palacios. Luego avanzó hacia el este en busca de Darío, refugiado en casa de su pariente Besso. Sin embargo, antes de que Alejandro pudiera apresar a Darío, Besso lo hizo matar y se proclamó nuevo soberano persa. Alejandro se adentró en Asia central para derrotar a Besso y obtuvo una serie de victorias sobre las tribus de la región.

El objetivo final de Alejandro

Consolidada su posición como nuevo soberano del Imperio persa, Alejandro dirigió su ejército hacia el subcontinente indio en 327 a. C. En mayo del año siguiente había avanzado hasta el Punyab, donde derrotó a un rey local, Poros, a orillas del Hidaspo. Sin embargo, fue una lucha sangrienta. El ejército de Poros contaba con muchos elefantes de guerra, que avanzaron por delante de la infantería india, pisotearon a las tropas macedonias y aterrorizaron a sus caballos. Al final de la batalla, el agotado ejército de Alejandro se amotinó y se negó a seguir hacia el este. En febrero de 325 a. C., Alejandro triunfó de nuevo en un asedio al sur, en la ciudadela de la tribu de los malios, pero fue alcanzado por una flecha que casi le mata.

Los elefantes de guerra de Poros atacan a la falange macedonia en la batalla del río Hidaspo. Incluso aquí, ante fuerzas muy superiores, Alejandro se impuso cruzando furtivamente el río para flanquearlas.

Muerte y legado

Una vez recuperado, Alejandro volvió con su ejército a Persia y permitió a muchos de sus veteranos regresar a Grecia. Planeaba una invasión de Arabia y otras campañas en el norte de África y en Italia, pero murió repentinamente en Babilonia en junio de 323 a. C., a los 32 años. Abundan las teorías sobre la causa: enfermedad, envenenamiento o agotamiento tras años de campaña. Invicto en combate, había gobernado un imperio que se extendía por tres continentes, fundado decenas de ciudades y extendido la cultura griega por Asia y el norte de África. Durante los 40 años siguientes, sus sucesores, los diádocos, lucharon encarnizadamente por su herencia. ■

Bucéfalo

Una figura clave de la leyenda tejida en torno a Alejandro fue su magnífico corcel Bucéfalo, un enorme caballo negro con una estrella blanca en la frente. Su nombre («cabeza de buey») pudo deberse a su carácter testarudo, pues al principio se creía que no se le podía adiestrar. Se cuenta que el joven Alejandro, al ver que Bucéfalo parecía temer su propia sombra, giró la cabeza del caballo hacia el sol antes de montarlo. Una vez domado por Alejandro, fue su montura personal mientras dirigía la caballería de élite de los *hetairoi* en combate.

Bucéfalo acompañó a Alejandro en todas sus campañas, desde Grecia hasta India. Después de años de leal servicio (e incluso un secuestro), murió en 326 a. C., a la edad de 30 años. Se desconoce la causa de su muerte: pudo deberse a una herida sufrida en la batalla del río Hidaspo, o simplemente a la vejez. Desconsolado, Alejandro celebró un funeral de Estado y fundó una ciudad en su honor, llamada Bucéfala (Jhelum, en el actual Pakistán), en la orilla occidental del Hidaspo.

TRES GRANDES NUEVOS REINOS [...] SURGIERON

LOS SUCESORES DE ALEJANDRO (323–281 a. C.)

EN CONTEXTO

ENFOQUE
El triunfo del helenismo

ANTES
359–336 a. C. Filipo II, padre de Alejandro Magno, convierte a Macedonia en la potencia dominante de Grecia.

336–323 a. C. Alejandro Magno establece un imperio que se extiende desde Egipto hasta el noroeste de India.

DESPUÉS
168 a. C. La derrota de las fuerzas macedonias por legiones romanas en Pidna lleva a la caída de la dinastía antigónida.

129 a. C. El ejército del Imperio parto derrota a los seléucidas en Ecbatana y acaba con el dominio helenístico en Irán.

63 a. C. Roma pone fin al Imperio seléucida anexionándose el último territorio de este en Siria.

30 a. C. Muere Cleopatra, última de los ptolomeos; Roma se anexiona el reino ptolemaico.

Tras la muerte de Alejandro Magno en 323 a. C., su vasto imperio se fragmentó al disputarse su dominio sus generales macedonios, conocidos como diádocos («sucesores»). Al final, después de más de 40 años de guerra, surgieron tres grandes dinastías: los ptolomeos en Egipto, los seléucidas en Asia y los antigónidas en Macedonia y Grecia. Estas dinastías florecieron hasta mediados del siglo II a. C., y sus colonos introdujeron la cultura, la lengua, las ideas y las técnicas de guerra helenísticas (griegas) en territorios más allá del Mediterráneo.

En la batalla de Gaza de 312 a. C., la infantería y la caballería de Ptolomeo y Seleuco se enfrentan a los elefantes de guerra de Demetrio, hijo de Antígono, que sufre una humillante derrota.

Hacia el dominio dinástico

El general de caballería Pérdicas fue al principio el principal diádoco, hasta que un grupo de generales, Antípatro, Antígono y Ptolomeo, formaron una alianza contra él. Los combates estallaron en 321 a. C., y Pérdicas fue asesinado. En 319 a. C., Antípatro controlaba Grecia y Ma-

Véase también: La Grecia clásica 24–27 ▪ Las guerras del Peloponeso 28–31 ▪ Las conquistas de Alejandro Magno 32–39 ▪ El ascenso de Roma 50–51

cedonia, Antígono los antiguos territorios de Alejandro en Asia, y Ptolomeo, Egipto. Sin embargo, a su muerte en 319 a. C., Antípatro no dejó su territorio a su hijo Casandro, sino a su lugarteniente Polipercón. Furioso, Casandro se alió con Antígono y Ptolomeo, y en 315 a. C. se había hecho con el control de Macedonia y Grecia.

La negativa de Antígono a ceder territorio condujo a otra guerra que duró hasta 311 a. C. y en la que perdió algunos territorios contra Seleuco, un aliado de Ptolomeo que acabó por hacerse con el control de Babilonia y gran parte de Persia. En 301 a. C., Antígono fue asesinado en la batalla de Ipsos, dejando una alianza victoriosa de Casandro, Ptolomeo y Seleuco para repartirse sus territorios. Tres años después, Demetrio –hijo de Antígono– se hizo con Macedonia y Grecia, donde estableció la dinastía antigónida.

La guerra helenística

Las nuevas dinastías libraron guerras casi constantes entre ellas y contra estados vecinos, y recurrieron a mercenarios y reclutas locales para aumentar el número de tropas. Los generales diádocos cambiaron poco las tácticas militares de Alejandro. Dependían aún en gran medida de la falange, una densa fila de infantería armada con sarisas (lanzas largas), con los flancos protegidos por caballería. Había más arqueros montados y catafractos (caballería pesada en la que tanto jinetes como caballos llevaban armadura). Algunos ejércitos helenísticos usaron también elefantes de guerra, equipados con torres que albergaban tropas armadas con picas. ■

Seleuco I Nicátor

Posiblemente hijo de un general del ejército de Filipo II, Seleuco nació hacia 358 a. C. en Europos (Macedonia). En 334 a. C. acompañó a Alejandro en su expedición a Asia y en 327 a. C. había ascendido hasta comandar los hipaspistas, una unidad de infantería de élite. Tras la muerte de Alejandro se convirtió en gobernador de Babilonia, pero en 316 a. C. se vio obligado a abandonar el cargo y huyó a Egipto.

Cuatro años después, con ayuda de Ptolomeo, retomó Babilonia, hecho que suele considerarse el inicio del Imperio seléucida. Extendió su dominio a Persia, pero su expansión hacia el este fue frenada por las fuerzas indias de los maurya en 303 a. C. Se hizo con Siria en 301 a. C. y en 292 a. C. recurrió a su hijo y heredero Antíoco como cogobernante en el este de un imperio ya inmenso. El legado de Seleuco incluyó la fundación de la ciudad de Antioquía hacia 300 a. C.

En 281 a. C., Seleuco, al que llamaban Nicátor («vencedor»), cruzó a Europa con la esperanza de conquistar Macedonia y Tracia. Ese año fue asesinado por Cerauno, hijo de su antiguo aliado Ptolomeo.

LOS ELEFANTES [...] ERAN 9000

EL IMPERIO MAURYA (*c.* 321–185 a. C.)

EN CONTEXTO

ENFOQUE
Elefantes de guerra

ANTES
***C.* 2600 a. C.** Aparecen imágenes de elefantes en sellos y tablillas de la civilización de Harappa, en el actual Pakistán.

543 a. C. Bimbisara se convierte en rey de Magadha (India); creará un cuerpo de elefantes bien entrenados.

***C.* 343 a. C.** Mahapadma Nanda usurpa el trono de Magadha y funda la dinastía nanda, cuyos elefantes de guerra aterrorizarán al ejército de Alejandro.

DESPUÉS
224 a. C. Kalinga, conquistado por Aśoka el Grande, se separa del Imperio maurya en una victoria obtenida gracias a sus elefantes de guerra.

***C.* 30 a. C.** Los nómadas kushan de Asia central invaden el norte de India y adoptan el elefante de guerra. En sus monedas posteriores, su rey aparece montado en uno.

El imperio de Chandragupta Maurya, fundado hacia 321 a. C., unió gran parte del sur de Asia en un único reino que se extendía desde el actual Afganistán hasta Bangladés, y desde las estribaciones del Himalaya hasta la meseta del Decán, en el centro de India. Su hijo Bindusara lo extendió hacia el sur, y alcanzó su mayor extensión bajo su nieto Aśoka. Dentro del imperio, los elefantes tenían un significado simbólico y un uso práctico como arma de guerra.

Tras la retirada de Alejandro

Magadha, el reino del norte de India donde vivía Chandragupta, se sumió en la confusión tras la llegada triunfal de Alejandro Magno en 327 a. C., y dos años después, tras su marcha. Las exhaustas tropas de Alejandro se habían negado a seguir combatiendo al saber que el ejército del vecino Imperio nanda contaba con varios miles de elefantes de guerra. A regañadientes, Alejandro había dado media vuelta hacia el oeste.

Con un ejército recién reclutado, Chandragupta se hizo con el control de Magadha hacia 325 a. C. y de toda la región del Punyab hacia 322 a. C. En los años siguientes extendió sus fronteras hacia el oeste –a tierras recientemente desocupadas por los griegos, que antes controlaban Magadha–, y más tarde hacia el sur.

Una filosofía de gobierno

El erudito Kautilia (Chanakia), que sirvió a Chandragupta como consejero, describió cómo debía gobernarse un reino y asegurar el poder en el *Arthashastra*, un tratado sobre estrategias políticas, económicas y militares. Kautilia reconocía la crueldad necesaria para alcanzar y conservar el poder, y abogaba por un sistema de vigilancia de espías e informantes, pero también sostenía que un

Elefante de guerra maurya arrodillado para que sus jinetes puedan desmontar, representado en la Gran Estupa de Sanchi, en Madhya Pradesh (India), encargada por Aśoka en el siglo III a. C.

Véase también: Las conquistas de Alejandro Magno 32–39 ▪ Los sucesores de Alejandro 40–41 ▪ Las guerras púnicas 52–53 ▪ Las conquistas de Tamerlán 105 ▪ Conquistas de los mogoles en India 140–141 ▪ La conquista británica de India 225

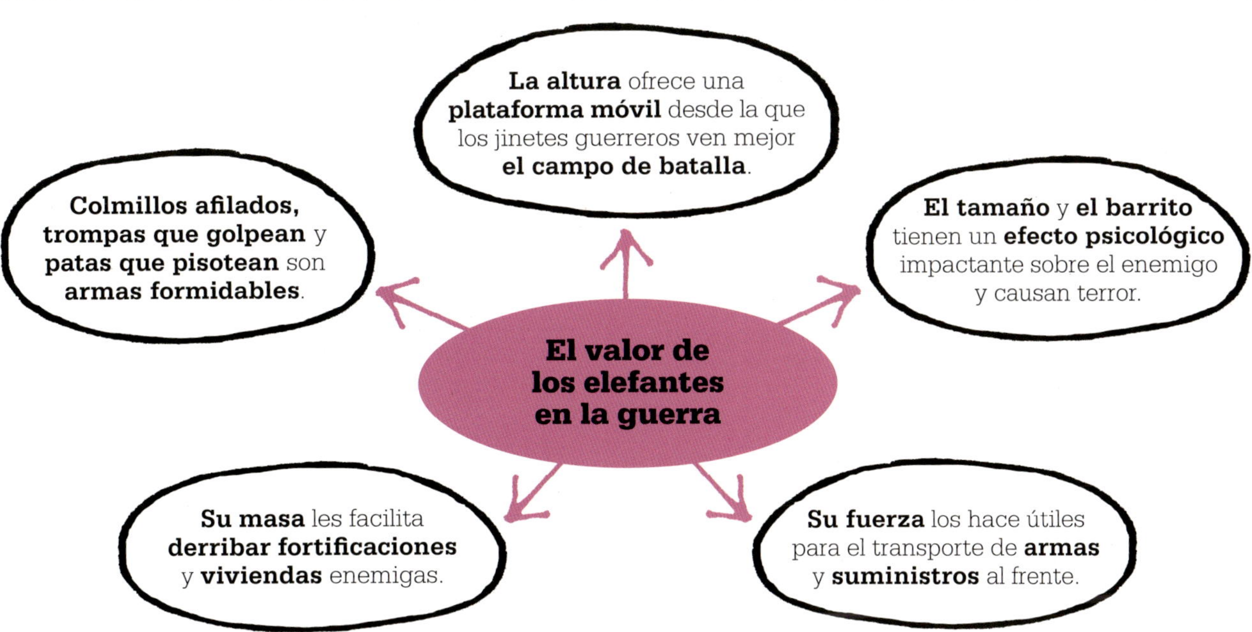

gobernante tenía responsabilidades éticas, y establecía cómo debía organizarse y funcionar el gobierno.

Al describir cómo debía emplear su tiempo un rey, el *Arthashastra* divide los días en ocho periodos, cada uno dedicado a una actividad concreta, incluida la supervisión de elefantes, caballos, carros e infantería. Los elefantes salvajes capturados y considerados aptos eran adiestrados por expertos militares para girar, avanzar, pisotear tropas enemigas y atacar a elefantes y fortificaciones del enemigo. En combate, un elefante transportaba tres guerreros, y un cuarto hombre, el cornaca, lo guiaba con una aguijada.

En la guerra y en la paz

Chandragupta fue el primer soberano del sur de Asia en tener un ejército permanente, y los elefantes eran un elemento vital. Sus fuerzas incluían hasta 9000 elefantes, al igual que los ejércitos de Bindusara y Aśoka el Grande, que reinó de 268 a 232 a. C.

En 261 a. C., Aśoka invadió el estado oriental de Kalinga. El conflicto costó tantas vidas que, avergonzado, renunció a la guerra, se convirtió al budismo e instó a sus sucesores a seguir la vía de la no violencia, un principio que proclamó en inscripciones en piedra. A su muerte, el imperio se redujo, y Brihadratha, su último rey, fue asesinado en 185 a. C.

Fin del poder de los elefantes

En el siglo I a. C., el elefante de guerra se había extendido a Grecia y Roma. Aunque en declive, siguió desempeñando un papel clave en el ejército persa sasánida en el siglo VII d. C. y en Sri Lanka hasta el siglo XVI. Sin embargo, las armas de fuego asustaban a los animales, y al desarrollarse cañones y armas de fuego más potentes, el elefante de guerra quedó obsoleto. ■

El elefante sagrado

Mucho antes de su empleo como armas de guerra, los elefantes tenían un profundo significado religioso en el sur de Asia. En el hinduismo y el budismo representan la fertilidad, la lealtad, el poder y la sabiduría, y también son venerados en el jainismo.

El *Mahabharata*, uno de los grandes poemas épicos de la antigua India, describe al rey blanco de los elefantes, Airavata, que tiene cuatro colmillos y siete trompas, y lleva a Indra, rey de los dioses. Las deidades hindúes Ganesha (Señor del Pueblo), y su forma femenina Vinayaki tienen cabeza de elefante, y los *ashtadiggajas* son ocho elefantes que, según la cosmología hindú, sostienen la Tierra.

EL GUERRERO SABIO EVITA LA BATALLA

ORÍGENES DEL IMPERIO CHINO (475–221 a. C.)

EN CONTEXTO

ENFOQUE
El arte de la guerra

ANTES
597 a. C. El estado de Chu vence a un ejército jin en la batalla de Bi. Los líderes chu permiten huir a las tropas derrotadas.

513 a. C. Se funde por primera vez hierro en China. Pronto se usará para fabricar armas.

521 a. C. El oficial fronterizo Hua Bao muere en Zheqiu (China central) al fallar un disparo y detenerse para permitir a su adversario devolver el tiro.

DESPUÉS
207 a. C. El segundo emperador, Qin Er Shi (Ying Huhai), se quita la vida. La dinastía Qin cae al año siguiente.

Siglo III d. C. El guerrero y poeta han Cao Cao escribe el primer comentario conocido sobre *El arte de la guerra* de Sunzi.

En China, la economía agraria floreció a partir del I milenio a. C. y se realizaron avances importantes en ciencia y tecnología, como la mejora de la fundición del hierro y las técnicas de drenaje y regadío. Sin embargo, la competencia y los conflictos aumentaron a medida que unos estados poderosos absorbían los reinos chinos menores y se consolidaba el que acabaría siendo el Imperio Qin.

Mientras los estados luchaban por la supremacía, surgieron nuevas

Véase también: El Imperio Han 48–49 ▪ Las invasiones mongolas 96–101 ▪ La fundación de la China manchú 142–143 ▪ Las Diez Grandes Campañas 166–167 ▪ China en crisis 230–231 ▪ La segunda guerra chino-japonesa 264–265

En 1972 se halló una copia de *El arte de la guerra* hecha de tiras de bambú, como esta reproducción, con una columna de caracteres por tira. Muchos textos chinos antiguos se escribieron así.

teorías militares basadas en una plétora de tratados filosóficos y prácticos. El más influyente fue el atribuido al general y pensador militar Sunzi (a veces llamado Sun Tzu): *El arte de la guerra*.

Alianzas cambiantes

Los escritos de Sunzi son fruto de un periodo histórico complejo y violento. Desde 1050 a. C., la dinastía Zhou había extendido su dominio a gran parte de China. Sus reyes gobernaron a través de una aristocracia feudal con una autonomía regional considerable. Esto facilitó la expansión, pero también creó caudillos locales ricos y rebeldes. En 771 a. C., una revuelta obligó a los reyes Zhou a huir de su capital, Hao, y establecer otra en Chengzhou.

En los siglos siguientes, conocidos como periodo de las Primaveras y Otoños (771–475 a. C.), el dominio de los reyes Zhou sobre sus territorios se fue erosionando y China se convirtió en un mosaico de pequeños estados con alianzas cambiantes con la dinastía Zhou y entre ellos, y cuyos reyes luchaban unos con otros. Al principio había casi 100 estados, pero su número se redujo rápidamente a medida que los reinos más pequeños se unían por seguridad colectiva o eran conquistados.

A principios del siglo V a. C. solo quedaban siete grandes estados: Han, en el centro del país, con Wei y Zhao al norte; Chu al sureste; Qi al este; Yan al noreste y Qin al oeste. El siguiente siglo y medio de guerra casi constante entre ellos se conoce como periodo de los Reinos Combatientes (475–221 a. C.).

Teorías de la guerra

Los líderes de las nuevas potencias reclutaban funcionarios en función de su capacidad, y no de su origen aristocrático (como fuera tradición bajo los Zhou). Para formar a estos nuevos burócratas e inculcarles orden y obediencia se crearon academias donde se enseñaban ciencias, derecho y filosofía. El auge de estas en el siglo V a. C. trajo una explosión de estudios académicos y debates filosóficos, con la guerra como ámbito de interés clave, y un amplio corpus de obras para debatir: desde textos históricos, como *Las seis enseñanzas secretas* del general Tai Kung de principios de la dinastía Zhou, hasta escritos contemporáneos como el *Wei Liaozi*, un texto sobre asuntos militares y políticos atribuido al teórico de la época Qin Wei Liao. Sin embargo, el que más repercusión tuvo fue *El arte de la guerra*, pues según la tradición ayudó al estado de Qin a lograr el dominio sobre los demás.

El arte de la guerra de Sunzi

Según la tradición, Sunzi nació en el este de China hacia 544 a. C. y fue general y estratega militar del estado de Wu, al sur del país, durante el periodo de las Primaveras y Otoños. Se sabe muy poco más sobre su vida. Se le suele atribuir *El arte de la guerra*, aunque aún se discute cuándo se escribió y si Sunzi fue realmente su autor e incluso si existió. Sin embargo, la influencia de esta »

En la guerra [...] sea tu gran objetivo la victoria, no campañas largas.

Sunzi

El arte de la guerra

obra es indiscutible. Intelectualmente inquisitiva y de expresión elocuente, adoptaba una nueva visión cínica de la guerra. Sunzi sostenía que, lejos de ser gloriosa, es un despilfarro de recursos: una victoria rápida por cualquier medio es la mejor manera de alcanzar la paz. Este enfoque reforzaba las opiniones que habían empezado a surgir durante el periodo de las Primaveras y Otoños.

Nuevas tácticas

Bajo la dinastía Zhou, la guerra fue la ocupación de una pequeña élite guerrera aristocrática, regida por un código de conducta estricto. El combate era casi ritual, y difícil para uno u otro bando obtener ventaja. Al hacerse más frecuentes los conflictos entre estados rivales, tal estancamiento era cada vez más problemático. El *Zuo Zhuan*, un comentario de un historiador desconocido de la época de los Reinos Combatientes sobre el periodo de las Primaveras y Otoños, destaca el cambio de actitud: preguntado un general de la vieja escuela si atacaría a un ejército enemigo en aprietos en el vado de un río, la respuesta es una negativa indignada: «No haré sonar el tambor para atacar hasta que hayan formado». Sus camaradas más jóvenes reaccionan con burlona incredulidad.

El declive de la antigua nobleza durante los Reinos Combatientes marcó el fin de los ideales caballerescos. La guerra la libraban vastos ejércitos de infantería, y al no concederse el mando por ser de familia noble, los líderes debían ser ingeniosos y despiadados para demostrar su destreza en combate. En sus escritos, Sunzi abordaba todos los aspectos de la guerra, abogando por una estrategia sutil y flexible basada en cinco principios fundamentales: la moral, el tiempo, el terreno, el liderazgo y el método.

El engaño, herramienta de guerra

El arte de la guerra no fue universalmente aclamado. Los seguidores de Kongzi (Confucio), célebre filósofo del periodo de las Primaveras y Otoños, desaprobaron la afirmación de que «toda guerra se basa en el engaño», por contraria a su estricto código moral. Sin embargo, muchos generales de los Reinos Combatientes adoptaron los preceptos de Sunzi. En la batalla de Maling, en 342 a. C., Sun Bin –supuesto descendiente de Sunzi y estudioso de *El arte de la guerra*– aplicó los consejos de su antepasado.

Superado en número por sus adversarios de Wei y al mando de un ejército de Qi que defendía a su aliado, el estado de Han, Sun Bin lanzó un ataque de distracción a la capital de Wei. Han estaba casi en manos de Wei, pero el general Pang Juan tuvo que volver a Wei ante la amenaza de Sun Bin. Sabiendo que su ejército aún era vulnerable, Sun Bin se retiró, pero hizo que pareciera que sus hombres habían huido del campamento presas del pánico. Pang Juan los persiguió y cayó en una emboscada tendida por Sun Bin.

Armas y muros

No solo las nuevas teorías militares transformaron la guerra en China. En el siglo V a. C. se inventó el recocido, un procedimiento que hace menos quebradizo el hierro fundido y que permitió fabricar armas más eficaces. El numeroso funcionariado se encargó de organizar el proceso de fabricación a fin de equipar con

El ejército de terracota de Qin Shi Huang fue enterrado en fosas cerca de su tumba. Tres de las casi 200 fosas en total contienen guerreros.

Los guerreros de terracota

En 1974, un grupo de agricultores descubrió una gran colección de soldados de terracota de tamaño natural enterrados con Qin Shi Huang, el primer emperador, destinados a protegerle después de su muerte. Las figuras de más de 8000 soldados de infantería, ballesteros, arqueros y jinetes se fabricaron en serie, pero se personalizaron con rasgos moldeados y pintura. Los rostros, peinados, tocados y calzado varían, tal vez para representar a los habitantes de las distintas regiones del imperio. La altura y la pose revelan su condición: los oficiales de alto rango son más altos; los arqueros están arrodillados y los soldados de caballería montan caballos de terracota.

Excavaciones recientes han hallado figuras de funcionarios, músicos y acróbatas en fosas que rodean la tumba. Además de su ejército, acompañaba al emperador toda una corte de terracota: un microcosmos del sistema que había creado.

rapidez y eficacia a los enormes ejércitos de la época.

Los conocimientos de los burócratas también fueron indispensables para reunir la experiencia y la mano de obra necesarias para construir fortificaciones. La población se refugiaba en ciudades fortificadas, y en las vulnerables zonas fronterizas, unas gigantescas murallas de barro compactado, ladrillo y piedra, algunas de más de 800 km de largo, que protegían a los estados, fueron el primer intento de repeler las incursiones periódicas de los nómadas de las llanuras desde el norte de China.

El auge de Qin

En el siglo IV a. C., el estado de Qin empezó a ganar fuerza. Su ascenso se aceleró a mediados de siglo bajo el influyente estadista Shang Yang, cuyas reformas de los sistemas jurídico, fiscal y de asignación de tierras aumentaron la riqueza y poder de Qin.

En la guerra, Shang Yang, al igual que Sunzi, defendía la victoria por cualquier medio, un planteamiento asumido en el siglo siguiente por el estado de Qin, que se impuso a sus rivales obteniendo victorias contra los estados de Chu y Zhao, entre otros.

Cuando el ejército de Qin invadió Han en 265 a. C., se enfrentó a una fuerza menor de Zhao, llegada para defender a su aliado Han. El comandante de Zhao, Lian Po, se atrincheró en Changping a la espera de refuerzos, pero las fuerzas de Qin les cortaron el camino y se llegó a un punto muerto.

Siguiendo el consejo de *El arte de la guerra*, Qin envió espías a Zhao para difundir el rumor de que Lian Po era demasiado cobarde para luchar. Funcionó: Lian Po fue sustituido por un general menos experto que atacó de modo imprudente. Los comandantes de Qin superaron a las tropas de Zhao y lograron una victoria decisiva.

Conquista de Qin

Desde la batalla de Changping, la preeminencia de Qin era clara, pero este seguía siendo un estado más. Sin embargo, al acceder al trono Ying Zheng en 243 a. C., con solo 13 años de edad, era ya imparable. Entre 230 y 225 a. C. derrotó a Han y Wei, y la caída de Qi en 221 a. C. completó la conquista.

Ying Zheng adoptó el título de Qin Shi Huang («primer emperador divino») y, ateniéndose a las ideas de Shang Yang, hizo de su colección de estados conquistados un imperio. Desarmó a los caudillos locales, dividió el reino en 36 provincias a las que envió funcionarios leales y reclutó a cientos de miles de soldados y trabajadores para conectar las fortificaciones existentes –la Gran Muralla– a lo largo de toda la frontera norte del imperio.

Qin Shi Huang murió en 210 a. C. y fue enterrado en Xianyang, su capital, en el noroeste de China (actual Xi'an), con un vasto ejército de terracota, un monumento a su poder militar y habilidad burocrática. ■

La excelencia suprema consiste en romper la resistencia del enemigo sin luchar.

Sunzi

El arte de la guerra

DEBE PLANEARSE EN SECRETO, Y EL ATAQUE HA DE SER RÁPIDO

EL IMPERIO HAN (206 a. C.–220 d. C.)

EN CONTEXTO

ENFOQUE
China en guerra

ANTES

221 a. C. Ying Zheng, soberano del reino Qin, unifica China y se proclama Qin Shi Huang, primer emperador de la dinastía Qin.

214 a. C. Terminar el canal Lingqu, que une los ríos Xiang y Li, permite al emperador suministrar grano a las tropas que luchan contra las tribus del sur.

DESPUÉS

280 a. C. Sima Yan, antiguo general del reino de Wei, reunifica China como primer emperador de la dinastía Jin.

304 El general xiongnu Liu Yuan invade el norte de China y se proclama emperador de la dinastía Han del Norte.

618 Tras la caída de la efímera dinastía Sui, Li Yuan toma el poder y funda la dinastía Tang, iniciando así una nueva edad de oro.

Después de la muerte de Qin Shi Huang, fundador de la dinastía Qin, en 210 a. C., su imperio se derrumbó. En la lucha por la sucesión, una facción apoyó a Xiang Yu, un noble de Chu, en el sur de China, y otra a Liu Bang, líder campesino de la región del río Han, en el centro del país. Xiang Yu tenía un ejército más numeroso, pero gracias a una mayor habilidad militar y política, Liu Bang venció finalmente en la batalla de Gaixia en 202 a. C., tras una guerra civil de cuatro años. Luego conocido como Gaozu (Gran Antepasado), Liu Bang se convirtió en el primer emperador de la dinastía Han, que gobernó más de 400 años.

A medida que el imperio se expandía, el comercio, la tecnología y las artes vivieron una edad de oro. Sin embargo, al principio los xiong-

Este detalle del *Atlas catalán* de 1375 representa una caravana en la Ruta de la Seda, una red de rutas comerciales euroasiáticas activa desde la época han hasta mediados del siglo XV.

Véase también: Orígenes del Imperio chino 44–47 ▪ Las invasiones mongolas 96–101 ▪ Las conquistas de Tamerlán 105 ▪ Las Diez Grandes Campañas 166–167

nu del norte eran una amenaza. En 200 a. C., Gaozu envió 3000 hombres para destruir las bandas nómadas, pero la caballería xiongnu aplastó al ejército imperial, lo que condujo a que Gaozu firmara varios tratados de paz.

Victoria y expansión

El emperador Han Wudi, que reinó entre los años 141 y 87 a. C., renegó de los tratados y empleó ejércitos enormes para empujar a los xiongnu hacia el norte, al desierto de Gobi, en la actual Mongolia. Para ello, el ejército han tuvo que adaptarse al terreno difícil y aprender a luchar como los xiongnu, hábiles arqueros montados. En 119 a. C., el ejército han aplastó a los xiongnu y los expulsó hacia el norte, más allá del desierto de Gobi.

Durante el largo reinado de Wudi, el Imperio Han casi triplicó su tamaño, hacia el este hasta la actual Corea del Norte y hacia el sur hasta Vietnam. Su capital, Chang'an (cerca de la actual Xi'an), se convirtió en el centro oriental de una red de carreteras que facilitaba el comercio y el transporte de tropas y suministros. Wudi estacionó soldados con sus familias en las fronteras fortificadas y animó a vivir allí a campesinos y artesanos que produjeran alimentos y armas para defender y expandir el imperio.

Lento declive

En 9 d. C., un antiguo funcionario, Wang Mang, derrocó a los Han y proclamó la dinastía Xin. El poder han fue restaurado cuando Wang Mang fue asesinado en el año 23. En el 91, el ejército han volvió a derrotar a los xiongnu, pero la dinastía ya estaba en declive. En el siglo II, la sequía y el hambre provocaron revueltas campesinas, sofocadas por el general han Cao Cao, cuyo hijo Cao Pi se hizo con el poder en 220. Esto marcó el fin de la dinastía Han y su división en los Tres Reinos: Shu-Han, Wei y Wu. ■

Tecnología militar china

Los Han luchaban con enormes ejércitos, principalmente de infantería con ballestas, lanzas y espadas. En el siglo II a. C. ya había hornos capaces de producir hierro fundido (mineral de hierro reforzado con carbono) para armas y herramientas, y se descubrió que reduciendo la cantidad de carbono se obtenía acero, con el que se hacían espadas y lanzas más afiladas y resistentes, y que añadir cromo a la mezcla fundida evitaba la oxidación, dando un tipo primitivo de acero inoxidable.

Como los romanos, sus contemporáneos occidentales, sus ejércitos usaban arietes y torres móviles en la guerra de asedio, pero en lugar de simples escaleras de mano, usaban escaleras articuladas («escaleras de nubes») que se desplegaban rápidamente mediante un contrapeso. Siglos antes de que se adoptase en Europa, también utilizaban el trabuquete de tracción, una catapulta que tensaban equipos de soldados. Otras armas de asedio eran las grandes ballestas montadas, algunas de ellas capaces de disparar múltiples proyectiles.

El mecanismo de disparo de una ballesta han solía ser de bronce, como este, diseñado para disparar a más de 250 m de distancia.

EL PODER DE ROMA SE HA ELEVADO HASTA EL CIELO

EL ASCENSO DE ROMA (390–275 a. C.)

EN CONTEXTO

ENFOQUE
Desarrollo de la legión

ANTES
578–535 a. C. El rey romano Servio Tulio clasifica a los ciudadanos por su riqueza; los más pobres tienen vedado el ejército, y los más ricos forman los *equites* (caballería).

***C.* 509 a. C.** La monarquía romana es derrocada y se instaura la República.

***C.* 400 a. C.** La caballería romana, antes compuesta por jinetes de la clase senatorial, se amplía a quienes puedan pagarse la montura.

DESPUÉS
150–120 a. C. El historiador griego Polibio describe las ventajas de los manípulos romanos para superar al enemigo.

107–101 a. C. El general Mario sustituye el manípulo por la cohorte y transforma el ejército romano en una fuerza profesional.

Durante el siglo IV y principios del III a. C., Roma pasó de ciudad-estado a gran potencia, un ascenso en el que desempeñó un importante papel un ejército altamente organizado y flexible.

En torno a 400 a. C., cuando las tribus galas empezaron a invadir la península itálica al norte, la República romana carecía de ejército permanente. En su lugar, contaba con ciudadanos libres llamados a filas en tiempos de guerra. Las legiones (divisiones) de soldados se organizaban en falanges –la infantería pesada que luchaba en densas filas de lanceros– apoyadas por caballería ligera reclutada entre los nobles romanos. En 390 a. C., un ejército romano que se enfrentó a los galos en la batalla del río Alia, a unos 16 km de Roma, se vio obli-

Este grabado de cinco soldados de infantería de principios de la República romana muestra la variedad de sus armas y elementos de protección.

Véase también: La Grecia clásica 24–27 ▪ Las conquistas de Alejandro Magno 32–39 ▪ Los sucesores de Alejandro 40–41 ▪ Las guerras púnicas 52–53 ▪ César y su legado 54–55 ▪ El Imperio romano en su apogeo 56–57

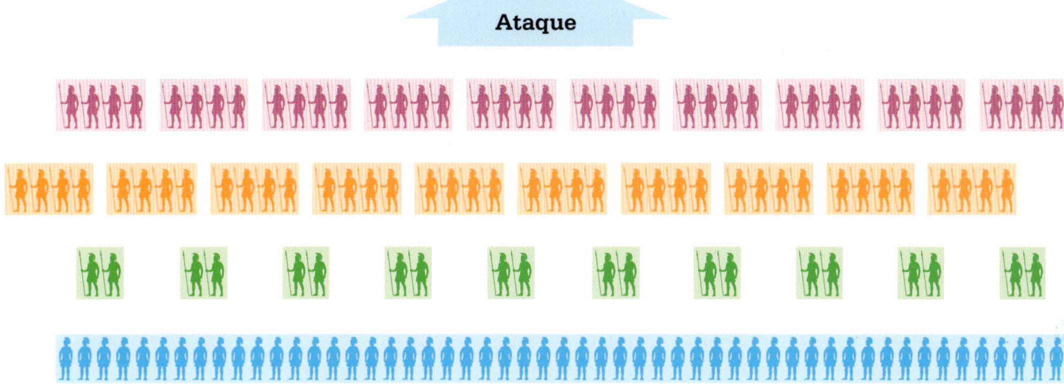

Las filas de la formación de infantería en manípulos se separaban en damero a fin de dejar espacio a los soldados para luchar, retroceder o avanzar. Los asteros, los soldados más inexpertos, eran los primeros en luchar. Los príncipes tenían más experiencia, y los triarios, los más veteranos, solo entraban en combate si se rompían las dos primeras filas. Los *leves* hostigaban antes del ataque para después volver a la reserva.

gado a retirarse. Los galos saquearon la ciudad.

A mediados del siglo IV a. C., Roma se había recuperado lo suficiente para librar con éxito dos guerras contra los samnitas, un pueblo rival del centro de Italia, y ganar batallas contra los etruscos, asentados al norte de Roma. La creciente ambición territorial decidió a la República a reformar el ejército en torno a 315 a. C.

Nueva organización militar

Con el fin de organizar una infantería más flexible y ágil que la falange, los romanos crearon la legión manipular (del latín *manipulus*, «puñado») de unos 4500 combatientes. El elemento principal de infantería se agrupaba en tres filas de diez manípulos: los lanceros (*hastati*), con armadura ligera y lanzas cortas y punzantes; los príncipes («primeros en el orden»), con armadura más pesada, espadas y lanzas arrojadizas, y los triarios (*triarii*, «terceros en el orden»), los mejor equipados, retenidos como fuerza de choque para rematar las batallas.

Cada manípulo, de 60 a 120 hombres, podía actuar de manera independiente, lo cual permitía a los mandos reaccionar rápidamente en combate. Más allá de los manípulos estaban los *leves*, tropas ligeramente armadas de ciudadanos de menor rango, que hostigaban al enemigo antes de que intervinieran los *hastati*. Además, contaban con el apoyo de unos cientos de soldados de caballería.

Crece el poder de Roma

La victoria sobre etruscos y samnitas dio a Roma el dominio de Italia central, pero la llevó a enfrentarse a las colonias griegas del sur, sobre todo Tarento, en la costa de Apulia. En 280 a. C., el general griego Pirro de Epiro –en el noroeste de Grecia– llegó con unos 25 000 hombres para apoyar a Tarento y venció a los romanos en las batallas de Heraclea (280 a. C.) y Ásculo (279 a. C.). Sin embargo, las numerosas bajas entre sus tropas hicieron estas victorias ineficaces (de ahí la expresión «victoria pírrica»). Los romanos derrotaron a Pirro, le obligaron a regresar a Grecia en 275 a. C. y ocuparon Tarento en 270 a. C. Dominado el sur de Italia, Roma emergía como una potencia mediterránea. ■

La grandeza romana es una prueba de la excelencia de sus legiones.

Vegecio

Escritor romano (siglo IV d. C.)

ESTA LECCIÓN [...] LA APRENDIERON POR EXPERIENCIA

LAS GUERRAS PÚNICAS (264–146 a. C.)

EN CONTEXTO

ENFOQUE
Aprender de los errores

ANTES
***C.* 390 a. C.** Una tribu gala saquea Roma; los romanos amplían y reconstruyen sus murallas.

***C.* 315 a. C.** Tras las derrotas ante los samnitas empleando la falange, los romanos adoptan la formación del manípulo.

DESPUÉS
105–101 a. C. Roma nombra a un solo general para vencer a los cimbrios después de que dos comandantes en desacuerdo causen la derrota en la batalla de Arausio.

9 d. C. Un ejército germánico inflige una devastadora derrota a los romanos en el bosque de Teutoburgo; los romanos deciden fortificar su frontera.

1944 Los Aliados invaden con éxito Normandía el Día D, habiendo aprendido la lección del desastre de Dieppe de 1942.

En 275 a. C., la República romana dominaba Italia y pretendía expandirse por el Mediterráneo, entrando con ello en conflicto con el Imperio cartaginés del norte de África. Los cartagineses, descendientes de fenicios asentados en el actual Túnez, habían creado un imperio que se extendía por el norte de África, el sur de la península ibérica, Córcega, Cerdeña y el oeste de Sicilia. Las tensiones por el control de Sicilia oriental llevaron a la primera guerra púnica en 264 a. C.

Roma, una potencia terrestre, tuvo que construir una flota para hacer frente a Cartago en el mar. Los barcos de guerra cartagineses llevaban espolones de bronce para embestir a las naves enemigas, y los romanos introdujeron el *corvus*, una tabla con ganchos que se bajaba sobre la cubierta enemiga a la que se aferraba para el abordaje. Su éxito fue espectacular.

En tierra, aparte de una fallida invasión romana del norte de África en 256 a. C., se luchó sobre todo en Sicilia. Roma fue ganando poco a poco la isla, derrotando a los temibles elefantes de guerra de Cartago lanzando jabalinas que les hacían entrar en pánico y huir. En 241 a. C. acabó la primera guerra púnica, aceptando Cartago el control romano de Sicilia. Cuatro años después, Roma se anexionó Córcega y Cerdeña.

Cartago ataca Italia

Poco después de su derrota en Sicilia, Cartago empezó a extender su imperio en la península ibérica con tropas dirigidas por Amílcar Barca y luego su hijo Aníbal. La toma por este de la ciudad costera de Sagunto, aliada de Roma, en 218 a. C., desencadenó la

El general cartaginés Aníbal y sus tropas, estimadas en unos 20 000 soldados de infantería, 6000 de caballería y hasta 37 elefantes, cruzan los Alpes hacia Italia en este grabado de 1866.

Véase también: El ascenso de Roma 50–51 ▪ César y su legado 54–55 ▪ El Imperio romano en su apogeo 56–57 ▪ El Imperio bizantino 70–73 ▪ El auge del islam 76–81

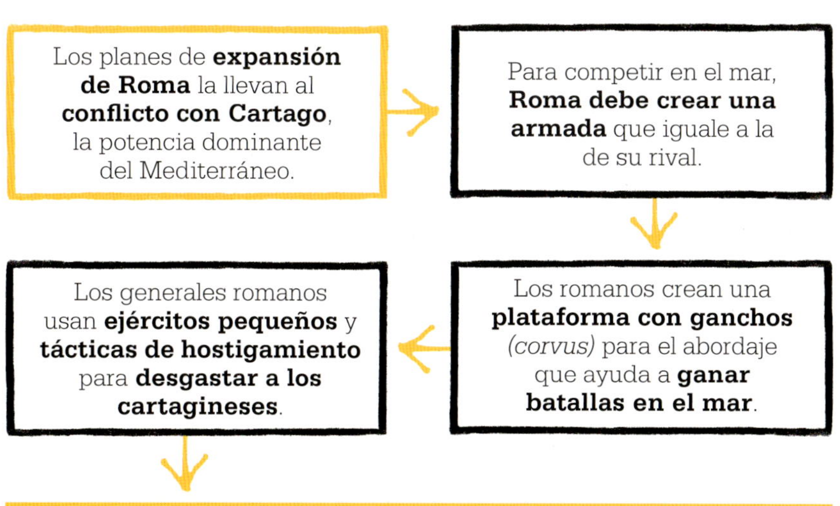

segunda guerra púnica. Para evitar navegar de Hispania al norte de Italia por aguas controladas por Roma, Aníbal tomó la dura ruta terrestre a través de los Pirineos y los Alpes, tendió una emboscada letal a las fuerzas romanas en la batalla de Trasimeno en 217 a. C. y venció en Cannas en 216 a. C., cuando sus fuerzas rodearon y aplastaron a un ejército romano de unos 80 000 hombres. En consecuencia, Roma recurrió a ejércitos menores y más ágiles para hostigar a las fuerzas de Aníbal, cortar las comunicaciones y bloquear los refuerzos para recuperar el terreno perdido.

La guerra se extiende

En 214 a. C., la ciudad-estado griega independiente de Siracusa, en el sureste de Sicilia, declaró la guerra a Roma, y se rebelaron otras partes de Sicilia controladas por Roma. Cartago envió tropas para apoyar a Siracusa, sitiada por Roma al año siguiente por tierra y mar. Al principio sus esfuerzos se vieron frustrados por los inventos del matemático griego natural de Siracusa Arquímedes, como un supuesto espejo gigante que concentraba los rayos de sol en las velas romanas para incendiarlas. Sin embargo, los romanos persistieron y en 213 a. C. rompieron las defensas de la ciudad. En tres años controlaron toda Sicilia y obtuvieron nuevas victorias en la península ibérica.

Cartago es sometida

Las fuerzas romanas dirigidas por el general Escipión invadieron el norte de África en 204 a. C., derrotando a dos ejércitos cartagineses. En la batalla final, en Zama en 202 a. C., ni el liderazgo de Aníbal, recién llegado de Italia, bastó para resistir a los romanos. Cartago perdió la mayoría de sus colonias, y medio siglo después, Roma destruyó la ciudad en la tercera guerra púnica (149–146 a. C.). ▪

Escipión, el Africano

Nacido en una familia noble romana en 236 a. C., Publio Cornelio Escipión se enfrentó por primera vez a Aníbal en 218 a. C. en el río Tesino, en el norte de Italia. La caballería cartaginesa había flanqueado a los romanos, pero Escipión dirigió una carga que puso a salvo a su padre herido. En 216 a. C. sobrevivió a la batalla de Cannas, se ganó a los posibles desertores tras la costosa derrota y en 209 a. C. empezó a cambiar la suerte de Roma.

Después de llevar tropas a la península ibérica, preparó un ataque victorioso al cuartel general de los cartagineses en Cartago Nova (actual Cartagena) y los expulsó de la península en pocos años. Elegido cónsul en 205 a. C., decidió invadir Cartago. Sus tropas desembarcaron un año después, se abrieron paso hacia la ciudad y obtuvieron una victoria decisiva en la batalla de Zama en 202 a. C. Apodado el Africano por su triunfo, fue elegido príncipe del senado romano en 199 a. C. Cuando las enemistades políticas le amargaron la vida se retiró al campo al suroeste de Roma, donde murió en 183 a. C.

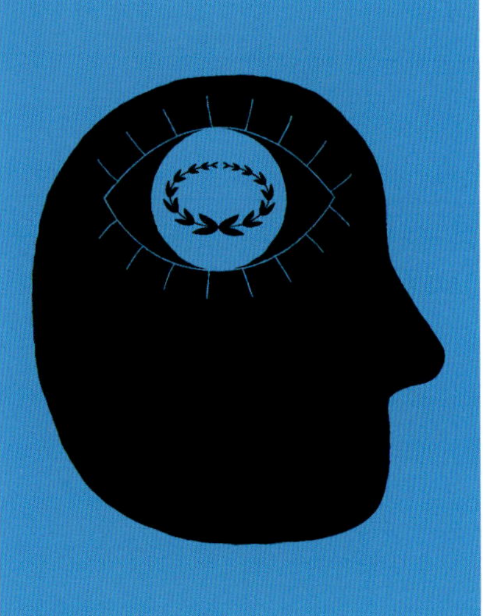

LLEGUÉ, VI, VENCÍ

CÉSAR Y SU LEGADO (58–27 a. C.)

EN CONTEXTO

ENFOQUE
De la república al imperio

ANTES
73–71 a. C. El gladiador Espartaco lidera una gran rebelión de esclavos contra la República romana, pero es derrotado.

60 a. C. Julio César forma un triunvirato, una alianza política con Cneo Pompeyo Magno (Pompeyo) y Marco Licinio Craso.

59 a. C. César es elegido cónsul, el cargo oficial más alto de Roma.

DESPUÉS
16 a. C.–9 d. C. El ejército romano gana territorio más allá de la Galia, pero es derrotado por tribus germánicas.

14 a. C. Muere Augusto y su hijo adoptivo Tiberio le sucede como emperador.

476 Rómulo Augústulo, último emperador del Imperio romano de Occidente, es depuesto.

En el siglo I a. C., la República romana se vio sacudida por luchas políticas internas, disturbios y guerras civiles, una situación que aprovechó el hábil general y político Julio César. Su regreso triunfal a Roma tras sus éxitos militares en el extranjero puso en marcha la transición de la república al régimen autocrático, que completó su sucesor Octavio (Octaviano), el primer emperador romano.

Conquista de la Galia

En 58 a. C., César emprendió una campaña en la Galia (actuales Francia, Luxemburgo y Bélgica). Movido por el deseo de reconocimiento político, gloria militar y una parte de las riquezas naturales de la Galia, además de la necesidad de asegurar las fronteras septentrionales de Roma, aprovechó las divisiones entre las tribus galas y germánicas para obtener una serie de audaces victorias. Su triunfo definitivo llegó finalmente en 52 a. C. en Alesia (en

El puente sobre el Rin construido por las tropas de César en 55 a. C. representado en una pintura de 1814 del arquitecto británico John Soane. Terminado en diez días, fue una gran obra de ingeniería.

Véase también: Las conquistas de Alejandro Magno 32–39 ▪ Los sucesores de Alejandro 40–41 ▪ El ascenso de Roma 50–51 ▪ Las guerras púnicas 52–53 ▪ El Imperio romano en su apogeo 56–57 ▪ Las migraciones bárbaras: el imperio amenazado 58–65

Julio César

Nacido en Roma en 100 a. C. en una familia patricia, Cayo Julio César se casó a los 16 años con Cornelia, hija del cónsul Lucio Cornelio Cinna. Cuando el enemigo de Cinna, Lucio Cornelio Sila, se hizo con el poder en 82 a. C., César se marchó a Anatolia como soldado. A la muerte de Sila, en 78 a. C., regresó a Roma, donde ascendió rápidamente en el sistema político, desde el puesto de tribuno militar (comandante de infantería de alto rango) a cuestor (funcionario de hacienda), edil (magistrado que supervisaba la vida pública en Roma), pretor (figura jurídica y militar de alto rango), gobernador de Hispania y cónsul (el cargo público de mayor rango).

El gobierno y la conquista de la Galia entre 58 y 50 a. C. lo consagraron como militar brillante y político consumado, abriéndole así el camino para regresar como dueño y señor de Roma. Pese a que aportó a la ciudad-estado gloria y reformas muy necesarias, su desmesurada ambición le llevó a una muerte violenta en 44 a. C. a manos de senadores descontentos.

la actual Borgoña), donde rodeó con unos 60 000 hombres a 80 000 galos en un asentamiento en la cima de una colina con fortificaciones de 16 km de longitud. A pesar de la llegada de una fuerza de socorro gala de 250 000 hombres, los romanos resistieron, y los galos se rindieron. En los dos años siguientes, las tropas de César anexionaron toda la Galia a Roma.

De general a dictador

Alarmado por el creciente poder de César, el Senado (órgano de gobierno de la República romana) le ordenó abandonar el mando y regresar a Roma. César volvió, pero con su ejército, cruzando el río Rubicón, al noreste de Italia, en 49 a. C.

La huida a Grecia de la mayoría de las fuerzas de la oposición permitió a César controlar la península itálica y asumir el título de dictador, un cargo temporal con amplios poderes políticos. Tras derrotar a los enemigos que le quedaban, se nombró dictador vitalicio en 44 a. C. Un mes después, un grupo de senadores conspiró para asesinarle con el objetivo de liberar a Roma de su tiranía. Los principales sucesores de César fueron Octavio (su sobrino nieto e hijo adoptivo) y el político y general Marco Antonio, antes uno de sus principales partidarios.

El camino hacia el imperio

Entre 43 y 42 a. C. se desató una guerra civil cuando los conspiradores asesinos de César huyeron a Italia y se hicieron con el control de las provincias orientales. Marco Antonio y Octavio los persiguieron hasta el norte de Grecia y los derrotaron. Octavio volvió a Italia, restableció el orden y consiguió el apoyo popular. Marco Antonio gobernó las provincias orientales e inició una relación con la reina Cleopatra de Egipto.

En la década siguiente, las relaciones entre Octavio y Marco Antonio empeoraron. En 32 a. C., Octavio animó al Senado a declarar la guerra a Cleopatra, sabiendo que Marco Antonio –ya su marido– la apoyaría. Al año siguiente, Octavio obtuvo una victoria naval decisiva en Accio, en el noroeste de Grecia. Sitiados por Octavio en Alejandría, Cleopatra y Marco Antonio se suicidaron el 30 a. C. Octavio se anexionó Egipto y regresó triunfante a su tierra. Tres años después, el Senado le dio el nombre de Augusto, reconociéndolo de hecho como emperador.

Octavio había alcanzado el poder supremo gracias en parte a sus victorias militares. Mientras el Senado perdía influencia, la importancia política del ejército romano no dejaría de aumentar. ■

He aquí [...] un hombre que ambicionaba ser rey del pueblo romano y dueño del mundo entero.

Marco Tulio Cicerón
Político y escritor romano (44 a. C.)

TODOS LOS CAMINOS LLEVAN A ROMA

EL IMPERIO ROMANO EN SU APOGEO (30 a. C.–180 d. C.)

EN CONTEXTO

ENFOQUE
Comunicaciones y transporte

ANTES
***C.* 1000 a. C.** El primer sistema postal de China, establecido bajo la dinastía Zhou, emplea una red de carreteras con instalaciones para los mensajeros.

490 a. C. Se dice que un mensajero profesional llamado Filípides recorre 246 km de Atenas a Esparta en 36 horas.

312 a. C. Se construye el primer tramo de la Vía Apia para transportar tropas y suministros para la conquista romana del sur de Italia.

DESPUÉS
476 a. C. Tras la caída de Roma, sus calzadas y viaductos comienzan a deteriorarse.

***C.* 1096** Los primeros cruzados viajan de los Balcanes a Constantinopla (actual Estambul) por una antigua calzada romana, la Via Militaris.

Antes de los romanos había senderos, pero **pocos caminos pavimentados**.

Los romanos reconocen que una **red de transporte fiable** para trasladar ejércitos y suministros es una **baza militar clave**.

Emplean **técnicas de ingeniería** y **conocimientos científicos** de muchas culturas para construir **calzadas**, **puentes y otras obras públicas**.

Una amplia infraestructura mantiene unido el imperio, facilitando las campañas militares, la diplomacia, el comercio y el transporte civil.

En 27 a. C., Octavio, hijo adoptivo y heredero de Julio César, venció a sus rivales para hacerse con el poder total y convertirse en Augusto, el primer emperador romano. Su reinado puso fin a décadas de luchas internas que habían debilitado los lazos de Roma con sus provincias y dio paso a una época de prosperidad y estabilidad que duró hasta el año 180 d. C. Durante este periodo, denominado Pax (Paz) Romana, el imperio amplió considerablemente su infraestructura.

Las calzadas siguen a la conquista

Las largas y bien construidas calzadas de Roma fueron clave para su éxito militar y la gestión de su te-

Véase también: El ascenso de Roma 50–51 ▪ Las guerras púnicas 52–53 ▪ César y su legado 54–55 ▪ Las migraciones bárbaras: el imperio amenazado 58–65 ▪ El Imperio bizantino 70–73 ▪ El imperio de Carlomagno 82–83

rritorio en expansión. Augusto confió la Galia, conquistada por Julio César, a su general Marco Vipsanio Agripa, que inició allí una red de calzadas centrada en Lugdunum (actual Lyon), la Via Agripa, que llegó a cubrir 21 000 km. Entre los años 43 y 84 d. C., los romanos conquistaron la mayor parte de Inglaterra y Gales, y construyeron allí calzadas pavimentadas a lo largo de más de 16 000 km.

En 116, el emperador Trajano había llevado al Imperio romano a su máxima extensión, anexionando territorios en Europa oriental y Arabia y conquistando el Imperio parto en Persia. Luego llegaron las calzadas, y al final de la Pax Romana, la red total del imperio se extendía por más de 400 000 km.

Construcciones militares

Las principales calzadas romanas eran rectas, pavimentadas con piedra, peraltadas (elevadas en el centro) para el drenaje y lo bastante anchas para que pudieran cruzarse dos vehículos de dos ruedas. Las completaban otras obras de ingeniería, como túneles, viaductos y puentes. Los legionarios se encargaban de gran parte de su construcción, a menudo en campaña, para facilitar la circulación de suministros y ejércitos. Las calzadas también beneficiaban a la población civil, pero su objetivo último era reforzar el poder imperial. Los emperadores podían enviar legiones rápidamente para conquistar, sofocar rebeliones o defender las fronteras.

Comercio y defensa

La mejora de las infraestructuras facilitó el comercio y el gobierno. Las cartas oficiales se enviaban por el *cursus publicus* (vía pública), el servicio de mensajería y correos fundado por Augusto. Vehículos ligeros tirados por caballos transportaban el correo ordinario, y un jinete, los mensajes urgentes. El mismo sistema llevaba a los funcionarios por todo el imperio e ingresos fiscales a Roma.

El transporte marítimo también mejoró. La armada romana eliminó la piratería, antes rampante en los mares Mediterráneo y Rojo, lo cual facilitó las rutas comerciales con lugares tan lejanos como India.

El puente de Alcántara sobre el Tajo, en España, cerca de la frontera portuguesa, construido por orden de Trajano, ha estado en uso casi constante desde que se terminó en 106 d. C.

Los sucesores de Trajano se dedicaron más a consolidar el imperio que a expandirlo, fortificando las zonas fronterizas con defensas llamadas *limes*. El sistema más extenso, el limes germánico, iba del mar del Norte al Danubio. En el apogeo del poder romano, el ejército permanente –unos 400 000 soldados– pasaba más tiempo vigilando y construyendo que en campaña. Esta estrategia defensiva fue cobrando importancia en el siglo siguiente. ▪

Trajano

Nacido en Itálica, en la actual España, en 53 d. C., Marco Ulpio Trajano (conocido como Trajano) era hijo de un destacado político romano. Tras una exitosa carrera militar, fue adoptado como sucesor del emperador Nerva. A la muerte de Nerva en el 98, Trajano se convirtió en emperador, el primero nacido fuera de Italia.

Su política exterior fue expansionista. En 106 se anexionó territorios para crear dos nuevas provincias romanas: Dacia, en los Balcanes, y Nabatea, entre las penínsulas arábiga y del Sinaí. Su siguiente campaña en Oriente, iniciada en 115 contra los partos, se saldó con conquistas en la actual Armenia, Asiria y Mesopotamia. Encargó la construcción de numerosas calzadas y otras infraestructuras, como la Via Traiana Nova, desde Damasco (Siria) hasta Jordania; el puente de 1135 m que salvaba el Danubio entre las actuales Rumanía y Serbia, diseñado por el arquitecto e ingeniero Apolodoro de Damasco, y el Amnis Traianus, un canal que unía el río Nilo con el mar Rojo. Murió en 117 cuando se dirigía de vuelta a Roma.

ROMA CAERÁ

LAS MIGRACIONES BÁRBARAS: EL IMPERIO AMENAZADO (*c.* 337–476 d. C.)

EN CONTEXTO

ENFOQUE
Causas del declive y la caída de Roma

ANTES
293 d. C. Diocleciano divide el Imperio romano en dos partes, occidental y oriental, bajo emperadores distintos.

306–324 Tras conflictos entre emperadores rivales, Constantino I triunfa y reunifica el imperio.

330 Constantino I traslada la capital del imperio a Bizancio, a la que llama Constantinopla.

DESPUÉS
527–565 Justiniano I gobierna el Imperio romano de Oriente y reconquista territorios en la antigua mitad occidental.

533–534 Justiniano recopila los puntos principales del derecho romano en una obra en varios libros, el *Corpus iuris civilis* (Cuerpo de derecho civil).

Constantino destruyó esa seguridad retirando soldados de [...] las fronteras, privando a quienes estaban expuestos a los bárbaros.
Zósimo
Nueva historia
(principios del siglo VI d. C.)

En su momento de mayor apogeo, durante el siglo II d. C., el Imperio romano abarcaba desde Hispania hasta Asiria, al este, y desde Britania hasta Egipto, al sur. Sus gobernantes contaban con un vasto ejército permanente y una administración sofisticada, pero en el siglo III, las luchas políticas internas, las dificultades económicas, la peste y las incursiones bárbaras empezaron a amenazar su cohesión. El intento de Diocleciano de estabilizarlo dividiéndolo en dos, occidental y oriental, bajo emperadores distintos y sus respectivos herederos, solo logró crear más rivalidades y disensión.

Durante su reinado, Constantino I reunificó y reforzó temporalmente el imperio. Sin embargo, después de su muerte, que tuvo lugar en 337, resurgieron las disputas internas y aumentaron los ataques bárbaros. La migración de los belicosos hunos desde Asia alentó la entrada de tribus germánicas hostiles en territorio romano.

Legado militar

Constantino consolidó el dominio de Roma en Britania, Galia e Hispania reconstruyendo bases militares y reparando calzadas. Político astuto, desconfiaba de los usurpadores. Después de vencer a su rival Majencio en 312, sustituyó a la caballería de la poderosa guardia pretoriana –hombres escogidos para proteger al emperador y a la propia Roma– por los *scholae palatinae*, la guardia palatina, un regimiento de caballería de élite de 500 hombres que a menudo le acompañaban. Fue una jugada estratégica, pues la guardia pretoriana había conspirado con los rivales de varios emperadores, pero dejó a Roma peor defendida.

Consciente del papel clave de las legiones romanas en muchas conspiraciones, Constantino también reestructuró el ejército. Retiró 100 000 soldados de las guarniciones fronterizas para crear ejércitos de campaña (*comitatenses*) menores y más móviles, acuartelados en las provincias y a su disposición inmediata. Nombró un general para dirigir la infantería (*magister peditum*) y otro para la caballería (*magister equitum*). A las fronteras destinó *limitanei* (guardias fronterizos) y *ripenses* (guardias fluviales), bien adiestrados, pero peor pagados y de menor rango, agrupados en unidades de unos 1000 hombres con algún apoyo de caballería. Según comentaristas posteriores, como el historiador griego Zósimo, esta reorganización debilitó las defensas del imperio.

Constantino encargó una enorme estatua de mármol blanco –el Coloso de Constantino– que originalmente se encontraba en la Basílica de Majencio en Roma. En la actualidad solo queda la cabeza.

Conflictos sucesorios

Constantino nombró sucesores a sus tres hijos, que se enfrentaron entre ellos. En 340, Constantino II,

Véase también: El ascenso de Roma 50–51 ▪ Las guerras púnicas 52–53 ▪ César y su legado 54–55 ▪ El Imperio romano en su apogeo 56–57 ▪ El Imperio bizantino 70–73 ▪ El imperio de Carlomagno 82–83

que había heredado Britania, Galia e Hispania, invadió Italia, que gobernaba su hermano menor Constante I junto con el norte de África y los Balcanes. La invasión tuvo un final abrupto al ser asesinado Constantino II en una emboscada, lo cual permitió a Constante reclamar sus territorios, pero en 350 este fue asesinado por los partidarios de Magnencio, un general romano de ascendencia germánica que había reclamado el trono en Roma.

El hermano de Constante, Constancio II, emperador de Oriente, marchó contra Magnencio y se enfrentó a sus tropas en 351 en la batalla de Mursa, en la actual Croacia. Aunque su ejército era inferior en número, la caballería de Constancio derrotó al ala derecha de las fuerzas de Magnencio y, tras una larga y sangrienta batalla, el emperador oriental salió victorioso.

Constancio había logrado una victoria crucial, pero se calcula que sus pérdidas fueron enormes: 30 000 muertos, frente a los 24 000 de Magnencio. También fue un triunfo efímero, pues en vez de perseguir a Magnencio, Constancio se enfrentó a los sármatas, una tribu euroasiática llegada a zonas de los Balcanes en torno al Danubio medio. Por entonces, los judíos de la Palestina romana también se rebelaron contra el duro gobierno del cuñado de Constancio, el césar Galo.

Al avanzar Constancio hacia el norte de Italia, las guarniciones leales a Magnencio empezaron a desertar en favor del emperador oriental, y Magnencio se retiró al sur de la Galia. En 353, ambos ejércitos se enfrentaron por última vez en Mons Seleucus (en el actual departamento francés de los Altos Alpes). Constancio venció, y Magnencio se suicidó antes de ser capturado.

El imperio rival

Durante su reinado, Constancio sofocó revueltas en las provincias y se enfrentó al Imperio persa sasánida en el este, una causa más de la decadencia de Roma. Las dos potencias se enfrentaron en repetidas ocasiones en Asia occidental desde principios del siglo III, lo cual mermó los hombres y recursos de ambas. El prolongado reinado del sasánida Sapor II en el siglo IV incluyó dos grandes guerras contra Roma (337–350 y 358–363). En 344, Sapor dirigió sus fuerzas contra Constancio en Mesopotamia, donde se libró la batalla de Singara. Los romanos irrumpieron en el campamento sasánida y mataron al hijo de Sapor, el príncipe Narsés. Los sasánidas tomaron represalias y causaron enormes pérdidas a los romanos. La guerra continuó sin una solución definitiva hasta que Sapor concluyó en 350 una paz apresurada para combatir a los hunos, un pueblo nómada que había atacado su imperio desde el este.

En 358, Sapor estaba de nuevo listo para atacar a los romanos, mientras Constancio se encontraba ocupado en otros lugares. Los sasánidas marcharon hacia el oeste, a la ciudad de Amida, en Mesopotamia, y la sitiaron. Emplearon torres de asedio y arqueros persas de élite para entrar en la ciudad, pero fueron rechazados, y también atacaron con caballería y elefantes de guerra, a lo cual respondieron los romanos »

El escorpión romano podía lanzar grandes piedras o dardos hasta 500 m de distancia. Las balistas eran versiones mayores de estas armas.

Las fuerzas de combate

El soldado romano Amiano Marcelino describe con todo detalle las batallas entre Roma y el Imperio sasánida en el siglo IV. En Amida, ambos bandos usaron balistas, máquinas de guerra con un mecanismo similar al de la ballesta para lanzar proyectiles. Los sasánidas las montaban sobre torres de asedio con fachada de hierro y construían terraplenes para escalar muros. Su caballería incluía jinetes con armadura y lanza, y arqueros montados de élite. En respuesta, se reforzó el papel de los *equites sagittarii* (arqueros a caballo) romanos.

La infantería sasánida llevaba espadas y grandes escudos rectangulares, mientras que los escudos romanos de la época solían ser anchos y redondeados. En vez de la antigua *gladius* (espada punzante), la infantería romana usaba una *spatha*, más larga, y una *hasta*, una especie de lanza punzante. Los galos y godos del ejército romano solían blandir pesadas hachas de guerra.

con fuego. Los romanos emplearon escorpiones, piezas de artillería de campaña que disparaban proyectiles, pero al cabo de 73 días, los sasánidas lograron escalar las murallas a través de terraplenes, saquearon la ciudad y mataron a casi todos los líderes romanos.

Lealtades cuestionables

Constancio murió en 361, y le sucedieron Juliano, muerto en 363, y Joviano, encontrado muerto en su lecho un año después. La mala gestión, las conspiraciones y los asesinatos de rivales políticos siguieron debilitando al imperio. La rápida sucesión de gobernantes tras la muerte de Constancio –16 emperadores en 100 años, que gobernaron el oeste, el este o ambas partes del imperio– aumentó la inestabilidad. Los conflictos entre líderes dividieron a sus tropas y, junto con las batallas en las fronteras, minaron el poder militar de Roma y vaciaron sus arcas.

En un doble intento de contener a los enemigos externos y reforzar sus ejércitos, los romanos acordaron tratados con algunas tribus germánicas, convirtiéndolas en federadas del Imperio romano (obligadas por tratado a apoyarlo) y concediéndoles el derecho a asentarse en territorio romano a cambio de su lealtad. En 358, el emperador Juliano firmó un acuerdo con los francos por el que se les permitía establecerse en el norte de la Galia; a cambio, suministrarían guerreros mercenarios y se comprometían a contener las fuerzas hostiles más allá de las fronteras de la provincia. Se firmaron acuerdos similares con otras tribus, incluidos los visigodos.

Si bien los mercenarios bárbaros eran guerreros hábiles, su lealtad al imperio podía ser dudosa en ocasiones. Como tropas romanas, adquirían conocimientos internos que podían usar a su favor cuando lucharan contra el imperio.

En 367, los auxiliares (soldados no ciudadanos de las provincias) que defendían el Muro de Adriano, la barrera entre la provincia romana de Britania y el territorio hostil, se rebelaron y dejaron entrar a los pictos del norte. Después, en la llamada Gran Conspiración, otras tribus de Irlanda y del centro-norte de Europa invadieron también Britania, arrollando a los defensores romanos leales y devastando zonas del oeste y el norte. Francos y sajones atacaron a la vez el norte de la Galia. El general romano Flavio Teodosio, enviado por Valentiniano I (sucesor de Joviano), restableció el orden e instituyó reformas militares y civiles al año siguiente. Sin embargo, las incursiones de tribus hostiles continuaron, y la retirada periódica de tropas romanas para sofocar revueltas en otras par-

Entonces reventaron cabezas, al aplastar gran número de piedras lanzadas desde los escorpiones a muchos enemigos [...].

Amiano Marcelino
***Historias* (c. 330–395)**

Los pictos de Caledonia rompen el Muro de Adriano, construido por los romanos para defender Britania, que se extendía 117 km desde el fiordo de Solway hasta el mar del Norte.

tes del imperio dejó más vulnerable a la provincia.

Los godos avanzan hacia el oeste

Gran parte de los conflictos en torno a las fronteras europeas del Imperio romano se debían a migraciones a gran escala. A mediados del siglo IV, los hunos comenzaron a emigrar desde Asia central. Hábiles guerreros que luchaban sobre todo a caballo y sobresalían en el tiro con arco, llegaron a Europa oriental en torno a 375 y obligaron a los pueblos germánicos a huir al oeste. Al año siguiente, miles de visigodos huidos de sus asentamientos al norte del mar Negro cruzaron el Danubio hacia el sur y se adentraron en territorio romano.

Al principio, el emperador de Oriente Valente acogió a los visigodos, viendo en su llegada una oportunidad para reclutar más soldados, y les permitió establecerse como federados al cuidado de las fuerzas romanas, que debían alimentarlos y alojarlos. Sin embargo, como Valente había trasladado un gran número de tropas al este para luchar de nuevo contra los sasánidas, las que quedaron no pudieron hacer frente a los numerosos visigodos que, acuciados por el hambre y reforzados por muchos ostrogodos cuya entrada en territorio romano no había autorizado Valente, se rebelaron, tomaron el control a lo largo del Danubio y saquearon la región. Se sucedieron las batallas entre romanos y godos.

En 378, Valente envió su ejército contra los godos, y sus tropas »

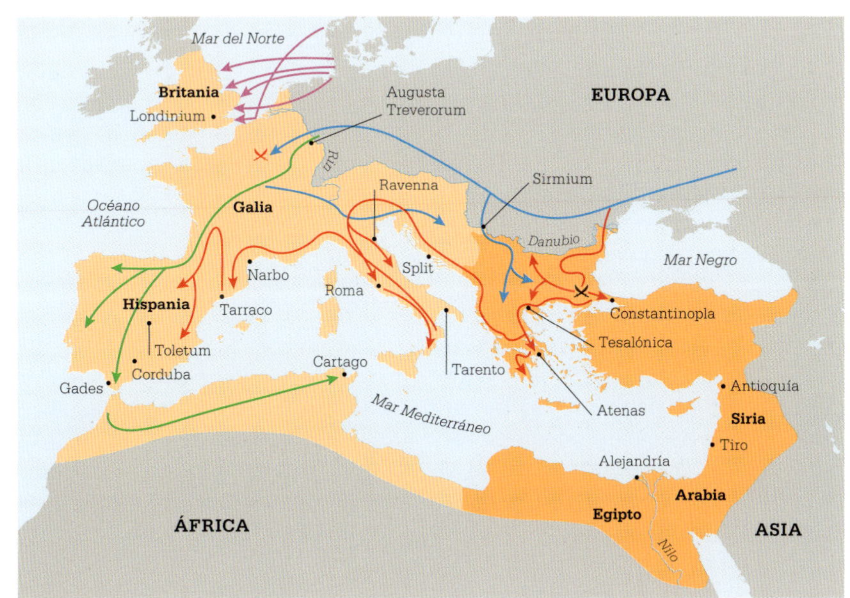

Cuando los hunos irrumpieron hacia el oeste desde Asia central a finales del siglo IV, desplazaron a otros pueblos. A mediados del siglo V, tribus hostiles rodeaban gran parte del Imperio romano y amenazaban sus fronteras, sobre todo en el oeste, donde era más débil.

Clave

- Imperio romano de Oriente
- Imperio romano de Occidente
- Visigodos (376–418)
- Hunos (370–453)
- Vándalos, alanos, suevos (406–439)
- Anglos, sajones, jutos (*c.* 440)
- Batalla de Adrianópolis (378)
- Batalla de los Campos Cataláunicos (451)

El rey visigodo Alarico I (centro) celebra un banquete en Atenas. Durante sus dos años de invasión de Grecia, Alarico saqueó Atenas y otras ciudades importantes, como Corinto y Esparta.

se enfrentaron con ellos cerca de Adrianópolis (actual Edirne, en el noroeste de Turquía). Por entonces se obligaba a los veteranos a volver al servicio para reforzar un ejército mermado, y la moral de los soldados de Valente era baja. Ávido de asegurarse la victoria para sí, Valente había rechazado la oferta de refuerzos del emperador de Occidente, Graciano.

Según el historiador y soldado romano del siglo IV Amiano Marcelino, tras haberse enfrentado los regimientos de infantería, la caballería goda «descendió de la montaña como un rayo», y rodeó y atravesó las líneas romanas. Bajo este devastador ataque, la resistencia romana se vino abajo. Valente murió en combate, como la mayoría de sus 20 000 hombres. Tampoco el sucesor de Valente como emperador de Oriente, Teodosio I, pudo derrotar a los godos. En 382 se firmó la paz y se les permitió asentarse en los Balcanes como aliados romanos con un alto grado de autonomía.

Hacia Italia e Hispania

Alarico I, un general godo que había luchado de parte de Roma, se convirtió en el primer rey visigodo en 395. Como sus predecesores, se había rebelado contra Roma para lograr mejores salarios y condiciones para su pueblo. Tras saquear varias ciudades de los Balcanes y realizar incursiones en Grecia, firmó la paz y se asentó con su pueblo en Iliria, una provincia del Adriático. Entre 401 y 403, sus fuerzas atacaron el norte de Italia, pero fueron rechazadas.

Alarico invadió Italia por segunda vez entre 408 y 410. Esta vez los visigodos avanzaron más al sur y asediaron Roma en tres ocasiones hasta lograr tomarla a la tercera. Aunque Roma ya no era la capital del Imperio occidental, su posterior saqueo (el primero en ocho siglos) causó una conmoción brutal a sus gobernantes. Alarico murió el mismo año, pero los visigodos continuaron siendo una fuerza poderosa y en 418 establecieron en el suroeste de la Galia un reino que creció hasta abarcar toda Hispania.

Los visigodos desplazaron a otro pueblo germánico expulsado anteriormente por los hunos: los vándalos, que habían devastado partes de la Galia antes de pasar a Hispania por los Pirineos en 409. Veinte años después, los vándalos zarparon hacia el norte de África, donde acabaron conquistando territorio romano y fundaron su propio reino en 435.

Después de vencer a las tribus germánicas y forzar a muchas de ellas a desplazarse hacia el oeste, los hunos establecieron su propio imperio al norte del Danubio, gobernado desde 430 por el rey Rugila. Muerto este en 434, le sucedieron sus sobrinos Atila y Bleda. Al principio las relaciones con el Imperio romano de Oriente fueron buenas por lo general. Los hunos eran célebres por la precisión de sus arqueros a caballo, sus cargas feroces, su velocidad y sus tácticas impredecibles, y durante medio siglo, los romanos les pagaron un subsidio anual en oro a cambio de apoyo militar.

Conflicto con los hunos

Bajo Atila, los hunos se volvieron más hostiles. Aduciendo que los romanos habían invadido su territorio, se vengaron saqueando varias ciudades romanas en 441. Alegaron que no se les habían pagado sus subsidios anuales y exigieron más oro. Tras una paz efímera, los hunos volvieron en 443 y realizaron incursiones hasta Constantinopla. A cambio de la paz, los romanos triplicaron su pago anual elevándolo a 950 kg de oro.

En 445, Atila asesinó a su hermano Bleda y se convirtió en soberano único de los hunos. Tras asaltar el Imperio romano de Oriente entre 447 y 449, atacó la Galia en 451. Esta vez le vencieron los romanos y los visigodos (fue su única derrota). En 452 invadió el norte de Italia y estaba a punto de atacar Roma en 453, cuando murió repentinamente. Mientras sus hijos se peleaban entre ellos, el Imperio huno se fragmentó en grupos beligerantes.

Cae Roma

En 455, los vándalos invadieron el norte de África, saquearon Roma y más tarde derrotaron a las fuerzas romanas conjuntas de Oriente y Occidente. Finalmente, en 476, los germanos federados se sacudieron el yugo romano y proclamaron rey a su general Odoacro, que dirigió la invasión de Italia y obligó a abdicar al último emperador, un niño llamado Rómulo Augústulo. Odoacro se proclamó rey de Italia, poniendo fin así al dominio imperial romano en Occidente. En Oriente, el imperio perviviría otros mil años en el hoy llamado Imperio bizantino. ■

Carga de la caballería huna. Durante los siglos IV y V, la caballería adquirió un papel cada vez más importante en las batallas entre las fuerzas romanas y bárbaras.

Atila, rey de los hunos

Nacido en una poderosa familia huna a principios del siglo V, Atila creció al norte del Danubio, donde se había asentado su pueblo. Desde 434 gobernó junto con su hermano Bleda e inicialmente ofreció a los romanos apoyo militar a cambio de oro. En 441 se rompió el acuerdo, y ello sirvió de pretexto a Atila, un magnífico líder militar, para apoderarse del territorio romano al sur del Danubio. Su ejército marchó victorioso hacia el sur y alcanzó los muros de Constantinopla dos años después. Presionados, los romanos pagaron más oro para asegurar su retirada.

Tras asesinar a su hermano, Atila obtuvo nuevas victorias en los Balcanes y Grecia, extendiendo así su imperio. En 450, Honoria, hermana del emperador romano de Occidente Valentiniano III, buscó su ayuda para evitar un matrimonio concertado. Atila la reclamó como esposa, exigió la mitad del Imperio romano de Occidente como dote e invadió la Galia, donde sufrió su única derrota. Murió en 453, por causa desconocida, poco después de casarse con otra mujer.

LA GUER
LA EDAD
500–1500

RA EN
MEDIA

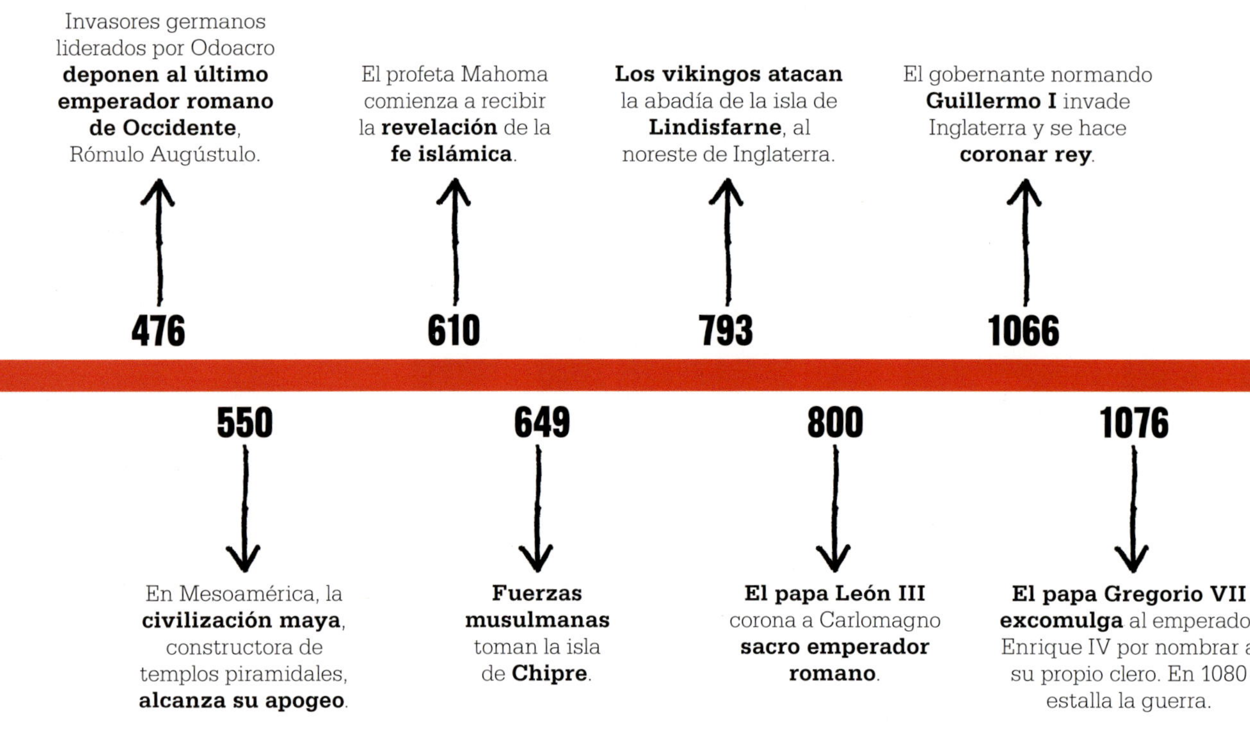

Mientras el Imperio romano de Occidente se debilitaba y caía en manos de godos y vándalos, nacía un nuevo Imperio romano de Oriente centrado en Bizancio, en la actual Turquía. La ciudad –renombrada Constantinopla en honor de Constantino I, el emperador romano que la había convertido en su capital en 330 d. C.– se enfrentaba a nuevas luchas contra vecinos hostiles, pero sería el foco glorioso de una cultura bizantina que iba a perdurar más de mil años.

Los historiadores del pasado llamaron Edad Oscura al periodo comprendido entre los siglos V y X por la barbarie que afligía a gran parte de Europa occidental. Sin embargo, en Constantinopla prosperaron las artes y la arquitectura, financiadas por las conquistas del emperador Justiniano I. En las guerras contra ostrogodos y vándalos, y el vecino Imperio sasánida de Persia, Justiniano extendió su imperio y recuperó gran parte del territorio de la Roma imperial.

Choque de religiones

El nacimiento del profeta Mahoma en 570 d. C. y el auge del islam dieron paso a un nuevo tipo de guerra. Sus adeptos se convirtieron en guerreros formidables, movidos por el fervor religioso a difundir su mensaje y la fe islámica mediante la conquista.

A principios del siglo VIII, los ejércitos islámicos habían conquistado Oriente Próximo, Egipto y el resto del norte de África, y desde allí Hispania, desde donde amenazaban otras partes de la Europa cristiana. Carlomagno, rey de los francos, una tribu germánica, los detuvo a finales del siglo VIII y estableció el futuro Sacro Imperio Romano Germánico, cuyas conquistas ampliaron los dominios de la cristiandad.

El poder del islam se vio desafiado en el siglo XI, cuando nobles de toda Europa emprendieron la primera cruzada para expulsar a los musulmanes de Oriente Próximo y recuperar la llamada Tierra Santa. Hasta el siglo XIII, los cristianos lucharon por esta causa en varias cruzadas. En último término fracasaron, pero el encuentro con la cultura y el conocimiento científico islámicos benefició a la cultura europea. Mientras, en Europa, los reyes cristianos de la península ibérica combatían para expulsar a los musulmanes, objetivo que lograron Fernando II de Aragón e Isabel I de Castilla en 1492.

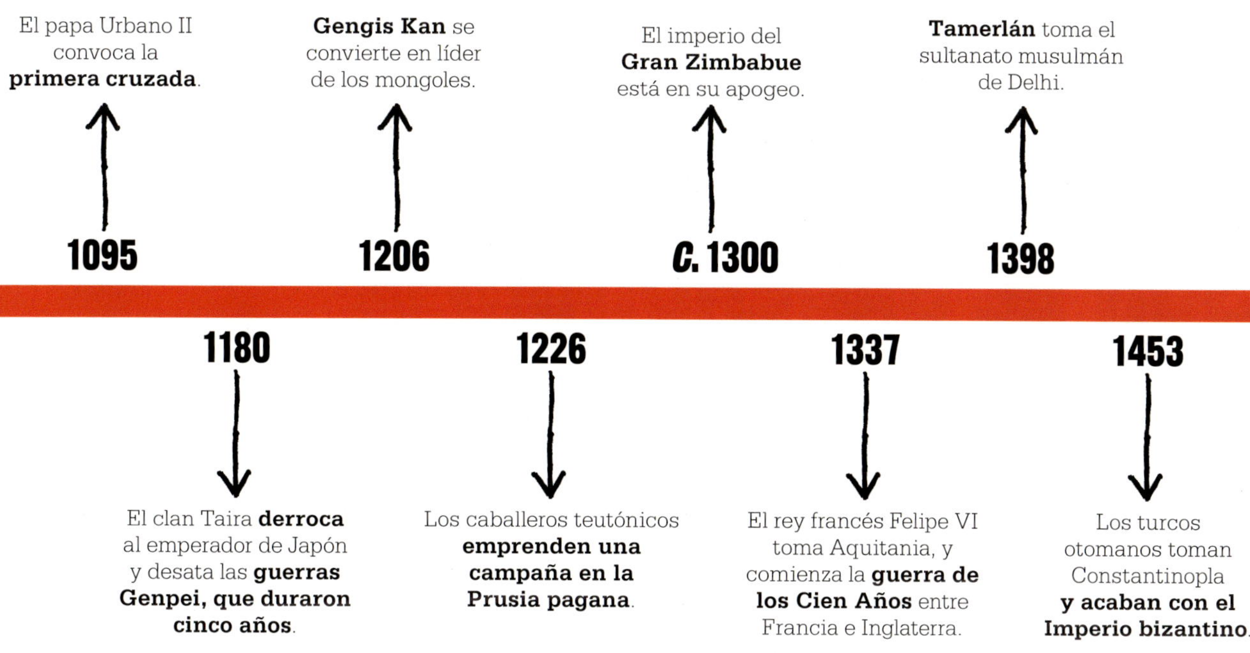

Una brutalidad extrema caracterizó las cruzadas, y la guerra se libraba con una ferocidad comparable en otros lugares. Aunque la religión no se invocara como pretexto, los mayas, que ocuparon América Central y parte del actual México entre los siglos IV y X, luchaban para conseguir víctimas que apaciguaran a sus dioses. Los aztecas, sus sucesores en México, también practicaban el sacrificio humano y libraban guerras sanguinarias principalmente con lanzas y mazas y cuchillos de hoja afilada, mientras que en América del Sur, los incas usaban mazas, arcos y jabalinas.

En el siglo IX, los vikingos escandinavos partieron en sus barcos largos para asolar las costas europeas, apoderarse del botín que pudieran y, a veces, asentarse en las zonas que conquistaban. Los llegados al norte de Francia a principios del siglo X se convirtieron al cristianismo a cambio de tierras. Un siglo después, Guillermo de Normandía, con un ejército de caballeros de élite, infantería y arqueros, conquistó también Inglaterra.

Francia retomó Normandía en el siglo XIII, pero Inglaterra conservó otras zonas del país hasta perderlas todas al final de la guerra de los Cien Años, una lucha de poder entre las familias reinantes inglesa y francesa que comenzó en 1337.

Luchas de poder

Los soldados profesionales siempre demostraron ser más eficaces. En Japón, los samuráis gozaban de un prestigio que con el tiempo les dio un gran poder. En el siglo XII, dos clanes samuráis –Taira y Minamoto– se disputaron el dominio de Japón, que se sumió en una guerra civil. Las luchas de poder conmocionaron también la civilización del Gran Zimbabue en África. La misma ambición movió a los mongoles a conquistar Asia. Su habilidad excepcional como jinetes y arqueros les distinguía en combate, pero tanto Gengis Kan, en el siglo XIII, como Tamerlán en el XIV lucharon y reinaron mediante el terror, a veces apilando cráneos de masacrados.

Cae Constantinopla

En el siglo XV, los turcos otomanos llegados de la estepa centroasiática sitiaron Constantinopla. En 1453, con un enorme cañón diseñado por un ingeniero europeo, abrieron una brecha en las murallas supuestamente inexpugnables de la ciudad, hicieron de ella su capital y le dieron su nombre actual: Estambul. ■

LOS MAYORES DONES DE DIOS A LOS HOMBRES [...] SON EL SACERDOCIO Y EL IMPERIO

EL IMPERIO BIZANTINO (*c.* 330–1204)

EN CONTEXTO

ENFOQUE
Bizancio, la nueva Roma

ANTES
***C.* 667 a.C.** Comerciantes griegos de Megara fundan la colonia de Bizancio junto al estrecho del Bósforo, donde hoy día se alza Estambul (Turquía).

513 a.C. El rey persa Darío I saquea la ciudad de Bizancio antes de incorporarla al Imperio aqueménida.

334 a.C. Alejandro Magno invade el Imperio aqueménida y toma Bizancio.

DESPUÉS
1453 Tras un largo asedio, los turcos otomanos toman Constantinopla (Bizancio).

1615 Los cosacos realizan la primera de una serie de incursiones en Anatolia.

1923 Se funda la República de Turquía.

Constantino trasladó en el año 330 d.C. la capital del Imperio romano de Roma a Bizancio, a 1400 km al este, en la actual Turquía. Desde una perspectiva militar este traslado podría considerarse una retirada estratégica, pues cada vez era más difícil proteger la capital imperial de las incesantes incursiones bárbaras.

Aunque Roma fuera aún la capital del Imperio romano de Occidente, había quedado reducida a la categoría de provincia. El contraste con Bizancio no podía ser mayor:

Véase también: Las conquistas de Alejandro Magno 32–39 ▪ El ascenso de Roma 50–51 ▪ Las migraciones bárbaras: el imperio amenazado 58–65 ▪ El auge del islam 76–81 ▪ Las cruzadas 88–93

No por número de hombres, ni por el tamaño del cuerpo, sino por el valor del alma se decide la guerra.
Flavio Belisario

Mientras Roma languidecía económicamente, la ciudad oriental no hacía sino prosperar. Situada en el único paso marítimo entre el Mediterráneo y el mar Negro, Bizancio era una puerta de entrada a Asia y a todas sus riquezas, y el centro de un floreciente intercambio entre Oriente y Occidente, cultural además de mercantil. Era lógico que Constantino hiciera de ella la sede de su corte imperial y su gobierno, y le dio el nuevo nombre de Constantinopla.

Carácter griego

Las conquistas de Alejandro Magno habían extendido a gran parte de Asia occidental la esfera de la influencia griega, y el griego era la lengua predominante en una región cultural híbrida grecoasiática.

Los ciudadanos de Constantinopla se consideraban romanos: se regían por el derecho romano, y la lengua oficial era el latín. La romanidad se reflejaba también en lo militar: el ejército conservaba las antiguas estructuras legionarias, así como los valores tradicionales de orden y disciplina. Tal eficacia logística seguía siendo muy necesaria, pues las migraciones bárbaras que ponían en peligro Roma eran también una amenaza para Constantinopla.

Roma fue la capital del Imperio romano de Occidente en decadencia hasta 476, cuando invasores germanos liderados por Odoacro depusieron al último emperador occidental, Rómulo Augústulo, y Constantinopla pasó a ser el centro del mundo «romano».

Reconstrucción del imperio

Justiniano I, que gobernó el Imperio de Oriente de 527 a 565, quiso restaurar la gloria pasada del Imperio romano unido, objetivo al que llamó *renovatio imperii* («renovación del imperio») y encontró en Flavio Belisario un líder valiente e inteligente capaz de hacer realidad sus ambiciones.

Belisario se había hecho famoso durante la guerra ibérica (526–532), librada contra el Imperio sasánida de Persia por el control de Iberia, un reino en la actual Georgia. La guerra se extendió a Siria, y en 530 Belisario derrotó a los sasánidas en Dara, desplegando sus bucelarios (soldados de caballería con armadura) con un efecto devastador.

Al año siguiente, las tropas sasánidas y bizantinas llegaron a un punto muerto en Calínico (Siria). El resultado fue una paz indecisa, mientras Justiniano dirigía su atención hacia el oeste, a la antigua provincia romana de África (cuyo territorio coincidía más o menos con el actual Túnez), entonces reino de los vándalos. Aunque pequeño, este era una base para incursiones por mar al sur de Europa y el Imperio de Oriente, una molestia con la que Justiniano estaba decidido a acabar.

Belisario zarpó en 533, desembarcó al este de Cartago y marchó hacia la ciudad. Su ejército solo contaba con 15 000 hombres, pero un tercio era caballería pesada. Aun »

Belisario entra en Roma por la Porta Asinaria con 5000 soldados en diciembre de 537 y pone fin a 60 años de ocupación por los ostrogodos, que se retiraron a Rávena.

así, superaba en número a la fuerza vándala que se le enfrentó. La batalla tuvo lugar en Ad Decimum, al sur de Cartago. Gelimer, el líder vándalo, trató de rodear a la fuerza atacante, pero fracasó, lo que permitió a Belisario penetrar en la ciudad y recuperar África.

Recuperar la patria

Animado por sus repetidos éxitos militares, en 535 Justiniano envió a Belisario a recuperar la «patria» italiana, ocupada por los ostrogodos. Al año siguiente, el general reconquistó Roma, pero recuperar el resto de Italia fue más difícil. La suerte de las armas osciló entre uno y otro bando en una serie de duras batallas hasta que, en 540, Belisario ocupó Rávena, la capital de los ostrogodos, que pasó a ser la de un Imperio de Occidente restablecido.

El dominio bizantino de Italia fue precario. Pese a las anteriores derrotas, en la década de 550 los godos eran de nuevo una fuerza ascendente. En 568, los lombardos invadieron Italia desde el norte, y surgían desafíos también en otras partes. En 577, eslavos y ávaros avanzaron hacia los Balcanes desde el norte y el este.

Cuando [Nicéforo] hubo destruido todo a su paso con el fuego y la espada, atacó las fortalezas.

León el Diácono

Cronista bizantino, sobre la campaña de Nicéforo en Siria

Imponerse a Persia

Mientras tanto, en 572, estalló una nueva guerra entre los Imperios bizantino y sasánida que se prolongaría durante cinco décadas. Una vez más, la caballería pesada fue crucial. El ejército sasánida contaba con miles de catafractos, jinetes con armadura que cargaban lanza en alto y embestían las formaciones bizantinas rivales con una fuerza irresistible antes de tender el arco y acribillar al enemigo con una lluvia de flechas.

Los bizantinos formaron sus propias unidades de catafractos, apoyadas por infantería ligera y pesada. Para complementar sus tropas recurrieron a federados, unidades reclutadas entre los pueblos bárbaros vinculados a su causa por tratado, y aumentaron sus efectivos con mercenarios que cumplían funciones especializadas. Con ayuda de estas fuerzas adicionales mantuvieron a raya a los sasánidas y los derrotaron en Nínive, en el actual Irak, en 627.

La amenaza islámica

En esta época, el islam ya estaba en auge, y los ejércitos árabes convergían sobre el Imperio bizantino a una velocidad alarmante. Los bizantinos quedaron confinados en Constantinopla y sus alrededores. En 674, los árabes del califato omeya, que gobernaba desde Siria, sitiaron la ciudad, enviando grandes catapultas montadas en galeras para abrir brecha en las fortificaciones. Las murallas resistieron, y los árabes impusieron un bloqueo naval con la esperanza de que la ciudad se rindiera por hambre. En 678, las tropas árabes pusieron fin al asedio después del ataque de una flota bizantina armada con fuego griego.

Un ejército bizantino dirigido por Nicéforo asedia la fortaleza de al-Jandaq en esta miniatura de una crónica del historiador del siglo XI Ioannes Skylitzes.

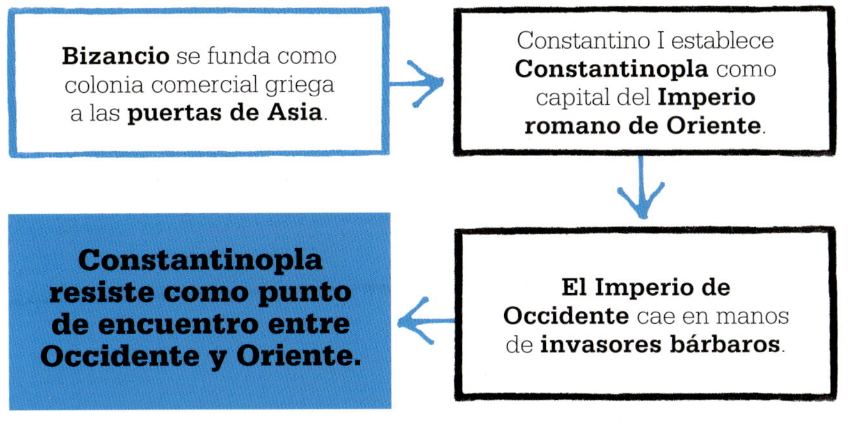

Aunque el Imperio bizantino sobrevivió, quedó muy reducido. Las fuerzas del islam habían tomado Egipto y Siria. Más allá de Constantinopla, los bizantinos solo conservaron Anatolia y varios territorios dispersos en las costas e islas del Mediterráneo, que fueron perdiendo poco a poco.

En 820, unos exiliados árabes de Al-Ándalus (la Hispania musulmana) tomaron y ocuparon Creta, y en 827 invasores musulmanes del norte de África atacaron Sicilia, que conquistaron en 902. Desde 681, los búlgaros habían construido un imperio en los Balcanes. Debilitados, los bizantinos tuvieron que ceder ante la exigencia búlgara de asentarse en territorios al sur del Danubio.

Reconstruir el imperio

En 961, el general bizantino Nicéforo reocupó rápidamente toda Creta tras tomar su principal fortaleza, al-Jandaq (Heraclión). A la muerte del emperador Romano II, Nicéforo II fue nombrado su sucesor y lanzó una ofensiva contra el islam, recuperó la isla de Chipre y se adentró en Siria para tomar Alepo en 962.

Nicéforo, apodado «la muerte pálida de los sarracenos», murió a manos de su tío, Juan I Tzimisces, otro soberano belicoso, que derrotó a los búlgaros y, en el este, invadió Palestina. En 976, Basilio II logró ser emperador tras tres años de lucha por el poder, con la ayuda de su guardia varega de 6000 mercenarios vikingos.

También en 976, el zar Samuel subió al trono del Imperio búlgaro, que se extendía por los Balcanes desde el Adriático hasta el mar Negro y amenazaba con eclipsar al Imperio bizantino. Basilio estaba decidido a expulsar a Samuel, pero primero tuvo que luchar contra una invasión musulmana de Siria desde el sur. La situación de los bizantinos entre Oriente y Occidente los exponía a peligros por ambos lados. Sin embargo, en 1001 Basilio se enfrentó a los búlgaros y finalmente pudo derrotarlos en Clidio (actual Bulgaria) en 1014.

Medio milenio después de la caída de la ciudad de Roma, su manifestación oriental bizantina seguía siendo una gran potencia, pero las amenazas no cesaban. En 1204, sobornadas por Alejo, pretendiente al trono imperial de Constantinopla, las fuerzas de la cuarta cruzada se desviaron hacia Constantinopla y en tres días de violencia saquearon la ciudad. Con todo, el imperio sobrevivió hasta 1453, cuando fue destruido por los turcos otomanos. ■

El fuego griego

La victoria de los bizantinos en el asedio de Constantinopla de 678 se atribuyó al uso del llamado fuego griego. Se cree que esta nueva arma letal, atribuida a Calínico de Heliópolis, un refugiado judío de Siria, era una mezcla de aceite y alquitrán, muy probablemente con azufre o cal viva añadidos, aunque se desconoce su composición exacta. Lanzado desde vasijas o propulsado a través de tubos montados en la proa de los barcos bizantinos, se encendía espontáneamente y no podía extinguirse con agua.

El fuego griego causó estragos en una época de barcos de madera y, evidentemente, aterrorizó a los enemigos del Imperio bizantino al utilizarse por primera vez. Los cronistas de la época describen el pánico de las tripulaciones ante su descarga. Antes ya se habían empleado armas incendiarias como flechas y brea ardiendo, pero el fuego griego era mucho más potente. Sus víctimas estaban tan poco preparadas para hacerle frente como los que algunos siglos más tarde se enfrentaron por primera vez a las armas de pólvora.

Ataque con fuego griego a un barco enemigo. Los marineros, presa del pánico, saltaban a menudo al agua mientras las llamas devoraban la proa de sus barcos de madera.

UNA LLUVIA DE SU SANGRE COMO OFRENDA

LA CIVILIZACIÓN MAYA (*c.* 300–900)

EN CONTEXTO

ENFOQUE
Sacrificios humanos

ANTES
1200 a. C. La primera gran civilización mesoamericana conocida, la olmeca, practica sacrificios humanos en el sur de México.

400 a. C. La civilización centrada en Tikal, en el norte de Guatemala, practica sacrificios humanos.

DESPUÉS
1725 A la muerte de Serpiente Tatuada, jefe del pueblo natchez del actual Misisipi (EE. UU.), hasta diez de sus asistentes deciden ser sacrificados y enterrados con él.

1847 Campesinos mayas se sublevan en la guerra de Castas de Yucatán contra la opresión de criollos y mestizos.

2009 La policía de Kampala (Uganda) investiga 29 presuntos asesinatos rituales de niños.

Una estela maya representa a un sacerdote en una ofrenda ritual, con una cabeza humana en una mano y un cuchillo sacrificial en la otra.

Los mayas se asentaron en los bosques cálidos y húmedos del sureste de México, Belice y Guatemala alrededor del II milenio a. C. Aunque no es posible reconstruir un relato histórico claro, se distinguen varias fases en el desarrollo de la civilización maya, relacionadas con el tamaño cada vez mayor de sus asentamientos, la escala cada vez más ambiciosa de sus monumentos y la creciente sofisticación de una cultura que abarcaba desde un sistema de escritura similar a los jeroglíficos egipcios hasta las matemáticas y la astronomía: los mayas desarrollaron un calendario con registros precisos de los ciclos lunares y los movimientos planetarios.

Agricultura y sacrificios

En torno a 300 d. C., al comienzo del periodo clásico, la civilización maya empezó a alcanzar su apogeo con más de 40 ciudades y hasta 10 millones de habitantes repartidos por un área del tamaño de Polonia. En esta zona tropical y fértil no había

Véase también: Aztecas e incas 114–115 ▪ La conquista europea de América 122–125 ▪ La guerra en América del Norte 150–151

Guerreros mayas luchando con lanzas en un fresco que data de 800 d. C. en el Templo Pintado de Bonampak (Chiapas, (México).

invierno, lo cual permitía un ciclo continuo de siembra y cosecha de plantas como el maíz, la calabaza, la mandioca, las alubias y los pimientos.

Los mayas atribuían su éxito a la generosidad de los dioses, a los que aplacaban con tributos regulares y ofrendas de sangre. Cada acontecimiento importante del calendario –momentos clave del año agrícola, la inauguración de un reinado o la construcción de un templo– exigía un sacrificio.

A menudo se mataban animales, pero se prefería la sangre humana: la de un hombre se consideraba mejor que la de una mujer, y la de un rey rival era la mejor. En muchos casos, la muerte era la culminación de un largo y elaborado ritual de tortura: a las víctimas humanas se les disparaban flechas, prendía fuego, decapitaba o arrancaba el corazón.

Después de la victoria quitaban a los muertos la quijada y limpia de carne, poníansela en el brazo.

Fray Diego de Landa

Relación de las cosas de Yucatán

Asegurarse víctimas para el sacrificio era la motivación principal de la guerra de los mayas contra asentamientos vecinos. También buscaban la dominación, la venganza o conseguir esclavos, pero habitualmente era el sacrificio lo que les movía a combatir.

Armas sencillas

Los mayas estaban bien armados, pero con armas simples. Las puntas de lanzas y flechas eran de sílex o de obsidiana, un vidrio volcánico duro que podía afilarse para hacer cuchillos o pinchos, o incrustarse en mazas, llamadas *macuahuitl*. La obsidiana era muy apreciada en la que aún era una cultura de la Edad de Piedra, pese a todos sus logros.

Con el tiempo, parece que la cultura maya llegó al estancamiento, agotada por las guerras interminables. Hacia el siglo x, sus estructuras políticas empezaban a desmoronarse, la autoridad de sus reyes menguó y la población se decantó gradualmente hacia una vida rural más sencilla. ■

El primer sacrificio

El *Popol Vuh*, que relata la mitología y la historia mayas, se centra en una historia de sacrificio. En este mito de la creación, los gemelos Hun y Vucub Hunahpú son convocados al inframundo y retados a un juego de pelota por los dos Señores de Xibalbá. Los perdedores morirán, declaran estos, y los jóvenes no pueden ni rechazar las condiciones ni competir contra los dioses. Los gemelos pierden y son sacrificados. La cabeza de Hun es colgada en las ramas de un árbol estéril, del que enseguida brotan flores y frutos. Varios animales y espíritus devuelven la vida a los héroes gemelos y, finalmente, les ayudan a derrocar a los Señores de Xibalbá. Habiendo adquirido nueva forma como el Sol y la Luna, los dos presiden un nuevo orden más esperanzador, en el que la humanidad nace de una mazorca de maíz.

El mito maya de los héroes gemelos y los Señores de Xibalbá representado en una vasija de cerámica de entre 600 y 900 d. C.

LUCHA POR LA CAUSA DE ALÁ

EL AUGE DEL ISLAM (622–756)

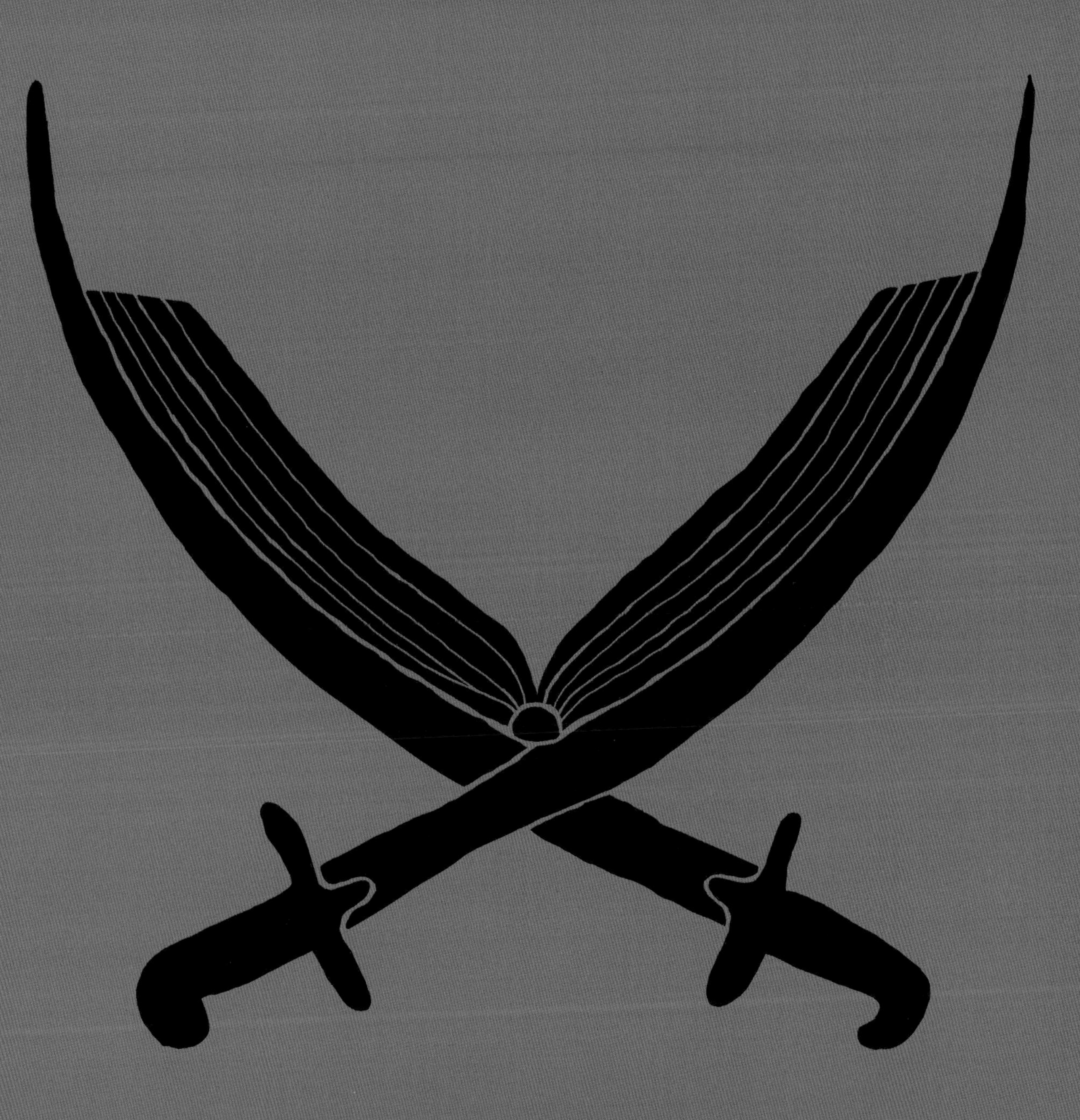

EN CONTEXTO

ENFOQUE
El papel de la religión en la guerra

ANTES
595 a. C. La ciudad griega de Delfos libra la primera de las cinco guerras sagradas contra estados vecinos que considera que han profanado el santuario de Apolo.

492 El rey franco Clodoveo I entra en guerra con los visigodos, adeptos de lo que considera una forma herética de cristianismo.

DESPUÉS
945 Los buyíes –chiíes iraníes– conquistan el corazón abasí de Irak.

1562 Comienzan las guerras de religión francesas, que enfrentan a católicos y protestantes hugonotes.

1618 Comienza la guerra de los Treinta Años en Europa central.

Mahoma dio a los árabes ante todo una misión espiritual, y luego, otra militar. Hasta el siglo VII, para los extranjeros Arabia era una tierra apartada, «incivilizada» y misteriosa habitada por jinetes y camelleros.

En realidad, Arabia tenía una cultura y una vida económica propias. La mayoría de sus habitantes eran pastores nómadas que llevaban ganado de oasis en oasis. Las comunidades del desierto comerciaban entre ellas, e incluso había algunas pequeñas ciudades, como La Meca, donde el profeta Mahoma, un comerciante de mediana edad, empezó a tener visiones en el año 610. A lo largo de varios años, el ángel Gabriel se le apareció y le dictó la palabra de Alá (Dios). El nombre de la nueva religión, islam, significaba «sumisión a la voluntad divina».

Mahoma se vio abocado a una actitud belicosa desde el principio: para la élite de La Meca, su mensaje era subversivo, y él y sus seguidores tuvieron que abandonar la ciudad. Tras su huida a Medina (llamada hégira) en 622 vivieron tiempos difíciles, pero en la batalla de Badr, dos años más tarde, triunfaron sobre sus enemigos árabes. Derrotadas y casi aniquiladas en Uhud en 625, las fuerzas de Mahoma se recuperaron, vencieron en la batalla de la Trinchera (627) y tres años después tomaron La Meca.

Seré duro y severo contra el agresor, pero seré un pilar de fortaleza para el débil.
Omar ibn al-Jattab

Una guerra de fe

Cuando Mahoma murió en 632, sus seguidores estaban convencidos de que debían luchar por su fe. El sucesor del profeta –o califa, título que confiere autoridad tanto religiosa como política– fue su suegro, Abubeker, que dedicó su reinado a someter a todas las tribus árabes al dominio islámico.

Las incursiones de saqueo habían sido una práctica habitual entre los árabes durante generaciones, pero al decretar Mahoma que las comunidades musulmanas no se atacaran entre sí, su objetivo legítimo fue el resto del mundo. Correspondió a Omar ibn al Jattab, sucesor de Abubeker desde 634, difundir más allá la nueva fe. Movidos por este deber, los ejércitos de Omar salieron de la península arábiga. No

La batalla de Badr fue el primer gran enfrentamiento entre la tribu gobernante coraichita de La Meca y los seguidores de Mahoma, cuya victoria fue decisiva pese a su inferioridad numérica.

Véase también: El Imperio bizantino 70–73 ▪ Las cruzadas 88–93 ▪ Las cruzadas europeas 102–103 ▪ Reconquista de la península ibérica 110–111 ▪ El auge de los turcos otomanos 112–113 ▪ Las guerras de religión en Europa 134–139

Abubeker y Omar ibn al Jattab conversan en este grabado de 1842. Abubeker fue el sucesor de Mahoma, pero Omar llevó el mensaje del islam más allá de Arabia occidental.

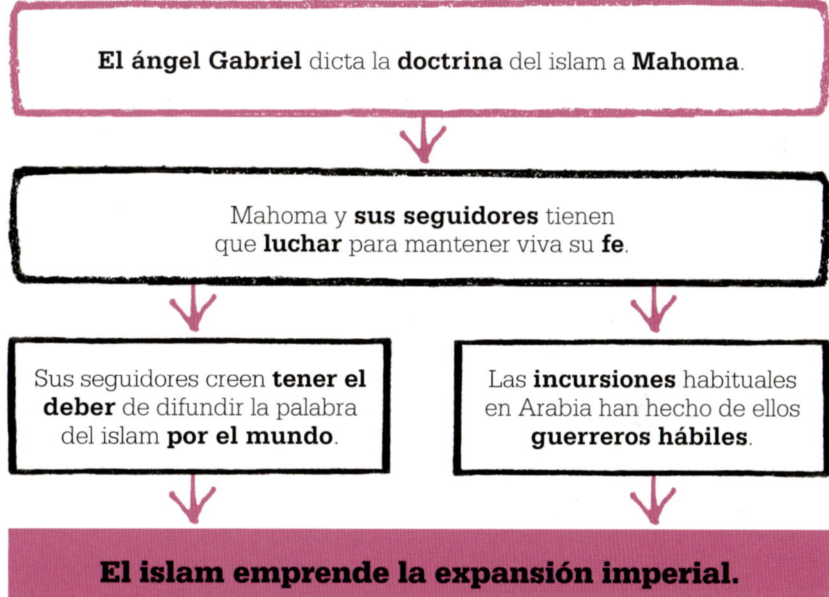

tardaron en atacar al Imperio bizantino desde el sur y, en agosto de 636, derrotaron a una fuerza numerosa junto al río Yarmuk, cerca de la frontera de las actuales Siria, Jordania e Israel.

En los primeros años del islam, el concepto de *yihad* comenzó a aplicarse a la guerra. Derivado de «esfuerzo» en árabe, el término *yihad* se refiere a la firme determinación de cumplir la voluntad de Dios, incluida la mejora individual espiritual o moral. Aunque según el Corán, el libro sagrado islámico, no hay coacción en la religión, la *yihad* llegó a justificar los intentos de imponer la voluntad de Alá mediante la conquista militar.

Cualidades militares

En algunos aspectos, los árabes estaban mal equipados para la guerra. A causa de su pobreza, no disponían de armamento pesado ni armaduras; muchos llevaban lanzas, arcos y flechas, pero usaban sobre todo espadas rectas (la cimitarra curva es posterior) con vaina de madera y correa de cuero para colgar del hombro. Sus principales puntos fuertes eran la velocidad, la sorpresa y una entrega apasionada.

Los combatientes árabes también estaban curtidos para la batalla por su modo de vida. Como pastores y saqueadores, habían crecido físicamente fuertes, con una habilidad superlativa como jinetes. Tenían los mejores caballos del mundo, rápidos e inteligentes, pero también fáciles de adiestrar. El dromedario solo era una bestia de carga, pero más rápido y versátil que cualquier carro. »

Una guerrera árabe

La epopeya árabe *Dhat al-himma* de tradición oral, escrita por primera vez entre los siglos X y XII, presenta una visión romántica de las guerras entre árabes y bizantinos. Su protagonista, la denominada Dhat al-himma («mujer de noble propósito») es la amira («princesa») Fátima. Secuestrada por la belicosa tribu árabe tayí, la delicada Fátima se convierte en una gran guerrera y desempeña un papel destacado en la guerra contra los «romanos» durante un periodo inverosímilmente prolongado entre el final de la época omeya y el principio de la abasí. Valiente e ingeniosa, la princesa lucha fieramente a espada y escapa cada vez que es capturada. El relato hace más hincapié en evocar la emoción de las batallas que en promover la supremacía del islam, y los bandazos de la suerte de las armas son favorables o adversos tanto para bizantinos como árabes.

Los árabes eran una fuerza de combate formidable. Tres meses después de derrotar a los bizantinos junto al río Yarmuk lograron una importante victoria sobre el ejército persa sasánida en Qadisiya, en el actual Irak, y más al oeste, tomaron Jerusalén en 638 tras dos años de asedio. La ciudad santa de judíos y cristianos era igualmente importante para el islam, según cuya tradición Mahoma fue llevado al cielo por ángeles en su visionario *Lailat al Miraj* («viaje nocturno») desde el Monte del Templo.

En 641 habían conquistado Palestina, Siria y Egipto, y logrado victorias importantes sobre los sasánidas. La conquista de Persia se completó bajo el mandato del tercer califa, Otmán ibn Affán, que reinó desde 644 hasta su asesinato, que tuvo lugar en 656. Los ejércitos árabes eran relativamente pequeños, y su imperio en expansión, demasiado vasto ya para controlarlo ellos solos, pero también crecía el número de conversos a la nueva religión, y con ello, su poder.

Acumular recursos

Con el tiempo, las campañas de los árabes les llevaron más lejos y les enfrentaron a enemigos más poderosos. Para hacer frente a estos desafíos, los guerreros musulmanes, ligeramente armados, cambiaron botín por corazas, mejores espadas, cascos más robustos y otro equipo militar. A la vez, sus líderes invertían en máquinas de asedio y otros aparatos de guerra, como torres desmontables y catapultas potentes, para poder atacar con éxito las fortificaciones o murallas de sus enemigos. A medida que se expandían, los árabes también reclutaban miles de soldados de infantería y de la caballería pesada en la que se especializaban los ejércitos sasánida y bizantino.

No sin dificultad, el líder militar Muawiya –luego califa, el primero de la dinastía omeya– convenció a Otmán de la necesidad de construir la primera flota del islam. Los comerciantes árabes llevaban generaciones navegando por la costa del mar Rojo; Muawiya les pidió consejo, les nombró capitanes y tomó la isla de Chipre con su ayuda en 649. Su victoria sobre los bizantinos en la batalla de los Mástiles, frente a la costa sur de la actual Turquía, en 655, confirmó a los árabes como potencia naval, pero continuaron considerando vital la movilidad en tierra y, fueran cuales fueran las exigencias de sus guerras de expansión, se mantuvieron reacios a transportar equipo que no se pudiera cargar rápidamente en un camello.

El islam se extendió rápidamente en los siglos VII y VIII. Desde Medina, sus seguidores llevaron su mensaje por la península arábiga, al oeste por la llanura costera del norte de África hasta Hispania, al norte por el Imperio bizantino, y al este por el sur de Asia.

Clave

- Conquistas bajo Mahoma (622–632)
- Territorio conquistado de 632 a 661
- Territorio conquistado de 661 a 751
- Reinos no islámicos
- Campañas militares
- Batallas clave

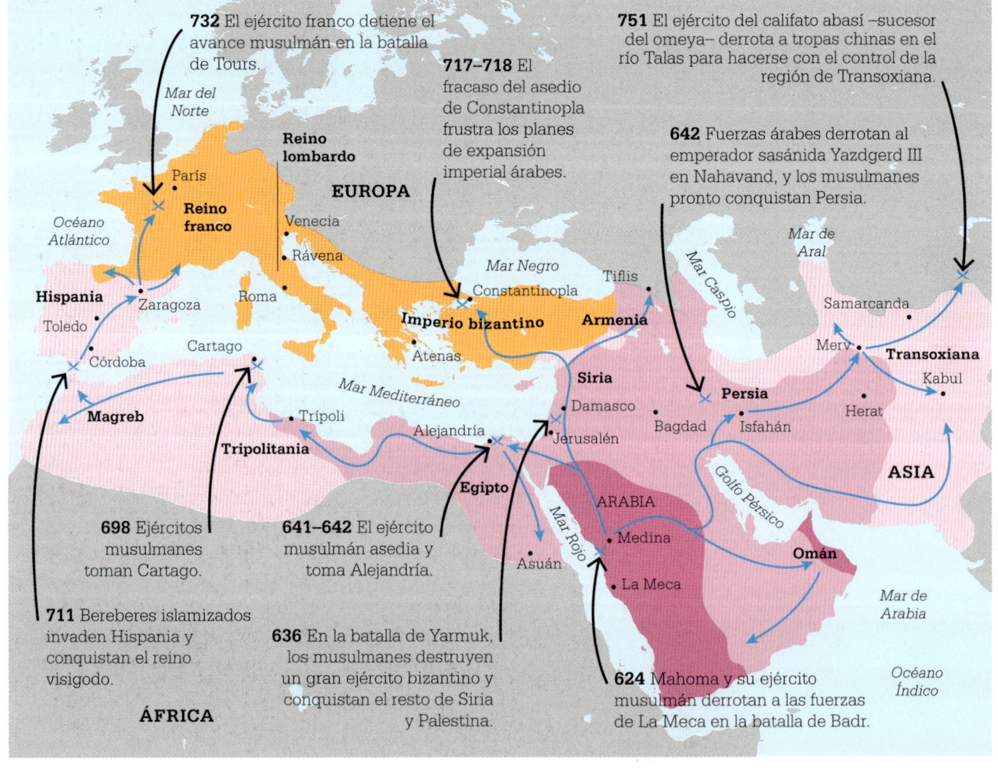

Montado en un caballo blanco Abbás hiere a un soldado del ejército de Yazid para vengar el asesinato de su hermanastro Husain en Karbala. En esta pintura propagandística, los enemigos de Husain sufren en el infierno (abajo, dcha.).

Las primeras semillas de división en el seno del islam se sembraron tras la muerte de Mahoma en 632, al elegir los ancianos a Abubeker para sucederle como califa, relegando a Alí, primo y yerno del profeta, al parecer recelosos de su rigidez moral y fervor religioso. En la primera *fitna* o guerra civil del islam, Alí y sus partidarios se rebelaron en 656. La guerra terminó en 661 con el asesinato de Alí y el reconocimiento de Muawiya como califa. Pese a la derrota sufrida cuando la flota de Muawiya no pudo tomar Constantinopla tras un asedio de tres años que acabó en 669, él y sus descendientes dominaron el mundo islámico durante los 90 años siguientes.

Gobernando desde Damasco (Siria), la nueva dinastía omeya aportó cierta unidad y orden al mundo islámico. Sin embargo, bajo la superficie persistían las divisiones. Las diferencias doctrinales entre los partidarios de Abubeker y los *rashidun*, los califas «bien guiados» u ortodoxos que le sucedieron, por una parte, y los partidarios de la línea de Alí por otra, se acentuaron. Los primeros se autodenominaron suníes por seguir la Sunna o enseñanzas del profeta. Los chiíes, el partido de Alí, sostenían que esta sucesión estaba corrompida desde el principio y que la tradición islámica tenía que haberse confiado a Alí y a los imanes, o maestros, que le siguieron.

En 680, Husaín, hijo de Alí, intentó derrocar a Yazid, heredero de Muawiya. La muerte de Husaín y sus partidarios en la batalla de Kerbala (Irak) dio al islam chií sus primeros mártires y un nuevo impulso. Yazid murió en 683.

Conflicto y cambio

Pese a las continuas disensiones, las guerras de conquista árabes continuaron. En la segunda mitad del siglo VII, sus ejércitos avanzaron hacia el oeste desde Libia por el norte de África. A principios del siglo VIII habían tomado África noroccidental, y en 711, la primera partida de árabes y bereberes islamizados cruzó el estrecho de Gibraltar y llegó a Hispania. Los guerreros de Tariq ibn Ziyad derrotaron a los visigodos, y en 718, prácticamente toda la península estaba en manos musulmanas. El avance del islam fue detenido por los francos liderados por Carlos Martel en Tours, o Poitiers (Francia), en 732.

El resentimiento contra los omeyas iba en aumento. Dirigentes religiosos destacados del islam denunciaban que los habían corrompido la riqueza y el poder. Mientras tanto, los qaysíes del norte y los yamaníes del sur de Arabia estaban enfrentados, indignados estos últimos por el apoyo del califa omeya Marwan II a su enemigo. En 747, una coalición de combatientes árabes de la provincia persa de Jorasán se sublevó contra el califato. Se restauró el orden, pero la legitimidad de los omeyas estaba en tela de juicio.

En 750, un descendiente de Alí, Muhammad ibn Alí ibn al-Abbás, dirigió con éxito un levantamiento y estableció la dinastía abasí en Asia occidental y el Magreb, con una nueva capital, Bagdad. En 756, el príncipe omeya Abderramán huyó de Damasco y logró llegar a Al-Ándalus (península ibérica), donde fundó un emirato independiente, centro del poder omeya durante siglos. Pese a los relevos dinásticos y las disputas internas, el islam tenía ya una presencia espiritual y militar importante en el mundo. ■

Los musulmanes abatieron a sus enemigos [...], asolaron el país e hicieron innumerables cautivos.

Cronista árabe anónimo
sobre el avance en Francia en 732

EL REY MÁS SABIO Y MAGNÁNIMO DE SU ÉPOCA

EL IMPERIO DE CARLOMAGNO (768–814)

EN CONTEXTO

ENFOQUE
Restaurar el orden en Europa

ANTES
476 El guerrero bárbaro germánico Odoacro depone al último emperador de Roma, Rómulo Augústulo.

481 Clodoveo I, el primer rey de los francos, une bajo su poder diversas tribus germánicas.

732 Carlos Martel lleva a los francos a la victoria sobre los invasores musulmanes en Tours.

DESPUÉS
814 Muere Carlomagno y le sucede su hijo Ludovico Pío.

843 El tratado de Verdún divide el reino franco en reinos orientales y occidentales, posiblemente los orígenes de Alemania y Francia.

887 Fin de la dinastía carolingia con la destitución del emperador Carlos III.

A finales del siglo VIII, Carlomagno (o Carolus magnus, «Carlos el Grande»), rey de los francos, se propuso crear un superestado capaz de resistir el avance del islam en Europa occidental. Así como el antiguo orden romano había mantenido a raya a las hordas bárbaras, su orden imperial salvaría a la civilización cristiana.

Luchar por la paz

Carlomagno trató de conseguirlo por medios diplomáticos más que militares, pero el precio de la paz iban a ser años de guerra. Comenzó en 772 por Sajonia, al este de Alemania, un territorio aún no convertido al cristianismo y cuyas incursiones en la frontera eran una irritación constante.

Carlomagno luchó contra los sajones de manera intermitente a lo largo de tres décadas. Con el tiempo fue avanzando, conquistando territorios, destruyendo santuarios paganos y convirtiendo a los jefes locales al cristianismo, tanto con amenazas como con incentivos. El reino franco fue absorbiendo gradualmente Sajonia, pero la empresa no culminó hasta 804.

Ninguna guerra emprendida por los francos fue más larga ni más atroz [...] pues los sajones [...] eran feroces [...] adversarios de nuestra religión.

Eginardo
Vida de Carlomagno
(830–833)

Una estrategia para la victoria

En 774, Carlomagno conquistó a los lombardos, una tribu germánica asentada en el norte de Italia, y también los sometió a la autoridad de su estado franco. Las tácticas de batalla de los francos eran sencillas: caballeros con armadura, lanza en ristre, cargaban contra el enemigo al galope. En el cuerpo a cuerpo usaban espadas largas y pesadas. Detrás, soldados de infantería bien adiestrados empuñaban lanzas para clavarlas o arrojarlas, según fuera necesario, y avanzaban protegidos por un muro de escudos.

Véase también: El Imperio romano en su apogeo 56–57 ▪ Las cruzadas 88–93 ▪ El Sacro Imperio Romano Germánico frente al papado 94–95 ▪ Las cruzadas europeas 102–103 ▪ Reconquista de la península ibérica 110–111

Este relieve del siglo XIII de la catedral de Aquisgrán (Alemania) muestra a Carlomagno (arriba, dcha.) con un ejército de caballeros con lanzas y espadas, sitiando una ciudad.

Sus mayores virtudes eran la visión estratégica y la habilidad administrativa. Carlomagno reclutaba ejércitos para campañas estacionales, con un control centralizado de las operaciones en general, pero delegaba localmente el detalle de los aspectos organizativos. La nobleza y el clero enviaban sus propios combatientes, armamento y provisiones. Esto daba a Carlomagno una gran flexibilidad como comandante en jefe.

Las guerras de Carlomagno en Europa occidental tuvieron como principal objetivo detener el avance del islam. Siempre presentes en sus fronteras meridionales hispanas, los musulmanes amenazaban el concepto mismo de monarquía cristiana. Su único intento de atacarles directamente tuvo lugar en 778, cuando invadió la península a petición de gobernador de Barcelona y Gerona Sulayman al-Arabí, de tendencia abasí, que propuso unir fuerzas para derrotar a los omeyas de Al-Ándalus. La alianza fracasó, y Carlomagno se retiró. En la década de 790 regresó para establecer la Marca Hispánica en la actual Cataluña como territorio tapón frente al islam.

¿Roma restaurada?

El día de Navidad del año 800, el papa León III nombró a Carlomagno emperador de los romanos, esperando que su nuevo estado fuera tan fuerte y estable como el Imperio romano en su apogeo. Siguió un tratado en 807 con el emperador bizantino Nicéforo I.

A su muerte, en 814, Carlomagno había construido un estado poderoso y pacífico. El Imperio carolingio parecía dispuesto a recuperar parte de la gloria de la antigua Roma. ■

La batalla de Roncesvalles

A pesar de los muchos éxitos de Carlomagno, fue uno de sus fracasos el que dejó una huella imperecedera. El recuerdo del valor de sus tropas en la batalla de Roncesvalles dio a esta una fama que no corresponde con su relevancia real.

En su expedición hacia el sur, en España, en la primavera del 778, Carlomagno arrasó las murallas de Pamplona, la capital de los vascones. Cuando se retiraba, estos vieron la oportunidad de tomar represalias y tendieron una emboscada a un pequeño sector de su ejército que quedó aislado del resto al atravesar un desfiladero en los Pirineos. La retaguardia franca fue atacada desde todos los flancos. En inferioridad numérica y en terreno desconocido, los francos fueron derrotados, pero lucharon valerosamente hasta la muerte. Se sabe poco de su líder, pero la *Canción de Roldán*, del siglo XI, lo elogia como modelo de caballero valiente y abnegado.

La derrota de los francos cerca de Roncesvalles, representada aquí en un manuscrito francés de 1467, fue un revés menor más tarde elevado a leyenda.

ARRASAN TODO LO QUE NO LES HAGA FRENTE

INCURSIONES VIKINGAS (793–*c.* 1100)

EN CONTEXTO

ENFOQUE
Embarcaciones oceánicas

ANTES
1200 a. C. Los «pueblos del mar» atacan el antiguo Egipto y la Grecia de la Edad de Bronce.

1085 a. C. Inicio de la semimítica guerra de Troya, una incursión griega que se convirtió en un sitio de diez años.

800 a. C. La piratería supone un problema para las ciudades comerciales griegas.

DESPUÉS
1153 El descendiente de vikingos Somerled, «señor de las Islas», se alza contra el rey de Escocia Malcolm IV, de 12 años, y saquea Glasgow.

1631 Piratas berberiscos saquean la aldea de Baltimore, en el suroeste de Irlanda.

Abr. de 2009 Piratas somalíes abordan el Maersk Alabama y toman como rehén al capitán, Richard Phillips.

A partir del siglo VIII, pequeños grupos de escandinavos asaltaron las costas de Europa en busca de nuevas tierras, botín y aventuras. Eran navegantes expertos y curtidos, armados con hachas de guerra, espadas y lanzas, y se protegían con escudos redondos y túnicas de piel acolchadas.

El componente fundamental del arsenal vikingo era el barco largo, o *drakkar*, hecho para navegar rápido, con los costados cubiertos por escudos y la proa tallada en forma de cabeza de dragón para intimidar al enemigo.

Las espantosas incursiones de los paganos causaron lamentables estragos en la iglesia de Dios en la isla Santa.

Crónica anglosajona
Noticia del ataque vikingo a Lindisfarne en 793

Viajeros brutales

Los ataques vikingos seguían un modelo habitual. Primero aparecían como de la nada uno o dos barcos, cuyos tripulantes desembarcaban a la carrera y empleaban una violencia extrema para romper toda resistencia. Más tarde hubo expediciones mayores e invasiones, pero el modo de actuar siguió siendo el mismo.

Los vikingos viajaron por un ámbito muy extenso. Los daneses cruzaron el mar del Norte hasta Inglaterra, o bajaron por la costa frisona para atacar al Imperio carolingio. Los noruegos navegaron a Escocia e Irlanda, y luego más al oeste, hasta colonizar Islandia y Groenlandia, y asentarse incluso en Terranova (Canadá). Al sur, atacaron Al-Ándalus y el noroeste de Italia y de África. Los suecos llegaron por los ríos de Rusia hasta el mar Negro y Constantinopla, donde fueron mercenarios y formaron la guardia varega del emperador. ■

Véase también: Las migraciones bárbaras: el imperio amenazado 58–65 ▪ Las conquistas normandas 85 ▪ Las invasiones mongolas 96–101

EL DUQUE [...] NO PERDONÓ A NINGÚN ADVERSARIO

LAS CONQUISTAS NORMANDAS (911–c. 1100)

EN CONTEXTO

ENFOQUE
El triunfo de la caballería

ANTES
***C.* 400 d. C.** Los estribos, llevados a Europa por extranjeros que atacaron Roma, dan mayor estabilidad a los jinetes.

***C.* 600** Llega a Europa la silla de montar de construcción robusta, sujeta por una cincha alrededor del vientre del caballo.

DESPUÉS
***C.* 1100** Un pomo alto en la parte delantera de la silla y un pesado borrén trasero protegen mejor a los caballeros cuando sus lanzas entran en contacto.

1346 Tras el aniquilamiento de los caballeros franceses por los arqueros ingleses en Crécy se replantean las tácticas de caballería.

Después de que los vikingos asaltaran París en 911, el rey franco Carlos el Simple les cedió territorios en la región que recibió el nombre de Normandía («tierra de los hombres del norte»). Pretendía apaciguarlos, pero también contar con un aliado en sus disputas con sus propios barones.

Como condición del acuerdo, los normandos tuvieron que convertirse al cristianismo y adoptar la cultura jerárquica que conllevaba. Esta jerarquía se reflejó en las catedrales y castillos de piedra que construyeron y también en la configuración de sus ejércitos. En la cima, el caballero, a lomos de su corcel, un semental entrenado para la guerra, entraba en combate a la carga. Sujetaba la lanza entre el pecho y el brazo, y apoyaba el cuerpo en una silla de montar de madera especialmente reforzada. Su objetivo era asestar un golpe demoledor a su adversario.

La infantería, de menor categoría social, seguía la carga de la caballería blandiendo espadas largas, mientras que los arqueros, campesinos, disparaban antes y después de las cargas. Este fue el orden de batalla en Hastings (Inglaterra), en 1066, donde Guillermo de Normandía (luego Guillermo I de Inglaterra, «el Conquistador») aplastó al rey Haroldo Godwinson, y en 1069–1070, en la casi genocida Masacre del Norte para someter esa región.

Aunque su pasado vikingo había quedado atrás, hubo caballeros normandos mercenarios en Italia desde principios del siglo X ayudando a las autoridades bizantinas y gobernantes locales a combatir contra los piratas árabes. En 1088 ya se habían apoderado de Sicilia. ■

Normandos a caballo frente a la infantería sajona en un detalle del tapiz de Bayeux, que representa la conquista de Inglaterra en el siglo XI.

Véase también: Incursiones vikingas 84 ▪ El auge de los samuráis 86–87 ▪ Las cruzadas europeas 102–103 ▪ La guerra de los Cien Años 106–109

EL CAMINO DEL SAMURÁI ES LA MUERTE

EL AUGE DE LOS SAMURÁIS (SIGLO IX–1185)

EN CONTEXTO

ENFOQUE
Una casta de guerreros

ANTES
607 Llega a China la primera de varias misiones japonesas para traer nuevas ideas.

645 La Reforma Taika reorganiza Japón según el modelo chino, centralizando el poder y concentrando la tierra en manos de grandes señores.

702 El Código Taiho profundiza la división entre el papel espiritual del emperador y los asuntos prácticos del estado.

DESPUÉS
1333 Comienzan varias décadas de guerra civil con el colapso del sogunato de Kamakura.

1877 En Satsuma (Kyushu), los samuráis se sublevan contra las reformas modernizadoras de la dinastía Meiji.

1882 Se obliga a los reclutas de las fuerzas armadas al juramento de lealtad al emperador.

Más que un grupo de guerreros, los samuráis del Japón medieval fueron una clase diferenciada y la piedra angular del orden social. En el rígido sistema de clases japonés ocupaban el escalón superior al de los artesanos y servían como guardaespaldas a los daimios, grandes señores feudales que a su vez respondían ante el sogún («comandante supremo») o líder militar. Por encima de todos, el emperador era una figura tan distante que parecía casi un mito viviente. Sin embargo, desde el siglo VII su papel era solo espiritual, y todo el poder político real recaía en el sogún.

Una élite militar

Los ejércitos japoneses del siglo XI estaban formados sobre todo por soldados de infantería, reclutas campesinos ligeramente armados. Los samuráis eran guerreros a tiempo completo. Expertos con la espada y como jinetes y arqueros, solían disparar a caballo con arcos de madera de 2,5 m de largo. Se desarrolló un estilo distintivo de combate de caballería, en el que los contendientes se rodeaban unos a otros a corta

Un código de vida samurái

Véase también: El imperio de Carlomagno 82–83 ▪ Las conquistas normandas 85 ▪ Las cruzadas 88–93 ▪ Las invasiones mongolas 96–101 ▪ La guerra de los Cien Años 106–109 ▪ Japón en la era Sengoku 128–129

distancia, buscando huecos para disparos que pudieran atravesar la pesada armadura acolchada.

A los samuráis se les admiraba como héroes; su código del *bushidō* («el camino del guerrero») resumía los valores conforme a los cuales hubiera querido vivir la mayoría de los japoneses. En tiempos de paz actuaban como ejecutores de la ley.

Lucha por la supremacía

En el siglo XII ascendieron al poder dos clanes nobiliarios –los Taira y los Minamoto, ambos de Honshu, la mayor isla de Japón–, que se enzarzaron en una guerra civil por el control de todo Japón. En 1180, los Taira derrocaron al emperador Takakura para que su hijo ocupara el trono, sin considerar al hermanastro de Takakura, el príncipe Mochihito, apoyado por el clan Minamoto. El golpe desencadenó los cinco años de guerras Genpei.

Mochihito, en cuyo nombre se luchó, y el líder de los Minamoto, Yorimasa, cayeron en la primera batalla, en Uji, en junio de 1180. Luego, los victoriosos Taira destruyeron la estratégica ciudad de Nara, al norte de Kioto, antes de triunfar en Ishibashiyama en septiembre. En 1183, Minamoto no Yoshinaka rodeó hábilmente a los Taira al amparo de la oscuridad en el paso de Kurikara, al oeste de Honshu. Luego Yoritomo derrotó a su primo Yoshinaka en un conflicto familiar, antes de que se reanudase la guerra Genpei.

Las fuerzas de los Taira y los Minamoto se enfrentan durante la rebelión Hōgen de 1156 en esta imagen del siglo XVI. La rebelión inició la rivalidad entre los clanes.

En marzo de 1184, los Minamoto de Yoritomo tomaron la fortaleza de los Taira de Ichi-no-Tani, en la costa sur de Honshu, y aniquilaron a su guarnición en Kojima mientras huía. Un año después tomaron el cuartel general de los Taira en Yashima, pero la mayoría de los Taira escapó por la costa hasta Dan-no-ura. Allí se libró la batalla culminante en abril de 1185. Más que un combate naval, fue una batalla terrestre librada en el mar, en la que los guerreros se lanzaban flechas al aproximarse los barcos, que luego abordaban para luchar cuerpo a cuerpo. Las guerras Genpei terminaron con la victoria de los Minamoto.

Apoyo al sogún

En 1192, el emperador Go-Toba reconoció la posición de Yoritomo como sogún: una vez más, el segundo en rango era quien realmente mandaba. El sogunato de Kamakura fue una dictadura hereditaria que duró 150 años. En todo momento contó con el apoyo de los samuráis, cuya posición salió fortalecida como la venerada élite militar del país. ■

Minamoto no Yorimasa

Minamoto no Yorimasa, nacido en 1106, tenía unos 70 años y acababa de hacerse sacerdote budista cuando estalló la guerra Genpei. Se unió a la lucha al frente de una fuerza de monjes. Encargado de proteger al príncipe Mochihito, fue apresado por un ejército de los Taira a orillas del río Uji, en el primer enfrentamiento de la guerra. El príncipe murió y Yorimasa resultó herido. Para escapar de la vergüenza de la captura, Yorimasa se abrió el vientre con la espada, el primer acto de *seppukudel* que hay noticia. Según la tradición, escribió un poema antes de acabar con su vida: «Como un árbol viejo/ del que ya no/ se recogen flores, / triste ha sido mi vida / destinada a no dar fruto». Yorimasa sí tuvo hijos: el «fruto» que no había logrado dar era la gloria y el honor que pudiera legar. Paradójicamente, su suicidio ritual le dio fama, al demostrar que había seguido el camino del guerrero hasta el final.

¡DIOS LO QUIERE!

LAS CRUZADAS (1095–1270)

EN CONTEXTO

ENFOQUE
Un choque de culturas

ANTES
985 Los turcos selyúcidas se convierten al islam.

1071 En Manzikert (este de la actual Turquía), los selyúcidas vencen a los bizantinos.

1073 Los selyúcidas arrebatan Jerusalén a los fatimíes de Egipto y cierran la ciudad a los peregrinos cristianos.

DESPUÉS
1529 Viena resiste el asedio de los turcos otomanos.

1571 En la batalla de Lepanto, la flota de la Santa Liga (coalición de estados católicos) vence a la del Imperio otomano frente a las costas de Grecia.

1853 Estalla la guerra de Crimea, alegando Francia y Rusia su preocupación por los derechos de los peregrinos cristianos en Tierra Santa, bajo control otomano.

En noviembre de 1095, el papa Urbano II enardeció al concilio de Clermont, una asamblea de eclesiásticos y laicos, con su llamamiento a la Europa cristiana a tomar las armas contra un enemigo diabólico. Las fuerzas del islam, advirtió, ocupaban tierras cristianas y destruían iglesias, y los creyentes tenían el deber de ir a defender la fe en una cruzada. Miles se animaron a cumplir este sagrado deber, y la consiguiente movilización masiva atrajo a comerciantes y campesinos, además de caballeros.

Organizar una empresa tan ambiciosa resultó más difícil. El apoyo de los soberanos europeos no era unánime. El emperador alemán Enrique IV, enemistado con Urbano, se negó a participar, pero los nobles de otros países, Francia sobre todo, se unieron a la causa.

El objetivo de la primera cruzada era la recuperación de Tierra Santa (la Palestina bíblica). Jerusalén era sagrada para los cristianos por haber sido el escenario de la crucifixión de Jesús, y los musulmanes la apreciaban porque creían que Mahoma había volado al cielo desde el Monte del Templo de la ciudad. Las cruzadas, también conocidas como las guerras por los Santos Lugares, enfrentaron a cristianos occidentales y musulmanes asiáticos. Aunque crueles y sangrientas, propiciaron el contacto entre pueblos con culturas diferentes. Ambos bandos se vieron expuestos a nuevas ideas, y el impacto en los países musulmanes y cristianos iba a ser duradero.

Mientras tanto, los turcos aullaban como lobos y lanzaban furiosamente una nube de flechas.
Fulquerio de Chartres
sobre la batalla de Dorilea, en Anatolia, el 1 de julio de 1097

Hacia el este

En agosto de 1096, la Primera Cruzada partía de Francia. Había cuatro ejércitos principales, con un total de 60 000 efectivos, y también 40 000 mujeres, niños y otros civiles. El ejército principal lo dirigía Godofredo de Bouillon y partió de Lorena (Francia). También había fuerzas del sur de Italia, el sur de Francia, Normandía y la región flamenca. Algunos marcharon al Adriático y llegaron luego por mar a Constantinopla, la capital bizantina; otros, como la fuerza de Godofredo, viajaron por tierra. Llegaron a Constantinopla a principios de 1097.

El papa Urbano II enardece a una multitud en 1095 predicando sobre la amenaza del islam. Su discurso movió a emprender la primera cruzada.

Véase también: El Imperio bizantino 70–73 ▪ El auge del islam 76–81 ▪ El Sacro Imperio Romano Germánico frente al papado 94–95 ▪ Las cruzadas europeas 102–103

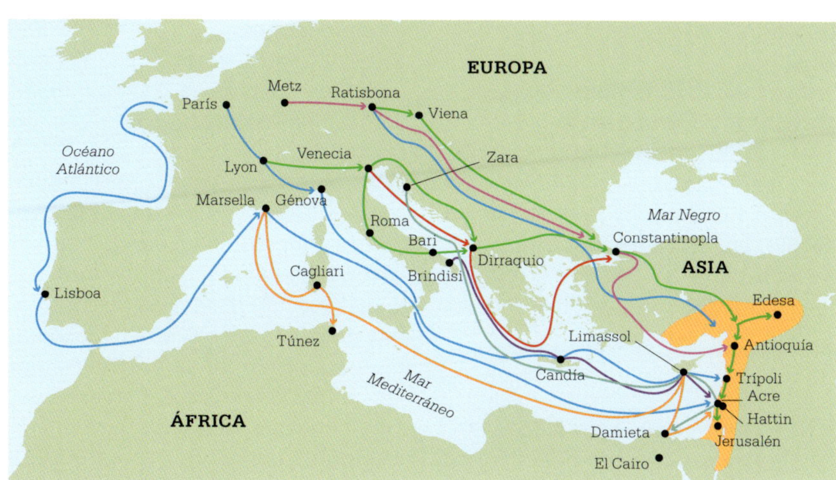

Los ejércitos cruzados de los siglos XI al XIII siguieron diversas rutas, por tierra y por mar, para alcanzar su objetivo final: la ciudad santa de Jerusalén.

Clave
- Primera cruzada (1096–1099)
- Segunda cruzada (1147–1149)
- Tercera cruzada (1189–1192)
- Cuarta cruzada (1202–1204)
- Quinta cruzada (1217–1221)
- Sexta cruzada (1228–1229)
- Séptima y octava cruzadas (1248–1254, 1270)
- Reinos cruzados

Tras cruzar el Bósforo, se adentraron en Anatolia (actual Turquía), el territorio del Imperio selyúcida, musulmán suní. Los cruzados se animaron al tomar la ciudad de Nicea (Iznik) el 18 de junio. A partir de entonces perdieron cohesión, y la columna se rezagó tanto que cuando, el 1 de julio, una fuerza de turcos selyúcidas encontró al ejército del príncipe italiano Bohemundo de Tarento a las afueras de la ciudad de Dorilea, lo rodearon fácilmente. Arqueros a caballo ligeramente armados entraron al galope lanzando flechas en el campamento de Bohemundo. El clérigo cruzado Fulquerio de Chartres informó de que mataron a todos.

La llegada de refuerzos permitió a las fuerzas de Bohemundo recuperarse. Godofredo llevó 50 caballeros, a los que siguieron otros grupos. Con todo, fue un anticipo de lo que esperaba a los cruzados en el interior montañoso de Anatolia, un penoso viaje bajo un calor abrasador, acosados por jinetes selyúcidas. Solo 40 000 llegaron hasta Antioquía y sitiaron la ciudad en poder de los selyúcidas el 21 de octubre de 1097, pero en diciembre sus propios suministros de alimentos se agotaban.

Bajas numerosas

Antioquía resistió hasta junio de 1098, cuando miles de cruzados habían muerto de hambre, enfermedades o en combate. Estaban ganando su guerra, pero no tenían qué comer. En diciembre tomaron la ciudad de Maarat, cayeron sobre sus defensores y, no contentos con matarlos, despedazaron sus cuerpos para comer su carne.

Con solo 13 000 hombres, los cruzados avanzaron hacia Jerusalén y »

El Crac de los Caballeros

El Crac de los Caballeros, un castillo espectacular, fue construido cerca de la ciudad siria de Homs entre 1142 y 1170 por la orden militar de los caballeros hospitalarios, que proporcionaban asistencia médica a los cruzados en campaña y participaban en los combates. En Europa no se había construido nada tan sofisticado como esta fortaleza, mientras que en Asia occidental había defensas de varias alturas desde la época asiria. El castillo albergaba una guarnición de hasta 2000 hombres.

Es un castillo concéntrico, con una muralla exterior dominada por otra interior más alta. La exterior impedía a las máquinas de asedio llegar a los lugares donde eran más útiles, y los cubos, o torreones salientes, de las esquinas e intercalados entre estas permitían realizar disparos de cobertura desde casi todos los ángulos. Más tarde, el rey Eduardo I de Inglaterra también construyó castillos concéntricos en Harlech y Beaumaris durante su conquista de Gales a finales del siglo XIII.

En lo alto de una colina cerca de la frontera entre Siria y Líbano, el Crac es el mayor castillo construido por los cruzados.

llegaron a sus puertas el 7 de junio de 1099. Después de otro asedio, un grupo dirigido por Godofredo abrió brecha en las murallas el 13 de julio. Hubo tal matanza que, según la crónica *Gesta Francorum (Las hazañas de los francos)*, «nuestros hombres caminaban sobre sangre enemiga que les llegaba hasta los tobillos». Para consolidar su dominio sobre la región y repartirse el botín territorial, los cruzados fundaron cuatro estados: el condado de Edesa, el principado de Antioquía, el condado de Trípoli y el reino de Jerusalén, que prosperaron gracias a la afluencia de peregrinos europeos.

Intercambio entre Oriente y Occidente

Jerusalén se había recuperado antes de lo esperado, pero no tardó en verse amenazada de nuevo por los turcos selyúcidas. Durante la segunda cruzada, de 1147 a 1149, los cristianos fueron rotundamente derrotados a las afueras de Damasco y tuvieron que retirarse. En 1187, el carismático líder kurdo Salah ad-Din (Saladino) reconquistó Jerusalén para el islam. El rey Ricardo I de Inglaterra (apodado Corazón de León) organizó una tercera cruzada con otros reyes cristianos en 1189, sin éxito.

A muchos cruzados les sorprendió descubrir que la cultura islámica era más sofisticada que la occidental, por ejemplo en materia científica, médica y astronómica. Las naciones islámicas también habían adoptado ideas y sensibilidades estéticas de los países que habían conquistado, entre ellas las de una cultura clásica grecorromana prácticamente ignorada en la Europa medieval. Las cruzadas dieron a los europeos la ocasión de beneficiarse de tales conocimientos. Algunos cruzados aprendieron árabe, y los estados de los cruzados se convirtieron en focos de intercambio comercial y cultural.

Táctica y equipamiento

La rivalidad entre Saladino y Ricardo I puso de manifiesto las diferencias entre el modo de combatir en Oriente y Occidente: la agilidad y destreza de los selyúcidas frente a la fuerza bruta y la agresividad de los cruzados, reflejadas en el contraste de las respectivas indumentaria y armas. Un caballero cruzado llevaba una cota de malla hasta las rodillas –hecha con más de 15 000 anillas– sobre una túnica acolchada (la sobreveste con la cruz roja que abunda en la pintura no aparece en las representaciones de la época). Placas de acero fijas sobre un armazón de hie-

Los cruzados construyeron tres altas torres de asedio para abrir una brecha en las murallas de Jerusalén. Los hombres de Godofredo lograron entrar y abrieron las puertas de la ciudad a los demás atacantes.

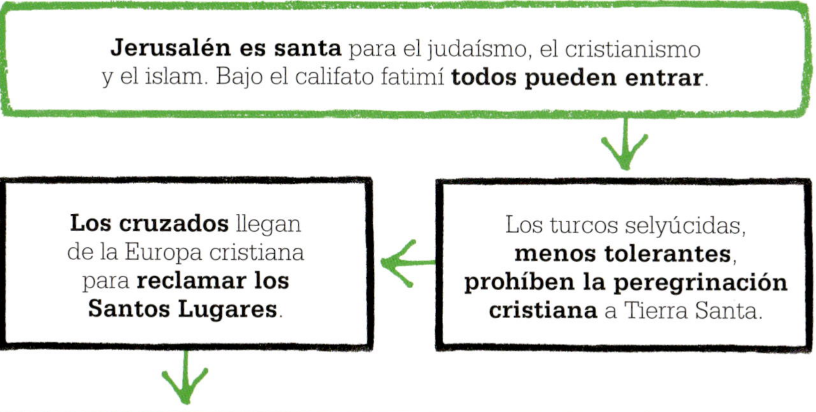

rro formaban el yelmo. Para luchar cuerpo a cuerpo, a pie o a caballo, el caballero portaba una fuerte espada de acero, de hoja afilada y puntiaguda de unos 80 cm de largo, adecuada tanto para herir de tajo o de punta. Su arma principal era la lanza, sujeta bajo el brazo.

Para transportar tanto equipo, el caballo de guerra de un cruzado tenía que ser fuerte y pesado, y por tanto solo era capaz de carreras breves. Cargando al galope, los caballeros podían aplastar la primera línea enemiga con un impacto devastador, pero los caballos se cansaban pronto, y se notaba su lentitud y falta de agilidad. La infantería avanzaba por detrás de la caballería y atacaba a sus adversarios lo mejor que podía. El soldado de infantería, que no era profesional, solo llevaba un pequeño casco por armadura, una lanza y quizá un arco. Pocos soldados de infantería podían permitirse una espada o un escudo.

¿Qué hombre, por experimentado y erudito que fuera, osaría escribir sobre la habilidad, destreza y valor de los turcos [...] no cabe hallar soldados más fuertes o valientes.

Cruzado anónimo
***The Medieval World at War* (2009)**

Al acercarse a una muralla o un terraplén, la infantería de los cruzados solía cargar con tablas anchas de madera para protegerse de la lluvia de flechas. Para asaltar las murallas de una ciudad se construían torres y se usaban trabuquetes de tracción para lanzar rocas y basura. Un trabuquete (un tipo de catapulta gigante) bien construido podía lanzar proyectiles de 22,5 kg a más de 120 m. De la tensión de estas armas se encargaron al principio equipos de hombres tirando; más tarde se emplearon grandes contrapesos.

Los musulmanes contaban con caballería pesada, pero su estilo de combatir predominante era el de los nómadas euroasiáticos, pues los turcos selyúcidas procedían de la estepa kazaja y sus alrededores. El guerrero selyúcida, ligeramente armado, con un arco corto pero potente, solía usar un *kilij* curvo o cimitarra, afilada por un solo lado para tajar.

Una serie de fracasos

El ardor piadoso de los cruzados por recuperar Jerusalén fue siempre acompañado por el espíritu aventurero y el ansia de botín. En la cuarta cruzada (1202–1204) se alcanzaron nuevas cotas de brutalidad y cinismo. Faltos de fondos, los cruzados se desviaron a Constantinopla y saquearon la ciudad en medio de una matanza espantosa. El ejército alemán que encabezaba la quinta cruzada (1217–1221) trató de llegar a Jerusalén por el sur a través de Egipto, esperando que fuera una ruta menos defendida, pero esta táctica también fracasó.

En 1228, el emperador Federico II negoció la entrega de Jerusalén, que más tarde volvió a caer en manos musulmanas. Las otras dos cruzadas organizadas en 1248 y 1270 fueron dos fracasos catastróficos que dieron al traste con el sueño de la cruzada. ■

Durante el sitio de Nicea, en 1097, los cruzados aterrorizaron a sus defensores lanzando con trabuquetes por encima de las murallas cabezas de prisioneros muertos.

SI DIOS NO LO IMPIDE [...] HABRÁ UN CISMA

EL SACRO IMPERIO ROMANO GERMÁNICO FRENTE AL PAPADO (1076–1237)

EN CONTEXTO

ENFOQUE
Dios contra el rey

ANTES
***C.* 420** San Agustín de Hipona publica *La ciudad de Dios*, donde reflexiona sobre la relación entre el poder terrenal y la autoridad espiritual de la Iglesia.

***C.* 460** El papa León Magno dice a León I –emperador romano de Oriente– que la defensa de la Iglesia es una función primordial del estado secular.

DESPUÉS
***C.* 1520** Rechazando la autoridad de Roma, el monje alemán Martín Lutero sostiene que ni la Iglesia ni el estado deben tener autoridad sobre los asuntos del otro.

1555 La paz de Augsburgo acuerda que los súbditos de los estados alemanes profesarán la religión de sus soberanos: *cuius regio, eius religio* («de quien es la región, es la religión»).

Además de ser un territorio, el Sacro Imperio Romano Germánico encarnaba un ideal religioso, aspectos que entraron en conflicto y, entre los siglos XI y XIII, provocaron a menudo graves disensiones e incluso guerras. La «romanidad» del imperio era en gran medida religiosa: poseía tierras en Italia, incluida Roma, pero su centro geográfico era Alemania.

En 1073, el rey Enrique IV de Alemania se enfrentó a una rebelión en Sajonia. Tras sofocarla, recompensó a sus partidarios –y esperaba ganar aliados en cargos clericales importantes– repartiendo nombramientos religiosos. Este acto condujo a la querella de las investiduras, que comenzó en 1076, sobre quién tenía derecho a nombrar obispos: el papa o el rey. El papa Gregorio VII respondió expulsando a Enrique de la Iglesia y destituyéndolo como rey.

Humillación y revocación

Enrique fue demasiado optimista al esperar el apoyo de los nobles alemanes. Forzado a reconocer la derrota, en 1077 hizo un viaje penitencial a Canossa (Italia) para ver a Gregorio. El papa se negó inicialmente a recibirle, pero más tarde revocó su excomunión.

Envalentonados por la humillación de Enrique, sus enemigos alemanes se unieron a la causa de su cuñado Rodolfo, duque de Suabia. El resultado fue una segunda revuelta sajona más grave. El ejército de Rodolfo ganó la batalla del Elster en 1080, pero él murió en el campo de batalla, y la revuelta fracasó. For-

Enrique IV espera, descalzo y en ayunas, frente al castillo de Canossa. Según fuentes de la época esperó así tres días hasta que Gregorio lo recibió.

Véase también: El imperio de Carlomagno 82–83 ▪ Las cruzadas 88–93 ▪ Las cruzadas europeas 102–103 ▪ Las guerras de Italia 120–121 ▪ Las guerras de religión en Europa 134–139 ▪ La guerra de los Treinta Años 144–147

Un emperador no responde más que ante Dios y la Justicia.
Federico I Barbarroja

talecida su posición, Enrique nombró a su propio papa, Clemente III, instalado en marzo de 1084, que lo coronó emperador del Sacro Imperio Romano Germánico. El papa Gregorio pidió ayuda a la Sicilia normanda, y el caballero Roberto Guiscardo marchó al norte con 35 000 hombres, saqueó Roma en mayo, y Gregorio fue restaurado como papa.

Tensiones persistentes

En 1105, Enrique fue obligado a abdicar por su hijo Enrique V, apoyado por el sucesor de Gregorio, el papa Pascual II. En 1122, el Concordato de Worms firmado por Enrique y el papa Calixto II puso fin a la querella de las investiduras con un reparto de los derechos religiosos y seculares: eclesiásticos y monarcas mantendrían esferas de influencia propias.

En 1154, el rey de los Romanos alemán Federico I Barbarroja invadió Italia para obligar al papa Adriano IV a coronarle emperador del Sacro Imperio Romano Germánico, lo cual hizo al año siguiente. Volvió a invadir Italia en 1158 para sofocar los disturbios en las ciudades independientes del norte, y en 1167, estas formaron una alianza defensiva, la Liga Lombarda.

En 1176, Federico I volvió al norte de Italia para afirmar el poder del Sacro Imperio Romano Germánico. En la batalla de Legnano, cerca de Milán, su ejército se enfrentó al de la Liga Lombarda. El ejército del emperador contaba con 4000 caballeros armados con lanzas, mazas y espadas. Los caballeros de la Liga Lombarda se dispersaron rápidamente, pero su infantería se atrincheró detrás de terraplenes y formó una falange en torno a un *carroccio*, un gran carro de cuatro ruedas con los estandartes de las ciudades de la Liga Lombarda. Con sus largas lanzas a modo de picas, mantuvo a raya a la fuerza germana, mientras arqueros y ballesteros alcanzaban a los atacantes. Los caballeros lombardos se reagruparon, volvieron a la carga y lograron vencer a los caballeros del emperador.

Las hostilidades se reanudaron en la década de 1230. El nuevo emperador Federico II venció a la Liga Lombarda en la batalla de Cortenuova en 1237, pero no logró aplastarla. Su muerte en 1250 supuso el fin de la dominación alemana sobre las ciudades-estado italianas. ■

La batalla de Legnano fue el quinto intento del emperador Federico I de sofocar militarmente la oposición en las ciudades del norte de Italia. Tras la derrota adoptó un enfoque más diplomático.

Los estados alemanes compiten entre sí, pero (la mayoría) **acatan la autoridad del emperador**.

Si bien al **emperador** se le considera el **soberano supremo**, su **autoridad divina** deriva del papa.

Como heredero de san Pedro, **el papa** es fundamental en lo religioso, pero **débil** en **poder terrenal**.

Las ciudades del norte de Italia, prósperas y con una vocación independiente, prefieren el poder del papa al de un emperador (extranjero).

NO PARÉIS HASTA HABER PUESTO A VUESTRO ENEMIGO DE RODILLAS

LAS INVASIONES MONGOLAS (1206–1368)

EN CONTEXTO

ENFOQUE
El modo de combatir de los mongoles

ANTES
220 a.C. Touman se convierte en el primer líder conocido de los xiongnu, nómadas esteparios que asaltan regularmente el norte de China.

916 Los kitán, nómadas procedentes de las estepas de Siberia y Mongolia, invaden el norte de China y fundan la dinastía Liao, que perdura hasta 1125.

1038 El pueblo chino-tibetano tangut crea el estado de Xi Xia en el noroeste de China.

DESPUÉS
1368 Zhu Yuanzhang expulsa a los mongoles, devuelve China al dominio chino y funda la longeva dinastía Ming.

1571 Descendientes de los mongoles asentados en Crimea, los tártaros invaden Rusia y saquean Moscú.

Antes de que apareciera Gengis Kan, [los mongoles] no tenían jefe ni soberano. Cada tribu, o dos tribus, vivían separadas [...] y la lucha era constante.
Ala-ad-din Juwayní
Historiador persa del siglo XIII

En su máxima extensión a finales del siglo XIII, el Imperio mongol contaba con 110 millones de habitantes y cubría 23 millones de km². Tras la decadencia llegó finalmente la caída a finales del siglo XIV.

Clave
El Imperio mongol hacia 1260

Gengis Kan superó una infancia de pobreza para forjar, primero, una nación mongola y después, uno de los mayores imperios terrestres de la historia, desde el océano Pacífico hasta las llanuras de Europa oriental. Aunque se forjó mediante la violencia, este imperio fomentó durante casi dos siglos el comercio pacífico, en parte a expensas de las dinastías islámicas de Asia central y occidental, que nunca se recuperaron del todo de la devastación que causaron las invasiones mongolas.

Listos para el combate

Los nómadas de las estepas mongolas contaban con habilidades especializadas, la principal de las cuales era cabalgar velozmente y con gran agilidad. Aprendían a montar y practicaban con el arco y otras armas desde niños. También se les entrenaba para que adquirieran fuerza y resistencia, cabalgando durante días, durmiendo en la silla de montar y cazando a temperaturas bajo cero.

Hasta finales del siglo XI, las tribus mongolas luchaban sobre todo entre ellas. No se sabe con certeza qué les movió a guerrear contra las poblaciones del sur, el este y el oeste de su ámbito. Puede que influyeran factores medioambientales, como una grave sequía que hizo que escasearan los pastos.

Controlar a los mongoles

Conocido por su título más que por su nombre, Gengis Kan («rey universal») nació hacia 1162 y se llamaba Timuyin. Su padre, Yesugei, un jefe menor, murió cuando él era aún pequeño. A falta de protección paterna, Timuyin se rodeó de un grupo de jóvenes combatientes cautivados por su carisma.

Gengis Kan demostró tener buenas dotes políticas. Al ascender dentro de su propia tribu y luego reclutar a otras tribus mongolas, puso en puestos de responsabilidad

Véase también: Las migraciones bárbaras: el imperio amenazado 58–65 ▪ El auge del islam 76–81 ▪ Las cruzadas 88–93 ▪ Las conquistas de Tamerlán 105 ▪ El auge de los turcos otomanos 112–113 ▪ El Imperio otomano 130–133

a amigos de confianza y a recién llegados prometedores, apartando a los antiguos líderes tribales. Asimismo, se hizo popular al abolir los impuestos para los más pobres. A los 44 años, en 1206, se había ganado el título de kan de todos los mongoles, habiendo creado un solo pueblo a partir de múltiples tribus en conflicto.

Habilidades y disciplina

Gengis Kan impuso una estricta disciplina a su ejército. Sus guerreros sobresalían en el tiro con arco y la lucha cuerpo a cuerpo, pero los quería mejores, e instruía incansablemente a sus hombres y caballos. La mayor parte de las tropas mongolas viajaban ligeras de peso, con capas de cuero curtido por toda armadura. Para protegerse confiaban en su agilidad sobre la silla de montar y su destreza con la daga, el hacha, y a veces una espada corta. Al enemigo se le mantenía alejado con potentes arcos compuestos de bambú, cuerno y tendón animal. Para tener más opciones en el campo de batalla, Gengis Kan entrenó a algunos soldados para luchar como lanceros, con túnicas de cuero reforzadas con placas de hierro o hueso.

Aun así, predominaban la ligereza y la velocidad. Los mongoles arrasaron Asia oriental, tomaron el reino tangut de Xi Xia en 1207 y saquearon Pekín en 1215, antes de dirigirse al sur, al corazón de China. Luego viraron hacia el oeste y saquearon las ciudades del Imperio corasmio, un estado musulmán al oeste de Asia central que ocupaba gran parte del actual Irán. En 1222 ya se habían adentrado en el norte de India y el año siguiente se aventuraron más al norte en su primera incursión en el sur de la estepa rusa. A la muerte de Gengis Kan en 1227, su imperio iba desde el océano Pacífico hasta el mar Caspio y amenazaba a los países árabes de Oriente Próximo.

El arma más potente de los mongoles fue el terror. Cuando sitiaron Samarcanda (Uzbekistán) en 1220, Gengis Kan ordenó matar a sus habitantes y exhibir sus cráneos formando una pirámide gigante. Sin embargo, no todo el rápido avance de los mongoles se debió a la brutalidad. Gengis Kan se esforzó por mejorar sus ejércitos en todo momento. Además de tesoros materiales –oro, joyas y telas finas–, el botín de los mongoles incluía el talento de los territorios conquistados: metalúrgicos, fabricantes de armas y armaduras e ingenieros. El ejército mongol, tan célebre por su agilidad, no tenía ya rival en la forma más estática de guerra: el asedio. Los mongoles llenaban fosos profundos con sacos de arena en minutos y lanzaban con trabuquetes grandes piedras, barriles de nafta en llamas y hasta cadáveres putrefactos por encima de las murallas de las ciudades. Cuando sitiaron »

Cuando [Gengis Kan] nació, salió aferrando un coágulo de sangre en la mano derecha del tamaño de una taba.

Historia secreta de los mongoles
Historiador anónimo (siglo XIII)

Un arquero montado mongol podía disparar con precisión al galope. El tiro con arco a caballo fue un rasgo definitorio de la guerra en las estepas de toda Asia central.

Alepo (Siria) en 1260, atacaron con 20 trabuquetes de tracción una sola puerta. Estas armas de torsión, desarrolladas por ingenieros de Persia e Irak, disparaban decenas de flechas incendiarias a la vez.

Expansión ulterior

El hijo de Gengis Kan, Ogodai, continuó la expansión imperial invadiendo Rusia en 1237. Tres años después sitió y saqueó Kiev, en la actual Ucrania. Como castigo por resistir, la incendió y masacró a la mayor parte de la población, salvando solo a 2000 de los 50 000 habitantes. Se dirigió hacia el oeste y dividió su ejército en dos para invadir a la vez Polonia y Hungría. El 9 de abril de 1241, una pequeña fuerza subsidiaria dirigida por el general mongol Subedei derrotó al ejército silesio del duque Enrique II en Legnica (Polonia). Dos días después, la fuerza principal de Subedei derrotó a Bela IV, rey de Hungría, en Mohi.

Con Europa occidental a merced de los mongoles, sus ciudades se salvaron gracias a la noticia de que Ogodai Kan había muerto. Todos los jefes mongoles fueron llamados a su tierra para elegir a su sucesor, Guyuk Kan. En el norte de África, El Cairo se salvó en 1259 por un motivo similar. Cuando el ejército del general mongol Hulegu avanzaba hacia la ciudad, se enteró de que su hermano mayor, Mongke Kan, había muerto, y los líderes mongoles fueron convocados de nuevo a un cónclave.

Catástrofe islámica

Bagdad, en Irak, no tuvo tanta suerte cuando fue asediada y saqueada en 1258. A finales de enero, el ejército de Hulegu, que contaba con más de 100 000 soldados, inició el asalto a la ciudad, la capital de la dinastía musulmana abasí, que se rindió el 10 de febrero. A continuación, las fuerzas mongolas saquearon y destruyeron gran parte de ella. No se conoce con certeza el número de víctimas, pero los historiadores modernos estiman que fueron al menos 200 000. La caída de Bagdad marcó el fin de la dinastía abasí.

La mera amenaza de una invasión mongola traumatizó a Europa occidental, pero las ciudades musulmanas de Asia central, Mesopotamia y Persia estuvieron cerca de la extinción. Además de las ma-

Los ejércitos de Gengis Kan luchaban a caballo, con arcos pequeños pero potentes. Aplicar una fuerza de 50–100 kg daba a las flechas un poder de penetración considerable.

sacres, fueron arrasados palacios, mezquitas, hospitales y bibliotecas públicas. El mundo islámico había superado las cruzadas prácticamente indemne, pero esta invasión fue mucho más dura.

Si no hubierais cometido grandes pecados, Dios no os habría enviado a mí como castigo.
Gengis Kan
al pueblo conquistado de Bujará (febrero de 1220)

Un Imperio chino

En 1260, Kublai Kan ganó la lucha por la sucesión de Mongke Kan. Llevaba mucho tiempo interesado en China –había ocupado gran parte del norte en nombre de su predecesor y realizado incursiones en Yunnan y Sichuan– y también admiraba la cultura china. Las tradiciones burocráticas chinas le atraían, ya que al parecer había heredado el talento administrativo de Gengis, su abuelo. En vez de ser un simple saqueador, Kublai Kan quería reinar sobre un estado establecido.

En 1268, como para demostrar que su amor por la civilización china no le había debilitado, Kublai sitió Xiangyang, una ciudad a orillas del río Han importante desde el punto de vista estratégico como puerta de entrada al corazón de la poderosa dinastía Song. En una abrumadora demostración de fuerza, Kublai envió a Xiangyang hasta 100000 hombres y 120 trabuquetes –veinte de los cuales eran capaces de lanzar proyectiles de 300 kg a 500 m a través del río– y bloqueó la ciudad con unos 5000 barcos. A pesar de esta inmensa potencia de fuego, sus tropas no lograron tomar Xiangyang hasta pasados cinco años, y ambos bandos sufrieron numerosas bajas. Sin embargo, como correspondía a un gobernante comprometido a largo plazo con el país, Kublai perdonó a sus habitantes.

En 1271, Kublai Kan se proclamó Huangdi, o emperador, de China y estableció la capital del imperio en Pekín y la nueva dinastía Yuan. Fue más una declaración de intenciones que un hecho: la mayor parte de China seguía bajo el control de la dinastía Song, como lo había estado desde mediados del siglo x. Sin embargo, a lo largo de los años siguientes, Kublai luchó por hacer realidad su nueva dinastía. Su última victoria contra los Song fue en el mar: la batalla de Yamen (1279). Su flota acorraló a los barcos de los Song y su infantería de marina los abordó y destruyó. Fue la última batalla de la dinastía Song.

Con el triunfo de Kublai Kan, su dinastía Yuan fue uno de los cuatro kanatos del Imperio mongol, junto con la Horda de Oro, el Yagatai y el Iljanato. Nominalmente, Kublai era *kagan* –gran kan, o emperador– de todo el imperio, pero de hecho cada kanato perseguía sus propios intereses. Después de la muerte de Kublai, que tuvo lugar en 1294, una serie de hambrunas, inundaciones devastadoras del río Amarillo, epidemias, revueltas campesinas contra los impuestos excesivos e intrigas políticas debilitaron mucho a la dinastía Yuan. El malestar campesino generalizado acabó con ella en 1368. ■

El Imperio mongol perdió la mayor parte de su poder naval en la desastrosa segunda invasión de Japón, cuya conquista nunca volvió a intentar.

Vientos divinos

La palabra japonesa *kamikaze* («viento divino»), generalmente asociada a los pilotos suicidas de la Segunda Guerra Mundial, hace referencia a los dos tifones que frustraron los intentos de Kublai Kan de invadir Japón a fines del siglo XIII. En noviembre de 1274, una gran flota yuan desembarcó una avanzadilla de soldados, la mayoría chinos y coreanos, en la bahía de Hakata, en la isla japonesa de Kyushu. Estos derrotaron rápidamente a los desprevenidos defensores, pero antes de que desembarcara el grueso del ejército de Kublai se desató un tifón que prácticamente aniquiló la flota. La historia se repitió en agosto de 1281, cuando otro tifón destruyó una flota invasora aún mayor, de 4400 barcos que transportaban hasta 70000 soldados y marineros. La mitad de estos se ahogaron, y los samuráis persiguieron y mataron o esclavizaron a la mayoría de los demás. Fue uno de los intentos de invasión naval más desastrosos de la historia.

¡ADELANTE, SOLDADOS DE CRISTO!

LAS CRUZADAS EUROPEAS (1209–1434)

EN CONTEXTO

ENFOQUE
El auge de la infantería

ANTES
1148 El fracaso de la segunda cruzada pone de relieve las limitaciones de la caballería europea frente a los arqueros a caballo de Oriente Próximo.

1187 Los caballeros europeos sufren derrotas estrepitosas en Cresson y Hattin, en Tierra Santa.

1202 Los caballeros alemanes de la cuarta cruzada desmontan para luchar a pie con espadas pesadas.

DESPUÉS
1476 Piqueros y alabarderos suizos en formación profunda (al menos 20 filas) derrotan al ejército de Carlos el Temerario, duque de Borgoña, en la batalla de Morat.

1480 En el sitio de Rodas, los caballeros hospitalarios cuentan con soldados de infantería para aplastar al ejército otomano de Mehmet II.

El islam no fue el único enemigo al que se enfrentó la Europa cristiana de finales de la Edad Media. Había paganos en su frontera noreste y «herejes» en sus dominios. Aunque condenados por rechazar la doctrina de la Iglesia, los herejes no habían cometido otro delito que la denuncia de la riqueza y los estrechos vínculos del clero con los soberanos europeos. Las autoridades –seculares y religiosas– sabían que tales críticas eran desestabilizadoras, y empezó a gestarse la idea de lanzar una cruzada contra ellos, como habían hecho contra el islam en Tierra Santa.

Por tanto, concedemos a aquellos que luchen con fuerza y valor contra los mencionados paganos un año de remisión de los pecados que confiesen.

Papa Alejandro III
sobre la cruzada contra estonios y finlandeses (1171)

Entre estas sectas heréticas estaban los cátaros, que despreciaban no solo las instituciones mundanas y la riqueza material, sino también el cuerpo humano, y todos sus sentimientos y deseos tenidos por viles. Llegados de los Balcanes, en el siglo XIII tenían ya adeptos en toda Europa, sobre todo en la región de Languedoc, en el sur de Francia.

Llamada a las armas

En 1209, el papa Inocencio III llamó a una cruzada contra la ciudad francesa de Albi, donde florecía el catarismo. A su llamada respondieron caballeros del norte de Francia, atraídos por la perspectiva de lograr la salvación, y por el botín. Equipados como para luchar en Tierra Santa, con corcel, cota de malla y armadura, una lanza y una espada pesada, en vez de a los veloces caballos, las espadas y las flechas de los turcos, se enfrentaron a campesinos desorganizados, armados en el mejor de los casos con guadañas y horcas. Los caballeros cruzados se emplearon a fondo en la tarea con una energía genocida (solo en la ciudad de Béziers mataron a 20000 personas). Cuando esta campaña –co-

Véase también: El auge del islam 76–81 ▪ El imperio de Carlomagno 82–83 ▪ Las cruzadas 88–93 ▪ Las guerras de religión en Europa 134–139

En la batalla del Hielo, representada aquí en un manuscrito medieval, los caballeros teutónicos fueron arrollados por la infantería y los arqueros de Nóvgorod después de que sus caballos perdieran pie en el helado lago Peipus.

nocida como cruzada albigense por la ciudad de Albi– terminó en 1229, habían masacrado a más de 200 000 hombres, mujeres y niños.

Pacificar a los paganos

En el noreste de Europa, gran parte de la región del Báltico y Prusia oriental aún no se habían convertido al cristianismo ni aceptado la autoridad de los estados cristianos vecinos. En 1147, el Sacro Imperio Romano Germánico organizó su primera cruzada báltica contra los vendos (eslavos polabios), cerca de la actual Mecklemburgo (Alemania). Tuvo un éxito limitado, pero obligó a algunos eslavos derrotados a convertirse y emprendió otras campañas contra los vendos y los paganos en la región.

En 1226, el emperador Federico II concedió a la orden militar de los caballeros teutónicos un feudo a cambio de su ayuda para conquistar Prusia. Cuatro años después, el papa Gregorio IX les autorizó a convertir a los prusianos «en nombre de Cristo». Continuando con su cruzada prusiana, los caballeros teutónicos encabezaron un ataque contra los pueblos paganos de la zona del Báltico.

A continuación emprendieron por iniciativa propia una cruzada contra los cristianos de la Iglesia ortodoxa en Rusia. En 1240 tomaron la ciudad portuaria de Nóvgorod, pero la infantería del príncipe Alejandro Nevski los detuvo dos años más tarde en la batalla del lago Peipus, en la frontera entre Rusia y Estonia.

La rebelión husita

En 1415, el concilio de Constanza condenó a la hoguera al reformador religioso bohemio Jan Hus por herejía. Hus se había apartado claramente de la ortodoxia católica, pero su principal delito fue haber revelado la corrupción de la Iglesia. Su ejecución enfureció a sus seguidores, que se rebelaron contra la corona de Bohemia y el Sacro Imperio Romano Germánico. A partir de 1419, el papa Martín V ordenó una serie de cruzadas contra los husitas. Las guerras acabaron en 1434, la Iglesia tuvo que transigir, y en 1436 el concilio de Basilea-Ferrara-Florencia acordó permitir reformas limitadas a los sacerdotes bohemios. ■

Combatir a la caballería

Los husitas se pueden considerar precursores de la Reforma protestante. Tras la ejecución de Jan Hus, en 1415, se rebelaron contra el Sacro Imperio Romano Germánico y el papado. Durante las guerras husitas (1419–1434), los rebeldes lucharon casi exclusivamente a pie y no habrían tenido ninguna oportunidad contra los caballeros alemanes con armadura pesada si no hubieran tenido armas de fuego de mano: arcabuces, o *Pfeifenbüchsen*, y pequeños cañones. Solían disparar desde el refugio de los *Wagenburgen* («fuertes de carros»), creados con carros de labranza sujetos con cadenas, que desbarataban la carga de la caballería enemiga.

Armas de fuego y de carros fueron esenciales en 1421, en la batalla de Kutná Hora (en la actual República Checa). Los husitas los utilizaron para romper el cerco de la caballería del ejército del Sacro Imperio Romano Germánico, dirigido por Segismundo, rey de Bohemia.

Martín Lutero, el posterior reformador alemán, grita: *Ich bin ein Hussite* («Yo soy husita») durante un debate en Leipzig (Alemania) en 1519.

UNA VASTA FORTALEZA AMURALLADA

REINOS DE ZIMBABUE (*c.* 1220–1450)

EN CONTEXTO

ENFOQUE
Comercio en el Gran Zimbabue

ANTES
***C.* 600** Mercaderes árabes y persas comercian con oro, marfil, pieles de leopardo y esclavos de la costa swahili de África oriental.

***C.* 650** Se produce hierro en el asentamiento de Leopard's Kopje, en el suroeste de Zimbabue.

***C.* 1075** Surge el reino de Mapungubwe en la confluencia de los ríos Shashe y Limpopo, al sur de Bulawayo.

DESPUÉS
***C.* 1575** Colonos portugueses invaden el territorio comercial del reino de Monomotapa, lo cual conduce al declive de su civilización.

***C.* 1600** La dinastía Torwa de Butua se defiende con algún éxito de los colonos portugueses.

Las imponentes ruinas de piedra del Gran Zimbabue –la única construcción de piedra de esta época en el sur de África– dan fe del esplendor de la civilización shona surgida durante el siglo XIII. Dedicada a la minería y la agricultura, la ciudad, al oeste del lago Mutirikwi, era el centro de una vasta red de rutas del comercio del oro y el marfil.

Hasta 20000 personas vivían en el Gran Zimbabue en los siglos XIV y XV. Las casas de adobe no se conservan, pero en las excavaciones se hallaron cuentas de vidrio de Persia (Irán), porcelana de China y monedas árabes, la calderilla de las transacciones con mercaderes del mar Rojo y el golfo Pérsico.

El Gran Recinto del Gran Zimbabue data del siglo XIV y pudo haber sido un palacio real. Los muros de piedra tienen 10 m de altura en algunas partes.

Las puntas de lanza de bronce y de flecha de hierro halladas entre las ruinas hablan de la necesidad de proteger esta riqueza. La guerra entre estados vecinos era frecuente, y aún más los conflictos civiles y golpes de Estado en la misma familia real. Por una de estas disputas, uno de los príncipes del Gran Zimbabue, Nyatsimba Mutota, marchó al norte hacia 1430 y fundó una civilización propia, Monomotapa.

El poder cambió de manos con el auge y caída de ciudades y dinastías, transiciones que parecen asociadas a guerras. Los comerciantes portugueses que visitaron la zona décadas después comentaron su volatilidad política. La competencia de comerciantes europeos añadió presión a estos estados y es probable que acabara provocando su caída. ■

Véase también: Guerra en el norte de África 126–127 ▪ La conquista británica de India 225 ▪ Guerras coloniales en África 226–229

AL TEMER POR SU VIDA, ABANDONARON TODO LO DEMÁS

LAS CONQUISTAS DE TAMERLÁN (1381–1400)

EN CONTEXTO

ENFOQUE
El terror como arma de guerra

ANTES
55 a. C. Julio César afirma haber matado a 430 000 personas en una comunidad celta rebelde durante las guerras de las Galias. Según los historiadores modernos, esta cifra es muy exagerada.

1221 Gengis Kan masacra a la población de Nishapur (Irán) –hasta 1,75 millones de personas– para vengar el asesinato de su yerno.

DESPUÉS
***C.* 1450** Vlad III («Vlad el Empalador») de Valaquia, en los Cárpatos, inserta a sus enemigos masacrados en estacas de madera afiladas.

1510 La conquista de Herat por los safavíes pone fin al Imperio timurí. El sah Ismaíl hace desmembrar el cuerpo del kan uzbeko para exhibirlo en sus dominios.

Nacido 1336, Tamerlán era miembro del clan Barlas, un grupo nómada túrquico de Transoxiana, en el actual Uzbekistán. Una herida incapacitante sufrida en 1363 le valió el apodo de Timur el cojo (*Timur-i lang* en persa), pero no fue impedimento para llevar a la práctica sus tendencias genocidas y tácticas de terror.

En su primera campaña, en dirección a Persia, al oeste, en 1381, destruyó la ciudad de Herat (en el noreste del actual Afganistán) y masacró a sus habitantes. En 1387, la ciudad de Isfahán (actual Irán) se rebeló contra su política tributaria. Según las crónicas de la época, Tamerlán ordenó a cada uno de sus soldados que le trajera una cabeza. Cortaron 70 000 y las amontonaron en pirámides ante las murallas de la ciudad.

Atrocidades implacables

En 1398, Tamerlán avanzaba hacia Delhi, entonces un sultanato musulmán. La noche anterior a la toma de la ciudad hizo ejecutar a 100 000 prisioneros indios, temiendo que aprovecharan la confusión de la lucha para sublevarse. En 1400 tomó Sivas, en Anatolia oriental (actual Turquía), tras un breve asedio. En este caso perdonó a los defensores musulmanes de la ciudad, pero no tuvo piedad para 3000 cristianos armenios, cruelmente enterrados vivos.

Tamerlán murió en campaña en 1405. A pesar de su merecida fama de cruel, fue un líder militar brillante y un gran mecenas de las artes y la arquitectura. ■

Se hicieron torres altas con sus cráneos, y sus cuerpos fueron alimento para aves y animales salvajes.
Sharaf al-din Ali Yazdi
Historiador persa, sobre el saqueo de Delhi

Véase también: El auge del islam 76–81 ▪ El auge de los turcos otomanos 112–113 ▪ El Imperio otomano 130–133 ▪ Conquistas de los mogoles en India 140–141

UNA VEZ MÁS A LA BRECHA, QUERIDOS AMIGOS

LA GUERRA DE LOS CIEN AÑOS (1337–1453)

EN CONTEXTO

ENFOQUE
Arcos y cañones

ANTES
***C.* 3350 a. C.** «Ötzi», un hombre conservado en un glaciar de los Alpes italianos y descubierto en 1991, lleva un arco largo.

***C.* 800 d. C.** Los jinetes samuráis japoneses lanzan flechas con *yumi* (arco de madera) de 2,5 m de largo.

1139 El concilio de Letrán prohíbe utilizar contra cristianos el «arte homicida de ballesteros y arqueros».

DESPUÉS
1508 El rey Jacobo IV de Escocia populariza el culverín de mano, una variante portátil y más pequeña del cañón.

***C.* 1515** Se publica en Francia *L'art d'archerie (El arte del tiro con arco)*, un tratado sobre el uso del arco largo.

La guerra de los Cien Años, en realidad una serie de guerras lidiadas entre los reyes de Inglaterra y Francia por derechos territoriales, se prolongó durante bastante más de un siglo. Sus motivos de fondo fueron los mismos, pero los avances tecnológicos y tácticos durante el conflicto cambiarían la faz de la guerra. Al final, el arco largo, el arma decisiva de los ingleses en una serie de importantes victorias, fue sustituido por cañones de mano y artillería más pesada.

Los monarcas medievales gozaban de mayor prestigio que las tierras sobre las que reinaban. No se había implantado aún la idea del estado-nación, y nadie veía absurdo que un rey inglés reclamara para

Véase también: Las cruzadas 88–93 ▪ Las cruzadas europeas 102–103 ▪ El auge de los turcos otomanos 112–113 ▪ Las guerras de Italia 120–121 ▪ Japón en la era Sengoku 128–129

La batalla de La Esclusa fue un desastre para los franceses: perdieron 190 de sus 230 barcos, 166 de ellos capturados por los ingleses, y estos dominaron por completo el canal de la Mancha.

sí la corona de Francia. Así ocurrió cuando Eduardo III hizo valer su derecho al trono francés de Felipe VI, argumentando que era la justa herencia de su abuelo Felipe IV. De sentirse con derecho al trono pasó a la ira cuando en 1337 Felipe confiscó el ducado de Aquitania, del que aún era titular la madre de Eduardo, Isabel de Francia.

Una batalla terrestre en el mar

En 1340, Eduardo prometió a los habitantes de Flandes –territorio reclamado por Felipe– que los defendería de las agresiones francesas y en verano cruzó el mar del Norte para cumplir su promesa. Su flota se enfrentó a la francesa frente a La Esclusa (Sluys, la actual Sluis, en la Zelanda neerlandesa). Como ninguno de los dos comandantes tenía experiencia en la guerra naval, libraron más bien una batalla terrestre en el mar. Los franceses encadenaron sus barcos, convirtiendo así sus cubiertas en un campo de batalla de madera. Castigándolos con una incesante lluvia de flechas mientras se aproximaban, los ingleses abordaron los navíos y entablaron la lucha cuerpo a cuerpo. Cuando los franceses se rindieron habían perdido 18 000 hombres, y los ingleses, solo unos cientos.

La magnífica victoria de Eduardo contrastaba con la realidad de su situación económica. Hasta 1346 no logró reunir los hombres y fondos necesarios para organizar una invasión de Francia a gran escala. Otro obstáculo se le presentó al desembarcar cerca de Calais con un ejército de caballeros, apoyados por infantería con lanzas y arqueros, mal equipado para sitiar y tomar una ciudad amurallada. No lo intentaron. Marcharon tierra adentro y llevaron a cabo una *chevauchée* («cabalgada») recorriendo a toda velocidad el país, incendiando, saqueando y arrasando la tierra. Aunque sus efectos sobre la economía o las capacidades militares de Felipe fueron insignificantes, el ataque aumentó la presión popular sobre el rey francés para que actuara.

Entonces los arqueros ingleses dieron un paso y lanzaron sus flechas tan a un tiempo y en tal número que parecían nieve.

Jean Froissart

***Crónicas* (siglo XIV)**

Un arma potente

Con una longitud de entre 1,5 y 1,8 m, el arco largo inglés era una simple vara de tejo u otra madera dura, no un arco compuesto (de madera, cuerno y tendón) como los de los nómadas de las estepas euroasiáticas. Era capaz de disparar una flecha a más de 300 m y, aunque no era muy preciso a tal distancia, una compañía de arqueros podía rociar con una lluvia de flechas letal al enemigo que avanzaba. Aunque las armaduras de acero de mayor calidad resistían la punta a mayor distancia, las flechas atravesaban la cota de malla o las más baratas placas de hierro fundido. Durante generaciones se obligó a los jóvenes de las aldeas inglesas » y galesas a practicar regularmente para que no se perdiera el arte del tiro con arco.

Valor en Crécy

El arco largo fue el arma decisiva en la victoria de Eduardo en Crécy, a 100 km al sur de Calais, en 1346. El ejército francés superaba ampliamente en número al inglés, pero muchos de los 40 000 soldados de a pie de Felipe no estaban entrenados, sus entre 2000 y 6000 ballesteros eran mercenarios genoveses experimentados, pero no leales, y la rivalidad entre facciones dividía a sus 8000 indisciplinados caballeros. Los ingleses ocuparon una cresta que les dio la ventaja de la altura sobre los franceses que avanzaban. Eduardo reforzó su avanzadilla de 7000 arqueros con lanceros, hombres de armas y caballeros. Eduardo comandaba la reserva en el centro de la posición inglesa, mientras que la izquierda estaba asignada al conde de Northampton y la derecha a su hijo, Eduardo el Príncipe Negro. Los ingleses también tenían algunos cañones: esta sería su primera aparición conocida en un campo de batalla europeo, aunque no causaron mucha impresión en Crécy.

Del amor u odio que tenga Dios a los ingleses nada sé, pero sí sé que serán todos expulsados de Francia, salvo los que allí mueran.

Juana de Arco
durante su juicio (1431)

Al ver que los ingleses se habían detenido, listos para la lucha, las tropas francesas avanzaron con tal ímpetu que sus formaciones se deshicieron enseguida. Ambos contingentes de arqueros lanzaron salvas prolongadas, tratando cada uno de desmoralizar al contrario. Los arqueros ingleses tenían mucho mayor alcance que los ballesteros franceses y disparaban tres veces más rápido. Un ballestero tenía que tensar cada saeta a la perfección antes de poder disparar, y un arquero de arco largo, solo poner otra flecha sobre la cuerda. Los ballesteros no pudieron soportar la consiguiente lluvia de flechas y huyeron, alarmando a la infantería francesa, cuyo avance vaciló. Muchos fueron pisoteados por la caballería francesa, que cargó exasperada y fue acribillada por los arqueros ingleses antes de llegar al cuerpo a cuerpo con la infantería inglesa. Los franceses perdieron 1500 caballeros y varios miles de hombres de infantería; los ingleses, solo dos caballeros y menos de 300 soldados de a pie.

Luchas de asedio

Solo entonces Eduardo se ocupó de Calais, que sometió a un sitio de nueve meses. Como comprobaran los contrincantes en las cruzadas (1095–1270), una fuerza de infantería y caballería muy capaz no garantizaba el éxito contra una ciudad bien fortificada y firmemente defendida. Las fuerzas de Eduardo tardaron casi un año en someter Calais por hambre. Finalmente, el rey tomó la ciudad en agosto de 1347 y llevó colonos para convertirla en un puesto avanzado inglés en suelo francés.

La llegada de la peste negra en octubre de 1347 interrumpió las hostilidades. En los años siguientes, la

Juana de Arco

Nacida hacia 1412 en Domrémy (nordeste de Francia), hija de los campesinos Jacques d'Arc e Isabelle Romée, Juana se convirtió en la heroína del asedio de Orleans. Afirmaba haber tenido sus primeras visiones de santos a los trece años y tres años después oyó una «voz» que le decía que fuera a Orleans y levantara el asedio inglés. Creía que Dios le había prometido llevar a sus compatriotas a la victoria sobre los ingleses. La llevaron ante el rey Carlos VII, aún no coronado, que quedó impresionado por su convicción. Aun así, un grupo de clérigos la interrogó para comprobar su ortodoxia católica. Superada la prueba, pudo luchar por Francia y por su fe. Fue herida en Orleans, pero llevó a los franceses a la victoria.

Tras el éxito en Orleans, fue capturada por las tropas borgoñonas, que la vendieron a sus aliados ingleses. En 1431 fue juzgada por brujería y quemada en la hoguera. El papa Pío X la beatificó en 1909.

peste bubónica mató hasta un tercio de la población europea. A mediados de la década de 1350 la lucha se reanudó, y el Príncipe Negro dejó un rastro de destrucción a través del norte de Francia, en una nueva *chevauchée*.

El arco largo tiene gran alcance y se **carga y dispara rápidamente**.

Aunque **la ballesta es más precisa**, tiene un **alcance algo reducido**. También **se tarda mucho más en cargarla**.

La **introducción del cañón** permite causar **mayor destrucción con menos esfuerzo** del que requiere el arco.

Otra victoria de los arqueros

En 1356, reinando Juan II, los franceses se enfrentaron a los ingleses en Poitiers, en el centro-oeste de Francia. Como en Crécy, el ejército francés tenía una gran ventaja numérica, pero se impuso el arco largo inglés. Esta vez Francia perdió 4500 caballeros frente a los 40 de Inglaterra, pero las bajas entre la infantería fueron elevadas en ambos bandos.

Aparte de algunas escaramuzas, hubo una larga pausa en la lucha. Hasta el acceso al trono inglés de Enrique V, en 1413, no se reanudó cabalmente la guerra. El plan de desembarco de Enrique en agosto de 1415 dependía de tomar el puerto de Harfleur, y de nuevo los ingleses estaban mal equipados para un asedio. Este duró solo seis semanas, pero terminó demasiado cerca del final habitual de la temporada de guerra. Enrique decidió ir al norte e invernar en el baluarte inglés de Calais.

Los franceses marcharon contra el ejército inglés y lo desviaron a lo largo del río Somme, forzando un enfrentamiento cerca de Azincourt el 25 de octubre. La batalla de Azincourt fue otra demostración de habilidad de los arqueros ingleses y otra terrible derrota para los franceses.

La mayoría de las bajas francesas (6000 de 7000) fueron caballeros. Su armadura no les protegió, ni pudieron acercarse lo suficiente al enemigo para que sus dotes de combate entraran en juego. Los caballeros como unidad de combate tenían los días contados. También era evidente para Enrique que sus tropas debían desarrollar nuevas capacidades si querían tomar ciudades amuralladas.

La artillería toma el relevo

Los ingleses emplearon artillería en el sitio de Orleans, en el centro de Francia, en 1428–1429, pero la tecnología se vio superada por el carisma de Juana de Arco, que dio la victoria a los defensores de la ciudad.

Ya era evidente que las armas de fuego eran el futuro. También estaba claro que los arqueros no eran más aptos para la guerra de asedio que los caballeros, y que ambos eran vulnerables a los cañones, que no dejaban de mejorar. Los arqueros ingleses no pudieron hacer frente a la artillería francesa en Castillon, cerca de Burdeos, en julio de 1453. El fuego de los cañones franceses acabó con las esperanzas inglesas de recuperar territorios en Francia y puso fin a la guerra de los Cien Años. ■

Arqueros ingleses y franceses en Azincourt, en una miniatura del siglo XV. En realidad, los ingleses estaban a cierta distancia de los franceses cuando les infligieron el daño decisivo.

PAZ ENTRE CRISTIANOS Y GUERRA CONTRA EL INFIEL

RECONQUISTA DE LA PENÍNSULA IBÉRICA (*c.* 1100–1492)

EN CONTEXTO

ENFOQUE
La forja de la identidad nacional española

ANTES
711 Una fuerza bereber cruza el estrecho de Gibraltar e inicia la conquista musulmana de la península ibérica.

***C.* 720** Victoria de Pelayo, considerado el primer rey de Asturias, sobre los moros: el primer paso hacia la Reconquista.

DESPUÉS
1492 Cristóbal Colón llega a América. La colonización española del Nuevo Mundo –y la conversión al cristianismo de sus pueblos– se considera una continuación de la Reconquista.

1936 El golpe militar de Franco y la posterior adopción de una identidad nacional católica en España se promueven como una vuelta a los ideales de la Reconquista.

Los invasores musulmanes del norte de África tardaron unas dos décadas en ocupar la península ibérica. En cambio, hicieron falta unos 800 años para expulsarlos en un proceso largo, discontinuo y políticamente complejo, llamado Reconquista, que acabó siendo el mito fundacional de la España moderna.

La Reconquista, más una idea abstracta que una guerra, fue inicialmente una lucha fragmentaria, en la que gobernantes cristianos locales combatían por su territorio. Cuando surgió una perspectiva más amplia pasó a considerarse una cruzada, comparable a los conflictos religiosos en Tierra Santa y el norte de Europa.

Las iglesias y torres donde antes se alababa a Dios, hoy en los mismos lugares se invoca a Mahoma.
Crónica hispana del siglo XIII

Contra un enemigo común

En la Edad Media no existía España como estado. Los no siempre bien avenidos reinos cristianos del norte de la península fueron ganando poco a poco territorio hacia el sur y hallaron una causa común en la lucha contra los musulmanes, o moros.

En 739, Alfonso I fue coronado rey de Asturias, un pequeño reino del norte de la península entre el mar y las montañas, que los moros nunca habían tomado. Sus sucesores extendieron el reino hacia el oeste, incorporando Galicia, y por el sur hasta León. En 1085, el soberano de lo que entonces era el reino de León conquistó Toledo, y en 1118, el rey de Aragón conquistó Zaragoza. La toma de Córdoba en 1236 fue otro gran avance, ya que esta ciudad había sido durante mucho tiempo una de las joyas de Al-Ándalus (la Hispania islámica).

La expulsión de los andalusíes fue un proceso discontinuo y lento, en el que los ejércitos de ambos bandos se movilizaban cada primavera y se disolvían en verano para la cosecha. No fue una guerra total,

Véase también: El auge del islam 76–81 ▪ Las cruzadas 88–93 ▪ Las cruzadas europeas 102–103 ▪ La conquista europea de América 122–125 ▪ Las guerras de religión en Europa 134–139 ▪ La guerra de los Treinta Años 144–147

sino una serie de escaramuzas, incursiones y asedios cuyo resultado fue la expansión gradual de los reinos cristianos a lo largo de siglos. Se construyeron grandes castillos para defender la tierra conquistada, y a lo largo de las nuevas fronteras surgieron ciudades amuralladas.

Sin embargo, la Reconquista no fue en absoluto un proceso lineal. Las ciudades estratégicas, muy disputadas, cambiaron de manos a menudo. Valencia, conquistada por Rodrigo Díaz de Vivar (el Cid) en 1094, volvió a ser musulmana en 1102 y fue recuperada por Jaime I de Aragón en 1238. Los reyes cristianos pasaron tanto tiempo luchando entre ellos como contra los moros y a veces forjaron alianzas estratégicas con las taifas, o reinos musulmanes menores.

Una causa nacional

Al contraer matrimonio en 1469, Fernando II de Aragón e Isabel I de Castilla unieron sus reinos, y por tanto, por primera vez la mayor parte de la península. Enardecidos por el celo católico se lanzaron a completar la expulsión de los moros y recuperaron su último baluarte peninsular, el reino de Granada, en 1492. El mismo año ampliaron el ámbito de su campaña contra la influencia no cristiana e iniciaron la persecución sistemática de los judíos de ambos reinos.

La unión dinástica y la supresión de los elementos «extranjeros» y su religión darían a España un principio rector y una identidad, y vinieron a alimentar también una paranoia muy duradera acerca del enemigo interno, de ahí el fanatismo con que la Inquisición española erradicó la herejía a partir de 1478. ■

El sitio de Granada por fuerzas cristianas en 1491 terminó con la rendición de la ciudad. En la imagen, Boabdil (izda.) entrega las llaves de Granada a Fernando e Isabel (dcha.) en enero de 1492.

Rodrigo Díaz de Vivar, el Cid

Nacido cerca de Burgos en torno a 1043, Rodrigo Díaz de Vivar sirvió a Fernando I de Castilla y a su hijo Sancho II, cuyo territorio ayudó a ampliar a costa de su otro hijo, Alfonso. En 1072 este accedió al trono como Alfonso VI y mandó al Cid al destierro. Como mercenario al servicio de la dinastía musulmana Banu Hud de la taifa de Zaragoza, el Cid luchó contra el reino cristiano de Aragón.

En el poema épico *Cantar de Mio Cid*, el Cid aparece como una figura heroica, que lucha con valentía por su honor y el de sus compañeros, y por la restauración del dominio cristiano en España. En la vida real era un personaje más complejo, que encarnaba no solo el heroísmo de la Reconquista, sino también sus contradicciones.

Cierto es que el Cid asestó un duro golpe a la dominación musulmana al tomar Valencia en 1094, después de 20 meses de asedio, pero antes había cambiado varias veces de bando. Murió en Valencia en 1099.

UN CAÑÓN QUE NINGUNA MURALLA [...] PODRÍA RESISTIR

EL AUGE DE LOS TURCOS OTOMANOS (*c.* 1396–*c.* 1455)

EN CONTEXTO

ENFOQUE
El triunfo de los otomanos

ANTES
***C.* 900** La inestabilidad en Asia central provoca oleadas migratorias hacia el oeste.

***C.* 950** Los turcos oguz se trasladan a lo que hoy es Kazajstán occidental, donde abrazan el islam.

1071 La victoria de los turcos selyúcidas en Manzikert (Anatolia) pone a la defensiva al Imperio bizantino.

DESPUÉS
1459 Bajo Mehmet II, los otomanos completan la conquista de Serbia.

1463 Mehmet II incorpora Bosnia a su creciente Imperio otomano.

1479 Los otomanos arrebatan Albania a la República de Venecia tras una guerra de 14 años, pero más adelante Venecia toma Chipre.

En el siglo xv, los turcos otomanos, el último de una serie de pueblos nómadas de la estepa que avanzaron hacia Eurasia, fueron ocupando regularmente territorio bizantino. Como sus arqueros a caballo no tenían armas adecuadas para atacar ciudades amuralladas, aprendieron a dominar las técnicas de la artillería de asedio, cuya potencia resultó ser muy eficaz.

Década de 1280: Los otomanos emergen como **potencia periférica** al este del **Imperio bizantino**.

↓

Década de 1300: Constantinopla está prácticamente **rodeada por fuerzas otomanas**.

↓

Década de 1360: La conquista otomana de Tracia y los Balcanes **aísla a Constantinopla** en territorio turco.

↓

1453: Mehmet II cierra el cerco sobre Constantinopla, y la ciudad cae.

Puntos fuertes y débiles

Los turcos otomanos emergieron como potencia en 1281, cuando Osmán I tomó Bursa, en Anatolia. Hábiles jinetes de tradición guerrera, atacaron varias veces el reino de Bitinia, en la costa sur del mar Negro. El escritor bizantino contemporáneo Jorge Paquimeres describe cómo «500 de los enemigos» tomaron una fortaleza de noche, pasando inadvertidos. El trato despiadado dispensado a los civiles creó un pavor generalizado. Paquimeres añade que los otomanos mataron a «una multitud innumerable» de mujeres y niños.

Aunque devastadora para la población sedentaria, la estrategia otomana de usar la velocidad y la sorpresa para tomar ciudades y fortalezas tenía sus limitaciones. Se hacían rápidamente con el control de las zonas rurales, pero carecían de las armas necesarias para vencer en lugares bien fortificados.

Véase también: El Imperio bizantino 70–73 ▪ Las conquistas de Tamerlán 105 ▪ El Imperio otomano 130–133 ▪ Decadencia otomana y expansión rusa 232–233

O tomo esta ciudad o la ciudad me tomará a mí, vivo o muerto [...] La ciudad es todo lo que quiero, aunque esté vacía.

Mehmet II

Carta al emperador Constantino XI (1453)

En 1302, Osmán derrotó a un ejército bizantino en Bafeo, al sureste de Constantinopla, despejando así el camino a la capital bizantina. Aunque los bizantinos no podían igualar la ferocidad y la habilidad guerrera de los otomanos en campo abierto, las guarniciones y la población de sus ciudades fortificadas seguían en gran medida a salvo. En 1329, Orján I, hijo de Osmán, derrotó a los bizantinos en Pelecano, cerca de Constantinopla, pero el escollo principal persistía.

Aprovechando un terremoto en 1354, el hijo de Orján, Murat I, montó una expedición a través del Bósforo hasta Galípoli, cuya fortaleza tomó. Así, los turcos contaban con una importante conexión entre Asia Menor a Europa. En la década de 1360, Murat ocupó Tracia y los Balcanes. Aunque aislada, Constantinopla estaba aún segura. En 1394, el sultán otomano Bayaceto I, sucesor de Murat, atacó la capital bizantina con máquinas de asedio, trabuquetes incluidos, pero fracasó.

Los turcos transformados

El poder otomano decayó durante un tiempo debido a divisiones internas, pero en 1452, Mehmet II construyó la fortaleza de Rumeli Hisari en la orilla occidental del Bósforo, específicamente para impedir el acceso de Constantinopla al mar.

Reforzando aún más el bloqueo, Mehmet inició el ataque final al año siguiente, con entre 60 000 y 80 000 hombres y más de 300 barcos. En una noche, sus hombres arrastraron 70 galeras sobre rodillos hasta el puerto interior para proporcionar una plataforma en ese lado de la ciudad a algunos de sus cañones pesados. Los bizantinos resistieron con valor 55 días, pero finalmente, el 29 de mayo de 1453, los turcos atravesaron las murallas y tomaron la ciudad. Desde su nueva capital –rebautizada Estambul–, siguieron construyendo su imperio, una fuerza dominante en la región durante varios siglos. ■

Del sueño de Osmán a la visión de Orbán

Se cuenta que el fundador de la dinastía otomana, Osmán I, soñó que la luna salía del fajín de un santo sabio, volaba por el cielo y se posaba sobre su propio pecho; entonces le brotaba del ombligo un gran árbol que daba sombra a montañas y arroyos. Aunque casi con certeza se inventó en el siglo XIV, este sueño se considera un augurio del destino glorioso de los otomanos: la luna simboliza la dinastía de Osmán, y el árbol, su imperio. De hecho, el secreto de su éxito fue la voluntad de aprender y adaptarse.

El triunfo otomano también podría atribuirse a Orbán, un ingeniero húngaro a sueldo que había ofrecido sus servicios a los bizantinos, quienes rechazaron pagar lo quc pedía. El cañón gigante de Orbán empleado en Constantinopla tenía un diámetro de boca de 76 cm y era capaz de disparar bolaños de 540 kg hasta 1,6 km de distancia. Para moverlo se necesitaban 60 bueyes.

Las murallas de Constantinopla eran las más formidables de toda Europa, pero tras un largo asedio otomano, un asalto combinado de artillería, infantería y marina abrió una brecha en ellas.

LA MUERTE FLORIDA A FILO DE OBSIDIANA

AZTECAS E INCAS (DÉCADAS DE *c.* 1400–1520)

EN CONTEXTO

ENFOQUE
Imperios americanos

ANTES
500 a. C. Se produce el colapso violento de una civilización temprana centrada en Chavín de Huántar, en los Andes peruanos.

***C.* 400 d. C.** Ejércitos de Teotihuacán, en el valle de México, conquistan territorios –y toman prisioneros para sacrificarlos– al norte y al sur.

900 El Imperio tolteca se erige en la potencia militar dominante en todo el valle de México.

DESPUÉS
1572 El último inca, Túpac Amaru, es ejecutado tras fracasar su rebelión contra los españoles.

1967 Los guerrilleros del Movimiento de Liberación Nacional uruguayo toman el nombre de Tupamaros (derivado de Túpac Amaru).

La civilización azteca surgió en el valle de México en 1428, una vez aliadas las ciudades-estado rivales de Tetzcoco (o Texcoco) y Tlacopan con Tenochtitlán. Expansionista desde el principio, el nuevo estado se convirtió en la potencia dominante de la región. De carácter marcadamente militarista, educaba a sus varones como guerreros desde una edad temprana.

Tácticas de combate

Los aztecas entraban en combate a la carrera, tocando tambores y gritando para intimidar al enemigo, al que arrojaban una lluvia de piedras y dardos para debilitarlo mientras se aproximaban. Los guerreros usaban *átlatls* (propulsores) para lanzar jabalinas a gran distancia, artefactos empleados por los cazadores del continente americano desde los tiempos más remotos.

A menudo los adversarios huían despavoridos, pero los aztecas también eran hábiles en la lucha cuerpo a cuerpo. Para ello utilizaban lanzas más pesadas y cuchillos con hoja de piedra para apuñalar y, como los primeros mayas, blandían *macuahuitls* (mazas de madera con hojas de obsidiana afiladas incrustadas). Como armadura llevaban túnicas de algodón acolchado y escudos de madera o juncos entretejidos.

Cuando iban a la guerra […] llevaban collares de dientes ensartados que eran de los enemigos que habían matado ellos mismos o sus antepasados.
Bernabé Cobo
***Historia del Nuevo Mundo* (1653)**

Imperialismo andino

La civilización inca, surgida a principios del siglo XIII, se asentó en el Altiplano, una meseta de los Andes que abarca parte de Bolivia, Chile y Perú, pero el estado inca no se consolidó hasta 1438, cuando Pachacuti se convirtió en *sapa inca* («rey único»), reivindicando su condición divina como *intip churin* («hijo del Sol»). En su apogeo se extendía por 2 000 000 de km² de los actuales Perú, Bolivia, Ecuador y Chile.

Véase también: La civilización maya 74–75 ▪ La conquista europea de América 122–125 ▪ La conquista de América del Norte 222–223

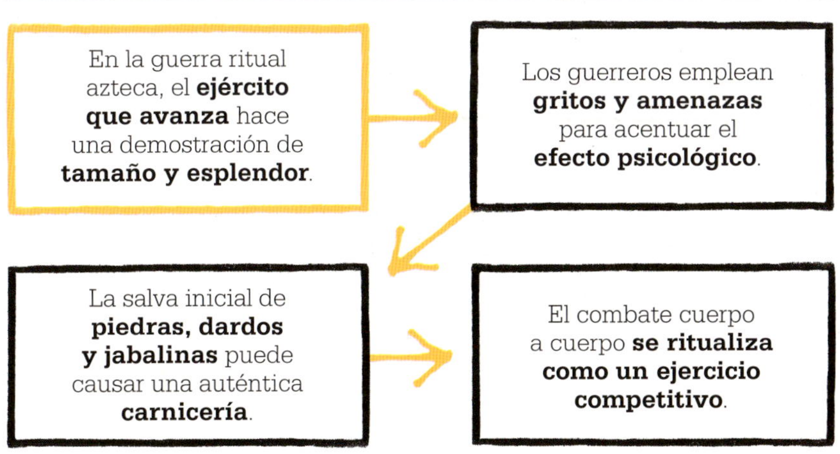

La expansión inca fue en parte pacífica y en parte militar, pero la distinción no era evidente, debido a la forma de guerra tan ritualizada que practicaban. La llegada de un ejército al campo de batalla era ante todo una demostración de fuerza y un alarde de riqueza. Ataviados con sus mejores joyas sobre ponchos o túnicas, los guerreros portaban al emperador en una litera y bailaban, cantaban y gritaban ante el enemigo.

Combate real

En la guerra inca no todo era alarde. Para luchar cuerpo a cuerpo los soldados andinos usaban pesados garrotes de bronce o piedra de 1 m aproximado de largo, con mango de madera. Llevaban escudos de cuero y placas de oro, plata o cobre sobre el pecho y la espalda, aunque probablemente el acolchado de algodón de sus prendas era más útil para amortiguar los golpes. Los cascos de caña protegían algo la cabeza, pero era más importante poder esquivar la lluvia de piedras lanzadas a mano o con honda, o los peñascos que caían rodando por la ladera de las montañas.

Los guerreros incas empleaban el arco y las flechas, y como los aztecas, lanzaban jabalinas de madera. Las tácticas de batalla incas eran relativamente sofisticadas e incluían emboscadas, maniobras de flanqueo, amagos y contraataques. Los soldados se reclutaban entre la población masculina general por turnos. Por lo general, los ejércitos no contaban con más de unos pocos miles de soldados, aunque en ocasiones pudieran llegar a los 100 000. ▪

Los guerreros aztecas de élite luchaban ataviados con un traje de plumas o una piel de jaguar, como muestra este dibujo del *Códice Florentino* (siglo XVI).

La guerra florida

La guerra azteca no solía llegar al punto de la violencia letal, contentándose los guerreros con una demostración de fuerza y destreza individual en un combate ritual llamado «guerra florida». Las partes enfrentadas enviaban el mismo número de soldados a estos enfrentamientos ceremoniales, organizados siempre de antemano. Habitualmente eran nobles y guerreros de élite que luchaban cuerpo a cuerpo con *macuahuitls*. A los adversarios superados se les solía hacer prisioneros antes que matarlos en combate.

Sin embargo, el derramamiento de sangre solo se posponía. Como los mayas, los aztecas creían poder aplacar a los dioses –que de otra manera les destruirían– con sacrificios humanos regulares. Una de las principales motivaciones de la guerra era suministrar víctimas, especialmente al inaugurar un nuevo reinado, cuando se emprendía para que el soberano demostrara su fuerza y hubiera esclavos para el sacrificio.

Los sacerdotes aztecas extraen el corazón a enemigos para ofrecerlo a los dioses en esta ilustración del *Códice Magliabechiano* (siglo XVI).

LA GUERR
EDAD MOD
1500–1775

A EN LA
ERNA

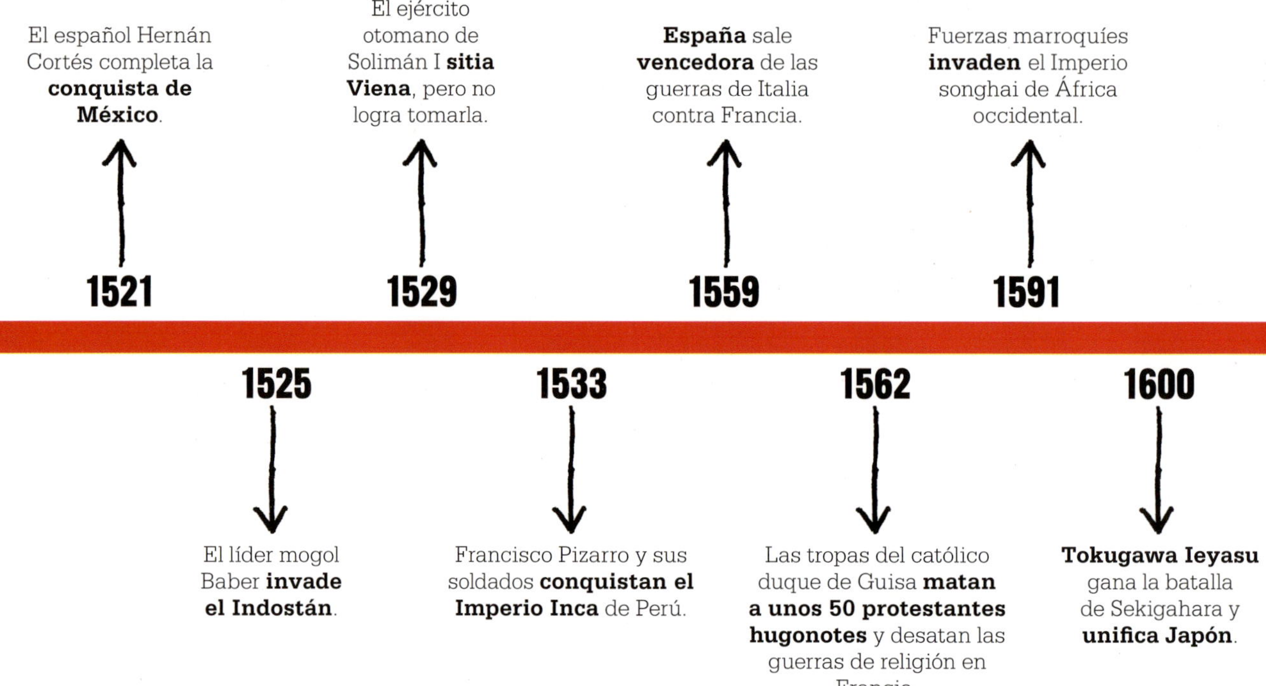

Desde inicios del siglo XVI, el papel de las armas de fuego empieza a ser clave en muchas guerras cuyas causas fueron la religión, la política interna, las relaciones fluctuantes entre estados y la expansión territorial en el Nuevo Mundo y África.

Armas de fuego

En las guerras de Italia (1494–1559), España se impuso a los estados italianos rivales y a Francia gracias en gran parte a los tercios, unidades de infantería de élite que entraban en combate por delante de otras tropas y contaban con arcabuceros. Los españoles tuvieron una ventaja aún mayor en América Latina, cuyos pueblos indígenas carecían de armas de fuego. Pequeños grupos de conquistadores con estas armas derrotaron a ejércitos aztecas e incas en los actuales México y Perú. Sin saberlo, los europeos también llevaron consigo enfermedades como la viruela, que devastaron a la población indígena del Nuevo Mundo. En América del Norte, las tribus comerciaron con los primeros colonos, pero no tardaron en luchar por su vida al serles arrebatadas sus tierras y borrada su cultura.

Armas de fuego europeas importadas ayudaron a Oda Nobunaga, señor feudal de Japón, a tomar Kioto en 1560, iniciando el proceso que unificó el país 40 años después. Las armas de fuego fueron también la clave para la victoria del ejército marroquí sobre el Imperio songhai de África occidental.

Rivalidades religiosas

Las diferencias de religión siguieron siendo causa y pretexto de conflictos, alimentados por la difusión de las armas de fuego. El islam, motor de conquistas militares, seguía en expansión. Desde la toma de Constantinopla en 1453, los turcos otomanos extendieron el ámbito islámico a los territorios europeos del Imperio bizantino. Sus artesanos fabricaban los mosquetes y cañones más precisos de la época, y los jenízaros –unidad militar de élite formada al principio por hijos de familias cristianas no turcas– eran especialistas en su uso. Gracias a las armas de fuego vencieron al Irán safaví (que aún no las tenía), y en Egipto y Arabia. El sitio de Viena de 1529 fracasó, pero no hubo otra derrota otomana importante hasta 1571, frente a una flota cristiana en Lepanto.

En la década de 1520, los mogoles musulmanes de Asia central conquistaron el norte de India con los

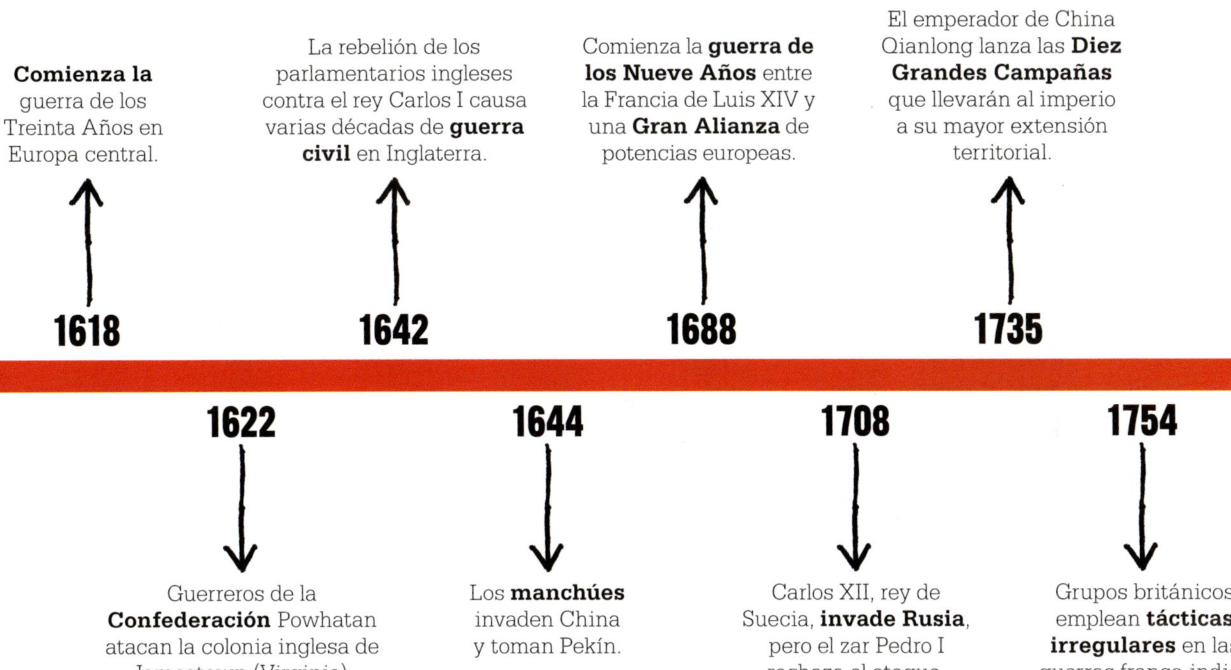

tradicionales arcos de la estepa complementados con armas de fuego. A base de alianzas con príncipes hindúes, y también por la fuerza, fundaron el Imperio mogol, tolerante en lo tocante a la religión. Aurangzeb (r. 1658–1707) impuso una interpretación más estricta del islam.

La cristiandad quedó dividida tras la Reforma, cuyas iglesias rompieron el monopolio espiritual de la Iglesia católica y generaron nuevas enemistades sectarias. En Francia, miles de protestantes hugonotes fueron asesinados en 1572 la noche de San Bartolomé. Los protestantes neerlandeses se rebelaron contra el gobierno católico español. España también se vio envuelta en un conflicto con los protestantes ingleses, que obtuvieron una célebre victoria sobre la llamada Armada Invencible en 1588.

En 1618, unos nobles protestantes bohemios arrojaron por una ventana del castillo de Praga a dos representantes de la dinastía católica de Habsburgo, iniciando así la terrible guerra de los Treinta Años, que dejó más de cuatro millones de muertos. Protestantes y católicos afirmaban tener a Dios de su parte.

Al reivindicar el derecho divino al gobierno absoluto, Carlos I de Inglaterra dio pie a las guerras civiles inglesas en 1639. Carlos era protestante, pero anglicano de la Iglesia alta, próxima al catolicismo; los parlamentarios enfrentados a su ejército realista eran puritanos estrictos.

El imperialismo en Oriente

Mientras en Inglaterra comenzaba la lucha por la democracia parlamentaria, en Asia los manchúes se iban apoderando de China por la fuerza y en 1645 masacraron a 300 000 personas en Yangzhou. La dinastía Qing que fundaron duró casi 300 años. En el siglo XVIII, varias campañas militares ampliaron su territorio, que llegó a ser el mayor imperio de la historia de China.

Rivalidades europeas

En Europa, el poderoso rey francés Luis XIV desafió el poder español antes hegemónico. Después de que su ejército regular equipado con nuevos mosquetes de chispa ganara una serie de guerras expansionistas en Europa, los estados rivales –Inglaterra, España, Austria y la República de las Provincias Unidas– se aliaron contra él con cierto éxito, pero en 1756 se habían formado nuevas alianzas y las disputas territoriales europeas se habían extendido a África, Asia y América. ■

NACIDOS PARA EL COMBATE Y LA ESPADA

LAS GUERRAS DE ITALIA (1494–1559)

EN CONTEXTO

ENFOQUE
Los mercenarios

ANTES
1339 Se funda en Italia la primera gran compañía de mercenarios, la Compagnia di San Giorgio.

1423–1454 Las alianzas de ciudades-estado italianas recurren en gran medida a los mercenarios durante las guerras de Lombardía.

1458 El rey Matías Corvino de Hungría funda el Ejército Negro, fuerza multinacional de mercenarios que combate en toda Europa.

DESPUÉS
1618–1648 Los ejércitos mercenarios tienen un papel importante en la guerra de los Treinta Años.

1848 Suiza prohíbe a sus ciudadanos el servicio militar en ejércitos de otros países, con la única excepción de la Guardia Suiza papal.

Durante el Renacimiento, Italia fue un importante centro cultural y económico, pero dividido en muchos estados rivales. A falta de un poder central fuerte, Francia y España lucharon por controlar el territorio.

Las principales potencias del norte de Italia eran las prósperas ciudades-estado de Venecia, Milán, Génova y Florencia. En el centro dominaban los Estados Pontificios, donde el papa combinaba sus funciones religiosas con la condición de soberano terrenal. El Reino de Nápoles dominaba el sur de Italia.

El éxito en la guerra depende en gran parte [...] de la reputación, y cuando esta decae, decae con ella el valor de los soldados.
Francesco Guicciardini
Estadista e historiador florentino (1483–1540)

La mayoría de estos estados no tenía ejército propio y contrataba compañías de mercenarios locales dirigidas por capitanes llamados condotieros (del italiano *condottiero*, «contratista»). Generalmente consistían en caballería pesada, aunque las más grandes también incluían infantería. Es probable que la mayoría de los mercenarios tuviera sus propias armas o que se las proporcionara su capitán.

También se reclutaban mercenarios de lugares más lejanos. Los más solicitados eran la disciplinada infantería suiza, que luchaba sobre todo con picas largas, así como los alemanes llamados lansquenetes, que solían luchar con pica y arcabuz, un arma de fuego primitiva sustituida en gran medida por el mosquete a partir de inicios del siglo XVI. Los mercenarios solían ser eficaces, pero podían amotinarse –o incluso pasarse al enemigo– si no se les pagaba.

Ampliación del escenario bélico

Las guerras de Italia estallaron en 1494, cuando Francia invadió Italia con el fin de conquistar Nápoles. En los años siguientes tomó Milán y Génova. Francia contaba con una pequeña fuerza regular de caballe-

Véase también: Reconquista de la península ibérica 110–111 ▪ La conquista europea de América 122–125 ▪ Las guerras de religión en Europa 134–139 ▪ La guerra de los Treinta Años 144–147 ▪ Las guerras revolucionarias francesas 180–187

La batalla de Pavía, en febrero de 1525, fue un momento clave de las guerras de Italia. Vencieron los Habsburgo al mando de Carlos III de Borbón, y el rey Francisco I de Francia fue hecho prisionero.

ría y arqueros, complementada con una milicia de infantería a tiempo parcial y soldados italianos contratados que habían abandonado a sus condotieros.

La invasión francesa movió a intervenir a España, que también gobernaba Sicilia y Cerdeña. Durante la guerra, tanto España como Francia formaron alianzas cambiantes con los estados italianos para lograr imponerse. En 1496 intervino Inglaterra en favor del bando español (al que se enfrentó brevemente de 1526 a 1528). La guerra acabó por extenderse de Italia a los Países Bajos, Alemania, Francia y el Mediterráneo.

Ventaja española

Finalmente, España acabó prevaleciendo sobre Francia y se apoderó de Nápoles en 1504 y de Milán en 1535. Las armas de fuego contribuyeron al éxito de la infantería española, pero el arcabuz y el mosquete, imprecisos y lentos de cargar, dejaban expuestos a los ataques a los soldados que los empleaban. La solución española fue protegerlos con piqueros.

La formación de piqueros y arcabuceros o mosqueteros era eficaz tanto para la defensa como el ataque, incluso en inferioridad numérica y contra la caballería. Los hombres con armas de fuego avanzaban por delante de los piqueros, pero podían refugiarse de las cargas de la caballería en el cuadro de picas.

Aunque España contrató mercenarios y también utilizó soldados menos experimentados, sus unidades de élite fueron los tercios, formaciones de infantería profesional integradas por hombres bien entrenados, reclutados no solo en España, sino también en Italia, Alemania y los Países Bajos. Su organización e ímpetu los convirtieron en la mejor fuerza de combate de la Europa del siglo XVI. El papel del mercenario fue menguando al empezar a crear los países europeos sus propios ejércitos nacionales. ▪

Carlos III de Borbón

Nacido en 1490 en una de las principales familias nobles de Francia –solo superada por la familia real–, Carlos se convirtió en duque de Borbón por matrimonio a los quince años y, en consecuencia, heredó las tierras y títulos de los Borbones. En 1515, el rey Francisco I le nombró condestable de Francia y comandante en jefe de su ejército.

Fue uno de los comandantes del ejército francés en la gran victoria de Marignano (1515), que dio a Francia el control de Milán, pero su relación con Francisco I se deterioró pronto. El rey se negó a pagarle las deudas y le negó cargos importantes, lo cual movió a un resentido Carlos a traicionar a Francisco y cambiar de bando. En 1523 luchó para los Habsburgo y dos años después contribuyó a dirigir sus fuerzas en la batalla de Pavía.

Carlos permaneció en Italia al mando de las tropas de los Habsburgo, pero a falta de dinero para pagarles, les permitió saquear y robar. En 1527 dirigió sus tropas contra Roma, pero fue herido de bala ante las murallas y murió. Tras su muerte, sus hombres saquearon la ciudad.

CONQUISTADORES ASESINOS Y RAPACES

LA CONQUISTA EUROPEA DE AMÉRICA (1519–1536)

EN CONTEXTO

ENFOQUE
La caída de los imperios azteca e inca

ANTES
1494 España y Portugal firman el tratado de Tordesillas, por el que se reparten los territorios del Nuevo Mundo recién descubiertos.

1502 Moctezuma II comienza a reinar en el Imperio azteca. Seguirá en el poder cuando lleguen los españoles.

DESPUÉS
1538 Los españoles inician la conquista del norte de América del Sur, región a la que llamarán Nuevo Reino de Granada.

1541 Pedro de Valdivia inicia la conquista de Chile en nombre de la corona española.

1572 España toma el último bastión inca en Perú y mata a su soberano, Túpac Amaru.

A principios del siglo XVI, en menos de 20 años, España conquistó vastas regiones de América y destruyó los Imperios azteca e inca. En octubre de 1492, una expedición marítima financiada por los Reyes Católicos y dirigida por el navegante Cristóbal Colón desembarcó en una isla de las actuales Bahamas.

Colón hizo tres viajes más a América, en cada uno de los cuales incorporó nuevos territorios a la corona, incluidas las islas de Puerto Rico y Cuba. Le siguieron miles de colonos que se asentaron en las islas del Caribe y zonas costeras de América

Véase también: Reconquista de la península ibérica 110–111 ▪ Aztecas e incas 114–115 ▪ Las guerras de Italia 120–121 ▪ La guerra en América del Norte 150–151 ▪ Las guerras de la independencia hispanoamericana 200–203

Los guerreros aztecas luchaban con elaborados tocados propios de sus sociedades guerreras, como muestra este relieve en piedra del Museo Nacional de Antropología de Ciudad de México.

Central. No eran tierras deshabitadas. Los indígenas se defendieron, pero las armas de los españoles eran superiores: escopetas, cañones, espadas de acero y ballestas, por no mencionar la caballería. Los indígenas nunca habían visto un caballo, y resultó ser un factor clave de la conquista.

Los españoles también llevaron la gripe, el sarampión y la viruela. El impacto de estas enfermedades del Viejo Mundo en los pueblos indígenas, que no tenían inmunidad frente a ellas, fue catastrófico y eliminó a gran parte de la población.

Movidos por la perspectiva de hallar oro y la idea de propagar el cristianismo, los españoles se dirigieron al continente americano, hogar de los aztecas y los incas.

El ejército azteca

El Imperio azteca, en el actual México, nació en 1428, cuando la alianza de tres ciudades-estado –Texcoco, Tenochtitlán y Tlacopán– dio lugar a la primera potencia de la región. Tenochtitlán (en la actual Ciudad de México) se erigió en la fuerza dominante y se convirtió en la capital del imperio.

El ejército tenía un papel fundamental en la sociedad azteca. Los varones iniciaban el entrenamiento militar alrededor de los quince años, y a partir de los veinte se les llamaba al servicio militar cuando era necesario.

Los aztecas tenían también un pequeño número de soldados profesionales a tiempo completo, muchos de ellos procedentes de la nobleza. Solían ser miembros de sociedades guerreras, cuerpos de élite que eran los primeros en entrar en combate, en las que solo podían ingresar quienes capturaran al menos cuatro enemigos en batalla. Hacer prisioneros, que luego serían sacrificados en rituales religiosos, era socialmente más valorado que matar a un enemigo en combate.

Nuestra caballería [...] cargó con tan gran efecto que, junto a Dios, fue a ellos a quienes debimos la victoria.

Bernal Díaz del Castillo
sobre la batalla entre Hernán Cortés y las tropas tlaxcaltecas (1519)

La guerra inca

Hacia 1438, los incas comenzaron a expandirse desde su capital andina, Cuzco (en el actual Perú), y al cabo de un siglo, sus territorios abarcaban desde el actual Ecuador hasta el actual Chile. Era un imperio formidable, con una burocracia avanzada, una eficaz red de transportes que incluía una calzada costera de 3620 km y el ejército más poderoso del Nuevo Mundo.

Los incas practicaban la mita, un sistema de servicio público obligatorio para los varones de entre 15 y 50 años. La mayoría trabajaba en granjas u obras de construcción, pero uno de cada 50 era reclutado, lo cual permitía mantener un ejército regular de hasta 100 000 hombres. »

Hernán Cortés

Nacido en la ciudad extremeña de Medellín en 1485, Hernán Cortés abandonó su patria rumbo al Nuevo Mundo en 1504 y se asentó inicialmente en la isla caribeña de La Española.

En 1511 se trasladó a Cuba, donde ascendió rápidamente y ocupó varios cargos relevantes en el gobierno colonial. Su ascenso se debió en parte a su amistad con Diego Velázquez de Cuéllar, gobernador de Cuba. La relación entre ellos se deterioró cuando Cortés empezó a cortejar a la cuñada de Velázquez, con la que se casó más tarde.

Después de la caída del Imperio azteca, que pasó a ser la colonia española de Nueva España, el rey Carlos I nombró a Cortés su primer gobernador. El conquistador continuó dirigiendo expediciones, en gran parte autofinanciadas, a tierras como Honduras (1524–1526) y la Baja California (1535). En 1526, después de enfrentarse a otros colonos, Cortés fue relevado de sus funciones de gobernador.

Cortés vivió en México hasta 1541, cuando regresó a España. Murió de pleuresía en Castilleja de la Cuesta, cerca de Sevilla, seis años después.

Los oficiales eran profesionales de carrera elegidos en una ceremonia anual, el huarachico, donde realizaban pruebas de habilidad y valor.

En las batallas con rivales locales, los incas solían imponerse por su superioridad en número, disciplina y organización, y a diferencia de los aztecas, solían matar al enemigo como advertencia a los rivales.

Cortés y los aztecas

Los rumores sobre la riqueza de los aztecas llevaron a los colonos españoles a emprender dos expediciones exploratorias a México, en 1517 y 1518. Cuando Juan de Grijalva, al mando de la última, volvió a España con objetos de oro adquiridos a los indígenas, el gobernador de Cuba, Diego Velázquez de Cuéllar, aprobó una tercera expedición, con uno de sus oficiales, Hernán Cortés, al mando. Luego, dudando de la lealtad de su subordinado, Velázquez revocó el permiso, pero Cortés partió igualmente de Cuba en febrero de 1519.

Cortés desembarcó en México en marzo de 1519 con solo 11 barcos, 600 soldados y 16 caballos, y llevó a sus hombres tierra adentro, enfrentándose con algunas tribus indígenas y aliándose con otras, como los tlaxcaltecas, antiguos enemigos de los aztecas.

Cortés entró en Tenochtitlán en noviembre. El emperador Moctezuma II lo recibió pacíficamente, pero el español aprovechó esta bienvenida para encarcelar al emperador.

En abril de 1520, al saber que Velázquez había enviado un ejército para matarle o apresarle, Cortés salió de Tenochtitlan a su encuentro y, prometiendo grandes riquezas, logró que sus miembros se le unieran. Mientras tanto, los aztecas de Tenochtitlán se sublevaron contra la pequeña guarnición que había dejado allí. Cortés tuvo que retirarse a Tlaxcala, escapando de la muerte por poco, y en la confusión, Moctezuma fue asesinado.

En la primavera siguiente, Cortés cortó el suministro de alimentos y agua dulce a Tenochtitlán. A las ya terribles condiciones de la ciudad se sumó la viruela, que mató a miles de personas, incluido el nuevo emperador, Cuitláhuac.

Tenochtitlan cayó el 13 de agosto de 1521, y el último emperador az-

Factores del éxito de la colonización española

El séquito desarmado de Atahualpa nada pudo hacer contra las tropas de Pizarro en la batalla de Cajamarca. Este grabado muestra al emperador inca llevado en andas en el centro de la acción.

teca, Cuauhtémoc, murió intentando huir. La ciudad, ya dañada por incendios y cañones, fue prácticamente destruida por los hombres de Cortés. Sobre sus ruinas, los españoles construyeron Ciudad de México, capital de Nueva España, que acabó por abarcar el actual México, parte de lo que en la actualidad es EE. UU., América Central, el norte de América del Sur y el Caribe.

Pizarro y los incas

En enero de 1531, el conquistador Francisco Pizarro, que había dirigido dos expediciones al oeste de América del Sur, desembarcó en Ecuador con la esperanza de adentrarse en Perú y conquistarlo. Era el momento oportuno, pues el Imperio inca estaba asolado por epidemias y en plena guerra civil entre los hermanastros Huáscar y Atahualpa, hijos del emperador Huayna Cápac, muerto de una enfermedad europea (posiblemente viruela) en 1527.

En abril de 1532, Atahualpa había derrotado y capturado a su hermanastro y ordenado su ejecución. Luego acampó cerca de la ciudad de Cajamarca, al noroeste de Perú, con 30 000 guerreros. Fortalecido por refuerzos españoles y aliados locales, Pizarro aprovechó la ocasión, viajó a Cajamarca e invitó a Atahualpa a reunirse con el.

El 16 de noviembre de 1532, Atahualpa llegó a la ciudad con una escolta de unos 4000 hombres, pensando que la fuerza de Pizarro, de solo 168 hombres, no suponía amenaza alguna. Fue un error: Pizarro lanzó un devastador ataque sorpresa de caballería e infantería. Los españoles abatieron a cientos de guerreros incas con falconetes y mosquetes o los segaron en cargas de caballería, sin perder a ninguno de los suyos. Apresado, Atahualpa pagó un cuantioso rescate por su liberación, pero fue ejecutado por los españoles en agosto de 1533.

Pizarro marchó entonces hacia Cuzco, que tomó en noviembre, e instaló al hermano menor de Huáscar, Manco Inca, como emperador títere. En 1536, Manco Inca se rebeló y sitió Cuzco durante diez meses, pero no pudo romper las defensas españolas. Tras levantar el asedio se retiró a Vilcabamba, al noroeste de Cuzco, donde estableció el Imperio neoinca en un intento de preservar la civilización inca lejos de los españoles. Pizarro fue asesinado en 1541 durante una lucha de poder entre colonos rivales. Tres años después, los españoles mataron a Manco Inca, cuyos hijos encabezaron una insurrección que no fue sofocada por completo hasta 1572. Para entonces, España controlaba ya la mayor parte del que fuera territorio inca.

Las colonias hispanoamericanas

La expansión territorial en América contribuyó a hacer de España la primera potencia de la Europa del siglo XVI. Las armas de los españoles mataron a miles de personas, pero las enfermedades que llevaron causaron una mortandad aún mayor: se calcula que mataron a hasta 20 millones de personas, alrededor del 95 % de la población. Los colonos españoles obligaron a la mayoría de los indígenas que sobrevivieron a la guerra y la peste a trabajar para ellos en un sistema de esclavitud, la encomienda. El Imperio español en el Nuevo Mundo duró más de tres siglos y transformó su sociedad y cultura. ■

Tan grande era el terror de los indios [...] que más pensaban en huir para salvar sus vidas que en luchar.

Francisco de Jerez
sobre la batalla de Cajamarca (1532)

A LOS CAPTURADOS EN COMBATE LOS VENDE

GUERRA EN EL NORTE DE ÁFRICA (SIGLOS XV-XVI)

EN CONTEXTO

ENFOQUE
Guerras por esclavos

ANTES
992 d. C. El Imperio de Ghana toma la ciudad oasis de Audagost (en la actual Mauritania) como terminal septentrional de su comercio transahariano, en gran parte de esclavos.

***C.* 1077** Bereberes almorávides de Marruecos conquistan Ghana. La esclavitud será un fundamento de su imperio.

***C.* 1235** Sundiata Keita, rey de Malí, abole la esclavitud, reintroducida tras su muerte.

DESPUÉS
1518 Un barco español transporta esclavos africanos directamente a las Antillas e inicia el comercio triangular atlántico.

1610 Surge el reino africano de Dahomey, sobre todo como centro del comercio de esclavos.

Desde el siglo VIII, la consolidación del islam en la región costera norteafricana del Magreb había sido en gran medida pacífica. Sin embargo, cuando empezó a expandirse por el área subsahariana surgieron conflictos, en gran parte a raíz del creciente comercio de esclavos.

En el Sahel, la tierra semiárida entre el desierto del Sáhara y la selva tropical al sur, emergieron una serie de estados. Al norte del país homónimo actual, el Imperio de Ghana fue el predominante hasta 1150. El hierro, el oro y la agricultura eran la base de su prosperidad, y los esclavos que obtenía en las guerras contra estados vecinos se destinaban a trabajar en estas industrias. Los esclavos también eran una valiosa mercancía que se intercambiaba por otros bienes con las sociedades bereberes del norte. Este comercio

Las **potencias militares emergentes** obtienen riqueza y poder por medio de **guerras por esclavos**.

Los sucesivos **imperios de Ghana, Malí y songhai**, en África occidental, **esclavizan a sus prisioneros** de guerra.

Ejércitos marroquíes **enviados al sur a obtener esclavos** dominan África occidental.

Las potencias europeas fomentan la esclavitud en la región para alimentar el comercio de esclavos atlántico.

Véase también: El auge del islam 76–81 ▪ El auge de los turcos otomanos 112–113 ▪ El Imperio otomano 130–133 ▪ La guerra de Secesión de EE. UU. 214–221 ▪ Guerras coloniales en África 226–229

La Gran Mezquita de Yenné (Malí) data de finales del siglo XIII. Según la leyenda, el sultán Kunburu hizo demoler su palacio y reconstruirlo como lugar de culto tras convertirse al islam.

fue acompañado de una influencia cultural recíproca, y un número cada vez mayor de habitantes del Sahel abrazaron el islam.

Los esclavos se convirtieron rápidamente en moneda de cambio reconocida en la región. La competencia por obtenerlos fue la causa de guerras constantes y también del auge y la caída de imperios. El Imperio de Ghana decayó en los siglos XII y XIII, eclipsado por el Imperio de Mali, que alcanzó su apogeo en el siglo XIV, cuando se extendía más allá de las fronteras del actual Malí. A su vez, el Imperio de Mali cayó a mediados del siglo XV, siendo sustituido por el Imperio songhai.

Conflictos regionales

En África oriental, Etiopía, un país cristiano desde el siglo IV, se convirtió en gran potencia bajo Amda Seyon I (1314–1330). Como Ghana y Malí, su riqueza y su poder crecieron en torno al comercio de esclavos. En 1529, el sultanato de Adal organizó una invasión desde su núcleo central en el Cuerno de África, pero Etiopía contraatacó y venció en la batalla de Wayna Daga (1543).

En 1591, en Tondibi (en el actual Malí), tuvo lugar un enfrentamiento clave en las guerras por la supremacía en el Sahel, que supuso la primera intervención de Marruecos en los asuntos de la región. El ejército de la dinastía saadí marroquí, liderado por Yuder Pachá y que contaba con 1500 arcabuceros, infantería con mosquetes de mecha primitivos, 1500 soldados de caballería ligera y 500 de infantería regular con arcos, lanzas y espadas, además de ocho cañones, desafió al rey songhai, Askia Ishaq II, cuyo ejército de 40 000 hombres condujo ante él un rebaño de 1000 reses, creyendo que el polvo que levantarían sus pezuñas confundiría al enemigo. Sin embargo, los disparos asustaron al ganado, que volvió atrás en estampida contra las filas songhai. Entonces los arcabuceros del sultán atacaron y abatieron a las tropas del rey.

Realidades cambiantes

El sultán marroquí justificó la invasión de otro estado musulmán alegando que el fin era salvarlo de la explotación europea, un argumento cínico, pero que reflejaba la creciente influencia de Marruecos en el Sáhara occidental.

En 1578, Marruecos infligió una derrota decisiva a los portugueses en la batalla de Alcazarquivir. No obstante, en el periodo siguiente fueron las potencias europeas las que aumentaron su presencia en la región y explotaron el continente como fuente de esclavos para el trabajo en las plantaciones en América. ▪

Esclavitud islámica

La esclavitud era común en el norte de África al menos desde la época de Cartago (814–146 a. C.) y siguió siéndolo tras la llegada del islam, aunque solo los no musulmanes podían ser esclavizados. A lo largo de los siglos, hasta cinco millones de africanos fueron transportados a través del Sáhara para ser vendidos, principalmente por comerciantes musulmanes. Los esclavos, algunos de territorios conquistados por ejércitos islámicos en los Balcanes y Asia occidental, realizaban tareas domésticas o agrícolas. Algunas niñas y mujeres jóvenes fueron concubinas, y algunos hombres recibían entrenamiento militar y servían como soldados. En el ejército, al menos, el ascenso social era posible. Algunos soldados esclavos, la mayoría europeos o de Asia occidental, asumieron puestos de mando y llegaron incluso a fundar dinastías, como los mamelucos, que gobernaron Egipto de 1250 a 1517.

EL GERMEN DEL GRAN DESASTRE

JAPÓN EN LA ERA SENGOKU (1467–1615)

EN CONTEXTO

ENFOQUE
Guerras civiles

ANTES
1331 Comienza en Japón la guerra de Genko.

1336 Se establece el sogunato Ashikaga en Japón.

1350 Las facciones del sogunato Ashikaga desencadenan la guerra civil llamada incidente de Kanno.

DESPUÉS
1635 El sakoku instaura el aislamiento de Japón del mundo. Se prohíbe salir del país a los súbditos japoneses, no se permite desembarcar a los comerciantes europeos, y se proscribe el catolicismo.

1638 Una rebelión de campesinos católicos en Kyushu occidental es sofocada por samuráis de daimios locales.

1853 Buques de guerra de EE. UU. llegan a la bahía de Edo (Honshu) para exigir un tratado comercial.

Durante siglo y medio, desde mediados del siglo XV, Japón estuvo sumido en un conflicto civil casi incesante. Abstraído en sus luchas internas, el país se cerró al mundo exterior, excepto para la importación de armas de fuego.

Los daimios (señores feudales) de Japón habían ejercido un gran poder durante siglos, pero bajo el sogunato Ashikaga, en el siglo XV, su importancia creció, al igual que su rebeldía. En 1464, el sogún Ashikaga Yoshimasa adoptó a su hermano menor como hijo para no morir sin heredero. Sin embargo, cuando su esposa dio a luz un hijo meses después, el escenario quedó listo para una lucha sucesoria. Las facciones enfrentadas no esperaron a la muerte de Yoshimasa. Los daimios tomaron partido, y en 1467 comenzó la guerra de Onin, que duró diez años. Sin embargo, incluso después de terminada, los problemas persistieron. La debilidad del sogunato invitó a daimios ambiciosos a intentar hacerse con el poder. A su vez, esto animó a las poblaciones rurales a rebelarse.

Cada día, cuando el cuerpo y la mente están en paz, uno debería meditar que es desgarrado por flechas, mosquetes, lanzas y espadas.

Yamamoto Tsunetomo
***Hagakure* (finales del siglo XVII)**

El desorden se agrava

La llegada de armas de fuego desde China y Portugal a principios del siglo XVI vino a sumarse a un estado de cosas ya envenenado. En la década de 1560 ascendió a la cima del poder militar el daimio guerrero Oda Nobunaga en Owari (Honshu). En 1560 marchó sobre Kioto con 1800 hombres –muchos armados con arcabuces– y derrotó a un ejército defensor de 20 000 de los clanes Yoshimoto y Matsudaira. Cientos de daimios se unieron a Nobunaga, entre ellos Matsudaira Motoyasu (Tokugawa Ieyasu) y Toyotomi Hideyoshi. A los tres se les conocería como los grandes unificadores de Japón, pero la unidad no llegó sin guerra, sobre todo contra Takeda

Véase también: El auge de los samuráis 86–87 ▪ La guerra de Secesión de EE. UU. 214–221 ▪ La guerra ruso-japonesa 235 ▪ La Guerra Civil rusa 262–263 ▪ La segunda guerra chino-japonesa 264–265

El factor pólvora

Se creía que las armas de fuego llegaron a Japón en 1543, con los europeos, cuando una tormenta obligó a un barco con rumbo a China a desembarcar en la isla meridional de Tanegashima (las primeras armas de llave de mecha se llamaron *tanegashimas*). Lo cierto es que llegaron probablemente desde China en 1510. El mosquete (o arcabuz) de mecha, poco más que un tubo de hierro sobre un armazón de madera, se sujetaba firmemente bajo el brazo izquierdo, se encendía con una mecha y se usaba contra la caballería. La pólvora y las armas de fuego eran comunes a mediados del siglo XVI, cuando los comerciantes portugueses llevaban lo mejor que Europa podía ofrecer.

En la batalla de Nagashino, Nobunaga e Ieyasu desplegaron 3000 arcabuceros que fueron la clave de su victoria sobre las tropas de Takeda. Nobunaga los dispuso tras una empalizada desde la que dispararon descargas sucesivas que segaron a la caballería enemiga en la que debería haber sido su carga triunfal.

Shingen, daimio de Kai, en el centro de Honshu.

Los samuráis de Takeda infligieron una grave derrota a Ieyasu en la batalla de Mikatagahara en 1573, pero en Nagashino, dos años después, sus fuerzas sufrieron una derrota decisiva por la alianza de Nobunaga e Ieyasu. A la muerte de Nobunaga en 1582, Hideyoshi e Ieyasu se enfrentaron con su hijo por la sucesión. Finalmente venció Hideyoshi.

Ieyasu tuvo que aceptar la derrota, pero cuando Hideyoshi murió en 1598, no mostró el mismo respeto a su hijo. De nuevo, los daimios tomaron partido y estalló la guerra civil, pero Ieyasu se impuso en la batalla de Sekigahara en 1600. Aunque los últimos adversarios no fueron eliminados hasta 1615, el periodo Sengoku prácticamente había llegado a su fin y comenzó el sogunato Tokugawa.

La paz no contribuyó a fomentar un estado menos insular. Tras décadas de desorden, Ieyasu y sus sucesores Tokugawa controlaron todos los aspectos de la vida japonesa, reprimieron el cristianismo y prohibieron la entrada de naves extranjeras en los puertos japoneses. Esta actitud aislacionista respecto al resto del mundo prevaleció hasta el siglo XIX. ■

Las armas de fuego de Nobunaga fueron decisivas para aplastar al ejército de Takeda en Nagashino, la primera batalla «moderna» de Japón, en 1575, que allanó el camino a la unificación del país.

UN MURO INFRANQUEABLE

EL IMPERIO OTOMANO (1512–1697)

EN CONTEXTO

ENFOQUE
Los jenízaros

ANTES
1363 Murat I, tercer sultán otomano, crea el cuerpo de los jenízaros.

1453 Mehmet II conquista Constantinopla, que pasa a ser la capital otomana con el nombre de Estambul.

1499–1503 La victoria otomana sobre Venecia da al imperio el control del territorio veneciano en Grecia.

DESPUÉS
1716–1718 El Imperio otomano, derrotado en la guerra austro-turca, cede territorio en los Balcanes a los Habsburgo.

1735–1739 La guerra ruso-turca acaba con la cesión de territorio otomano a Rusia.

1826 El sultán Mahmut II suprime el cuerpo de jenízaros.

A principios del siglo XVI, los otomanos ya dominaban la mayor parte de Anatolia, en la actual Turquía, así como territorios en Grecia y los Balcanes. En Europa, tras la derrota del Imperio bizantino en 1453, su principal rival fue la República de Venecia, mientras que en Anatolia derrotaron a una dinastía turca rival, los karamaníes. En su apogeo, en la segunda mitad del siglo XVI, el Imperio otomano se extendía por Arabia, el sureste de Europa, el norte de África, el Cáucaso y Asia central.

El ejército otomano empezó a utilizar armas de pólvora en lugar de ar-

Véase también: El auge de los turcos otomanos 112–113 ▪ Guerra en el norte de África 126–127 ▪ Decadencia otomana y expansión rusa 232–233

Los jenízaros sí manejan muy bien el arcabuz (mosquete) [...] Lucharán resueltos por el honor.

Lazzaro Soranzo
***L'ottomano di Lazzaro Soranzo* (1603)**

queros a caballo en el siglo XIV. Bajo los sultanes Selim I y Solimán I, la élite del formidable ejército del imperio eran sus jenízaros (del turco «soldados nuevos»), una fuerza regular pionera en el uso masivo de armas de fuego. Los hábiles artesanos del imperio forjaban el acero con el que se fabricaban mosquetes y cañones, que eran más precisos y tenían mayor alcance que los de sus rivales.

Una nueva fuerza

Además de disponer de una tecnología militar superior, los otomanos contaban con un ejército profesional que incluía a los jenízaros. Para garantizar la lealtad de estos, se les reclutaba en la infancia entre familias cristianas no turcas (hasta alrededor de 1570, cuando se permitió el ingreso a los nacidos musulmanes) y se les ordenaba cortar todo vínculo familiar, de manera que su dependencia del sultán era total. El reclutamiento de los niños se llamaba *devşirme* («colecta»). Este sistema se mantuvo hasta mediados del siglo XVII. Sus agentes separaban a los niños de su familia en zonas de Europa bajo control otomano, los esclavizaban y los transportaban a Estambul, donde se les convertía al islam a la fuerza. Luego se les sometía a un estricto régimen de formación y exámenes. Los más eruditos trabajaban en la administración y unos pocos eran castrados para servir como eunucos en el harén imperial, pero la mayoría se incorporaba al cuerpo de jenízaros.

La vida del jenízaro, sometido a una rigurosa disciplina, era dura. A los jenízaros no se les permitía casarse, aunque esta prohibición se revocó en 1566. Algunos recibían formación especializada como ingenieros o artilleros, pero la mayoría luchaba en la infantería, famosa por su habilidad con mosquetes, pistolas y granadas. Eran especialmente eficaces en los asedios, en los que podían aplicar sus conocimientos de ingeniería y artillería. »

Infantería otomana de élite, los jenízaros luchaban con mosquete y otras armas de fuego en el siglo XVI, además del sable corto turco llamado yatagán.

Solimán I, el Magnífico

Nacido en Trebisonda (en la actual Turquía) en 1494, Solimán era hijo del sultán otomano Selim I, a quien sucedió en 1520. De niño estudió historia, ciencias, teología y estrategia militar en el palacio Topkapi de Estambul. Aunque sobre todo se le conoce por expandir el imperio, también llevó a cabo importantes reformas legislativas, fue un gran mecenas de las artes y el saber, y supervisó la construcción de numerosas obras públicas.

Solo en la primera década de su reinado, los otomanos tomaron Belgrado (Serbia) y Rodas (Grecia), y lograron una victoria aplastante sobre Hungría. No obstante, sufrieron una derrota notable: el fallido intento de la toma de Viena.

En torno al final de su reinado, Solimán tuvo que hacer frente a rebeliones y disputas sucesorias. Ordenó la ejecución de dos de sus hijos, Mustafá en 1553 y Bayaceto en 1561, y a su muerte en 1566 durante una campaña en Hungría, dejó como sucesor a su único hijo superviviente, Selim III. El reinado de Solimán fue el más largo de todos los sultanes otomanos.

La base original del poderío militar otomano era la caballería del imperio. Los *akinci* eran soldados de caballería ligera irregular que actuaban como avanzadilla de reconocimiento y a menudo también atacaban. Los soldados de caballería profesionales eran los espahíes, la mayoría de ellos timariotes, a quienes se daban tierras de cultivo a cambio de luchar cuando se les requiriese. Debían pagarse su propio equipo y entrenamiento. En combate solían emplear arcos, mazas, hachas, lanzas y un tipo de cimitarra de un solo filo llamada *kilij*, y se situaban en los flancos.

La caballería de élite de la casa del sultán, los espahíes *kapikulu*, mantenían una rivalidad feroz con los jenízaros, a los que consideraban socialmente inferiores. Sin embargo, ya en el siglo XVI las armas de fuego eran más valiosas que la caballería en el combate a campo abierto y en el asedio, y fue entonces cuando los jenízaros cobraron protagonismo.

La pólvora se impone

Selim I sucedió en 1512 a su padre, el sultán Bayaceto II. A su muerte en 1520, varias conquistas habían duplicado el Imperio otomano. En 1514 lanzó una campaña contra la Persia safaví, que amenazaba la frontera oriental. En la batalla de Chaldirán, su ejército infligió a los persas una aplastante derrota que permitió a los otomanos conquistar Anatolia oriental y el norte de Irak. A diferencia de los safavíes, los otomanos disponían de armas de fuego, y los jenízaros pudieron infligir un daño considerable con sus mosquetes y cañones.

Selim dirigió entonces su atención hacia el sultanato mameluco que gobernaba Egipto, el Levante mediterráneo y Arabia occidental. Como los safávidas, los mamelucos tenían poca experiencia con las armas de fuego. En 1516, Selim ganó una serie de batallas que le dieron el control del Levante. Al año siguiente invadió Egipto, lo cual provocó la caída del sultanato mameluco. Esto le permitió extender su imperio por gran parte de Arabia, convirtiéndose así en guardián de las ciudades santas de La Meca y Medina.

Muchas unidades de espahíes, junto con miles de jenízaros, formaron la columna vertebral del ejército de Solimán en el fallido sitio de Viena de 1529.

El apogeo del poder otomano

El imperio continuó creciendo bajo el reinado de Solimán I, hijo de Selim, de 1520 a 1566. Primero, Solimán puso sus miras en el sureste de Europa y en 1526 invadió Hungría, donde logró una victoria importante en la batalla de Mohács. La caballería otomana rodeó a los húngaros mientras los jenízaros, en el centro, disparaban descargas de mosquete coordinadas. Solimán se anexionó parte del territorio húngaro, pero tres años después sufrió su primer gran revés al intentar tomar Viena,

Principales victorias otomanas del siglo XVI en las que participaron los jenízaros

Batalla de Chaldirán (1514) contra el Imperio safaví; conduce a la conquista otomana de Anatolia oriental y el norte de Irak.

Batalla de Marj Dabiq (1516) contra el sultanato mameluco; permite la anexión otomana de Siria.

Toma de El Cairo (1517) contra el sultanato mameluco; contribuye al control otomano de Egipto.

Sitio de Belgrado (1521) contra el reino de Hungría; los otomanos toman la ciudad.

Sitio de Rodas (1522) contra los caballeros hospitalarios y Venecia; permite la conquista otomana de la isla.

Batalla de Mohács (1526) contra Hungría y sus aliados; permite a los otomanos controlar gran parte de Hungría.

Sitio de Buda (1541) contra Hungría; los otomanos toman la ciudad.

Sitio de Trípoli (1551) contra la Orden de Malta; permite a los otomanos tomar la ciudad.

Sitio de Famagusta (1570–1571) contra Venecia; conduce al control otomano de Chipre.

Batalla de Çıldır (1578) contra el Imperio safaví; permite a los otomanos tomar Georgia.

la capital de sus principales enemigos europeos, los Habsburgo. Los defensores de la ciudad resistieron un asedio de 19 días por el ejército de Solimán.

Solimán no perdió el ánimo y se centró en otros frentes. En Asia reanudó la guerra contra los safavíes y conquistó el resto de Irak en 1534, y en el norte de África extendió sus dominios hacia el oeste, hasta Libia, e hizo de la actual Argelia un estado cliente. Los sucesores de Solimán, su hijo Selim II y su nieto Murat III, optaron en general por consolidar lo ya conquistado, pero el imperio avanzó en el Cáucaso y conquistó Chipre. Hubo signos de debilidad, sobre todo en el Mediterráneo, donde los otomanos vieron frustrado su intento de tomar Malta en 1565 y sufrieron una importante derrota frente a una flota cristiana en la batalla de Lepanto en 1571. A partir de ese momento, el poderío naval otomano fue disminuyendo.

Estancamiento y declive

Para los sultanes del siglo XVII fue difícil igualar las hazañas del siglo anterior. Sus antiguos enemigos, los Habsburgo y los safavíes, seguían siendo poderosos, y surgieron Polonia y Rusia como nuevos rivales. La economía otomana decayó y aumentó el desorden. Los jenízaros, antes un pilar del poder, empezaron a ser un problema. En lugar de dedicarse al servicio militar, muchos se enriquecieron como terratenientes y comerciantes. Se permitió a sus hijos ingresar en el cuerpo, creando así una élite hereditaria consolidada y reacia al cambio.

Finalmente, tras una defensa vigorosa y una resistencia sin igual, el cielo [...] expulsó [al enemigo] de los muros de Viena.
Testigo ocular inglés
Sitio de Viena (1683)

En 1589, los jenízaros se rebelaron en demanda de mayores salarios. Peor fueron las cosas en 1622, cuando dieron un golpe de Estado contra el sultán adolescente Osmán II. Este les había culpado de su fracaso en la guerra contra Polonia y planeaba sustituirlos por un ejército reclutado en Anatolia. Los jenízaros capturaron y mataron a Osmán II y lo sustituyeron por su tío Mustafá I, más dócil.

En 1683, los otomanos emprendieron el último intento de tomar Viena, a la que cercaron 150 000 soldados. Los ingenieros jenízaros tomaron las defensas exteriores, pero cuando los soldados otomanos avanzaban hacia el interior de la ciudad, llegó una fuerza de socorro compuesta por 80 000 hombres dirigida por el rey polaco Juan Sobieski, aliado de los Habsburgo. En una batalla de quince horas, los otomanos fueron expulsados de la ciudad. Tras la batalla, los Habsburgo austriacos, Polonia-Lituania, Rusia, España y Venecia formaron una alianza que logró varias victorias sobre los otomanos.

A principios del siglo XVIII, el Imperio otomano estaba a la defensiva en Europa y en guerra contra los safavíes. Su ejército –del que los jenízaros eran el núcleo– había representado la vanguardia del poder militar y ahora se veía superado por el poder creciente de sus rivales. ■

Dos enormes flotas de galeras se enfrentan en la batalla de Lepanto, en el mar Jónico, frente a la costa griega, en 1571. La Liga Santa capturó o destruyó más de la mitad de los navíos otomanos.

CRISTIANA Y UNIVERSAL

LAS GUERRAS DE RELIGIÓN EN EUROPA (1522–1648)

EN CONTEXTO

ENFOQUE
Guerra de religión

ANTES
1419–1434 Partidarios del catolicismo y seguidores del teólogo y reformador checo Jan Hus se enfrentan en las guerras husitas.

1517 Durante su estancia en la universidad de Wittenberg (Alemania), Martín Lutero desafía al catolicismo en sus *noventa y cinco tesis*, que inician la Reforma protestante.

DESPUÉS
1655 Carlos Manuel II, duque de Saboya, masacra a miles de valdenses, un grupo religioso considerado herético, en Piamonte, en el noroeste de Italia.

1685 El rey Luis XIV de Francia promulga el edicto de Fontainebleau, que suprime el derecho de los hugonotes a la libertad de culto.

Martín Lutero será en adelante tenido y estimado [...] como un miembro separado de la Iglesia de Dios, un cismático obstinado y hereje manifiesto.
Fragmento del edicto de Worms (1521)

Un caballero solitario rodeado y a punto de ser asesinado por una multitud furiosa que blande aperos de labranza durante la guerra de los campesinos alemanes, en una xilografía de 1539.

Durante la primera mitad del siglo XVI, reformadores religiosos como el monje alemán Martín Lutero y el teólogo francés Juan Calvino desafiaron las enseñanzas católicas tradicionales. Sus ideas confluyeron en el movimiento de la Reforma, dando lugar así a una nueva rama del cristianismo: el protestantismo. Pese a las diferencias existentes entre las distintas iglesias protestantes, todas rechazaban la autoridad del papa.

Las diferencias confesionales, o teológicas, tanto entre países como dentro de ellos, condujeron a una serie de largas y cruentas guerras y a la división religiosa de Europa occidental.

Estado contra Iglesia

Muchos soberanos europeos, descontentos con la influencia de la Iglesia católica, acogieron ideas reformistas que les daban más poder. Inglaterra, Dinamarca-Noruega y Suecia establecieron iglesias protestantes nacionales propias y con ello entraron en conflicto con los estados defensores del catolicismo.

La fe reformada halló muchos adeptos en Alemania, que entonces formaba parte del Sacro Imperio Romano Germánico, un mosaico de cientos de estados que abarcaba gran parte de Europa central y cuyos emperadores eran miembros de la casa de Habsburgo desde 1452.

El intento de los Habsburgo de ampliar su jurisdicción provocó tensiones con los gobernantes locales, y muchos aprovecharon la ocasión para crear iglesias estatales propias. Se les opuso el emperador del Sacro Imperio Romano Germánico, Carlos V (I de España), católico convencido y resuelto a hacer frente a todo desafío a su fe o su autoridad.

Guerras en Alemania

Las guerras de religión en Europa comenzaron con un conflicto a pequeña escala sofocado rápidamente, la revuelta de los Caballeros (1522–1523), un grupo partidario de la Reforma que intentó confiscar las tierras del arzobispo de Tréveris (Alemania).

La guerra de los campesinos alemanes (1524–1525) fue una rebelión de mayor alcance. Furiosos

Véase también: Reconquista de la península ibérica 110–111 ▪ Las guerras de Italia 120–121 ▪ La guerra de los Treinta Años 144–147 ▪ Las guerras civiles inglesas 148–149 ▪ Las guerras de Luis XIV 152–157

por sus condiciones socioeconómicas, cientos de miles de campesinos –algunos inspirados por el desafío a la autoridad que representaba la Reforma– se sublevaron. Su mala organización y falta de experiencia militar y de artillería facilitaron su derrota por los nobles y las ciudades alemanes.

En 1531, los príncipes luteranos del Sacro Imperio formaron una alianza de defensa mutua, la Liga de Esmalcalda. Carlos V, ocupado en la guerra contra otomanos y franceses, hizo concesiones religiosas a sus miembros. En 1546, creyendo que la actitud tolerante del emperador no duraría, la liga ocupó varias ciudades bajo control católico, entre ellas Füssen, en Baviera. Este ataque preventivo encendió la chispa de la primera guerra de Esmalcalda, que acabó al año siguiente al derrotar Carlos V al ejército de la liga en Mühlberg.

La segunda guerra de Esmalcalda estalló en 1552. Esta vez los príncipes protestantes contaban con el apoyo de Enrique II de Francia, que pese a ser católico esperaba adquirir territorios en la región de Lorena. Incapaz de derrotar a la liga, Carlos V tuvo que firmar en 1555 la paz de Augsburgo, que permitió a los soberanos locales del imperio elegir entre el catolicismo y el protestantismo como religión de estado.

El protestantismo rechaza la autoridad del papa y **cuestiona las enseñanzas católicas**.

La creciente división **entre protestantes y católicos** enciende pasiones feroces y **conduce al conflicto**.

Las guerras de religión suelen caracterizarse por episodios de intolerancia brutales.

Agotadas por **años de lucha**, las distintas facciones acuerdan **aceptar la fe de las demás**.

Guerras de religión en Francia

A mediados del siglo XVI, cerca de una décima parte de la población francesa, los llamados hugonotes, había adoptado la nueva fe reformada.

Después de la prematura muerte de Enrique II por accidente en un torneo en 1559, sus hijos –Francisco II (r. 1559–1560), Carlos IX (r. 1560–1574) y Enrique III (r. 1574–1589)– fueron gobernantes ineficaces e incapaces de mediar entre católicos y hugonotes.

Las guerras de religión francesas comenzaron el 1 de marzo de 1562, cuando el duque de Guisa, un poderoso noble católico, ordenó el asesinato de un grupo de hugonotes en Wassy, en el noreste de Francia. Esto causó una serie de nueve »

Carlos V

Nacido en 1500, hijo de Juana de Castilla y Felipe el Hermoso, de la casa de Habsburgo, Carlos heredó un reino que abarcaba España, gran parte de Italia, Austria, los Países Bajos y territorios en América.

En 1516 se convirtió en rey de España y en 1519 en emperador del Sacro Imperio. Considerándose el guardián de la fe católica frente a reformadores como Martín Lutero, pasó gran parte de su reinado en guerra contra sus enemigos. Luchó contra Francia por el control de Italia y Europa occidental, se enfrentó a los estados luteranos alemanes de la Liga de Esmalcalda y combatió contra el Imperio otomano en el Mediterráneo, el norte de África y Europa oriental.

En 1555, agotado después de décadas de guerra, firmó la paz de Augsburgo, que permitía a los gobernantes del Sacro Imperio elegir entre el catolicismo y el protestantismo. Al año siguiente abdicó y dividió sus dominios entre su hijo Felipe II de España y su hermano el emperador Fernando I. Murió en 1558 en el monasterio de Yuste.

conflictos que duraron hasta 1598, con un gran número de muertos. Las atrocidades fueron generalizadas; la más infame, la matanza de San Bartolomé, el 24 de agosto de 1572, se saldó con la muerte de miles de hugonotes en todo el país.

En 1589, un monje católico fanático asesinó a Enrique III, que no tenía hijos y al que sucedió su primo lejano Enrique IV, hugonote. Muchos católicos se negaron a aceptarlo como rey, incluso después de su conversión al catolicismo en 1593. Enrique tardó hasta 1598 en someter definitivamente a sus oponentes, antes de aprobar el edicto de Nantes, que concedió derechos religiosos a los hugonotes. Aunque Enrique restableció la paz y el orden en Francia, muchos católicos lo detestaban, y uno de ellos lo asesinó en 1610.

La noche de San Bartolomé, los católicos franceses iniciaron una matanza de hugonotes que duró varios días. Esta pintura del hugonote François Dubois representa el caos en París.

Rebelión de los Países Bajos

La más prolongada de las guerras de religión fue la rebelión de los Países Bajos, también llamada guerra de Flandes o de los Ochenta Años (1568–1648). En los Países Bajos, donde muchos habían adoptado creencias protestantes, gobernaba desde 1555 Felipe II de España, hijo de Carlos V y católico acérrimo. La hostilidad del monarca hacia los protestantes y su política tributaria generaron un gran resentimiento, y en agosto de 1566 estallaron motines durante los cuales se destruyeron imágenes católicas en iglesias de todo el territorio.

Los líderes de la revuelta fueron llamados a comparecer ante las autoridades católicas. Uno de ellos era Guillermo de Orange, un noble protestante que se negó y huyó del país. En 1568 formó un ejército para luchar contra los gobernantes españoles, pero fue derrotado. Un segundo intento en 1572 tuvo más éxito, y Leiden, Róterdam y otras ciudades holandesas se unieron a la lucha de Guillermo.

Las cosas empeoraron para España cuando la corona no pudo pagar a sus soldados. Esto provocó varios motines violentos, como el saqueo de Amberes de 1576, en el que murieron más de 10 000 civiles. Indignados por la brutal matanza, católicos y protestantes de los Países Bajos se unieron en su rebelión contra España, exigiendo la retirada de todas las tropas extranjeras.

Fue el general italiano Alejandro Farnesio, duque de Parma, quien impidió que los Países Bajos se separaran por completo de España.

Pronto lograremos una victoria famosa sobre estos enemigos de mi Dios, de mi reino y de mi pueblo.
Isabel I de Inglaterra
Discurso en Tilbury (1585)

A partir de 1578 reconquistó el sur (aproximadamente la actual Bélgica), pero no pudo sofocar la rebelión en el norte (la mayor parte de los actuales Países Bajos), que se declaró independiente en 1581. Los rebeldes siguieron desafiando a España incluso después del asesinato de Guillermo, en 1584, por un católico que buscaba la recompensa española por su cabeza y de la toma de Amberes por Farnesio en 1585.

La Armada Invencible

España también entró en conflicto con Inglaterra, entonces el país protestante más poderoso de Europa bajo Isabel I. Aunque los corsarios ingleses atacaban barcos españoles en el Atlántico y el Nuevo Mundo desde la década de 1560, la guerra abierta estalló en 1585, cuando Isabel I envió tropas para apoyar a los rebeldes holandeses.

La intervención inglesa en los Países Bajos fue en gran parte infructuosa, pero Felipe II estaba decidido a derrocar a la monarca inglesa. En 1588 envió una flota de 150 barcos, la Grande y Felicísima Armada (llamada Armada Invencible) para invadir Inglaterra. No tuvo la oportunidad de hacerlo. Cuando la armada fondeó frente a Calais, un ataque nocturno inglés con brulotes (barcos repletos de material inflamable a los que se prendía fuego y flotaban hacia el enemigo) dispersó a los barcos españoles. En los días siguientes, el mal tiempo y el acoso constante de los barcos ingleses, más maniobrables y con cañones más precisos y potentes, frustraron el plan de Felipe II.

Armadas posteriores enviadas entre 1596 y 1601 también fracasaron por el mal tiempo y una resistencia inglesa eficaz. La paz se firmó en 1604.

Las Provincias Unidas

Tras declarar su independencia en 1581 y constituirse en república en 1588, las Provincias Unidas de los Países Bajos siguieron luchando contra España bajo el hijo de Guillermo de Orange, Mauricio de Nassau. Inspirándose en el ejército romano, este convirtió el suyo en una fuerza bien entrenada y cohesionada, capaz de derrotar a los españoles en combate abierto.

Mauricio, también hábil en la guerra de asedio, logró una serie de victorias que ampliaron el territorio de la República de las Provincias Unidas. Al mismo tiempo, los neerlandeses construyeron una flota muy eficaz que logró victorias sobre los españoles y les ayudó a crear y proteger un lucrativo imperio comercial en Asia.

En 1609, ambos bandos, con dificultades para financiar la guerra, firmaron una tregua. Fue una humillación para España y una aceptación tácita de la independencia de las Provincias Unidas. La guerra se reanudó en 1621, pero no hubo avances decisivos. Por la paz de Münster de 1648, España reconoció formalmente la independencia de las Provincias Unidas.

Desde finales del siglo XVII, las diferencias religiosas entre católicos y protestantes siguieron provocando tensiones y desacuerdos, pero no volvieron a ser la causa principal de guerras entre estados. Sin embargo, las guerras de religión ya habían marcado el curso de la historia del continente. ■

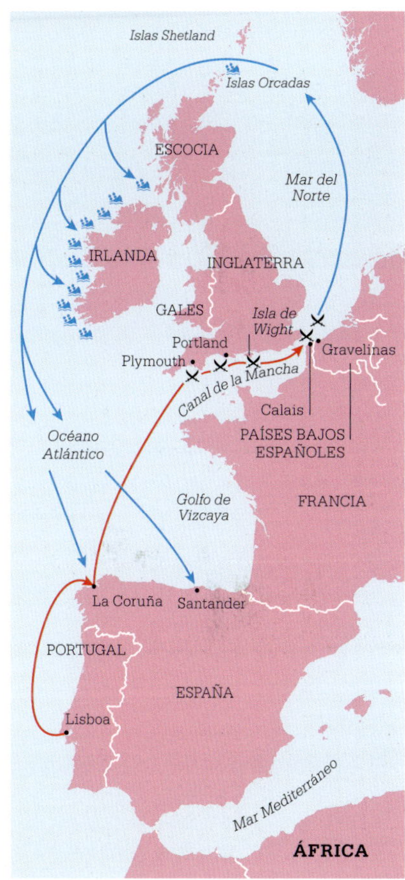

Clave
- Ruta de ida
- Ruta de vuelta
- Batalla principal
- Zona de naufragios

La armada española partió de Lisboa (Portugal) en julio de 1588. Fue avistada frente a las costas británicas, y las batallas de Calais y Gravelinas en Francia la debilitaron. Desviada de su rumbo, tuvo que circunnavegar las Islas Británicas. Muchos de sus navíos naufragaron, y menos de la mitad de los 150 barcos regresaron a España.

PAZ CON TODOS

CONQUISTAS DE LOS MOGOLES EN INDIA (1525–1707)

EN CONTEXTO

ENFOQUE
La tolerancia religiosa como política de estado

ANTES
1264 Boleslao el Piadoso promulga el estatuto de Kalisz, que concede a los judíos de Polonia libertades religiosas y económicas y los protege de la discriminación.

1492 El Imperio otomano del sultán Bayaceto II acoge a los musulmanes y judíos expulsados de España por los reyes Fernando e Isabel.

DESPUÉS
1773 Catalina la Grande de Rusia promulga el edicto de tolerancia religiosa que permite a los musulmanes construir mezquitas, peregrinar a La Meca y practicar su fe.

1948 El artículo 18 de la Declaración Universal de los Derechos Humanos de las Naciones Unidas establece que toda persona tiene libertad para practicar su religión o creencia.

En 1525, Baber, rey de los mogoles de la estepa y emir de Kabul, lanzó una invasión a gran escala del Punyab cuando los nobles locales le pidieron ayuda para derrocar a su soberano afgano, el sultán de Delhi Ibrahim Lodi.

Esta colorida miniatura mogol representa el caos de la batalla de Panipat de 1526 y la muerte del sultán Ibrahim, abandonado por sus generales en el campo de batalla.

Baber ya había revolucionado la guerra en el sur de Asia: armó a sus hombres con nuevas armas de fuego para complementar las habilidades tradicionales de la guerra en la estepa, basada en el tiro con arco.

En abril de 1526, en un llano cerca de la aldea de Panipat, al norte de Delhi, Baber dividió sus tropas en unidades formadas por divisiones menores, lo cual facilitaba el cambio de formación según lo exigiera la táctica. También ató 700 carros para proteger a la artillería tras terraplenes y trincheras.

Cuando los guerreros afganos de Ibrahim avanzaron, fueron blanco de los cañonazos de los hombres de Baber. El estruendo aterrorizó a los elefantes de los afganos, que aplastaron a muchos soldados de Ibrahim. Se cree que en la batalla perdieron la vida unos 20 000 afganos. Baber ya era el soberano del norte de India.

Construcción del imperio

Baber, musulmán suní, promovió la tolerancia religiosa y permitió a sus súbditos hindúes, chiíes y cristianos practicar su fe. Cuando su nieto, Akbar el Grande, ascendió al trono en 1556, llevó el pluralismo religioso aún más lejos al recibir re-

Véase también: El auge del islam 76–81 ▪ Las invasiones mongolas 96–101 ▪ Las conquistas de Tamerlán 105 ▪ El auge de los turcos otomanos 112–113

presentantes de distintas creencias para debatir e introdujo la política de tolerancia interconfesional llamada *sulh-e-kul* («paz con todos»).

Con la conquista de los rajputas, príncipes hindúes del noroeste, y posteriores trueques políticos, Akbar amplió sus territorios en el norte. A su muerte, en 1605, había extendido el Imperio mogol hacia el este hasta Bengala y Orissa (actual Odisha), y fijado la frontera meridional en el curso del río Godavari.

Un monarca debe tener siempre ánimo de conquista, no sea que sus vecinos se levanten en armas contra él.
Akbar el Grande

Expansión y caída

Los soberanos posteriores, Yahangir y Sah Yahan, consolidaron el territorio, pero el Imperio mogol alcanzó su apogeo bajo Aurangzeb (r. 1658–1707), cuyo reinado, sin embargo, estuvo plagado de disturbios y guerras continuas.

A diferencia de los anteriores soberanos mogoles, Aurangzeb era un musulmán estricto. Abandonó la tolerancia religiosa, aumentó los impuestos a los no musulmanes y destruyó templos hindúes. A su muerte dejó un imperio gravemente debilitado. En 1739, en la batalla de Karnal, el iraní Nadir Sah derrotó al ejército mogol y ordenó el saqueo de la capital, Delhi, en un último acto de humillación. ■

Baber permite la construcción de **templos hindúes** con permiso.

Akbar toma esposas hindúes y musulmanas. Halla **verdades espirituales** en el **islam**, el **hinduismo**, el **cristianismo** y el **budismo**.

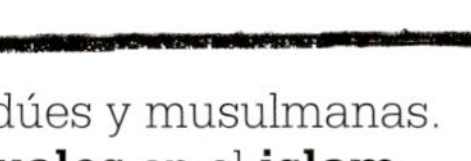

Yahangir restablece el islam ortodoxo como religión de estado, pero sigue promoviendo la tolerancia religiosa.

Aurangzeb pone fin a la tolerancia religiosa. **Impone la *sharía*** en todo el imperio, **impuestos para los no musulmanes** y **hace demoler santuarios hindúes**.

Baber

Baber, fundador de la dinastía mogol y el primer emperador musulmán de India, nació en 1483 en Andiyán (en el actual Uzbekistán). Entre sus antepasados se contaban Gengis Kan, el primer conquistador mongol, y el guerrero turco Tamerlán.

Tenía 14 años cuando tomó por primera vez Samarcanda, la antigua capital mongola fundada por Tamerlán. Volvió a tomarla en 1501, pero se la arrebató el uzbeko Muhammad Shaybani en 1503.

Tras conquistar Kabul en 1504 llevó a cabo una serie de incursiones en India, campaña que terminó con la derrota del sultán de Delhi, Ibrahim Lodi, en 1526.

El don para la poesía y el amor por la naturaleza complementaban la excelencia militar de Baber, que construía jardines dondequiera que iba.

En 1530, su hijo Humayun, que demostraría ser un gobernante débil, enfermó de muerte. Se cuenta que Baber rezó por la vida de Humayun y ofreció la suya a cambio. Humayun se recuperó, pero Baber murió el mismo año.

UN EJÉRCITO COMO UN BOSQUE ESPESO Y AGUA QUE FLUYE

LA FUNDACIÓN DE LA CHINA MANCHÚ (1616–1685)

EN CONTEXTO

ENFOQUE
La frontera norte de China

ANTES
1115 Wanyan Aguda, líder de las tribus yurchen del noreste de China, funda la primera dinastía Jin. Pronto gobierna una amplia franja del norte de China.

1234 Los mongoles de Gengis Kan derrocan a la dinastía Jin.

1583 Un ejército ming enviado para sofocar disturbios mata a más de 2000 personas en una aldea yurchen.

DESPUÉS
1696 Bajo el emperador Kangxi Sun Sike, las fuerzas de los Qing ganan la batalla de Jao Modo y completan así la conquista de Mongolia.

1912 El emperador Qing abdica a raíz de la Revolución china.

La dinastía Ming, dueña de China desde 1368, llevaba siglos sufriendo incursiones en su frontera septentrional. Oleadas de jinetes nómadas llegaban regularmente del norte a saquear el campo. Los manchúes representaban una amenaza más grave: no eran nómadas –sus antepasados, las tribus yurchen, eran agricultores sedentarios y cazadores-recolectores–, pero se entrenaban para luchar con arco a caballo, como los mongoles. Una serie de incursiones y avances relativamente menores acabaron siendo una invasión en toda regla.

La nación de Nurhaci

Los manchúes empezaron a plantear problemas a los Ming bajo el liderazgo de Nurhaci, que forjó una nación a partir de una agrupación

Véase también: Orígenes del Imperio chino 44–47 ▪ El Imperio Han 48–49 ▪ Las migraciones bárbaras: el imperio amenazado 58–65 ▪ Las invasiones mongolas 96–101 ▪ China en crisis 230–231 ▪ La segunda guerra chino-japonesa 264–265

Nurhaci fundó un estado manchú y después pasó a conquistar China, proyecto que no se completó hasta muchos años después de su muerte.

de pueblos unidos en las ocho banderas, divisiones militares y administrativas en las que se encuadraban todas las familias manchúes. En la década de 1590, Nurhaci sometió a las tribus vecinas Yehe y Hata, y en 1616 se proclamó emperador de una nueva dinastía Jin. Dos años después proclamó sus siete quejas contra la China de los Ming, que incluían las acusaciones de haber matado a su padre y a su abuelo, y violado varios acuerdos territoriales.

Nacimiento de los Qing

El hijo de Nurhaci, Hong Taiji, que sucedió a su padre en 1626, se proclamó primer emperador de la dinastía Qing en 1636. Ya había dirigido un ejército contra Corea, en represalia por el apoyo de esta a los Ming, en 1627, y también se dedicó a reforzar la artillería de su ejército. Sin embargo, la vasta y poderosa China de los Ming no veía a los manchúes como una gran amenaza y hasta pensaba en ellos como posibles aliados.

En 1644, cuando los campesinos rebeldes de la provincia de Shaanxi, al noroeste de China, azotada por el hambre, derrocaron al emperador Ming, algunos miembros de la dinastía desesperados pidieron a los manchúes que fueran a restaurar el orden. Las tropas de la nueva dinastía Shun, creada por los campesinos rebeldes y recién instalada en Pekín, intentaron detenerlos en el paso de Shanhai, en el noreste de China, donde había una brecha en la Gran Muralla. Los manchúes, dirigidos desde la muerte de Hong Taiji el año anterior por Dorgon, otro hijo de Nurhaci, se impusieron y arrebataron Pekín a los Shun.

Soberanos vengativos

Cuando los manchúes ocuparon la ciudad oriental de Yangzhou en 1645, masacraron a 300 000 personas y en una sola región de la provincia de Shandong decapitaron a más de 16 000 en un mes. Tales atrocidades eran una advertencia contra la resistencia, y también impusieron sus costumbres a la población. Los hombres y niños chinos, por ejemplo, debían llevar el pelo al estilo tradicional manchú, rapado por encima de la frente pero con una larga trenza por detrás.

En 1685, cuando completaron la conquista, los manchúes habían matado a unos 25 millones de personas. Sin embargo, pese a su nacimiento violento, la dinastía Qing iba a gobernar China hasta 1912. ▪

La Gran Muralla

Las incursiones nómadas en la frontera norte eran tan antiguas como la propia China, al igual que los intentos de impedirlas con fortificaciones de tierra. El primer emperador de China, Qin Shi Huang, construyó una especie de gran muralla en el año 214 a. C., restaurada y reforzada intermitentemente desde entonces.

Entre los siglos XIV y XVII, la dinastía Ming reconstruyó unos 6250 km de muralla con mampostería y ladrillo de calidad en lugar de tierra apisonada y escombros, y añadió más de 25 000 torres de vigilancia rectangulares. (Los tramos más famosos de la Gran Muralla datan de esta época). Allí donde la naturaleza del terreno impedía este tipo de construcción, los obreros cavaron zanjas defensivas, más de 300 km en total. El lento avance de la invasión manchú durante los primeros años fue una clara demostración de la eficacia de la Gran Muralla.

Las secciones mejor conservadas de la muralla miden 7–8 m de alto y 6,5 m de ancho en la base, con torres de señales a intervalos regulares.

PREDOMINABAN EL MIEDO, EL TEMBLOR Y EL PAVOR

LA GUERRA DE LOS TREINTA AÑOS (1618–1648)

EN CONTEXTO

ENFOQUE
¿Guerras justas?

ANTES
Siglo IV a. C. Aristóteles sostiene que la guerra debe ser solo un último recurso.

Siglo V a. C. San Agustín, teólogo bereber romano, plantea la teoría cristiana de la guerra justa.

Finales del siglo XIII Santo Tomás de Aquino intenta definir la guerra justa.

DESPUÉS
1864–1949 Se firman cuatro Convenciones de Ginebra que definen las normas de la guerra según el derecho internacional.

1899, 1907 Las Conferencias de La Haya establecen definiciones formales de los crímenes de guerra.

1998 El Estatuto de Roma establece el Tribunal Penal Internacional.

En la guerra de los Treinta Años, uno de los conflictos más largos y sangrientos de la historia europea, murieron hasta ocho millones de personas, la mayoría civiles. La magnitud de la destrucción suscitó debates sobre cómo justificar la guerra y cómo regularla. La carnicería también puso en tela de juicio el concepto de «guerra justa».

A principios del siglo XVII, el Sacro Imperio Romano Germánico era un conjunto de cientos de estados, la mayoría en la actual Alemania. En teoría, su señor era el sacro emperador romano, pero los estados integrantes, sobre todo los mayores,

Véase también: Las guerras de Italia 120–121 ▪ Las guerras de religión en Europa 134–139 ▪ Las guerras civiles inglesas 148–149 ▪ Las guerras de Luis XIV 152–157 ▪ La Gran Guerra del Norte 158 ▪ La guerra de Sucesión austriaca 159

Los nubarrones se adensan en el cielo alemán; surgen envidias y descontentos entre los católicos y los [...] luteranos.

Relato de la situación en Alemania (*c.* 1618)

tenían de hecho un alto grado de independencia. Desde 1555, los gobernantes locales podían elegir entre el luteranismo y el catolicismo como religión estatal.

Estalla la guerra

Los estados recelaban unos de otros, y se formaron alianzas rivales protestantes y católicas. La rama austriaca de la dinastía católica de Habsburgo gobernaba el imperio, que comprendía Austria y Bohemia (actual República Checa), y muchos de sus estados tenían un número importante de súbditos protestantes. A las tensiones entre los emperadores Habsburgo y las poblaciones protestantes subyacía también la rivalidad territorial y comercial entre estados.

El 23 de mayo de 1618, unos nobles protestantes bohemios –que querían garantías de libertad religiosa– arrojaron a unos representantes de los Habsburgo por una ventana del castillo de Praga. Este suceso, llamado defenestración de Praga, inició la revuelta bohemia (1618–1620), el primer episodio de una larga guerra.

Los rebeldes ofrecieron la corona de Bohemia a Federico V, príncipe-elector protestante del Palatinado, en Alemania occidental. El emperador Fernando II de Habsburgo vio en ello una amenaza a su autoridad y envió al ejército imperial contra Federico, al que derrotó en la batalla de la Montaña Blanca, cerca de Praga, en 1620. Federico huyó, la batalla no resolvió nada, y de la revuelta se pasó a la guerra civil dentro del imperio. Mientras la guerra se extendía, los protagonistas, católicos o protestantes, argumentaban que era justa porque tenían a Dios de su parte.

Las batallas de la guerra de los Treinta Años las libraron principalmente fuerzas de infantería armadas con picas y mosquetes, apoyadas por caballería y artillería. Otra práctica común fue el empleo de mercenarios, que eran profesionales cualificados, pero cuya lealtad duraba solo hasta el siguiente pago. Si no cobraban solían amotinarse, abandonaban el ejército para el que habían sido contratados y como entonces tenían que procurarse su propia comida y alojamiento, saqueaban a la población local.

Acompañaban a los ejércitos miles de parientes, sirvientes y personal de apoyo cuya presencia a menudo ponía a prueba la logística de los suministros. De nuevo, si estos escaseaban, los generales permitían a sus hombres aprovisionarse a costa de la población local. Fue una rutina que los soldados extorsionaran a los civiles del territorio que ocupaban. Todo el que se resistiera era asesinado, pero también quienes no lo hacían eran a menudo víctimas de violaciones o expulsados de su hogar.

Un conflicto de mayor ámbito

La revuelta bohemia desencadenó un conflicto más amplio, pues los protestantes de otros estados del Imperio –como Silesia y Moravia– se alzaron en armas por el derecho a practicar su fe. Fernando respondió con las armas y logró una serie de »

Los regentes imperiales Wilhelm Slavata y Jaroslav Martinic, junto con su secretario, sobreviven tras ser arrojados por una ventana del castillo de Praga, pero este suceso desencadenará la guerra.

Batallas importantes de la guerra de los Treinta Años

Nov. 1620: El ejército hispano-imperial derrota a los rebeldes bohemios en la batalla de la Montaña Blanca.

Ago. 1623: Las fuerzas imperiales vencen al Electorado del Palatinado en la batalla de Stadtlohn, en Münster.

Sep. 1628: Las fuerzas imperiales vencen a los daneses en la batalla de Wolgast, en Pomerania, y ponen fin a su intervención.

Sep. 1631: Gustavo Adolfo de Suecia derrota al ejército imperial en la primera batalla de Breitenfeld (Sajonia).

Nov. 1632: Gustavo II Adolfo muere mientras lleva a Suecia a la victoria en la batalla de Lützen (Sajonia).

Nov. 1642: Suecia derrota a las fuerzas imperiales en la segunda batalla de Breitenfeld.

Mayo 1643: Francia vence a España en la batalla de Rocroi (Francia).

Ago. 1645: Francia derrota a un ejército bávaro-imperial en la segunda batalla de Nördlingen (Baviera).

victorias con el apoyo de España. También contrató al general mercenario Albrecht von Wallenstein. El temor al ascenso regional de los Habsburgo llevó a la Dinamarca protestante a unirse a la guerra en 1625, invadiendo el norte de Alemania; se retiró cuatro años después, tras una serie de derrotas. Sin embargo, los estados protestantes siguieron resistiendo a los Habsburgo y pronto recibieron a un nuevo y más poderoso aliado, el rey sueco Gustavo II Adolfo, que invadió Alemania en junio de 1630.

La intervención sueca

Muchos protestantes vieron en el rey sueco un salvador, pero su verdadera intención era extender su influencia en el Báltico. Había reforzado el poder militar de Suecia introduciendo el servicio militar obligatorio en todo el país y creando un ejército regular bien entrenado. Invirtió en artillería móvil y ligera, y aumentó su potencia de fuego con una mayor proporción de mosqueteros respecto a los piqueros de la infantería. En 1631 firmó un tratado con Francia, que le dio apoyo financiero. Francia era católica, pero quería evitar que los Habsburgo se volvieran demasiado poderosos.

En mayo de 1631, otro acontecimiento galvanizó la causa protestante: tras cinco días de asedio, el ejército imperial saqueó Magdeburgo (Alemania), de mayoría protestante, y la incendió hasta los cimientos. Los líderes protestantes juraron vengarse, y la espiral de violencia se hizo cada vez más destructiva. En los años siguientes, hasta los soldados que se rendían eran asesinados y se saquearon ciudades con regularidad. Después de Magdeburgo, los beligerantes dieron por justificada la violencia contra todo aquel que profesara otra fe como actos de justa venganza.

La destrucción de Magdeburgo fue el peor lance de la guerra de los Treinta Años. Los soldados imperiales mataron al menos a 20000 de sus habitantes en un solo día.

Hugo Grocio

El abogado y filósofo neerlandés Hugo de Groot, nacido en Delft en 1583, tuvo un papel clave en el desarrollo del derecho internacional. Publicó *De la libertad de los mares* en 1609, donde defendía que todos los países debían poder utilizar los océanos libremente para el comercio. En 1625 escribió *Sobre el derecho de la guerra y la paz*, donde sugería que la guerra estaba justificada en determinadas circunstancias. Sin embargo, también propuso que los países acordaran un conjunto de leyes que rigieran su comportamiento durante los conflictos y que se aplicarían a todas las personas, independientemente de su religión. También defendía que las guerras solo debían librarse en defensa de los estados y no simplemente para conquistar, e incluso en ese caso, cualquier reacción militar debía ser proporcional al ataque inicial.

Grocio vivió muchos años en París y en 1634 fue nombrado embajador de Suecia en Francia. Murió en 1645, tras naufragar después de una visita a la capital sueca, Estocolmo.

Con el apoyo de estados protestantes alemanes poderosos como Sajonia y Brandeburgo, Gustavo II Adolfo pasó a la ofensiva. En septiembre de 1631 obtuvo en la batalla de Breitenfeld la primera gran victoria protestante de la guerra. Pese a su muerte al año siguiente mientras lideraba otra victoria en la batalla de Lützen, la ofensiva sueca continuó hasta adentrarse en el sur de Alemania.

Mientras, Wallenstein comenzó a hacer propuestas de paz, lo cual enfureció a Fernando, que lo hizo asesinar en 1634. Esto privaba al emperador de su mejor general y lo hacía aún más dependiente del apoyo español. Sin embargo, al principio las fuerzas conjuntas imperiales y españolas hicieron retroceder a los suecos hasta el norte de Alemania.

En 1635, la guerra dio un nuevo giro al declarar Francia la guerra a España e invadir Alemania occidental. Bajo presión, Fernando acordó la paz de Praga con Sajonia, que abandonó su alianza con Suecia y formó un ejército imperial católico-protestante unido a cambio de concesiones religiosas. Otros estados protestantes se avinieron, pero las fuerzas suecas seguían en Alemania. La guerra se extendió a Flandes y el norte de Francia, pero ninguno de los bandos pudo asestar un golpe decisivo.

La paz de Westfalia

En 1637 murió Fernando y le sucedió su hijo, Fernando III, que en 1644 inició las negociaciones de paz, consciente quizá de que había poco que ganar con la continuación de la guerra. Esta acabó en 1648 al firmar 109 estados la paz de Westfalia. Según los términos del tratado se concedía a los estados del Sacro Imperio Romano Germánico autonomía interna y a sus pueblos el derecho a elegir entre catolicismo, luteranismo y calvinismo. A Francia y Suecia se les concedieron territorios. El imperio estaba al fin en paz, pero Francia y España siguieron luchando hasta 1659.

Ya he pasado por muchos peligros y visto derramar mucha sangre, y he salido de todo con bien hasta ahora.

Gustavo II Adolfo

Discurso al partir de Suecia (1630)

¿Normas para la guerra?

La guerra de los Treinta Años había arrasado grandes áreas de Europa central. Miles de aldeas y ciudades yacían en ruinas. Los desplazamientos de soldados y refugiados habían propagado enfermedades como el tifus y la peste, más mortíferas aún que los combates. Sin poder cosechar y con las granjas saqueadas, muchos murieron de hambre.

La magnitud de la mortandad y la destrucción llevó a algunos a cuestionar el concepto de guerra justa. Eruditos y juristas como Hugo Grocio propusieron regular mejor la guerra para mitigar sus efectos sobre los no combatientes. Sobre el papel, las normas establecidas por las convenciones de Ginebra y La Haya de los siglos XIX y XX contribuyeron a regular los conflictos para proteger a los civiles. Aún así, los no combatientes continúan siendo la mayoría de las víctimas de la guerra. ■

SOY EL MÁRTIR DEL PUEBLO

LAS GUERRAS CIVILES INGLESAS (1639–1653)

EN CONTEXTO

ENFOQUE
El rey contra el Parlamento

ANTES
1625 Carlos I se convierte en rey de Inglaterra, Gales, Irlanda y Escocia.

1628 El Parlamento aprueba la Petición de Derechos, que cuestiona el derecho de la corona a recaudar impuestos sin su consentimiento, encarcelar sin el debido proceso, acuartelar soldados e imponer la ley marcial en tiempo de paz.

1629 Comienza el «gobierno personal» de Carlos I, que trata de gobernar sin el Parlamento.

DESPUÉS
1658 Muere Oliver Cromwell y su hijo Richard le sucede como Lord Protector.

1660 Se restaura la monarquía, con Carlos II.

1689 El Parlamento aprueba la Declaración de Derechos, que limita los poderes de la monarquía.

A mediados del siglo XVII, una serie de guerras civiles asolaron Gran Bretaña e Irlanda y culminaron con la abolición de la monarquía, sustituida por una república.

Las guerras civiles inglesas se debieron a la ambición de Carlos I de ser un monarca absoluto por derecho divino. Su imposición de reformas religiosas en Escocia fue el detonante: en 1639, sus opositores –los *covenanters*– se rebelaron. Tras algunas escaramuzas, Carlos firmó la paz y accedió a no interferir en los asuntos religiosos escoceses. Luego, en 1641, los católicos de Irlanda se rebelaron y formaron la Confederación Católica Irlandesa, que luchó por el control de Irlanda contra el gobierno de Londres, dominado por protestantes.

Dios ha puesto la espada en manos del Parlamento, para terror de los malhechores.
Oliver Cromwell
Carta al Parlamento (1645)

Guerra y ejecución

Sin fondos para luchar contra tales rebeliones, Carlos tuvo que convocar al Parlamento en 1640 por primera vez en once años. El Parlamento no estaba dispuesto a aprobar nuevos impuestos hasta que atendiera sus quejas. La tensión creció, y, en agosto de 1642, el rey reclutó un ejército –aparentemente para reprimir una rebelión irlandesa– contra la voluntad del Parlamento, que temía que se usara en su contra. Esto desencadenó la primera Guerra Civil inglesa.

El Parlamento formó una alianza con los *covenanters* y en febrero de 1645 se impuso tras crear el Nuevo Ejército Modelo (New Model Army, NMA), profesional y meritocrático, con soldados muy motivados y bien adiestrados.

En 1646, ante la inminente derrota, Carlos se rindió a las fuerzas de los *covenanters*, que lo entregaron al Parlamento. La mayoría de los parlamentarios esperaba que aceptara alguna forma de monarquía constitucional. Sin embargo, en diciembre de 1647 Carlos firmó un tratado con algunos *covenanters*,

Véase también: Las guerras de religión en Europa 134–139 ▪ La guerra de los Treinta Años 144–147 ▪ La guerra en América del Norte 150–151 ▪ La guerra de la Independencia de EE. UU. 172–177 ▪ La guerra de Secesión de EE. UU. 214–221

Un ayudante hace girar al caballo de Carlos I y confunde a sus tropas en la batalla final de la primera Guerra Civil inglesa (Naseby, 1645). El Nuevo Ejército Modelo se impuso en gran parte por su disciplina.

prometiendo apoyar sus reformas religiosas si invadían Inglaterra para restaurarle como rey. Esta alianza desencadenó la segunda Guerra Civil inglesa, de febrero a agosto de 1648, en la que el NMA derrotó a los escoceses y dispersó los levantamientos realistas.

La devastación de las dos guerras y la duplicidad de Carlos llevaron a muchos –entre ellos el comandante de caballería del NMA Oliver Cromwell– a exigir un cambio radical. En diciembre de 1648, el Parlamento juzgó por traición a Carlos I, que fue declarado culpable y ejecutado en enero. Inglaterra se declaró una república, llamada Commonwealth.

Cromwell triunfante

La ejecución del rey movió a Escocia e Irlanda a unirse contra el Parlamento inglés y reconocer como rey al hijo de Carlos, Carlos II. Cromwell fue encargado de derrotarlas. Su ejército desembarcó en Irlanda en agosto de 1649 y, durante los cuatro años siguientes, derrotó a los confederados irlandeses y sus aliados realistas. La conquista fue brutal y sangrienta, y con las enfermedades y el hambre, mató a más de 200 000 civiles. En 1650, Cromwell volvió a Inglaterra para acabar con sus restantes enemigos. En diciembre de 1653, Cromwell tomó el poder, disolvió el Parlamento e impuso una nueva constitución que creaba un Parlamento unificado para Inglaterra, Gales, Escocia e Irlanda. Cromwell fue nombrado Lord Protector, y sus amplios poderes ejecutivos superaron incluso a los de Carlos I. ▪

Oliver Cromwell

Nacido en Huntingdon (Inglaterra) en 1599 y educado en la Universidad de Cambridge, Cromwell se convirtió en miembro del Parlamento en 1628. Contrario a las políticas de Carlos I, fue una figura oscura hasta la primera Guerra Civil inglesa.

Pese a su escasa experiencia militar, Cromwell brilló al frente de la caballería. Al formarse el Nuevo Ejército Modelo en 1645, fue nombrado comandante de caballería e intervino en la derrota de los realistas. También tuvo un papel clave en el juicio de Carlos y en el establecimiento de una Commonwealth republicana. De 1649 a 1650 dirigió la invasión parlamentaria de Irlanda y posteriormente, en 1650–1651, derrotó a los realistas escoceses. En 1653, el título de Lord Protector de la Commonwealth le otorgó grandes poderes vitalicios. Luego, tras negociar el fin de la primera guerra anglo-neerlandesa, entró en guerra con España, conflicto que llevó a Inglaterra a adquirir varias colonias caribeñas. En 1657, el Parlamento sugirió a Cromwell que se coronara rey, pero él se negó. Murió al año siguiente.

NADA TENEMOS QUE PERDER SALVO LA VIDA

LA GUERRA EN AMÉRICA DEL NORTE (*c.* 1610–DÉCADA DE 1680)

EN CONTEXTO

ENFOQUE
Pueblos indígenas y colonos europeos

ANTES
1565 Los españoles establecen en San Agustín (Florida) el primer asentamiento europeo duradero en América del Norte.

1598 Se funda un asentamiento español en Santa Fe, en el actual Nuevo México.

1607 Colonos ingleses fundan el asentamiento de Jamestown, en la colonia de Virginia.

DESPUÉS
1696 Los indígenas se alzan contra los colonizadores españoles. En la segunda rebelión de los pueblo mueren al menos 21 colonos y cinco misioneros.

1837 En la rebelión de Chimayó, colonos pobres colaboran con los pueblo para deponer a Albino Pérez, gobernador de Nuevo México nombrado por el gobierno mexicano.

En América del Norte, el siglo XVII estuvo marcado por sucesivos conflictos a pequeña escala entre comunidades indígenas y colonos europeos. Al principio, los indígenas carecían de armas de fuego, pero compensaron la desventaja con sus armas de mano hábilmente elaboradas y su conocimiento de las tácticas de guerrilla.

El *werowance*, o jefe, de este dibujo del siglo XVI está ataviado para una reunión solemne, con plumas en el pelo, un collar de cuentas y el cuerpo pintado.

Hubo numerosas bajas en ambos bandos, pero los colonos se impusieron y se sirvieron de los actos de resistencia de los pueblos indígenas para justificar crueles represalias y la imposición de tratados abusivos.

Expansión y reacción

Al principio, el pueblo powhatan de la costa de Virginia mantuvo buenas relaciones comerciales con sus nuevos vecinos ingleses, pero las relaciones se volvieron tensas al exigir los colonos más tierras.

En 1609, Wahunsecanah, conocido como Jefe Powhatan, sitió el asentamiento de Jamestown. Los ingleses sobrevivieron a este periodo, llamado «época del hambre», y se vengaron incendiando poblados y matando a mujeres y niños, tácticas de terror usadas anteriormente para reprimir los disturbios coloniales en Irlanda. También tomaron como rehén a Pocahontas, hija de Powhatan.

Durante su cautiverio, Pocahontas se convirtió al cristianismo y

Véase también: La conquista europea de América 122–125 ▪ Guerra en el norte de África 126–127 ▪ La guerra franco-india 160–161 ▪ La guerra de la Independencia de EE. UU. 172–177 ▪ Las guerras de la independencia hispanoamericana 200–203

se casó con un granjero inglés. Su unión propició un periodo de paz entre colonos e indígenas, pero esto estimuló el crecimiento de la colonia inglesa. Llegaron más inmigrantes en busca de nuevas tierras para el cultivo intensivo del tabaco, lo que agotó el suelo e incitó a los colonos a hacerse con más tierras de los powhatan.

En 1622, Opechancanough, hermano de Powhatan, lanzó ataques sorpresa contra los asentamientos periféricos. Los asaltantes, que llevaban carne y fruta como si fueran a comerciar, fueron recibidos por los colonos en sus casas, donde atacaron a sus anfitriones. Murieron 347 hombres, mujeres y niños. En revancha, los colonos, inferiores en número, invitaron a los líderes powhatan a una reunión y les sirvieron vino envenenado antes de abrir fuego y matar hasta 200 en total.

Las buenas relaciones con los indígenas contribuyen al **éxito** de las **nuevas colonias**.

El comercio con los colonos europeos **beneficia** al principio a las comunidades indígenas **próximas**.

Unas prácticas agrícolas **abusivas** y la llegada de más **colonos** fomentan una mayor demanda de tierras.

La tensión aumenta y el conflicto acaba por estallar.

Masacres y explotación

Cuanto más crecían los asentamientos europeos, más marginadas quedaban las comunidades indígenas y más difícil les era negociar en igualdad de condiciones. Esto se convirtió pronto en la norma. En 1637, una milicia inglesa masacró a los pequot en Mystic (Connecticut) y tras la guerra del Rey Felipe (1675–1678), los colonos de Nueva Inglaterra exterminaron a los wampanoag de Massachusetts.

Rey Felipe era el apodo que dieron los ingleses al jefe wampanoag Metacom. Este había buscado la coexistencia pacífica con los colonos, pero al demostrarse esta imposible, lideró un levantamiento con otras tribus locales, como los narragansett y los nipmuc. Durante casi tres años se alternaron incursiones rebeldes y represalias inglesas, con el resultado de la muerte de más de 3000 indígenas y hasta 2000 colonos.

Además de explotadas, las comunidades indígenas se veían culturalmente excluidas. Se cree que la imposición del catolicismo y la supresión de rituales y creencias ancestrales desencadenaron la rebelión de los pueblo de 1680 contra sus ocupantes españoles en Santa Fe de Nuevo México. ■

Hermanos, debemos ser uno como lo son los ingleses, o seremos destruidos [...] decidíos a actuar como hombres.

Miantonomoh

Jefe narragansett (1642)

Usos de guerra indígenas

Muchos pueblos indígenas eran maestros de la guerra de guerrillas. A ojos de las tropas europeas parecían una chusma desorganizada, pero eran disciplinados, y sus formaciones, fluidas. Cuando se les hostigaba, sencillamente se dispersaban y volvían desde una dirección distinta. Eran muy hábiles con el arco y las flechas, y en la lucha cuerpo a cuerpo, con el *tomahawk*, que usaban como arma de mano o lanzaban con gran precisión.

También abundan las noticias sobre la costumbre del escalpelamiento (cortar cabelleras), para lo cual los guerreros al parecer llevaban cuchillos especialmente afilados. El viajero británico Jonathan Carver describió esta práctica en sus diarios del siglo XVIII. El guerrero vencedor ponía un pie sobre el cuello de su prisionero muerto o moribundo, le agarraba el cabello y lo retorcía con una mano para tirar del cuero cabelludo, que luego retiraba «con unos cortes diestros».

MANTENED EL MAYOR NÚMERO DE TROPAS POSIBLE

LAS GUERRAS DE LUIS XIV (1661–1714)

EN CONTEXTO

ENFOQUE
El ejército regular

ANTES
***C.* 359–336 a.C.** Filipo II de Macedonia reforma su ejército y lo convierte en una fuerza a tiempo completo, profesional y bien entrenada.

***C.* 221 a.C.** Gracias a un ejército regular, la dinastía Qin se impone en China.

1447 Carlos VII crea las *compagnies d'ordonnance*, que al combinarse forman el primer ejército regular de Francia.

DESPUÉS
1804 Napoleón crea la *Grande Armée*, que cuenta con más de 600 000 soldados.

1914 Al inicio de la Gran Guerra, el ejército francés tiene 1,3 millones de soldados.

1927 China funda el Ejército Rojo. Luego llamado Ejército Popular de Liberación, hoy es el mayor ejército regular.

Durante sus 72 años de reinado, Luis XIV hizo de Francia la mayor potencia de Europa. Creó un vasto ejército regular para sus guerras expansionistas y luchó a menudo contra varios grandes estados a la vez.

Luis se convirtió en rey en 1643, a la edad de cuatro años. Su madre, Ana de Austria, que ejerció como regente hasta su mayoría de edad, nombró ministro principal al poderoso cardenal Mazarino, cuyo empeño en ampliar la autoridad real indignó a muchos, en particular a la aristocracia. Esto llevó al estallido en 1648 de la Fronda, una serie de insurrecciones no sofocadas por completo hasta 1653.

La Fronda hizo que el joven Luis decidiera no volver a ver cuestionada su autoridad. Tras la muerte de Mazarino en 1661, asumió personalmente el gobierno de Francia, prescindiendo de un ministro principal. Su intención era gobernar como un monarca absoluto.

Modernizar el ejército

Al principio de su gobierno personal, Luis podía reunir un ejército de unos 70 000 hombres, una fuerza considerable para la época, pero insuficiente para sus ambiciones territoriales. Y había otros problemas: el ejército solo tenía un pequeño núcleo de tropas regulares, siendo el resto milicias a tiempo parcial y mercenarios, y los ascensos de la oficialidad se basaban más en el abolengo que en el mérito.

El rey había heredado de Mazarino un secretario de guerra muy eficaz, Michel Le Tellier, que desempeñó un papel decisivo en la reforma del ejército. A este le sucedió en 1666 su hijo, el marqués de Louvois, que siguió mejorando la calidad y la disciplina de las tropas. Louvois se

Un rey nunca debe avergonzarse de buscar la fama, pues es un bien que debe desearse incesante y ávidamente.
Luis XIV

Sébastien Le Prestre, marqués de Vauban

El gran ingeniero militar Sébastien Le Prestre de Vauban nació en una familia de la pequeña nobleza francesa en 1633. Su servicio a la corona comenzó en 1655, al ser nombrado ingeniero real.

Tras la guerra franco-española (1635–1659), planificó y supervisó la construcción de fortificaciones en los nuevos territorios franceses. Con el tiempo, estas formaron el llamado cinturón de hierro, un sistema formidable de fortalezas, ciudadelas y baterías.

Durante la guerra franco-neerlandesa (1672–1678) dirigió la toma francesa de Maastricht. En esta ocasión introdujo el uso de tres líneas de trincheras paralelas a las fortificaciones de la ciudad conectadas por trincheras de comunicación perpendiculares a ellas, lo que permitía a las tropas francesas sitiadoras acercarse a la ciudad con seguridad. Esta táctica siguió usándose hasta el siglo XX.

En la guerra de los Nueve Años (1688–1697) dirigió la toma de Namur, Valenciennes y Ath. Se retiró del servicio militar activo en 1703 y murió en París cuatro años después.

Véase también: La guerra de los Cien Años 106–109 ▪ Las guerras de Italia 120–121 ▪ Las guerras de religión en Europa 134–139 ▪ La guerra de los Treinta Años 144–147 ▪ La guerra de Sucesión austriaca 159 ▪ La guerra de los Siete Años 162–165

aseguró de que el criterio para nombrar oficiales fuera la competencia e insistió en reclutar menores de 40 años, en buena forma física y dispuestos a alistarse durante al menos cuatro años. El símbolo del ejército reformado fueron los granaderos, infantería de élite entrenada para cargar y arrojar granadas de mano.

Luis contaba también con el marqués de Vauban, el mejor ingeniero militar de su tiempo, que diseñó el sistema francés de defensas fronterizas. Todas estas reformas militares fueron posibles gracias a un estado burocrático fuerte dirigido por el ministro de Hacienda Jean-Baptiste Colbert, que se dedicó a mejorar la economía y asegurar ingresos fiscales regulares.

Reformas militares en Europa

Otros países europeos también reformaron su ejército. A mediados del siglo XVII, Suecia tenía ya un ejército regular, aunque mucho menor que el francés, y España podía desplegar unos 300 000 hombres, no sin dificultades para pagarlos y abastecerlos.

Luis XIV aparece en este retrato de 1754, obra de un pintor desconocido, con armadura, encajes y plumas, en alusión a las ambiciones de conquista y los gustos refinados del rey de Francia.

También los ingleses se esforzaron por conseguir una burocracia más eficaz y un sistema fiscal más sólido, que se utilizó sobre todo para financiar la Marina Real, mientras que el ejército siguió siendo comparativamente pequeño. Austria, Prusia y Rusia modernizaron su ejército a partir de mediados del siglo XVII, pero los frutos de estas reformas no fueron plenamente evidentes hasta principios del siglo siguiente.

Primeras guerras

Luis XIV deseaba ampliar el territorio francés, sobre todo en las fronteras oriental y norte, y poner a prueba el temple de su ejército. La ocasión se presentó pronto.

Cuando contrajo matrimonio con su primera esposa, la infanta española María Teresa de Austria, esta había renunciado a su derecho a »

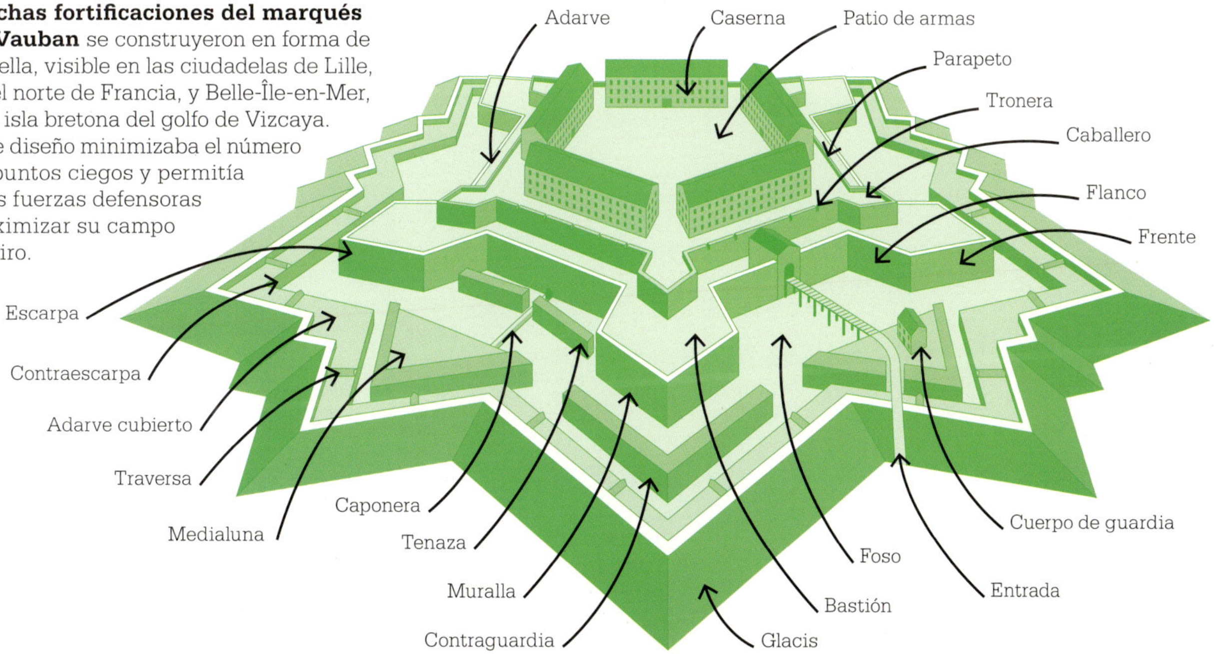

Muchas fortificaciones del marqués de Vauban se construyeron en forma de estrella, visible en las ciudadelas de Lille, en el norte de Francia, y Belle-Île-en-Mer, una isla bretona del golfo de Vizcaya. Este diseño minimizaba el número de puntos ciegos y permitía a las fuerzas defensoras maximizar su campo de tiro.

Adarve
Caserna
Patio de armas
Parapeto
Tronera
Caballero
Flanco
Frente
Escarpa
Contraescarpa
Adarve cubierto
Traversa
Medialuna
Caponera
Tenaza
Muralla
Contraguardia
Glacis
Bastión
Foso
Entrada
Cuerpo de guardia

heredar cualquier territorio español a cambio de una cuantiosa dote en metálico, que nunca se pagó. Esto dio pie a Luis a reclamar algunos territorios españoles. Con esta excusa invadió y ocupó en 1667 los Países Bajos españoles (actuales Bélgica y Luxemburgo) y la región del Franco Condado (hoy en el este de Francia) .

La guerra de Devolución llegó a un final negociado al cabo de un año. Según los términos de la paz, Luis retiró sus tropas a cambio de territorio en el actual norte de Francia. Fue un éxito, pero Luis no quedó satisfecho.

Luis XIV gobierna como **monarca absoluto**, concentrando toda la **autoridad en sí mismo**.

Su política expansionista requiere reformas militares, incluida la creación de un ejército permanente.

Éxitos militares y adquisiciones territoriales refuerzan el **poder político** de Francia.

Temiendo **la creciente influencia de Luis XIV**, otros países europeos se unen en la **Gran Alianza**.

Guerras en los Países Bajos

El siguiente objetivo de Luis XIV fueron las Provincias Unidas de los Países Bajos. Luis reunió 180 000 soldados y acumuló suministros para alimentarlos a todos durante más de seis meses.

El ejército francés invadió las Provincias Unidas en mayo de 1672 y al cabo de unas semanas había ocupado la mayor parte del país. Los neerlandeses iniciaron conversaciones de paz, pero las condiciones de Luis eran tan duras que optaron por seguir luchando y se aliaron con Austria, España, Prusia y Dinamarca-Noruega, alarmadas por los rápidos avances franceses en la región. El único aliado fiable de Luis entre las grandes potencias era el Imperio sueco.

Los neerlandeses pusieron el liderazgo de su estado y su ejército en manos de su príncipe heredero, Guillermo de Orange, que frenó el avance francés rompiendo los diques del mar del Norte e inundando el campo.

La guerra entró en una fase de desgaste y asedio, y Louvois tuvo que aumentar los efectivos del ejército a unos 280 000 hombres. Las conversaciones de paz comenzaron en 1676 y concluyeron dos años después. Luis obtuvo el Franco Condado y más territorio de los Países Bajos españoles para reforzar su frontera norte. Pese a enfrentarse a una alianza de enemigos poderosos, había triunfado sirviéndose de la riqueza y el poder militar de Francia para alcanzar sus objetivos estratégicos.

Un monarca en la cumbre

En 1682, Luis XIV trasladó su corte a Versalles, al oeste de París, donde había transformado un antiguo pabellón de caza en una fastuosa residencia real. Con sus salones dorados y múltiples retratos del rey como guerrero victorioso, el palacio de Versalles era un reflejo de la autoglorificación de Luis como monarca absoluto.

Mientras tanto, las campañas territoriales del rey de Francia progresaban. En la guerra de las Reuniones (1683–1684), Francia arrebató Luxemburgo a España, y Estrasburgo al Sacro Imperio. Para apoyar su política expansionista, el rey siguió

El palacio de Versalles acogió la corte real más elegante y brillante de Europa bajo Luis XIV. Este grabado del siglo XVII muestra la entrada al palacio en 1682.

reforzando el ejército. La infantería pasó de los mosquetes de llave de mecha a los de pedernal, que disparaban con mayor rapidez y fiabilidad, y adoptó la bayoneta de cubo, que podía fijarse a la boca del cañón del mosquete. En este periodo también se crearon los carabineros a caballo, unidades de caballería pesada.

Estos cambios demostraron ser oportunos en la guerra de los Nueve Años (1688–1697), que enfrentó a Francia en solitario con la Gran Alianza de España, el Sacro Imperio, las Provincias Unidas de los Países Bajos, Inglaterra, Escocia y el ducado de Saboya. Luis podía desplegar un ejército de 395 000 hombres, el más numeroso de su reinado. Sin embargo, Guillermo de Orange, ya rey de Inglaterra y Escocia por su matrimonio con María II, frustró las ambiciones de Luis de extender aún más su influencia. Tras la guerra, Francia tuvo que devolver Luxemburgo a España.

Cuestiones sucesorias

El 1 de noviembre de 1700, Carlos II, el último rey Habsburgo de España, murió sin descendencia. En su testamento había nombrado sucesor a su sobrino nieto Felipe, duque de Anjou, también nieto de Luis XIV. Esta solución aumentaría la influencia francesa en Europa, además de entregar a Francia el Imperio español en América y Asia. Para los enemigos de Luis era inaceptable.

La fortificación, o arquitectura militar [...] enseña a los hombres a fortificarse [...] con el fin de que el enemigo no pueda atacar tal parte sin gran pérdida de hombres.

Vauban

***Nouveau traité sur les fortifications* (1691)**

Inglaterra, España, el Sacro Imperio y las Provincias Unidas renovaron la Gran Alianza y nombraron candidato al trono español al archiduque Carlos de Austria, otro descendiente de la realeza española. Una vez más, Luis XIV se enfrentó a varias grandes potencias, con Baviera y los partidarios de su nieto en España como únicos aliados fiables.

La guerra de Sucesión española comenzó en 1701. Aunque hubo enfrentamientos en Italia, la península ibérica y América, la mayoría de los combates tuvo lugar en los Países Bajos y Alemania.

Victorias de la Gran Alianza

El conflicto llegó a un punto de inflexión importante en agosto de 1704, cuando un ejército de la Gran Alianza derrotó a las fuerzas francobávaras en Blenheim, en el sur de Alemania. Esto impidió la toma de Viena planeada por Luis, que habría debilitado fatalmente a la Gran Alianza.

La batalla de Blenheim fue un desastre para el ejército francés. Este cuadro del pintor inglés John Wootton muestra al duque de Marlborough (abajo, dcha.) al frente de la carga final.

Dos años después, las victorias de la Gran Alianza en Ramillies (en la actual Bélgica) y Turín expulsaron a los franceses de los Países Bajos españoles y del norte de Italia. Las conversaciones de paz comenzaron en 1709, pero la guerra duró hasta 1714. Luis obtuvo el trono español para su nieto (Felipe V), que tuvo que renunciar a sus derechos a la corona francesa. Sin embargo, Francia tuvo que ceder territorio a Austria, que recibió también los Países Bajos españoles. Gran Bretaña salió de la guerra convertida en la potencia marítima dominante de Europa.

Luis XIV murió en 1715, a los 76 años. Aunque Francia estaba endeudada y ya no era la mayor potencia europea, el rey dejó en una posición fuerte a su sucesor, su bisnieto Luis XV. Francia tenía el mayor ejército permanente de Europa, un ejemplo que el resto del continente se esforzó por emular. ■

LO NO VISTO HA OCURRIDO

LA GRAN GUERRA DEL NORTE (1700–1721)

EN CONTEXTO

ENFOQUE
El ascenso de Rusia

ANTES
1547 Iván IV («el Terrible») impone la disciplina militar y centraliza la administración.

1613 Llega al poder la dinastía Romanov, que gobernará hasta la Revolución de 1917.

1699 Pedro I, zar de todas las Rusias desde 1682, establece un programa de reclutamiento militar.

DESPUÉS
1721 Rusia adquiere Estonia y Livonia (actual Letonia) y establece una presencia naval en el mar Báltico.

1772–1814 Rusia conquista una vasta región que comprende Crimea, Ucrania, Georgia, Bielorrusia, Moldavia y partes de Polonia.

1918 La capital rusa vuelve a ser Moscú tras su traslado a San Petersburgo en 1713.

Carlos XII solo tenía quince años en 1697 al acceder al trono de Suecia, por entonces la potencia militar dominante del norte de Europa. Esperando aprovecharse de su juventud, los países vecinos de Suecia, Dinamarca-Noruega, Sajonia, Polonia-Lituania y Rusia se aliaron en 1700 para tratar de limitar la influencia sueca. No obstante, después de una serie de victorias sobresalientes en lo que respecta a la táctica, Suecia no tuvo rival en la región.

Carlos se extralimitó en 1708 al invadir Rusia, gobernada entonces por Pedro I. Viendo la ocasión de ganar territorio en el Báltico, Pedro ordenó a sus tropas que se replegaran y reagruparan, aplicando tácticas de tierra quemada para destruir todo lo que los invasores pudieran utilizar. Su ejército derrotó a los suecos en la batalla de Poltava, en la actual Ucrania, en 1709.

Suecia siguió luchando contra la alianza y derrotó a los estados alemanes de Prusia y Hannover y a Dinamarca y Noruega. En 1718 Carlos volvió a invadir Noruega, pero fue abatido de un disparo mientras montaba el asedio de la fortaleza de Fredriksten.

La guerra terminó finalmente en 1721, después de que Suecia firmara tratados de paz por separado con sus antiguos enemigos. El mismo año, Pedro I adoptó el apodo de «el Grande» y continuó con su programa para modernizar Rusia, mientras Prusia se consolidaba como una potencia militar importante en la región. ■

Bajo Pedro I, que acabó con el Imperio sueco en Poltava, Rusia se convirtió en una potencia indiscutible en la región del Báltico.

Véase también: La guerra de los Treinta Años 144–147 ▪ La guerra de los Siete Años 162–165 ▪ Las guerras de Catalina la Grande 178–179

LOS TRATADOS SON SOLO JURAMENTOS ENGAÑOSOS

LA GUERRA DE SUCESIÓN AUSTRIACA (1740–1748)

EN CONTEXTO

ENFOQUE
Europa en crisis

ANTES
1713 La Pragmática Sanción establece que una mujer puede heredar todos los territorios de la monarquía de los Habsburgo. Cuatro años después nace María Teresa de Austria.

1715 Una rebelión jacobita intenta restaurar al anterior rey Jacobo II en los tronos de Inglaterra, Irlanda y Escocia, pero fracasa.

1731 Por el tratado de Viena, Gran Bretaña y Austria forman una alianza.

DESPUÉS
1756 En la «revolución diplomática», las grandes potencias europeas cambian antiguas alianzas: Austria se alía con Francia, y Gran Bretaña con Prusia.

1763 La alianza anglo-prusiana gana la guerra de los Siete Años.

En 1740, María Teresa accedió al trono de los Habsburgo para reinar en Austria y territorios de Europa central y oriental, los Países Bajos e Italia. El hecho de que una mujer gobernara estas tierras provocó una serie de conflictos conocidos como guerra de Sucesión austriaca. Entre los rivales de María Teresa estaban Francia, Prusia y España. Gran Bretaña, Rusia y las Provincias Unidas de los Países Bajos apoyaron a Austria. La guerra comenzó cuando Prusia invadió Silesia, provincia de los Habsburgo. Aunque Prusia usó las armas y tácticas habituales (descargas masivas de mosquete complementadas con artillería y caballería protegiendo los flancos y como fuerza de choque), su logística superior le dio ventaja sobre Austria, que se enfrentó también a una invasión franco-bávara.

Emprendo una guerra en la que no tengo más aliados que vuestro valor y buena voluntad.

Federico II de Prusia
Discurso ante sus generales antes de la invasión de Silesia (1740)

Cambios en toda Europa

La larga rivalidad anglo-francesa fue también un factor en el conflicto. Francia apoyaba a los jacobitas, que querían sustituir a los hannoverianos protestantes en los tronos británico e irlandés por un Estuardo católico. En 1744, Francia invadió territorios de los Habsburgo en los Países Bajos, y cuando los jacobitas se rebelaron en Escocia en 1745, lo hicieron sin el apoyo de las tropas francesas.

En 1748 se firmó la paz. Las grandes potencias europeas reconocieron la legitimidad de María Teresa, pero Austria tuvo que ceder territorio en Italia y entregar Silesia a Prusia. La tensión persistió, y Europa se sumió pronto de nuevo en la guerra. ■

Véase también: Las guerras de Luis XIV 152–157 ▪ La Gran Guerra del Norte 158 ▪ La guerra de los Siete Años 162–165 ▪ Las guerras de Catalina la Grande 178–179

SI FUERAIS POCOS, MARCHAD EN UNA SOLA FILA

LA GUERRA FRANCO-INDIA (1754–1763)

EN CONTEXTO

ENFOQUE
Guerra irregular

ANTES
1689 Comienza la guerra del rey Guillermo entre las colonias francesas e inglesas de América del Norte. Francia adopta tácticas indígenas contra el ejército inglés, más numeroso.

1722 Guerra de Dummer entre las colonias de Nueva Inglaterra y la Confederación Wabanaki indígena. Las tácticas del capitán John Lovewell anuncian las de los *rangers* posteriores.

DESPUÉS
1777 En la guerra de la Independencia de EE. UU., la milicia del condado de Kentucky de George Rogers Clark lucha al estilo de los *rangers*.

1812 EE. UU. recluta nuevas compañías de *rangers* para apoyar a los regulares en la guerra contra los británicos.

Antes y durante la **guerra de los Siete Años** en Europa, **Gran Bretaña y Francia** luchan en **América del Norte**.

Los dos países se enfrentan por las **fronteras de sus colonias**, con escaramuzas frecuentes en **áreas remotas**.

Ambas potencias recurren a ejércitos de voluntarios e indígenas.

El **conflicto se convierte** en una **serie de incursiones** en campos y bosques.

Ya antes de que estallara la guerra de los Siete Años (1756–1763), Gran Bretaña y Francia se enfrentaron en sus colonias norteamericanas. El conflicto se caracterizó por una serie de escaramuzas e incursiones de unidades reducidas, un tipo de combate conocido como guerra irregular.

Construcción de fuertes

En 1749, unas patrullas francocanadienses reclamaron el valle del Ohio, afirmando que las exploraciones del francés Robert de La Salle en el siglo XVII les daban derecho a esa región, que los ingleses se atribuían desde 1609. La tensión fue en aumento, y en enero de 1754, unos voluntarios de Virginia empezaron a construir un fuerte en la confluencia de los ríos Ohio y Monongahela, en lo que hoy es Pittsburgh (Pensilvania). En abril, una fuerza francesa los expulsó y estableció su puesto avanzado, el Fuerte Duquesne. De camino para ayudar a proteger el fuerte británico, un joven George Washington se encontró con los británicos en retirada. Siguió adelante con su grupo, que incluía voluntarios de Virginia y miembros de la tribu mingo. Al saber que había un destacamento francés acampado cerca de Uniontown, Washington lanzó un ataque sorpresa. En la batalla de Jumonville Glen (28 de mayo), sus tropas mataron a casi todos los franceses y sus aliados indígenas, iniciando así una guerra cruel y prolongada.

Véase también: La guerra en América del Norte 150–151 ▪ La guerra de los Siete Años 162–165 ▪ La guerra de la Independencia de EE. UU. 172–177 ▪ Las guerras revolucionarias francesas 180–187

La muerte del general Wolfe de dos balazos en el pecho durante la batalla de Quebec, en un óleo de 1770 del británico-estadounidense Benjamin West.

Esperando una respuesta, Washington construyó una empalizada cerca, en el Fuerte Necessity. El 3 de julio de 1754, un ejército francés de 800 hombres le rodeó y le obligó a rendirse.

Victorias francesas

En julio de 1755, el general Edward Braddock partió con un ejército de 2200 hombres para tomar el Fuerte Duquesne. Se lo impidió en el río Monongahela una fuerza franco-indígena cuyo número no llegaba a la mitad. Los británicos culparon de la derrota al pánico y la desorientación por cómo combatían los guerreros indígenas, gritos de guerra incluidos.

Aprovechando su éxito, los franceses enviaron un numeroso contingente de soldados profesionales a las órdenes del experimentado general Louis-Joseph de Montcalm. Con sus aliados indígenas, tomaron el Fuerte Oswego, junto al lago Ontario (agosto de 1756), y el Fuerte William Henry, en la frontera norte de la provincia de Nueva York (agosto de 1757). La guerra favorecía a Francia, gracias sobre todo al apoyo de tribus locales, muchas de ellas pertenecientes a la Confederación Iroquesa.

La batalla por Quebec

Gran Bretaña se implicó más. En mayo de 1758, en una expedición a la isla de Cabo Bretón, el general James Wolfe instaló una batería artillera para sitiar la fortaleza francesa de Louisbourg. La caída del fuerte a finales de julio aseguró el acceso británico al río San Lorenzo y abrió el camino a la toma de Quebec por Wolfe.

Superado en número por los hombres de Montcalm, Wolfe decidió atacar por una ruta inesperada, desde el río, escalando los acantilados de las Llanuras de Abraham y tomó la ciudad el 13 de septiembre de 1759. Los franceses habían sido expulsados de América del Norte. ▪

Los *rangers* de Rogers

En la defensa de las colonias británicas siempre habían intervenido grupos informales de voluntarios. En los bosques del noreste se requerían especialistas. Los guardabosques aprendieron a rastrear y reconocer el terreno cazando y poniendo trampas, a menudo con guías indígenas.

Un grupo al mando del mayor Robert Rogers destacó en 1757 y 1758 en dos escaramuzas, llamadas batalla de las Raquetas de Nieve. Este calzado de invierno de los algonquinos les dio la movilidad necesaria para vencer a los franceses. En 1758, los *rangers* de Rogers ayudaron a minimizar el ataque francés en Louisbourg patrullando los bosques cercanos para atajar incursiones.

Los *rangers* estaban bien equipados para sus propias incursiones, como en Saint Francis (Quebec, 1759) y Sainte-Thérèse (1760). Su papel fue también clave al preparar el terreno para ataques más convencionales, como en las campañas de Quebec (1759) y Montreal (1760).

UN EJÉRCITO EN POSESIÓN DE UN ESTADO

LA GUERRA DE LOS SIETE AÑOS (1756–1763)

EN CONTEXTO

ENFOQUE
La Prusia militarista

ANTES
1713–1740 Federico Guillermo I transforma Prusia en un estado centralizado, burocrático y militarizado. Le sucede su hijo Federico II.

1740–1748 La guerra de Sucesión austriaca acaba con la incorporación de Silesia a Prusia, pero no resuelve las tensiones en Europa.

DESPUÉS
1768–1774 Rusia sale vencedora de la guerra ruso-turca y gana territorio a costa del Imperio otomano.

1778–1779 Austria y Prusia vuelven a enfrentarse en la guerra de Sucesión bávara.

1786 Federico II muere en su palacio de Potsdam.

La guerra de los Siete Años, provocada por las disputas territoriales y la rivalidad entre potencias europeas, fue el primer conflicto verdaderamente mundial, durante el cual se combatió en Europa, Asia, África y América. Antes, la «revolución diplomática» de 1756 realineó las alianzas en Europa. Francia y Austria, hasta entonces rivales, se aliaron junto con Rusia y Suecia. Sus principales adversarios eran Gran Bretaña y Prusia.

Potencia emergente

Prusia, declarada reino en 1701, nació como ducado en lo que hoy es el este de Alemania y Polonia. El artífice de su poder militar fue Fe-

Véase también: Las guerras de Luis XIV 152–157 ▪ La guerra de Sucesión austriaca 159 ▪ La guerra franco-india 160–161

Reza cada día para que Dios no permita a este enemigo volverse demasiado poderoso y conquistarnos.

Soldado prusiano
Carta de 1758 sobre la amenaza de los rusos

derico Guillermo I, el Rey Sargento, que subió al trono en 1713. Federico introdujo el servicio militar obligatorio y creó un ejército profesional permanente organizado por una eficiente burocracia con sede en Berlín.

A su muerte en 1740, su hijo y sucesor, Federico II (luego conocido como Federico el Grande), heredó un ejército de 80 000 hombres, el cuarto más numeroso de Europa. El nuevo rey aumentó sus efectivos e introdujo maniobras anuales en otoño, y puso en juego este poderío militar en la guerra de Sucesión austriaca (1740–1748), en la que Prusia arrebató a Austria la rica región de Silesia.

Mayor potencia de fuego

Los ejércitos que lucharon en la guerra de los Siete Años usaban principalmente mosquetes de chispa, muy imprecisos a distancia, pero muy eficaces en manos de grandes grupos de infantería que marchaban hasta tener al enemigo a tiro, disparaban una descarga masiva, recargaban y volvían a disparar. Las formaciones de infantería se desplegaban en líneas más largas para aumentar la potencia de fuego, normalmente complementada con artillería. Esto hacía que los grandes ejércitos maniobraran con lentitud y fueran muy vulnerables a los ataques de la caballería por los flancos y la retaguardia. Solían vencer los ejércitos que marchaban más rápido y mantenían mejor la disciplina bajo el fuego.

Al crecer los ejércitos, otro factor clave para el éxito eran los recursos económicos y logísticos para llevar al frente suministros y munición »

Anatomía de un mosquete de chispa

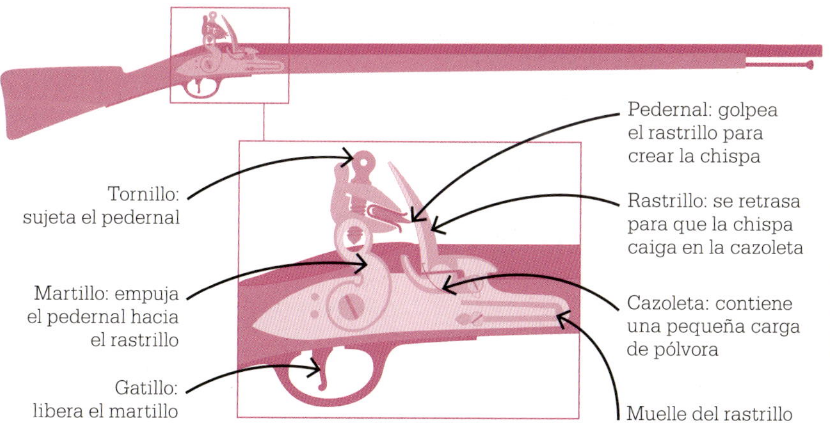

Federico el Grande

Nacido en Berlín (Prusia), en 1712, Federico era muy aficionado a las artes y chocó a menudo con su autoritario padre. Incluso intentó huir a Gran Bretaña en 1730, lo cual provocó la detención y ejecución de su mejor amigo. En 1740 ascendió al trono y ese mismo año invadió y ocupó la provincia austriaca de Silesia.

A pesar de no tener experiencia como general obtuvo numerosas victorias en la posterior guerra de Sucesión austriaca, que terminó en 1748 con la anexión de Silesia por Prusia. Ocho años después, Federico reanudó el conflicto con Austria.

Durante la posterior guerra de los Siete Años, Federico y Prusia sobrevivieron, pese a estar en inferioridad numérica y rodeados de enemigos. Además de un general hábil y original que dirigía a menudo personalmente a sus ejércitos en combate, Federico fue un gran administrador y mecenas de las artes y las ciencias. Murió cerca de Berlín en 1786, habiendo transformado a Prusia en una de las grandes potencias europeas.

suficientes. Cuando el frío imposibilitaba maniobrar y combatir, los ejércitos tenían que retirarse a cuarteles de invierno hasta que las condiciones mejoraran en primavera. En las batallas navales, normalmente ganaba el bando que tenía más potencia de fuego. Las armadas, en especial la poderosa Marina Real británica, también podían imponer bloqueos, interrumpir el tráfico marítimo y bombardear los puertos enemigos.

La intervención británica

La mayor parte de los combates de la guerra de los Siete Años tuvieron lugar en lo que hoy es el este de Alemania y Polonia. Esto supuso un reto para Gran Bretaña, que era ante todo una potencia naval. Como su rey, Jorge II, también gobernaba el estado alemán de Hannover, quería protegerlo de Francia y Austria, pero la mayoría de los políticos británicos preferían no comprometerse en Europa mientras expandían su imperio. Gran Bretaña acabó optando por el dominio naval y empleó sus ejércitos en la guerra colonial en India y América del Norte. A Europa solo envió fuerzas limitadas. También utilizó su riqueza (procedente sobre todo de su floreciente imperio colonial) para financiar a sus aliados, principalmente a Prusia.

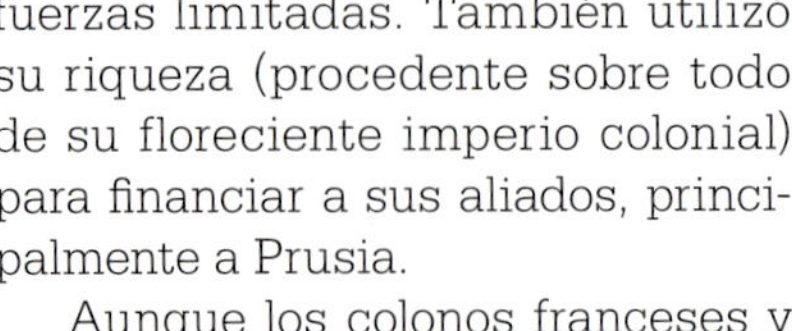

Aunque los colonos franceses y británicos luchaban en América del Norte desde 1754, Gran Bretaña no declaró la guerra a Francia hasta mayo de 1756. Tres meses después, Federico entró en la guerra al invadir Sajonia, aliada de Austria. Esperaba así proteger Silesia y contar con una base para atacar territorios austriacos en Bohemia y Moravia. Las fuerzas prusianas ocuparon Sajonia y obligaron a rendirse a su ejército. En abril de 1757, Federico invadió Bohemia, pero tuvo que retirarse cuando Austria, Rusia y Suecia atacaron territorio prusiano y quedó aún más aislado a raíz de la exitosa invasión de Hannover por Francia, que facilitó el envío de tropas para luchar contra Prusia.

Batallas decisivas

A finales de 1757, dos victorias decantaron el curso de la guerra a favor de Prusia. En Rossbach (Sajonia), Federico derrotó a un ejército franco-austriaco de 41 000 hombres, pese a contar con solo 22 000. Al comienzo de la batalla, que duró 90 minutos, Federico hizo creer a los generales rivales que se retiraba y, cuando le persiguieron, lanzó una carga de caballería devastadora. Entonces la infantería prusiana giró y atacó, apoyada por una segunda carga de caballería. Mientras tanto, la artillería prusiana, lo bastante móvil para reposicionarse con rapidez, bombardeaba al enemigo. Tras esta derrota, Francia no envió más ejércitos contra Prusia.

La paz es un fuego fatuo que baila ante nuestros ojos [...] para llevar a algunos a una ciénaga espantosa.

Horace Walpole
Político británico (1762)

Con el objetivo de aprovechar la ventaja, el ejército de Federico marchó 270 km al noreste hasta Silesia para enfrentarse a los austriacos en Leuthen. Superado de nuevo en número, esta vez con 35 000 hombres frente a 65 000, Federico desplegó una de sus tácticas emblemáticas, el orden oblicuo, consistente en reforzar un flanco para animar al enemigo a atacar el más débil, y así inmovilizarlo; entonces, el flanco más fuerte daba la vuelta y ata-

Las densas filas de la infantería prusiana de Federico, armada con mosquetes de chispa con bayoneta, avanzan contra las tropas austriacas en Leuthen el 5 de diciembre de 1757.

La batalla de Kunersdorf fue la única ocasión en que el ejército prusiano perdió la ventaja durante la guerra de los Siete Años. Hasta los vencedores perdieron más de una cuarta parte de sus tropas.

caba al enemigo por la retaguardia, rodeándolo. Era una táctica arriesgada, pues requería una gran cohesión y el control de los hombres por los oficiales. Los austriacos cayeron en la trampa y fueron derrotados. Federico recuperó toda Silesia, y los austriacos se retiraron a Bohemia. El año siguiente, 1758, se libraron varias batallas indecisas, en las que ningún bando pudo hacerse con la iniciativa.

La guerra fuera de Europa

La guerra no se limitó a Europa. La lucha en Alemania redujo la capacidad de Francia para defender de Gran Bretaña sus colonias y rutas comerciales, y en 1760 los británicos se apoderaron de todas las colonias francesas norteamericanas.

Francia y Gran Bretaña también eran rivales en India, donde ambas aspiraban a ser la potencia colonial dominante. La Compañía Británica de las Indias Orientales competía por su influencia con los franceses, a su vez aliados con las potencias locales del Imperio mogol y el nabab de Bengala. En 1757, las fuerzas británicas dirigidas por Robert Clive obtuvieron una importante victoria en la batalla de Plassey que permitió a la compañía anexionarse franjas de territorio en Bengala desde donde acabó gobernando la mayor parte de India. Posteriormente, las fuerzas británicas tomaron los asentamientos franceses en el sur de India.

No sobreviviré a esta cruel desgracia [...] No me quedan recursos, y si he hablar con franqueza, creo que todo está perdido.

Federico II
después de la batalla de Kunersdorf (1759)

Prusia amenazada de nuevo

En agosto de 1759, Prusia estaba de nuevo al borde del abismo tras sufrir una aplastante derrota por un ejército austro-ruso en la batalla de Kunersdorf. Fue la peor derrota de Federico, pero las desavenencias entre las fuerzas austriacas y rusas impidieron a ambas consolidar su éxito.

Por su parte, Francia tuvo que hacer frente a la decidida resistencia de las fuerzas hannoverianas, a un perjudicial bloqueo de la Marina Real británica y a reveses en América del Norte que le restaron capacidad para apoyar a sus aliados. Con todo, la guerra seguía yendo mal para Prusia, que se enfrentó a la ocupación de su capital, Berlín, por fuerzas austriacas y rusas, y a la disminución del número de reclutas. El 5 de enero de 1762, la suerte acudió en ayuda de Federico al morir la emperatriz Isabel de Rusia, cuyo sobrino y sucesor, Pedro III, gran admirador de Federico, cambió de bando y dispuso una tregua entre Suecia y Prusia. Esto permitió a Prusia expulsar a Austria de su territorio y recuperar de nuevo Silesia.

Un nuevo orden mundial

En 1763, los contendientes estaban exhaustos. Gran Bretaña había dejado de enviar ayuda a Prusia, y en Rusia, Catalina la Grande había derrocado a Pedro III y retirado a su imperio de la guerra. Ni Francia ni Austria tenían recursos o energía para aprovechar la situación.

Una serie de tratados de paz pusieron fin a la guerra de los Siete Años. Gran Bretaña ganó territorios en América del Norte a expensas de Francia y España, y vio confirmado su estatus de principal potencia colonial en India. Mientras tanto se consolidó el dominio prusiano de Silesia. Prusia desafiaba a Austria por el dominio de la región y era ya, sin duda, una gran potencia europea. ■

AL ARCO SE LE QUITARÁ PRONTO LA CUERDA, Y LA GUERRA HABRÁ TERMINADO

LAS DIEZ GRANDES CAMPAÑAS (1755–1792)

EN CONTEXTO

ENFOQUE
Las campañas de Hongli: ¿éxito o fracaso?

ANTES
1678 En el noroeste de China, los nómadas zúngaros llegan a la cuenca del Tarim, en Sinkiang.

1720 Una expedición china al Tíbet expulsa a los zúngaros y somete el país al dominio manchú.

1745 Muere el kan zúngaro Galdan Tseren, dejando un vacío de poder en la cuenca del Tarim.

DESPUÉS
1858 Por el tratado de Aigun, China cede Manchuria al Imperio ruso.

1862 La revuelta del pueblo hui, de mayoría musulmana, causa masacres y migraciones forzosas en el oeste de China.

1949 Después del triunfo comunista en el continente, los nacionalistas chinos establecen la República de China en Taiwán.

Después de acceder al poder en China en 1735, el emperador Qianlong, también conocido por su nombre anterior, Hongli, llevó el estado de los Qing a su máxima extensión geográfica. Poeta consumado, llamó a su reinado el de las Diez Grandes Campañas, aunque libró más de diez guerras –no todas con éxito– en media docena de escenarios.

Las tres primeras campañas (en 1755, 1756–1757 y 1758) fueron contra los zúngaros de Sinkiang, una población nómada de la estepa. El emperador Qianlong podía contar con 200 000 soldados del ejército de las Ocho Banderas –la mayoría de origen manchú– y 600 000 soldados del ejército de la Bandera Verde, formado sobre todo por chinos han.

Tras una rebelión contra la autoridad qing encabezada por el gobernante zúngaro Amursana, Qianlong ordenó el exterminio total de los zúngaros. Después de decretar la matanza de todos los hombres –hasta medio millón, según los escribas–, permitió a sus tropas esclavizar a las mujeres y los niños.

No tengáis piedad alguna con estos rebeldes. Solo deben salvarse los viejos y débiles. Nuestras campañas anteriores fueron demasiado indulgentes.

Emperador Qianlong
(1757)

Una misión civilizadora

Qianlong se propuso «civilizar» Sinkiang. Envió miles de colonos chinos para cultivar la tierra, construir ciudades, promulgar leyes y comerciar, con resultados desiguales. El estilo de vida nómada adoptado por los zúngaros en los pastizales de la estepa tenía sentido: el agua era escasa y los suelos pobres, y la producción agrícola crecía muy lentamente.

También fue muy difícil organizar la mano de obra. Qianlong ordenó a sus soldados trabajar la tierra en las zonas recién conquistadas, pero ellos no se adaptaron fácilmente a la vida campesina. También

Véase también: Orígenes del Imperio chino 44–47 ▪ El Imperio Han 48–49 ▪ La conquista europea de América 122–125 ▪ La fundación de la China manchú 142–143 ▪ Decadencia otomana y expansión rusa 232–233

Este retrato de un guardia imperial armado con espada y arco es una de las cien obras de arte encargadas por Qianlong para celebrar a sus militares y funcionarios más leales.

llevó tiempo asentar familias civiles donde la vida podía ser ardua. Muchos se desilusionaron y huyeron. Por ello se llevaron convictos y se les obligó a seguir el estricto régimen de trabajo.

Pese a estas dificultades, Qianlong tomó la conquista y colonización de Sinkiang como modelo para posteriores empresas contra los pueblos de las colinas de Jinchuan, en el norte de Sichuan, en China central. Imponer allí su dominio requirió dos campañas muy reñidas y sumamente costosas, en 1747–1749 y 1771–1776.

Pagar el precio

Al sur, Qianlong declaró la guerra cuatro veces consecutivas (en 1765, 1766, 1767–1768 y 1769) a Birmania (actual Myanmar), que resistió los ataques. Para China fue un duro golpe, tanto en el aspecto económico como en el militar: los cinco años de conflicto costaron al ejército qing unas 70 000 vidas. El ejército de Qianlong tuvo más suerte en Taiwán, donde, durante la campaña de 1786–1788, reprimió una rebelión de grupos leales a la dinastía Ming, derrocada en 1644.

El éxito no duró mucho. En 1788, el emperador envió sus tropas al Tíbet para repeler una invasión de gurkas de Nepal. Estos se retiraron sin luchar, pero volvieron a los tres años. El ejército qing se impuso, pero había llegado al límite, y en 1792, Qianlong y los gurkas firmaron un tratado de paz. Una campaña en Vietnam, en 1788, no logró ni siquiera este limitado éxito. Los generales de Qianlong fueron imprudentes, y el ejército de la dinastía Tay Son obtuvo una victoria decisiva en Ngoc Hoi Dong Da.

El coste económico y militar de las Diez Campañas de Qianlong fue enorme y, con el tiempo, desencadenó el declive de la dinastía Qing. ▪

La **política expansionista** de Hongli recurre a **expediciones punitivas** contra pueblos vecinos.

Colonizar los nuevos territorios resulta **más difícil** de lo esperado.

Las **continuas campañas** llevan al ejército qing al **límite**.

Las Diez Grandes Campañas solo dan resultados modestos.

Cuestiones fronterizas

El emperador Qianlong no se veía a sí mismo como el constructor de un imperio, sino como alguien a quien se le había confiado la tarea de hacer que su reino cumpliera su papel histórico. Tenía claro que había que domar las estepas salvajes y someter a los pueblos de las montañas a un régimen civilizador. También consideraba que Taiwán –una isla geográfica, pero también política– debía volver al redil de los Qing, al que creía que pertenecía.

En los siglos XX y XXI, los críticos occidentales han destacado los rasgos más imperialistas de la política china, como la anexión del Tíbet (1950–1951), las amenazas a la isla de Taiwán y la persecución de los uigures de Sinkiang. En China las cosas se ven de distinta manera, teniendo en cuenta importantes precedentes históricos. China considera al Tíbet parte de su territorio –desde su conquista por el Imperio mongol en 1240–, al igual que Sinkiang, anexionado en fecha aún más temprana por la dinastía Han, hacia 130 a. C.

REVOLU
E IMPER
1775–1914

CIONES
OS

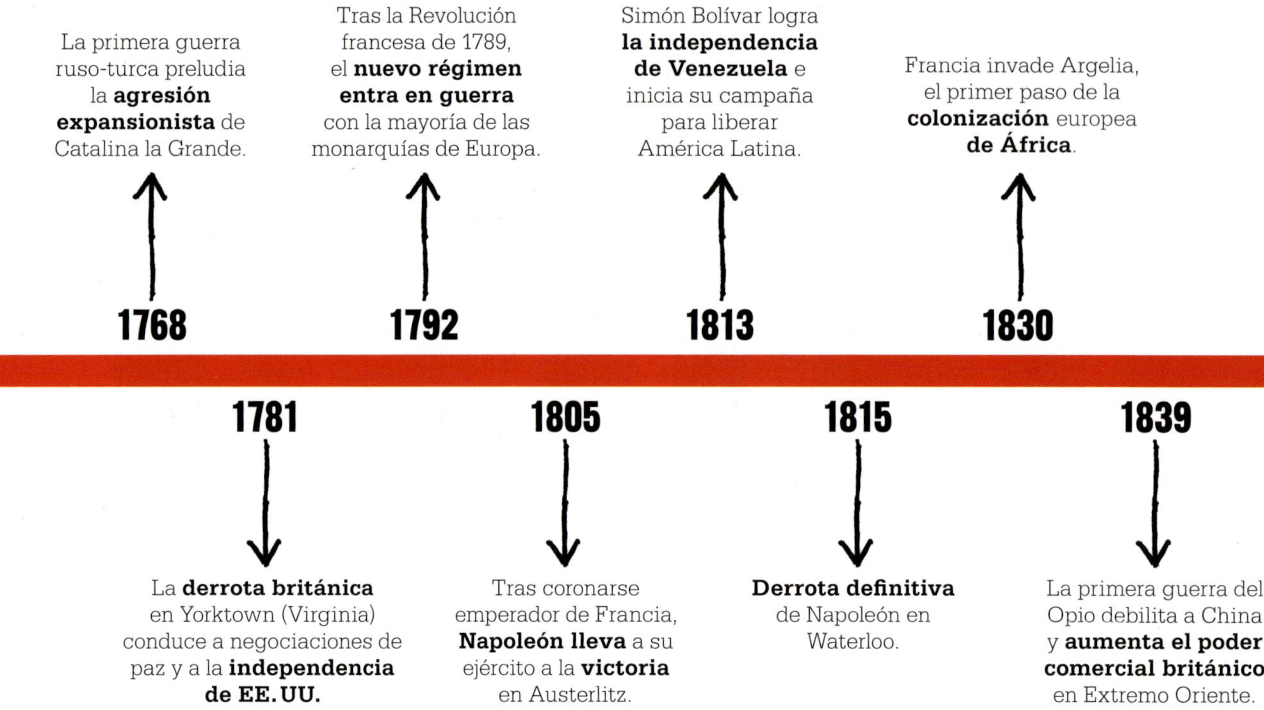

En los siglos XVIII y XIX se crearon y destruyeron imperios en guerras libradas con armas y estrategias cada vez más sofisticadas. En la década de 1760, la emperatriz de Rusia Catalina la Grande se propuso extender el territorio ruso a expensas de los turcos otomanos, cuyo imperio empezaba a declinar. El Imperio británico en América del Norte se redujo tras la rebelión de sus 13 colonias, que lucharon por su independencia como los nacientes EE. UU. con apoyo militar y naval francés.

Líderes inspiradores

Francia se sumió en el caos cuando el pueblo derrocó a la monarquía en 1789. La revolución adquirió una dimensión internacional al unirse sus vecinos europeos contra el nuevo régimen, temiendo que la anarquía y el odio de clase se extendieran. El afán de aplastar el espíritu revolucionario no hizo más que avivar el celo de los nuevos dirigentes franceses, que introdujeron el reclutamiento masivo y nombraron a un comandante dinámico e implacable, Napoleón Bonaparte, cuyas audaces victorias en toda Europa le permitieron hacerse con el poder en Francia, primero como primer cónsul y después como emperador de los franceses.

Sin embargo, las fuerzas de Napoleón no eran invencibles. Fueron derrotadas en el mar en Trafalgar en 1805, y durante la guerra de la Independencia española (1808–1814), las fuerzas británicas que ayudaban a España y Portugal contra los invasores franceses lograron importantes victorias. En 1813, la imprudente campaña rusa de Napoleón terminó con una humillante retirada, y finalmente el emperador francés fue aplastado por una coalición de fuerzas europeas en Waterloo en 1815.

Como todos los grandes líderes, Napoleón sabía inspirar a sus hombres. En América del Sur, el venezolano Simón Bolívar encendió la chispa de la rebelión contra un dominio español opresor, y sus incesantes campañas acabaron provocando la caída del Imperio español en el Nuevo Mundo, el nacimiento de una nueva república y, finalmente, de estados independientes.

Al norte, EE. UU. estaba volcado en la expansión. Texas, estado de la república de México en la década de 1820, luchó por la independencia y la obtuvo en 1836. Nueve años después, el presidente de EE. UU. James K. Polk se anexionó Texas, envió tropas al sur y declaró la guerra a México, que en menos de dos años perdió casi la mitad de su territorio. Durante

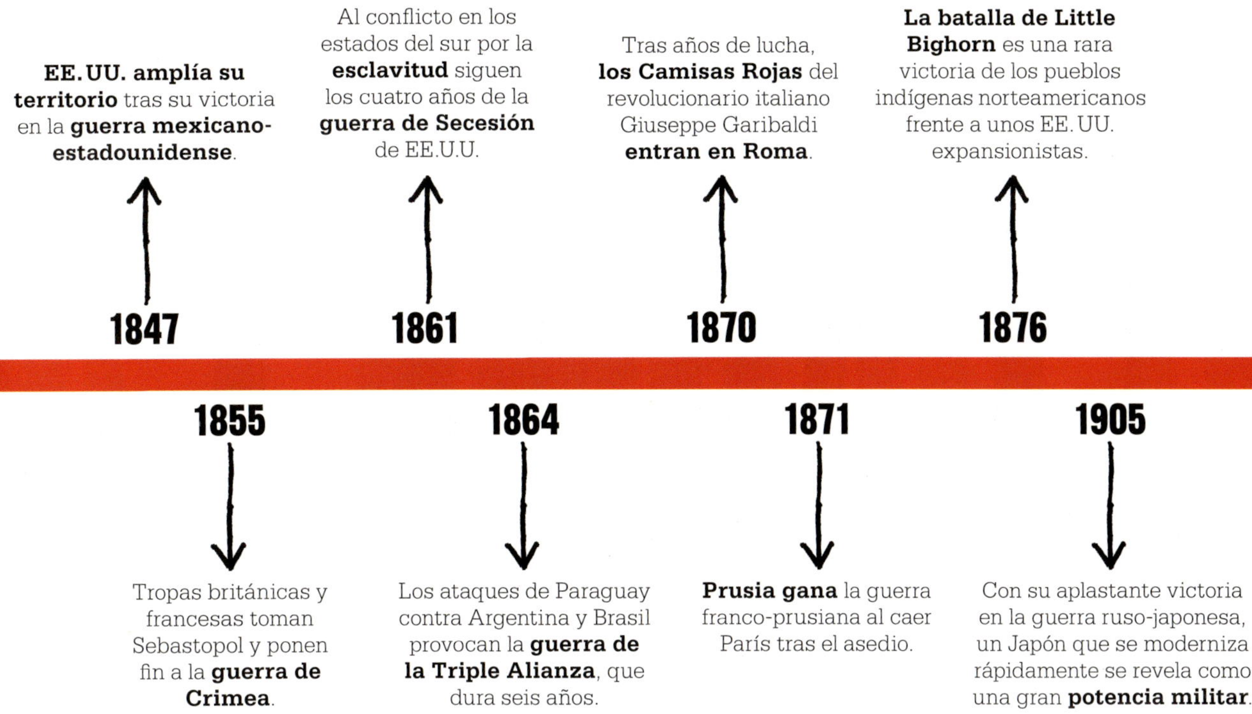

la guerra apareció un arma nueva, el revólver Colt, una de las «armas que conquistaron el Oeste», que revolucionó las pistolas.

Un siglo de cambios

En el siglo XIX mejoró la atención a los heridos. El cirujano militar jefe de Napoleón, Dominique-Jean Larrey, introdujo los carros para transportar a los heridos desde el campo de batalla y el triaje para priorizar casos urgentes. En la guerra de Crimea (1853–1856) entre Rusia y una alianza del Imperio otomano, Gran Bretaña y Francia, Florence Nightingale y Mary Seacole insistieron en la higiene y cuidados de enfermería eficaces. Más tarde, el empresario suizo Henry Dunant, que ayudó a atender a los heridos en Solferino durante las guerras de la unificación de Italia, fundó la Cruz Roja Internacional.

Con el avance de la tecnología llegaron armas más mortíferas. Gran Bretaña completó la conquista de India en 1857 y tenía un gran imperio, pero la Alemania imperial, vertebrada por el poderío militar prusiano, se perfilaba como rival. Equipada con cañones potentes y precisos, Prusia lideró las fuerzas alemanas que derrotaron a Francia en 1871. Desde la década de 1880, Alemania, Gran Bretaña y otros países ocuparon tierras en África empleando armas como la ametralladora Maxim, la primera ametralladora automática, para someter a los indígenas.

Los avances en EE. UU. hicieron de la encarnizada guerra civil entre el norte y los 11 estados confederados del sur la primera guerra moderna. Se usaron rifles de repetición, acorazados, globos de reconocimiento, ferrocarriles para transportar tropas y telégrafos. Al final de la guerra, en 1865, se restauró la Unión, pero la brutal eliminación de los pueblos indígenas continuó, y en 1890, los supervivientes solo poseían el 2 % de las tierras norteamericanas.

Pérdidas y ganancias globales

El orden mundial estaba cambiando. En 1900, EE. UU. se estaba convirtiendo en un gigante industrial. En Extremo Oriente, Japón estaba en auge tras vencer en su primera guerra contra China, debilitada por las guerras del Opio y los conflictos internos. Una Rusia militarmente fuerte expulsó a los turcos de áreas de los Balcanes en 1878, pero en 1905 Japón infligió una humillante derrota a Rusia y destruyó su flota. También en Europa las tensiones amenazaban con alcanzar el punto de rotura. ■

¡DADME LIBERTAD, O DADME LA MUERTE!

LA GUERRA DE LA INDEPENDENCIA DE EE. UU. (1775–1781)

EN CONTEXTO

ENFOQUE
Descontento colonial

ANTES
1765 Un grupo de colonos británicos de América de Norte publica la Declaración de Derechos y Agravios en respuesta a la política fiscal.

1770 En Boston, unos soldados británicos nerviosos disparan a manifestantes y matan a cinco.

1773 En protesta por los impuestos, los colonos lanzan al agua cajas de té de un barco británico, un suceso conocido como Motín del té de Boston.

DESPUÉS
1783 El tratado de París pone fin oficial a la guerra entre las Trece Colonias y Gran Bretaña, que conserva territorios en Canadá.

1803 El presidente Thomas Jefferson completa la compra de Luisiana, territorio francés en el Medio Oeste y el valle del Misisipi.

Mientras Gran Bretaña estaba ocupada en Canadá con la guerra franco-india (1754–1763), sus Trece Colonias a lo largo de la costa atlántica se valieron por sí mismas y prosperaron, lo cual dio pie a Gran Bretaña a aumentar los impuestos.

Los colonos más ricos ya estaban descontentos por las limitaciones del gobierno británico a su expansión en territorio indígena más allá de los Apalaches, pues esperaban establecer plantaciones (que les reportarían enormes beneficios) explotadas con mano de obra esclava. Argumentando que la tributación sin representación en el Parlamento británico era inconstitucional, los colonos plantearon sus quejas en el Primer Congreso Continental celebrado en Filadelfia en 1774. Gran Bretaña respondió restringiendo aún más sus libertades.

Las milicias se movilizan

Hacía tiempo que los colonos contaban con milicias propias para defenderse de ataques de los indígenas. Estas milicias fueron la base del ejército rebelde de los luego llamados patriotas. En abril de 1775, la situación en Massachusetts era tan inestable que los británicos intentaron evitar males mayores confiscando los suministros militares del arsenal de los colonos en Concord, al noroeste de Boston, pero con ello desencadenaron una guerra total.

Los casacas rojas británicos atacaron a los milicianos en Lexington el 19 de abril de 1775, pero se ignora quién disparó primero. Este grabado en madera de la batalla data de *c.* 1840.

En Lexington, de camino a Concord, 700 casacas rojas británicos se enfrentaron a un grupo de milicianos y mataron a ocho. A su llegada a Concord, más milicianos abrieron fuego y les obligaron a retirarse. Con esta victoria de tropas irregulares sobre un ejército convencional comenzaba la guerra de la Independencia de EE. UU., también llamada Revolución americana.

El marqués de Lafayette, Gilbert du Motier, fue un aristócrata y militar francés, celebrado como un héroe tanto en Francia como en EE. UU.

La conexión francesa

El deseo de perjudicar a Gran Bretaña, y no fervor democrático alguno, movió al rey francés Luis XVI a abrazar la causa de los patriotas. También pudo influir el Comité de Correspondencia Secreta, un grupo de presión fundado en 1775 en las Trece Colonias para recabar apoyos a la independencia de EE. UU.

Algunos nobles franceses, como el marqués de Lafayette, tuvieron un papel importante en la lucha contra los británicos en América del Norte y difundieron el mensaje revolucionario en su país, pero los patriotas atrajeron sobre todo a conservadores franceses acérrimos al demostrar que su causa perjudicaba los intereses británicos en América del Norte. A lo largo del siglo XVIII, desde la guerra de Sucesión española hasta las guerras revolucionarias francesas, Gran Bretaña y Francia fueron enemigas.

Por dispares que fueran los motivos, el papel de los franceses en la guerra de la Independencia de EE. UU. fue vital, al suministrar armas, tropas y apoyo naval.

Véase también: La guerra en América del Norte 150–151 ▪ La guerra franco-india 160–161 ▪ La guerra de los Siete Años 162–165 ▪ La guerra de la Independencia española 192–193 ▪ La guerra anglo-estadounidense de 1812 198–199

Los británicos se retiraron a Boston, que creían un lugar seguro, y fueron sitiados por milicias locales a las que se unió en junio el recién creado Ejército Continental bajo el general George Washington.

El 17 de junio de 1775, el general británico William Howe tomó posiciones de los patriotas en Bunker Hill y Breed's Hill, que dominaban la ciudad, pero perdió más de 1000 hombres, muchos de ellos oficiales, sin lograr romper el cerco.

Howe se retiró a Halifax (Nueva Escocia), en marzo de 1776, y los rebeldes recuperaron Boston. La revolución avanzaba: en Filadelfia, el 4 de julio, el Segundo Congreso Continental publicó la Declaración de Independencia.

Reveses y victorias

Howe y sus fuerzas regresaron por tierra y mar a principios de julio. Tras ganar la batalla de Long Island, tomó Nueva York, obligando a Washington a retirarse a través de Nueva Jersey y hacia el oeste, a Pensilvania.

Pese a las deserciones y a disponer cada vez de menos suministros, Washington planeó un ataque sorpresa. Gran Bretaña le superaba en número y armamento, pero sus tropas estaba más motivadas y conocían mejor el terreno. La noche de Navidad de 1776 cruzó el río Delaware helado con 2400 hombres, que capturaron en Trenton (Nueva Jersey), a un grupo de hessianos, mercenarios alemanes al servicio británico. Tras derrotar al ejército del

Pese a la desgracia del día [...] la mayoría de mis hombres tienen buen ánimo y valor para luchar contra el enemigo otro día.

George Washington

Informe sobre Brandywine Creek

teniente general británico Charles Cornwallis en Princeton, al norte de Trenton, expulsó a los británicos de Nueva Jersey hacia norte.

En septiembre de 1777, decidido a tomar Filadelfia, capital de las Trece Colonias, Howe desembarcó en la cabecera de la bahía de Chesapeake, a unos 80 km al suroeste de la ciudad, y envió 5000 hombres a Filadelfia. Washington, que les esperaba tierra adentro en Brandywine Creek, les hizo frente, pero no anticipó la llegada del propio Howe con 6000 hombres más. Los británicos tomaron Filadelfia con facilidad, pero el Ejército Continental pudo retirarse casi intacto.

A principios del mes siguiente, Washington atacó al ejército de Howe, acampado en Germantown, al norte de Filadelfia. La determinación británica y la mala comunicación entre los estadounidenses provocaron la retirada de los patriotas, pero una vez más, gracias a la flexibilidad de sus milicianos, Washington solo sufrió pérdidas menores.

Rendición británica

Mientras tanto, el general John Burgoyne descendía de Canadá con un ejército británico por el valle del río Hudson. Bajo el general Horatio Gates, los estadounidenses habían construido fortificaciones a lo largo de Bemis Heights, al norte de Albany (estado de Nueva York), bloqueado el valle con 7000 soldados de infantería, apostado francotiradores río arriba y enviado grupos a hostigar a los británicos. Las eficaces »

Washington cruzando el Delaware, obra del pintor germano-estadounidense del siglo XIX Emanuel Leutze, destaca el heroísmo de los patriotas que cruzan el río helado a remo con su general.

tácticas irregulares de Gates desmoralizaron a los británicos antes de que llegaran a la principal línea patriota. El 7 de octubre, Burgoyne atacó. Sus hombres lucharon con valor, pero exhaustos y faltos de suministros, retrocedieron a la cercana Saratoga, donde, el 17 de octubre, se convirtieron en el primer ejército británico del que hay noticia de que se rindiera.

Reagrupamiento en Valley Forge

En diciembre de 1777, Washington y su ejército de 11 000 hombres establecieron un campamento en Valley Forge (Pensilvania). El plan era recuperarse, reagruparse y reabastecerse allí, a un día de marcha de Filadelfia. Muchos no tenían calzado ni ropa de invierno, y construyeron cabañas de madera para protegerse del frío. En unas semanas, Valley Forge se había convertido en la cuarta mayor ciudad de las colonias.

Hasta 2000 hombres murieron por desnutrición y enfermedades aquel crudo invierno. En primavera el tiempo mejoró, pero Washington prolongó la estancia en el campamento hasta junio, mientras reentrenaba y reestructuraba su ejército.

Desde principios de 1778, los patriotas recibieron ayuda de Francia. Al rey Luis XVI le agradó tanto la noticia de la rendición británica en Saratoga que en febrero reconoció a la república estadounidense. Por el tratado de Alianza, Francia también acordó suministrar municiones, tropas y apoyo material a los patriotas. Sin embargo, en junio estalló la guerra anglo-francesa (1778–1783), y América del Norte se convirtió en un escenario más de un conflicto más amplio.

A pesar de la importancia simbólica de Filadelfia y el coste de la toma de la ciudad solo unos meses antes, los británicos se retiraron y concentraron sus fuerzas en torno a Nueva York. El teniente general Henry Clinton, relevo de Howe, dirigió su ejército hacia el norte para ponerse al mando.

El general está bien, pero aquejado de fatiga y ansiedad. Nunca lo había visto tan ansioso como ahora.

Martha Washington
en Valley Forge

Washington se dispuso a cortar el paso a los británicos. El 28 de junio, su nuevo y mejorado Ejército Continental alcanzó a la retaguardia de Clinton en Monmouth Court House, en Nueva Jersey. La batalla de Monmouth no fue concluyente, y hubo muchas bajas en ambos bandos, pero Clinton tuvo que retirarse a la costa para que la Marina Real evacuara a sus hombres.

Lucha en el sur

A los pocos meses, Clinton atacaba más al sur, donde Gran Bretaña contaba con el apoyo lealista. En diciembre de 1778, una expedición naval británica tomó Savannah (Georgia). En 1779 fracasó un intento de recuperar la ciudad, que permaneció en manos británicas hasta el final de la guerra. En marzo de 1780, el ejército británico sitió también Charleston (Carolina del Sur) y la ocupó en mayo.

Había comenzado la carrera del grueso de las fuerzas británicas para llegar a Nueva York, donde su cuartel general estaba asediado por patriotas reforzados por el ejército francés

del conde de Rochambeau. Clinton dejó el sur en manos de Cornwallis, que controlaba puestos avanzados clave y depósitos de suministros, como Camden (Carolina del Sur). En agosto de 1780, los patriotas enviaron a Horatio Gates a reconquistar Camden, pero Cornwallis infligió una de las derrotas más devastadoras de la guerra a sus tropas, en su mayoría inexpertas.

Lento desgaste

En octubre de 1780, el mando del Ejército Continental en el Sur recayó en Nathanael Greene. Dados sus antecedentes como intendente, no parecía una elección muy acertada, al igual que su estrategia de evitar la confrontación con Cornwallis. Greene dividió su ejército y dejó a los británicos perseguirle por todo el sur, emprendiendo ataques ocasionales a pequeña escala. Pasaron meses sin progresos de ninguno de los dos bandos, pero las tropas de Cornwallis estaban cerca del agotamiento por el hambre y las enfermedades.

En un intento de salir del punto muerto, el general Clinton empezó a planear una gran expedición al sur y ordenó a Cornwallis buscar y fortificar un puerto de aguas profundas. En agosto de 1781, Cornwallis tomó Yorktown (Virginia) y añadió fortificaciones al otro lado del río York, en Gloucester Point.

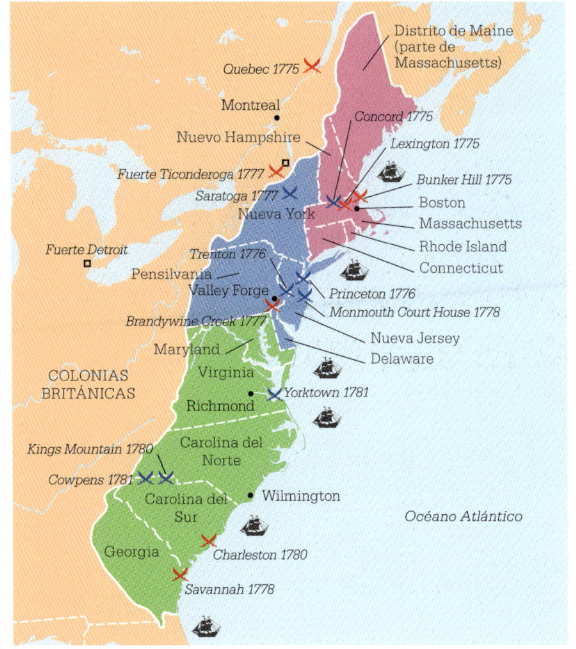

En las principales batallas de la guerra de la Independencia de EE. UU., la suerte alternó entre británicos y patriotas. La mayoría tuvo lugar cerca de las zonas costeras, entre los estados de Nueva York y Georgia.

Clave

- Victoria británica
- Victoria estadounidense
- Bloqueo británico
- Fuerte
- Colonias de Nueva Inglaterra
- Colonias centrales
- Colonias del sur

Mientras Cornwallis preparaba su base, la flota francesa del teniente general conde de Grasse llegaba desde el Caribe. Los barcos del almirante británico Thomas Graves llegaron a la bahía de Chesapeake el 5 de septiembre y se encontraron a los franceses ya allí. La batalla de Chesapeake causó un gran descalabro a la flota británica, que huyó a Nueva York y dejó a los franceses la bahía. Esto permitió llevar tropas frescas y suministros a los estadounidenses ya desplegados en torno a Yorktown.

El sitio de Yorktown comenzó el 28 de septiembre. Con solo 8000 hombres frente a una fuerza franco-estadounidense de 17 000, Cornwallis se rindió el 19 de octubre. Su derrota marcó el colapso del esfuerzo bélico británico.

La resistencia al dominio británico en América del Norte se valió del descontento, el espíritu de lucha y las capacidades de un pueblo colonizado, así como de su ansia de libertad. Que el pueblo podía ejercer colectivamente una gran fuerza iba a ser la lección de EE. UU. al mundo moderno, y los británicos la aprendieron a un alto precio. ■

En la batalla de Chesapeake, la flota francesa bloqueó la entrada de la bahía a los barcos británicos y con ello el ejército del general Cornwallis en Yorktown se quedó sin apoyo.

SOPLA UN GRAN VIENTO

LAS GUERRAS DE CATALINA LA GRANDE (1768–1795)

EN CONTEXTO

ENFOQUE
El Imperio ruso

ANTES
1547 Iván el Terrible, que gobierna como gran príncipe de Moscú desde 1533, se nombra a sí mismo el primer zar de Rusia.

1722 Pedro el Grande inicia una guerra contra el Irán safaví por los territorios del Cáucaso y el mar Caspio.

1739 En el tratado de Niš firmado con el Imperio otomano, Rusia se compromete a mantener su flota fuera del mar Negro.

DESPUÉS
1796 Pablo I sucede a su muerte a Catalina la Grande.

1813 Tras nueve años de guerra con Persia, Rusia se hace con Georgia y otros territorios del sur del Cáucaso.

1829 Por el tratado de Adrianópolis, el Imperio otomano cede a Rusia la costa oriental del mar Negro.

En 1762, Catalina, emperatriz consorte de Rusia, derrocó a su marido, Pedro III, y se convirtió en soberana del país. Alemana de nacimiento, se adaptó plenamente su patria adoptiva, pero sus opiniones se inspiraban en la Ilustración, el movimiento filosófico europeo que valoraba la lógica y la razón. En un código legal de 1767, Catalina declaró que Rusia era un estado europeo, refiriéndose a la cultura, pero también que tenía derecho a gobernar naciones menores.

Guerras ruso-turcas

Catalina, luego conocida como «la Grande», se dedicó a expandir Rusia a costa del vecino Imperio otomano, con el que mantenía un enfrentamiento intermitente desde el siglo XVI. En 1768, una masacre llevada a cabo por cosacos en Balta (entonces en el Imperio otomano, hoy en Ucrania) dio lugar a un conflicto que duró seis años. Esta guerra ruso-turca se complicó por la intervención de la Confederación de Bar, un grupo de nobles polacos airados por la injerencia rusa en la política y la elección de reyes de su país. Sin una flota del Mar Negro que desplegar desde el tratado de Niš de 1739, los rusos llevaron barcos del Báltico, y en julio de 1770, esta fuerza derrotó a la flota otomana en Chesma, en el mar Egeo.

Catalina la Grande retratada como líder militar en esta pintura del pintor danés del siglo XVIII Vigilius Eriksen. Lleva el uniforme del regimiento de la guardia personal de la zarina.

Victorias rusas

En Moldavia, el mariscal Piotr Rumiántsev venció a los turcos en Larga y Kagul (julio y agosto de 1770) antes de avanzar hacia el oeste, hacia la actual Rumanía. En 1771, el general Aleksandr Suvórov derrotó a la Confederación de Bar.

En 1772, Rusia, Prusia y Austria se hicieron cada una con una porción

Véase también: La Grecia clásica 24–27 ▪ El auge de los turcos otomanos 112–113 ▪ El Imperio otomano 130–133 ▪ La Gran Guerra del Norte 158 ▪ Las Diez Grandes Campañas 166–167 ▪ Decadencia otomana y expansión rusa 232–233

¿No es mejor terminar una guerra con la muerte de 7000 personas que prolongarla y matar a 100 000?
Alexander Suvórov
General ruso (1794)

del territorio polaco por el acuerdo para el primer reparto de Polonia. Dos años después, Rusia arrebató a los otomanos el Kanato de Crimea, que fue un estado satélite hasta que fue anexionado en 1783 por el mariscal Grigori Potemkin, amante de Catalina. Los poetas de la corte rusa compararon estas victorias con las de la antigua Atenas sobre Persia: un triunfo de la civilización occidental sobre la supuesta barbarie oriental.

En 1787, los otomanos intentaron recuperar lo perdido en Crimea. Potemkin, apoyado por Suvórov, lideró la brutal respuesta. En un asalto a la ciudadela de Ochákov (en la actual Ucrania) en diciembre de 1788, sus tropas mataron hasta 11 000 hombres en unas horas. Dos años después, en el sitio de Izmaíl, masacraron a 26 000 otomanos en tres días.

La expansión

Rusia también había ido extendiendo su imperio en otros frentes. En 1783, los nogayos del este del mar de Azov mataron a sus propias mujeres e hijos antes de luchar hasta la muerte para no someterse. En 1785, un levantamiento en Chechenia fue el pretexto para una expedición punitiva. Aprovechar la resistencia local para justificar invasiones a gran escala se convirtió en una pauta para Rusia.

Una victoria rusa en 1795 condujo al reparto definitivo de Polonia, que dejó de existir como país durante más de 120 años. Entretanto, el Imperio ruso siguió expandiéndose después de la muerte de Catalina. ■

Rusia entra en **disputas diplomáticas** con Polonia y **choques fronterizos** con el Imperio otomano, antes de **invadir el Cáucaso**.

Estos conflictos justifican la ocupación de territorios en nombre de la **seguridad de Rusia**.

Mantener estos territorios requiere una **presencia administrativa rusa**.

El imperio de Catalina se expande inexorablemente.

La batalla de Kazán, representada por el pintor del siglo XIX Otto Friedrich Theodor von Möller, fue un momento clave del reinado de Catalina.

Los cosacos

Durante siglos, los cosacos, en su mayoría eslavos y cristianos, habían llevado una vida seminómada como pastores en la estepa póntica, al noreste del mar Negro. Veían la civilización sedentaria con cierto desdén y se mantenían al margen de la cultura rusa en general. Paradójicamente, esto hizo de ellos los siervos ideales de un estado zarista que a menudo consideraba a su propio pueblo como enemigo. Además de servir en la caballería, con frecuencia desempeñaron una función policial en épocas de desorden o tensiones sociales, e hicieron cumplir la ley para sucesivos zares desde la época del primero, Iván el Terrible (r. 1547–1584).

La rebelión de los cosacos de Pugachov (1773–1775) fue una prueba temprana de la determinación de Catalina. En la batalla de Kazán, en julio de 1774, su ejército sofocó a los insurrectos y capturó al líder rebelde, Yemelián Pugachov, que fue ejecutado públicamente en Moscú al año siguiente.

LA JUSTA DEFENSA DE UN PUEBLO LIBRE

LAS GUERRAS REVOLUCIONARIAS FRANCESAS (1792–1805)

EN CONTEXTO

ENFOQUE
Reclutamiento masivo

ANTES
1618–1648 La guerra de los Treinta Años la libran en gran parte unidades mercenarias que son poco más que turbas armadas.

1645 El Nuevo Ejército Modelo de Cromwell es el primero realmente nacional de Inglaterra.

1789 Antes de la Revolución, el Ejército Real francés cuenta con muchas unidades mercenarias de origen extranjero.

DESPUÉS
1806–1814 El ejército prusiano crea un innovador sistema de reclutamiento universal masculino con turnos de corta duración.

1861–1865 El reclutamiento militar obligatorio mantiene los ejércitos unionista y confederado durante la guerra de Secesión de EE. UU.

Los jóvenes irán al frente; los casados forjarán armas y transportarán alimentos; las mujeres fabricarán tiendas y uniformes, y servirán en los hospitales…

Decreto de la Convención francesa
de la leva en masa (1793)

En la batalla de Valmy, los franceses entonaron canciones revolucionarias como su nuevo himno nacional *Chant de guerre pour l'Armée du Rhin* («Canto de guerra para el Ejército del Rin»), la Marsellesa.

La Revolución francesa de 1789–1799 convulsionó Europa como nada lo había hecho desde la guerra de los Treinta Años (1618–1648). Las otras grandes potencias europeas, todas monarquías, formaron alianzas contra el nuevo igualitarismo radical de Francia en las que generalmente participaban el Imperio austriaco, Prusia y Gran Bretaña. Sus fuerzas militares y navales, inicialmente victoriosas, iban a tener que enfrentarse pronto a un enorme ejército francés de reclutas llenos de ardor revolucionario, dirigido desde 1796 por Napoleón Bonaparte, el comandante con más talento desde Alejandro Magno, que amenazaba con arrollar Europa.

La leva en masa

Pese a su entusiasmo, los voluntarios de 1792 –en la guerra de la Primera Coalición (1792–1797) contra Austria, Gran Bretaña, Prusia, España y otras naciones– no encajaban bien en el ejército francés. Los revolucionarios vestían de azul republicano, mientras que los regulares seguían uniformados de blanco real, y ni siquiera recibían entrenamiento. Nunca les faltó valor, pero apenas eran capaces de ejecutar la más simple carga con bayoneta. Una de las pocas victorias del ejército francés en 1792, en Valmy, fue obtenida por la artillería, en gran parte formada por veteranos.

Las derrotas se sucedían, y durante el Terror –cuando miles de personas fueron ejecutadas por oponerse a la Revolución– muchos oficiales del ejército fueron guillotinados. La situación militar se volvió desesperada. En 1793, las fuerzas de la coalición amenazaban con tomar la base naval francesa de Tolón.

El 23 de agosto, la Convención Nacional (el gobierno revolucionario) de París decretó una leva en masa que requería que todos los franceses participaran en el esfuerzo bélico. No era un mero reclutamiento, sino que movilizaba a toda la economía francesa: los herreros fabricarían armas, las rejas de arado se convertirían en espadas y los carros de heno transportarían provi-

Véase también: La guerra de la Independencia de EE. UU. 172–177 ▪ Napoleón triunfante 188–191 ▪ La guerra de la Independencia española 192–193 ▪ Napoleón a raya 194–197 ▪ La guerra de Secesión de EE. UU. 214–221

Francia se ve **asediada** por todos lados por enemigos **decididos a destruir la Revolución**.

Toda la **nación francesa** debe **movilizarse** para hacer frente a la amenaza.

El ejército crece gracias a un programa de reclutamiento masivo.

Los nuevos **reclutas** integrados entre **veteranos** duplican con creces los efectivos del ejército.

Las **tácticas** innovadoras **aplastan a** ejércitos enemigos **más pequeños y tradicionales**.

Se aplican reformas económicas para financiar el **ejército ampliado**.

siones. Las mujeres fueron incluidas en la leva para servir en hospitales o hacer tiendas de campaña y ropa, e incluso los niños rasparían tela hasta convertirla en hilas para vendar heridas.

La leva no era solo una llamada a prepararse para la guerra total, sino también una llamada ideológica surgida de las mismas motivaciones igualitarias que la revolucionaria Declaración de los Derechos del Hombre y del Ciudadano. Desdeñaba a los mercenarios extranjeros, fuente de refuerzos en todas las guerras anteriores del siglo XVIII. Se dirigía al pueblo de una nación de conciudadanos, no de siervos o súbditos de un monarca tiránico. Las fuerzas reaccionarias amenazaban con aplastar una república de ciudadanos, encarnación de los valores de la Revolución, si no de su práctica real. Estaban en juego la libertad, la igualdad y la fraternidad. La leva marcó el nacimiento del patriotismo moderno.

Hacia la victoria

Lazare Carnot, nuevo ministro francés de la Guerra, fue el principal autor del decreto de la leva y como «organizador de la victoria» supervisó su aplicación. A las pocas semanas de promulgarse el decreto, Carnot había supervisado el reclutamiento de 300 000 hombres y reunido la asombrosa cifra de catorce nuevos ejércitos. Los reclutas procedían sobre todo de aldeas, no de ciudades, como antes, y reflejaban así el conjunto de la población de Francia. También se les integró en las filas para que aprendieran rápidamente los fundamentos de la guerra.

En 1794, estos hombres habían pasado a la ofensiva, y de una serie de derrotas se pasó a una marea de victorias que inundó los Países Bajos. En junio de ese año, en Fleurus (Países Bajos austriacos, actual Bélgica), los ejércitos revolucionarios derrotaron a austriacos y neerlandeses, y ganaron para Francia toda la orilla izquierda del río Rin. Las Provincias Unidas pasaron a ser un estado cliente francés llamado República Bátava. En 1795, España y Prusia se retiraron de la guerra, y solo Austria y Gran Bretaña continuaron luchando contra los franceses. »

Durante el Terror (1793–1794), el Comité de Salvación Pública ejecutó a miles de personas consideradas desleales a la Revolución, entre ellas muchos oficiales del ejército.

La moral francesa se disparó. Las victorias, además de democratizar un ejército antes rígidamente jerarquizado, contribuyeron a desarrollar la cualidad intangible del *élan*, o espíritu de lucha, dominante en el pensamiento militar francés durante décadas.

La campaña de Italia

A principios de 1796, el Ejército de Italia francés estaba disperso en destacamentos entre Niza y Génova, en la costa mediterránea, donde vigilaba al enemigo en el norte de Italia controlado por Austria. En marzo llegó un nuevo comandante, el general de 27 años Napoleón Bonaparte, que rápidamente lanzó a sus 38000 hombres y 60 cañones a una campaña tan deslumbrante que no solo obtuvo victorias en el campo de batalla contra adversarios mayores, sino también beneficios diplomáticos. En abril, Napoleón entró en la región del Piamonte cruzando los pasos de los Apes Marítimos y, aprovechando sus comunicaciones, ganó una serie de combates clave.

En dos semanas, Napoleón obligó al rey de Cerdeña a firmar un armisticio y entregar tres fortalezas y su artillería. En 1797 irrumpió en las llanuras de Lombardía y siguió ganando batallas, como en Rívoli, cerca del lago de Garda, y en Faenza, cerca de Bolonia, donde obligó al papa Pío VI a firmar un armisticio. En total, en una campaña de un año, Napoleón, antiguo oficial de artillería, usó los cañones de su ejército con tal eficacia que ganó dieciocho batallas importantes y solo perdió una. Capturó cientos de cañones y miles de prisioneros. Su ejército también extorsionaba y saqueaba –dinero, cuadros y estatuas– a su paso, y los hombres compartían el botín en un acto que siempre subía la moral a los reclutas de la leva.

¿Gran Bretaña sola?

En abril de 1797, con Napoleón cerca de Viena, los austriacos pidieron la paz. El 12 de mayo, su amenaza de declarar la guerra a Venecia si no se democratizaba obligó al último dux a abolir la Serenísima República tras 1100 años de independencia. Para mayor escarnio, Napoleón se llevó los caballos de bronce de la plaza de San Marcos. En octubre, cuando Francia y Austria firmaron el tratado de Campo Formio, que puso fin a la guerra de la Primera Coalición, solo quedaba Gran Bretaña frente a Francia.

Napoleón volvió a París como un héroe el 5 de diciembre de 1797. Allí tomó el mando del Ejército de Inglaterra, que se estaba reuniendo en los puertos del canal de la Mancha para una planeada invasión de Gran Bretaña.

Recursos británicos

Invadir Gran Bretaña supondría enfrentarse a un ejército británico de oficiales de clase alta y soldados de a pie de clase baja, a veces engrosado por voluntarios. Lo reforzaba una milicia a tiempo parcial, sobre todo rural, convocada al estallar la guerra, lo más parecido a la leva en masa en

Cuando Napoleón cruzó los Alpes hacia Italia en mayo de 1800, lo hizo a lomos de una mula. El pintor francés Jacques-Louis David hizo un retrato más romántico del futuro emperador.

Solo las falanges republicanas, los soldados de la libertad, podrían soportar lo que habéis soportado.

Napoleón
Proclama al ejército francés (mayo de 1796)

Gran Bretaña. Constitucionalmente separada del ejército, la milicia era una fuente fiable de voluntarios, sobre todo si se les inducía a alistarse con recompensas. Decenas de miles lo hicieron y, solo frente a Francia, la milicia llegó a contar con 82 000 hombres en 1799.

Gran Bretaña dependía para su defensa sobre todo de la Marina Real, y esta a su vez de sus infames patrullas de reclutamiento, que recorrían los puertos coaccionando a los hombres para que se alistaran. En 1795 se impuso un sistema de cuotas en cada condado para garantizar que los buques de guerra estuvieran adecuadamente tripulados. Contando a la milicia, el ejército británico era tres veces mayor que durante la guerra de la Independencia de EE. UU. (1775–1781).

La empresa de invadir Gran Bretaña parecía tan formidable que Napoleón la pospuso y optó por otra expedición. Egipto, pensó, era la llave de la India británica, y decidió conquistarlo, aliarse con príncipes indios antibritánicos y bloquear el acceso a la colonia británica más rica mientras desviaba el comercio hacia Francia.

La expedición egipcia

Para Francia, la expedición de Napoleón a Egipto en 1798–1799 fue un viaje de descubrimiento. Como miembro de la Academia de Ciencias de Francia, Napoleón incluyó a 167 científicos e intelectuales en la expedición. Además de descubrir la piedra de Rosetta, que permitió traducir los jeroglíficos egipcios, estos publicaron *Description de l'Égypte* («Descripción de Egipto»), una serie de libros que influyeron en las artes decorativas e inauguraron la egiptología.

Los franceses derrotaron con gran facilidad en varias batallas a los mamelucos, que gobernaban Egipto, y a los turcos otomanos, cuyo imperio estaba invadiendo Napoleón, pero el entusiasmo de sus soldados se marchitó bajo el calor del desierto, y miles murieron de hambre, sed y enfermedades. El 1 de agosto de 1798, una flota británica al mando del vicealmirante Horatio Nelson capturó o destruyó todos sus barcos menos dos en la batalla del Nilo. Napoleón y sus hombres estaban aislados. Luego tuvieron que sofocar repetidos levantamientos y cometieron atrocidades durante una incursión en Palestina, que terminó en derrota en Acre. Poco más de un año después, Napoleón y un pequeño séquito lograron embarcar hacia Francia y burlar el bloqueo británico. Pese a la suerte desigual de la campaña egipcia, París recibió a Napoleón como un héroe. En 1799, un golpe de estado lo convirtió en primer cónsul, en la práctica dictador militar de Francia.

La Segunda Coalición

Entretanto, la guerra de la Segunda Coalición (1798–1802) estaba muy avanzada. Además de Gran Bretaña y Austria, los adversarios de Francia eran Rusia, el Imperio otomano (por la aventura egipcia) y Portugal (entonces España era aliada de Francia). Francia ya había perdido la mayor parte de las conquistas napoleónicas en Italia.

En primavera empezaba la temporada de campaña, y el 15 de mayo de 1800 Napoleón y unos 40 000 soldados comenzaron a cruzar los Alpes hacia Italia por la ruta más corta y difícil, a través del paso del Gran »

La derrota francesa parecía próxima en Marengo cuando el general François-Étienne Kellermann lanzó por sorpresa una carga de caballería devastadora contra los austriacos.

San Bernardo, a gran altura, barrido por el viento y nevado, arrastrando cañones desmontados por caminos de cabras durante cinco días. Al salir por fin a la llanura del Piamonte, reanudaron las maniobras contra los austriacos. El 14 de junio, Austria, con una fuerza mucho mayor, se enfrentó a los franceses cerca de la aldea de Marengo y, durante la mayor parte de un largo día de batalla, los superó. Con sus hombres al borde del colapso, Napoleón se apresuró a hacer algunos ajustes. Envió a la caballería, flanqueó al enemigo y al anochecer había hecho de una derrota casi segura una de sus más brillantes victorias.

Al avanzar un batallón napoleónico, las compañías de cabeza rompían filas y hostigaban al enemigo. Tras ellas, las demás compañías cambiaban la formación de columna a línea.

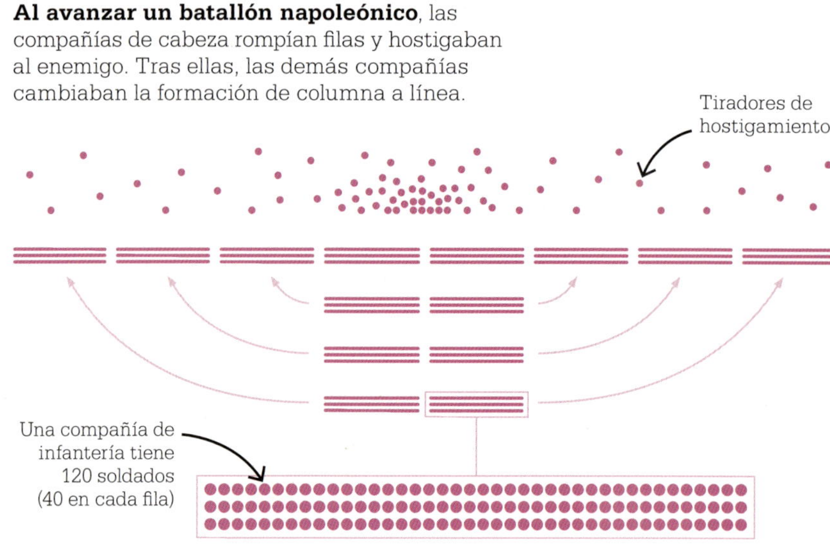

¿Cerca del final?

Austria aceptó un armisticio el 15 de junio de 1800 y se preparó para evacuar Italia. La tregua duró hasta el 13 de noviembre, cuando se reanudaron las hostilidades a lo largo del Rin. El primer cónsul, enredado en asuntos políticos, siguió en París mientras su subordinado, el general Jean Moreau, derrotaba decisivamente a austriacos y bávaros en los bosques de Hohenlinden, al este de Múnich, el 3 de diciembre. El 2 de abril de 1801, el vicealmirante británico Horatio Nelson llegó al puerto de Copenhague con una escuadra con doce navíos de línea al frente y destruyó la flota danesa anclada. El Almirantazgo de Londres temía una inminente alianza franco-danesa y quería evitar a toda costa que Napoleón acumulara efectivos navales.

El ataque de Nelson a Copenhague fue el único revés estratégico de Francia antes de que el tratado de Amiens de 1802 pusiera fin a la guerra de la Segunda Coalición. Francia seguía controlando toda la orilla izquierda del Rin y había creado estados títere en Italia. Para muchos historiadores este tratado marca el fin de las guerras revolucionarias francesas, pues al reanudarse la guerra en 1805, Napoleón ya se había coronado emperador (en diciembre de 1804).

El papel de los tiradores de hostigamiento

A raíz de la leva en masa, las rígidas formaciones del ejército en el campo de batalla se volvieron más flexibles. Los reclutas contribuyeron a perfeccionar una nueva formación basada en la antigua línea de hostigamiento. A la orden *déployez en tirailleur* («despliéguense como tiradores») los soldados realizaban una maniobra frontal dividiéndose en una formación abierta dispersa y proporcionaban cobertura a los batallones principales. Los tiradores de hostigamiento estaban entrenados para tomar la iniciativa, utilizando cualquier cobertura disponible y disparando en posición o al avanzar e incluso al retroceder. Actuar en parejas permitía a uno recargar mientras el otro disparaba.

Estas mejoras tácticas se usaron después en la guerra de Secesión de EE. UU., en la que los mosquetes de cañón estriado, precisos a mayor distancia que los de ánima lisa, realzaron el valor de la línea de tiradores de hostigamiento.

La batalla de Trafalgar

Durante las guerras revolucionarias francesas hubo al menos 36 campañas o batallas navales. Además de las acciones de Nelson en el Nilo y Copenhague, la Marina Real británica venció a los franceses en la cuarta batalla de Ushant el 1 de junio de 1794 y en la del Cabo de San Vicente el 14 de febrero de 1797.

Aparte de la guerra de 1812–1815 entre Gran Bretaña y EE. UU., solo se libró una gran batalla naval tras el fin de las guerras revolucionarias, la de Trafalgar, pero fue la más decisiva de todas.

En 1805, Napoleón planeaba de nuevo invadir Gran Bretaña. Había reunido 2293 barcos en los puertos de alrededor de Boulogne (Francia) y se disponía a embarcar 161 215 hom-

En Trafalgar, el buque insignia británico de 104 cañones *Victory* (centro, dcha.) rompió la línea enemiga entre el *Bucentaure* y el *Redoutable*: los tres resultaron gravemente dañados.

bres y 9059 caballos. Antes debía controlar el canal de la Mancha derrotando decisivamente a la dispersa Marina Real, las famosas «murallas de madera» de Gran Bretaña. Tras haber atraído a la flota británica comandada por Nelson hacia el océano Atlántico, la flota combinada de Napoleón, compuesta por buques franceses y españoles, partió de Cádiz el 17 de octubre rumbo al canal de la Mancha.

Napoleón subestimó a Gran Bretaña, que entre 1800 y 1812 gastó casi una cuarta parte de su presupuesto anual en la armada. La flota de Nelson interceptó a la combinada el 21 de octubre de 1805 frente al cabo de Trafalgar, en el suroeste de España. Dividiendo su pequeña fuerza en dos columnas, Nelson navegó hacia el este con un rumbo de 90 grados y rompió la línea enemiga que se dirigía hacia el norte en tres partes, a dos de las cuales derrotó en la batalla que siguió.

La flota combinada franco-española perdió un tercio de sus buques sin capturar ni hundir una sola nave británica. Un francotirador francés hirió mortalmente a Nelson, más tarde convertido en un héroe nacional británico, pero la batalla de Trafalgar siempre sería considerada la victoria más famosa de la Marina Real.

Reclutas en abundancia

Gran Bretaña conservaba el dominio del mar. Las siguientes guerras de Napoleón se librarían en la Europa continental. Una ley de 1798 que decretó que todo francés era un soldado «que se debe a la defensa de la nación» aseguró la continuación de la leva en masa y, por tanto, un suministro regular y abundante de reclutas con los que alimentar al soberbio instrumento de guerra de Napoleón, la *Grande Armée*. ■

Olvida las maniobras. Siempre a por ellos.
Almirante Horatio Nelson

Victory
División del almirante Nelson
Bucentaure
Royal Sovereign
Redoutable
División del vicealmirante Collingwood
Santa Ana
Fougueux

Clave
Flota británica
Flota francesa
Flota española

La estrategia vencedora de Nelson en Trafalgar se basó en dos columnas de naves para dividir en tres la flota franco-española. Su buque era el Victory, y el de su segundo, el vicealmirante Cuthbert Collingwood, el Royal Sovereign.

ESA SÍNTESIS DE MONSTRUO Y SUPERHOMBRE

NAPOLEÓN TRIUNFANTE (1804–1809)

EN CONTEXTO

ENFOQUE
La *Grande Armée*

ANTES

1792 Comienza una década de guerras revolucionarias francesas, que exigen un ejército mayor y más poderoso.

1793 La leva en masa –o reclutamiento de todos los jóvenes sanos– comienza a transformar el ejército francés.

1796 Napoleón emprende la campaña de Italia, el inicio de sus conquistas militares.

DESPUÉS

1812 La *Grande Armée* alcanza un máximo de unos 600 000 hombres.

1813 Más de medio millón de soldados luchan en la batalla de Leipzig. Napoleón es derrotado por la alianza de Austria, Prusia, Rusia y Suecia.

A inicios del siglo XIX, cinco grandes potencias europeas (Gran Bretaña, Francia, Austria, Rusia y Prusia) competían por el predominio territorial y comercial. En 1804–1805, Austria, Gran Bretaña y Rusia formaron la Tercera Coalición contra las intenciones expansionistas de Napoleón, recién coronado emperador de Francia. En agosto de 1805, Napoleón respondió con la marcha al este de casi 200 000 soldados desde la costa francesa del canal de la Mancha –desde donde planeaba invadir Gran Bretaña– para hacer frente a la amenaza más inmediata para el Imperio francés, los ejércitos austriaco y ruso.

Véase también: La guerra de los Siete Años 162–165 ▪ La guerra de la Independencia de EE.UU. 172–177 ▪ Las guerras revolucionarias francesas 180–187 ▪ La guerra de la Independencia española 192–193 ▪ Napoleón a raya 194–197

Filósofos de la guerra

Dos teóricos militares que lucharon en bandos opuestos en Jena (1806) hicieron grandes aportaciones a la filosofía de la guerra. En *De la guerra* (1832), Carl von Clausewitz (1780–1831), un oficial prusiano herido y capturado en la batalla, declara: «La guerra es, pues, un acto de violencia destinado a obligar a nuestro adversario a cumplir nuestra voluntad». Esta obra, basada en gran medida en su estudio de los ejércitos de la época napoleónica, continúa siendo una obra influyente hasta nuestros días. Antoine-Henri Jomini (1779–1869), sirvió a las órdenes de Napoleón en Jena. Su obra *Compendio del arte de la guerra* (1838) fue muy leído en las academias militares del siglo XIX. Jomini puso en palabras lo que Napoleón lograba en los hechos, con una descripción exhaustiva de lo que el emperador francés veía intuitivamente con solo una mirada. Muchos generales de la guerra de Secesión de EE.UU. fueron discípulos de Jomini.

Las tropas de Napoleón, a las que llamó *Grande Armée* (Gran Ejército), eran posiblemente la fuerza militar mejor adiestrada y entrenada del mundo. Su organización formaba parte de un nuevo enfoque de la estrategia militar, que abarcaba también la logística, la táctica y las comunicaciones. Se componía de seis cuerpos autónomos, cada uno formado por 10 000 a 50 000 soldados, con varias divisiones, a su vez integradas por dos o tres brigadas de dos regimientos cada una. Los seis cuerpos, con su propia caballería y artillería, podían actuar como ejércitos independientes, aunque en última instancia estaban controlados por el emperador. Napoleón también tenía a su disposición una Guardia Imperial, una poderosa reserva de infantería, caballería y artillería de élite.

La instrucción minuciosa fue tan importante como reorganizar el ejército. Cuando, por ejemplo, el ejército cruzó los puentes sobre el Rin para enfrentarse a los ejércitos austriaco y ruso que avanzaban hacia Baviera, todo soldado de infantería sabía cómo desplegarse, fuera en columna como ariete o en línea por el campo de batalla. Toda la caballería estaba hecha a atravesar el fuego enemigo y todas las unidades de artillería estaban entrenadas para desplegar los cañones con rapidez y usarlos en el lugar y momento decisivos.

La primera gran batalla terrestre de la guerra de la Tercera Coalición (16–19 de octubre de 1805) fue contra los austriacos en los alrededores de Ulm, en el Electorado de Baviera, en el sur de la actual Alemania. Napoleón superó en maniobras al pequeño ejército contrario, 27 000 de cuyos hombres se rindieron.

Una serie de victorias

La victoria de Napoleón en Ulm le abrió el camino a Viena, 480 km al este, adonde estaba llegando el ejército imperial ruso. Napoleón llegó primero y esperó a los rusos cerca del pueblo de Austerlitz (cerca de Brno, en la actual Chequia).

El ejército ruso del zar Alejandro I, aumentado con fuerzas austriacas, contaba con casi 90 000 hombres. La *Grande Armée*, con unos 75 000, estaba a 1600 km de sus depósitos alrededor de París. Comenzaba el invierno, y Prusia amenazaba con entrar en guerra contra Francia. »

Napoleón acepta la rendición de un ejército austriaco en Ulm tras bombardear a sus tropas, sitiadas en la ciudad. La ayuda rusa con la que contaban los austriacos no llegó a tiempo.

Aunque la situación no parecía favorecer a los franceses, el 2 de diciembre Napoleón hizo caer al enemigo en una trampa: aparentando debilidad, llevó sus ejércitos a un terreno accidentado, y luego diez regimientos de caballería pesada atacaron el centro expuesto del enemigo y derrotaron a la Guardia Imperial rusa. El ejército del zar se retiró, y el emperador austriaco Francisco I pidió la paz. La Tercera Coalición se había desmoronado, y la *Grande Armée* había logrado su victoria más famosa.

Solo pasaron seis semanas entre la aplastante victoria naval británica sobre Francia en Trafalgar y el triunfo igualmente imponente de Napoleón en Austerlitz. La primera confirmó el control del mar de la Marina Real; el segundo demostró la supremacía de la *Grande Armée* en la Europa continental.

El 6 de agosto de 1806, Napoleón disolvió el Sacro Imperio, poniendo fin de este modo a sus 800 años de historia, y lo sustituyó por la Confederación del Rin, un conjunto de estados alemanes clientes del Imperio francés. Esto alarmó a Prusia, que declaró la guerra el 9 de octubre. Cinco días después, Francia derrotó a Prusia en Jena y Auerstedt (en la actual Alemania). Increíblemente, en Auerstedt, un solo cuerpo de la *Grande Armée* derrotó al grueso del ejército prusiano. El 27 de octubre, los vencedores marcharon a través de Berlín.

Hoy se ha librado una batalla que no ha salido muy bien.

Emperador Francisco I
a su esposa después de Austerlitz

Napoleón, a lomos de un caballo blanco, observa el campo de batalla en Austerlitz, donde hubo 16 000 muertos y heridos rusos y austriacos, y menos de 9000 franceses.

De enemigos a aliados

Napoleón siguió hacia el este a través de la Polonia controlada por Rusia durante el otoño y el invierno de 1806–1807 porque Francia seguía en guerra con Rusia. El 7 de febrero de 1807, las tropas del zar sorprendieron a la *Grande Armée* en Eylau, a 208 km de la frontera rusa, antes de que pudiera prepararse para la batalla. Entre remolinos de nieve, los rusos desplegaron el doble de cañones que los franceses y abrieron grandes brechas en las columnas, líneas y formaciones de hostigamiento de la *Grande Armée*. Una vez más, Napoleón recurrió a la caballería pesada. Reunió 80 escuadrones de caballería de su Guardia Imperial (10 700 soldados) y lanzó contra el centro ruso una de las grandes cargas de caballería de la historia.

La batalla se saldó con una victoria parcial para Napoleón. Cuatro meses después, en Friedland, cerca de Kaliningrado, la *Grande Armée* obtuvo una victoria mucho más decisiva, que obligó al zar a firmar la paz de Tilsit de 1807, por la que su imperio se aliaba con el de Napoleón.

Napoleón volvió a París en el verano de 1807, de nuevo como un héroe conquistador. La alianza con el Imperio ruso, junto con el Sistema Continental, que negaba el acceso

Las cargas de la caballería francesa fueron la clave de la victoria de Napoleón sobre los rusos en Friedland. Rota su formación, los rusos en retirada cruzaron caóticamente el río Alle.

a los puertos europeos a la navegación británica, parecía que iba a forzar a Gran Bretaña a negociar, pero se renunció a ello cuando Portugal siguió comerciando con Gran Bretaña, lo cual desencadenó la guerra de la Independencia española (1808–1814), en la que Francia se enfrentó a Portugal, Gran Bretaña y luego a España.

Doble prioridad

Aunque su nombre perduró informalmente hasta 1815, la *Grande Armée* se reorganizó de manera oficial en Ejército de España y Ejército del Rin en octubre de 1808, mientras las mejores tropas, y el propio Napoleón, estaban en España. Con Napoleón en España, el Imperio austriaco vio la oportunidad de restablecer su hegemonía sobre Alemania a expensas de la Confederación del Rin, protegida por Francia.

En enero de 1809 se movilizó el ejército austriaco. Napoleón esperaba que Rusia frenara a Austria, pero su nuevo aliado se negó, incluso después de que Austria declarara la guerra en febrero. Dejando sus mejores tropas en España y acompañado solo por su Guardia Imperial, Napoleón volvió a Francia y, al frente del Ejército del Rin, atacó Baviera y volvió a ocupar Viena en mayo.

El 21 de mayo de 1809, los franceses cruzaron el Danubio para enfrentarse a los 100 000 soldados de un ejército austriaco revigorizado. Establecieron cabezas de puente cerca de las aldeas de Aspern y Essling, pero los furiosos contraataques austriacos les hicieron retroceder. Fue la primera derrota terrestre de Napoleón desde que se convirtió en jefe del estado francés.

La batalla de Wagram

Seis semanas después de Aspern-Essling, la noche del 5 de julio, Napoleón logró cruzar el Danubio con un ejército de 173 000 franceses, sajones y bávaros, la mayor fuerza que había desplegado hasta entonces, y lanzó el asalto de las posiciones austriacas atrincheradas a lo largo de unas colinas coronadas por el pueblo de Wagram. Al caer la noche, más de 300 000 hombres combatían y el tronar de la artillería hacía temblar las ventanas de Viena, a 15 km al suroeste. Esa noche, Napoleón decidió romper el estancamiento con un nuevo asalto a lo largo de todo el frente austriaco, desplazando su flanco izquierdo, pero los austriacos atacaron primero, antes del amanecer, y con tal fuerza que las líneas francesas estaban a punto de romperse cuando Napoleón reunió una gran batería de más de 100 cañones y concentró el fuego en el flanco derecho y el centro austriacos. Los cañones franceses dispararon más de 71 000 proyectiles, una descarga posiblemente no igualada hasta la Primera Guerra Mundial. El fuego de artillería despejó el camino para una carga final de la caballería de la Guardia Imperial y dio a Napoleón otra victoria, aunque a un alto precio en número de bajas.

La batalla de Wagram fue la mayor librada en Europa hasta entonces, con unos 70 000 muertos en total, muchos destrozados por disparos de artillería. Austria tuvo que firmar la paz, pero la carrera del mayor líder militar del mundo, Napoleón –y la fortuna del ejército que había ganado sus batallas– habían tocado techo. ■

[...] bastará con que digáis: «Estuve en la batalla de Austerlitz» para que la gente responda: «Ahí va un valiente».

Napoleón

a sus tropas después de Austerlitz

LOS HORRORES SE CASTIGABAN CON OTROS HORRORES

LA GUERRA DE LA INDEPENDENCIA ESPAÑOLA (1808–1814)

EN CONTEXTO

ENFOQUE
Atrocidades en la guerra

ANTES
1209–1229 El papa Inocencio III lanza la cruzada albigense contra los «herejes» cátaros en el sur de Francia. Los cruzados matan a decenas de miles de civiles.

1649–1653 Durante las guerras confederadas de Irlanda, el ejército de Cromwell masacra a miles de sacerdotes y civiles.

1755–1758 La dinastía china Qing trata de exterminar al pueblo mongol de los zúngaros y mata al menos a 480 000.

DESPUÉS
1864 La primera Convención de Ginebra establece normas sobre el trato a prisioneros de guerra heridos y enfermos.

2007 El Tribunal Internacional de Justicia califica de genocidio la matanza de musulmanes en 2005 en la localidad bosnia de Srebrenica.

En 1807, el rey de España Carlos IV, autorizó al ejército francés a atravesar su país para someter a Portugal, aliado de Gran Bretaña. Confiando en que sus subordinados se las arreglarían sin él, Napoleón permaneció en Francia. La resistencia portuguesa se desmoronó enseguida, y la reina María I y su corte se retiraron a Brasil.

Un año después quedó claro que los franceses no tenían intención de abandonar España. Indignados por la presencia de tropas francesas en la capital, los madrileños organizaron el levantamiento del Dos de Mayo. Un tribunal militar francés decretó el fusilamiento de todo aquel que fuera sorprendido con armas. Al día siguiente, varios cientos de personas, no todas armadas, fueron fusiladas. La brutal represión enfureció aún más a los españoles, pero Napoleón no se dejó intimidar: derrocó al nuevo rey Fernando VII y nombró en su lugar a su propio hermano, José I de España.

Al cabo de unas semanas Napoleón tuvo que revisar su estrategia tras la humillante derrota en la batalla de Bailén, en Anda-

¿Guerrilleros o bandidos?

En la guerra de la Independencia española, los invasores franceses se enfrentaron a pequeñas partidas de combatientes españoles, los guerrilleros, y a veces guerrilleras. Aunque no eran rivales para un tropa al completo, hostigaban al ejército invasor en los márgenes, cazaban a los rezagados y atacaban campamentos menores y convoyes de suministros. Conocían el terreno y luchaban por defender su hogar. Una de sus acciones más destacadas fue el ataque a un convoy francés en Arlabán (entre Guipúzcoa y Álava), en 1811, que liberó a más de mil prisioneros de guerra.

Los guerrilleros tuvieron un papel clave en la desmoralización de los ocupantes franceses, pero los escépticos afirman que el campo español estaba plagado de bandoleros desde hacía tiempo y que aquellos «luchadores por la libertad» eran en realidad bandidos atraídos por una nueva presa, que incluso saqueaban y robaban a sus propios compatriotas.

Véase también: La guerra en América del Norte 150–151 ▪ Las guerras de la independencia hispanoamericana 200–203 ▪ La independencia en el Sureste Asiático 296–297 ▪ Revolución y contrarrevolución en América Latina 298–299

El cuadro de Francisco Goya *El tres de mayo de 1808* representa el horror de los civiles frente a un pelotón de fusilamiento francés, y celebra la resistencia española.

lucía, en julio de 1808. Nadie habría predicho que la primera derrota de Napoleón en suelo europeo la infligiera una España desmoralizada.

Tras una petición de ayuda española, unos 14000 británicos dirigidos por Arthur Wellesley (futuro duque de Wellington) desembarcaron en la bahía de Mondego (Portugal) en agosto de 1808. Lograron varias victorias, y en octubre los franceses tuvieron que abandonar Portugal. Napoleón respondió avanzando hacia el sur de España al frente de la *Grande Armée*.

Tácticas británicas

Forzado a una acción de retaguardia desesperada, el ejército británico se retiró en pleno invierno. En enero de 1809 obtuvo una victoria táctica sobre los franceses en la batalla de Elviña (o de La Coruña), pero tuvo que ser evacuado de España por mar. Los franceses volvieron a invadir Portugal, pero tras las victorias británicas en Grijó y Oporto los días 11 y 12 de mayo de 1809, tuvieron que retirarse de nuevo.

Wellington proporcionó instrucción de infantería a unos 70000 patriotas portugueses. Los franceses eran más numerosos, pero Wellington respondió con conocimientos tácticos superiores. Los franceses preferían ataques en masa con densas columnas de infantería, y aunque esto permitía moverse rápido por el campo de batalla, exponía a sus soldados a un fuego bien dirigido de la artillería y la infantería. Wellington insistió en mantener posiciones defensivas con la infantería desplegada en línea para dirigir descargas devastadoras sobre las columnas francesas que avanzaban.

Una racha de victorias

Wellington tuvo que retirarse a Portugal, pero infligió varias derrotas a los franceses, en Talavera de la Reina (julio de 1809) y Bussaco, en Portugal (septiembre de 1810). Hizo construir las fortificaciones de las Líneas de Torres Vedras, al norte de Lisboa, para proteger la capital portuguesa y luego dirigió con éxito los asedios de Ciudad Rodrigo y Badajoz, a principios de 1812. En ambas ciudades los británicos cometieron atropellos, irrumpiendo en casas particulares para saquear y violar. En julio de 1812, en Salamanca, la línea británica se mantuvo firme frente a las columnas francesas en el centro, mientras su caballería pesada atacaba por ambos flancos.

A finales de 1813, el ejército de Wellington invadió Francia, y el 10 de abril de 1814 derrotó a los franceses en Toulouse. Napoleón abdicó a los pocos días. La guerra había sido costosa: murieron al menos 240000 militares y civiles españoles, así como 180000 soldados franceses y 60000 británicos. ■

Las guerrillas han causado más pérdidas al ejército francés que todas las tropas regulares [...] Se ha demostrado que asesinaban a más de cien de nuestros hombres al día.

Auguste-Julien Bigarré
General francés

EL OLOR DE LAS HERIDAS DE BALA

NAPOLEÓN A RAYA (1812–1815)

EN CONTEXTO

ENFOQUE
Medicina de guerra

ANTES
1545 El cirujano francés Ambroise Paré publica *Método de curar las heridas hechas por arcabuces y otros bastones de fuego.*

1806 Los médicos británicos se reúnen en Londres para tratar de mejorar el tratamiento de los soldados heridos.

DESPUÉS
1846–1848 En la guerra mexicano-estadounidense, las muertes por enfermedad superan a las muertes en combate en una proporción de 7:1.

1862 Jonathan Letterman organiza un sistema de medicina militar para el Ejército del Potomac en la guerra de Secesión de EE. UU.

1870 En la guerra franco-prusiana, las muertes prusianas por heridas en combate superan por primera vez a las causadas por enfermedades.

En junio de 1812, Napoleón invadió Rusia con el mayor ejército jamás visto en Europa: medio millón de soldados. Una generación después de su introducción en Francia, la leva en masa proporcionaba un ingente número de soldados, y el campo de batalla era el escenario de matanzas cada vez mayores. Los críticos de Napoleón le acusaban de tratar a sus tropas como carne de cañón, pero los franceses tomaron medidas para aliviar

Véase también: Las guerras revolucionarias francesas 180–187 ▪ Napoleón triunfante 188–191 ▪ La guerra de la Independencia española 192–193 ▪ La guerra de Crimea 206–207 ▪ El ascenso de Prusia 210–213

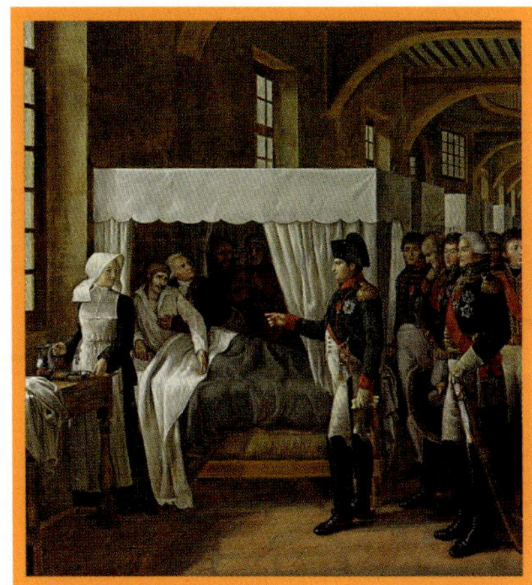

Napoleón visitó el Hospital de los Inválidos de París en varias ocasiones. En 1815, este hospital atendió hasta 5000 soldados heridos de la *Grande Armée* a la vez.

el horror de las bajas en el campo de batalla, como demuestra el nombramiento de Dominique-Jean Larrey, el cirujano de campaña más innovador de la época, como cirujano jefe de la *Grande Armée*.

Atacar a Rusia era una empresa enormemente ambiciosa, y no solo porque los ejércitos del zar eran fuertes. Para llegar a cualquier centro urbano importante de Rusia, una fuerza invasora tenía que marchar por campo abierto durante semanas. En Europa occidental, los hombres habrían podido vivir de la tierra, saqueando granjas y pueblos en busca de alimentos, pero el campo ruso era muy pobre. Napoleón comprendía las dificultades, pero con su habitual confianza en sí mismo, seguía creyendo que vencería.

Otros también eran conscientes del problema, pero se dejaron influir. «¡Era tan dulce abandonarse a esa estrella!», recordaba el general francés Philippe Paul sobre lo persuasivo que era el emperador.

Avance hacia Moscú

El 24 de junio, la *Grande Armée* cruzó el río Niemen hacia el oeste de Rusia (actual Lituania). Llegó a Vilna cuatro días después, y a Smolensk el 16 de agosto. Napoleón calculó que el zar Alejandro I, ante un ejército invasor tan temible, pediría la paz, pero no fue así. En lugar de ello, las fuerzas rusas se retiraron, quemando todo lo que pudiera ser de utilidad a los invasores.

El 7 de septiembre, en Borodino, a 110 km al oeste de Moscú, se desató el que parecía un enfrentamiento culminante. Un cuarto de millón de hombres lucharon durante 15 horas, y Napoleón venció. La carnicería fue inmensa: 25 000 muertos y 55 000 heridos en ambos bandos. Los franceses usaron carros tirados por caballos

El vino ya está servido;
hay que beberlo.

Napoleón
a los oficiales que le rogaban suspender la campaña de Moscú

(ambulances volantes) para llevarse a los heridos del campo de batalla tras el tratamiento inicial. Esto fue una de las innovaciones de Larrey, junto con amputar enseguida para salvar vidas que podrían perderse a causa de la infección. En Borodino realizó 200 amputaciones en un día.

Al entrar en Moscú, los franceses se encontraron con que sus defensores se habían esfumado y la ciudad ardía. Con todo, el zar no se rindió, sino que mantuvo una estrategia de resistencia pasiva. »

Enormes incendios arrasan Moscú en septiembre de 1812, coincidiendo con la llegada de los franceses. Es casi seguro que los rusos los provocaron siguiendo su estrategia de tierra quemada.

Dominique-Jean Larrey

Nacido en el sur de Francia en 1766, el cirujano militar jefe de Napoleón, Dominique-Jean Larrey, era hijo de un zapatero. Tras servir como cirujano naval, en 1792 se alistó en el Ejército del Rin, donde introdujo mejoras vitales en los primeros auxilios en el campo de batalla. Es conocido sobre todo como el inventor de la ambulancia. Partiendo de las cureñas de artillería, diseñadas para mover los cañones con rapidez, creó las llamadas ambulancias volantes, que se podían desplegar rápidamente para llevar a los heridos a un lugar seguro detrás de las líneas.

Asimismo, la sanidad moderna le debe el concepto de triaje (del francés *triage*, «elección» o «clasificación»), para dar prioridad a los casos más urgentes. También fue innovador al insistir en que la gravedad de la herida prevalece sobre la clase social y el rango. Napoleón le llamó «el amigo del soldado». Su trabajo sentó las bases de la asistencia sanitaria moderna en el campo de batalla. Murió en 1842.

Una retirada espantosa

Pasaron cinco semanas hasta que Napoleón comprendió que la rendición no iba a llegar. Se acercaba el otoño, y corría el riesgo de quedar abandonado. Desoyendo los consejos de sus generales, decidió tomar la misma ruta de vuelta a casa, por un territorio ya arrasado. Los franceses, cargados de botín -desde candelabros hasta carruajes-, tuvieron dificultades y abandonaron gran parte de sus tesoros por el camino. Como antes, los rusos evitaron atacar directamente a los franceses, pero acosaron a los rezagados y eliminaron a los grupos aislados enviados en busca de suministros.

Los franceses ya habían sido derrotados mucho antes de la ofensiva del invierno ruso, pero esta agravó la situación. Al caer las temperaturas por debajo de cero, los soldados complementaron sus inadecuados uniformes con pieles, sedas y satenes robados como trofeos. Con las botas destrozadas, muchos tuvieron que caminar descalzos. El hambre y el frío extremo se cobraron un precio enorme, y solo unos 112 000 de los participantes en la invasión lograron salir de Rusia. Unos 100 000 miembros de la *Grande Armée* habían muerto en combate, pero más del doble perecieron por las enfermedades, el hambre y el frío.

Acorralado por la coalición

Entonces Napoleón se enfrentó a una amplia coalición de enemigos, aliados a principios del otoño de 1813. Lo acorralaron en Leipzig, y durante cuatro días (16–19 de octubre), la *Grande Armée* combatió contra los ejércitos combinados de Austria, Prusia, Rusia y varios estados menores: la Sexta Coalición. En la que fue la mayor batalla de la historia europea hasta la Primera Guerra Mundial participaron 560 000 soldados, y la ventaja cambió de uno a otro bando al ir llegando nuevos destacamentos de diversos ejércitos.

El ejército de 195 000 hombres de Napoleón fue finalmente aplastado por el número del enemigo (más

Los **enfermos y los heridos** son una **carga y un gasto** para todo ejército.

Proporcionar una atención eficaz no solo es **más humano: es una ventaja**.

Con tanto en juego en la guerra, los **gobiernos** están dispuestos a actuar con **una urgencia que no han mostrado** en tiempo de paz.

Los beneficios para los militares se extienden a la sociedad en general.

La derrota de Napoleón en Leipzig supuso el fin del Imperio francés al este del Rin. La *Grande Armée* sufrió más de 70 000 bajas en la batalla.

de 365 000 hombres). Los supervivientes se retiraron hacia Francia en orden, pero a Napoleón se le acababa el tiempo. Los ejércitos de la Sexta Coalición invadieron Francia, tomaron París en marzo de 1814 y le obligaron a abdicar y exiliarse en la isla de Elba, frente a la costa italiana. Luis XVIII fue instalado en el trono de Francia.

El camino a Waterloo

En febrero de 1815, Napoleón escapó del exilio, volvió a París y puso fin al breve reinado de Luis XVIII. De inmediato se dispuso a movilizar unos 250 000 hombres contra una nueva coalición de Austria, Prusia, Rusia y Gran Bretaña, cada una de las cuales se había comprometido a aportar 150 000 soldados.

Napoleón no dio tiempo a la coalición para prepararse y actuó rápidamente para despachar a sus adversarios uno a uno y evitar de este modo un ataque unido demoledor. Temiendo que los ejércitos británico y prusiano, al mando del duque de Wellington y de Gebhard Lebrecht von Blücher respectivamente, se unieran, envió al mariscal Michel Ney a interceptar a Wellington en Quatre Bras (Bélgica), el 16 de junio. Wellington hizo frente con éxito a los franceses, pero el retraso frustró su plan de enlazar con Blücher, que fue detenido ese mismo día por el propio Napoleón en Ligny, al sur.

Napoleón envió al mariscal Emmanuel de Grouchy tras los prusianos de Blücher con 33 000 hombres y dirigió el resto contra los británicos y sus aliados neerlandeses y alemanes. Wellington estaba en Waterloo, a 20 km al sur de Bruselas, donde alineó sus primeras filas a lo largo de una cresta y ocultó al grueso de sus soldados detrás, una táctica que había desarrollado durante la guerra de la Independencia española (1808–1814). El extremo derecho de la línea británica se anclaba en el castillo de Hougoumont, una mansión amurallada llena de hombres y armas, y el centro, en la casa y dependencias de la granja La Haye Sainte.

Lucha hasta el final

Una lluvia torrencial complicó las cosas a la infantería napoleónica, que tuvo que marchar cuesta arriba sobre terreno fangoso. También inmovilizó a los soldados el fuego de los británicos en torno a Hougoumont.

A los heridos graves se les debe atender en primer lugar, sin tener en cuenta el rango o la categoría.

Dominique-Jean Larrey
***Memorias de cirugía militar* (1814)**

Una carga cuesta abajo de la caballería británica barrió el ataque de la infantería francesa contra el centro británico, y varias cargas de la caballería francesa no surtieron efecto. Con todo, Napoleón pudo haber vencido en Waterloo por puro desgaste (las tropas de Wellington estaban sufriendo muchas bajas) si Blücher y sus prusianos no hubieran superado a las unidades del mariscal De Grouchy y acudido en ayuda de Wellington. En inferioridad numérica y con los prusianos atacando por la derecha, la Guardia Imperial de Napoleón hizo un último intento de romper la línea británica. Al ser rechazados, los guardias huyeron, e igual hizo el resto del ejército francés. De nuevo las bajas fueron numerosas, 48 000 en total, y habrían sumado más de no ser por las ambulancias francesas de Larrey tiradas por caballos y con puertas traseras para poder deslizar una camilla.

Perdida la batalla, Napoleón fue destronado y exiliado a Santa Elena, en el Atlántico Sur, y Luis fue restaurado en el trono. En noviembre de 1815, Francia firmó el tratado de París, por el que la coalición le arrebataba territorios ganados desde 1790 y ocupaba algunas partes del país. El mapa de Europa nunca volvería a ser el mismo. ■

LIBRE COMERCIO Y DERECHOS DE NAVEGACIÓN

LA GUERRA ANGLO-ESTADOUNIDENSE DE 1812 (1812–1815)

EN CONTEXTO

ENFOQUE
Comercio marítimo

ANTES
1775 Durante la guerra de la Independencia de EE. UU., el Congreso Continental autoriza a los corsarios a cortar la cadena de suministro británica en el Atlántico.

1780 El comercio entre las Provincias Unidas y las colonias norteamericanas causa la cuarta guerra anglo-neerlandesa.

1794 EE. UU. y Gran Bretaña acuerdan normas de comercio marítimo por el tratado de Jay.

DESPUÉS
1862 Por el tratado de Lyons-Seward, Gran Bretaña y EE. U.U. ponen fin a la trata de esclavos en el Atlántico.

1914–1918 Durante la Primera Guerra Mundial, los submarinos *U-boote* hunden hasta 5000 mercantes británicos en represalia por el bloqueo de Alemania por la Marina Real.

El 18 de junio de 1812, EE. UU. declaró la guerra a Gran Bretaña en respuesta al bloqueo marítimo británico de la Europa napoleónica, que interrumpió el comercio estadounidense, y al reclutamiento forzoso de marineros estadounidenses por la Marina Real británica para servir en los barcos británicos que luchaban contra Napoleón.

Motivaba también a EE. UU. el deseo de expansión territorial. Muchos en el país creían que Canadá vería una invasión estadounidense como una ocasión de deshacerse de sus gobernantes británicos y querían impedir que los británicos de Canadá suministraran armas a las tribus que se resistían a la expansión de EE. UU. hacia el oeste. Más de una docena de tribus, como los shawnee, los muscogee y los creek, formaron una coalición para ello, y miles de sus guerreros lucharon junto a los británicos.

Explotación de los pueblos indígenas

Los británicos creían que las **tribus indígenas** podían ser **aliados útiles** contra EE. UU.

↓

Confiaron en **Tecumseh** y su confederación para proteger el **área de los Grandes Lagos** de Canadá.

↓

Abandonaron a sus **aliados indígenas** al final de la guerra.

Los estadounidenses creían tener derecho a **controlar todo el continente, tierras indígenas** incluidas.

↓

Los estadounidenses mataron a **Tecumseh** en la **batalla del Támesis**.

↓

Expandieron sus **asentamientos, expulsando por la fuerza a** los habitantes indígenas.

Véase también: La conquista europea de América 122–125 ▪ La guerra en América del Norte 150–151 ▪ La guerra franco-india 160–161 ▪ La guerra de la Independencia de EE. UU. 172–177 ▪ Las guerras mexicano-estadounidenses 204–205

Tras la batalla del lago Erie, los estadounidenses se hicieron con el control del lago. Los británicos se retiraron por el río Támesis, donde sufrieron otra derrota un mes después.

EE. UU. atacó Canadá en julio de 1812, pero la invasión fracasó por la falta de equipo y entrenamiento de sus tropas y la incompetencia de su líder, el general William Hull. Los británicos ocuparon la ciudad de Detroit y el territorio de Michigan.

Contra todo pronóstico, la diminuta armada estadounidense derrotó a la Marina Real en el Atlántico y los Grandes Lagos (batallas de York y del lago Erie, en abril y septiembre de 1813, respectivamente). En represalia, los británicos lanzaron una contraofensiva a lo largo de la costa atlántica media. El 24 de agosto de 1814, 4000 marines reales marcharon sobre Washington e incendiaron la Casa Blanca y el Capitolio. La ofensiva británica se detuvo a las afueras de Baltimore (Maryland) en septiembre, cuando una pequeña guarnición estadounidense resistió en el Fuerte McHenry un bombardeo de 27 horas por 19 barcos que disparaban cohetes Congreve y granadas de mortero.

Estancamiento y traición

El intento fallido de tomar el Fuerte McHenry marcó el final de la ofensiva británica. Ni uno ni otro bando podía permitirse seguir luchando, y la víspera de Navidad de 1814 se firmó en Gante (en la actual Bélgica) un tratado de paz que restablecía las fronteras de EE. UU. y Canadá anteriores a la guerra.

La noticia de la firma del tratado llegó demasiado tarde para los 5000 soldados británicos que estaban en las afueras de Nueva Orleans. Atacaron la ciudad, pero fueron fácilmente derrotados el 8 de enero de 1815 por fuerzas al mando del futuro presidente de EE. UU. Andrew Jackson.

En última instancia, los mayores perdedores de la guerra de 1812 fueron los pueblos indígenas. Abandonados por los británicos, carecían de respaldo económico y militar para defender sus tierras ancestrales frente a las crecientes oleadas de colonos llegados del este decididos a expulsarlos. ▪

Tecumseh

El líder militar indígena Tecumseh (1768–1813), al frente de la tribu shawnee del valle del río Ohio, creía en la propiedad comunal de la tierra, la resistencia a la expansión europea y el poder de la diplomacia sobre las armas. Orador admirable, unió a varias tribus en una confederación para resistir al asentamiento estadounidense en el valle.

A punto de estallar la guerra en 1812, Tecumseh convenció a sus seguidores para que apoyaran a las fuerzas británicas del general Henry Procter en la orilla canadiense del río Detroit, en el Fuerte Malden. Con el apoyo de Tecumseh, los británicos tomaron Detroit, invadieron Ohio y capturaron a 2500 soldados estadounidenses.

Al ganar los estadounidenses la batalla del Támesis en octubre de 1813, los británicos huyeron, pero los guerreros de Tecumseh continuaron luchando hasta la muerte de su jefe, que marcó el fin de la resistencia indígena en el valle del Ohio, el bajo Medio Oeste y el Sur.

¡VIVA LA LIBERTAD! ¡VIVA LA INDEPENDENCIA!

LAS GUERRAS DE LA INDEDEPENDENCIA HISPANOAMERICANA (1808–1833)

EN CONTEXTO

ENFOQUE
El papel de los líderes en la independencia de América del Sur

ANTES
1789 En Brasil, Joaquim José da Silva Xavier lidera una revuelta fallida contra el dominio colonial portugués.

1791 Toussaint Louverture lidera el primero de una serie de levantamientos contra el dominio francés en Haití.

1795 José Leonardo Chirino desafía el dominio español en Venezuela, pero es detenido y posteriormente ejecutado.

1806 Francisco de Miranda, apoyado por voluntarios estadounidenses, lanza una expedición para liberar Venezuela.

DESPUÉS
1903 Panamá se separa de Colombia, de la ha formado parte mucho tiempo.

En las primeras décadas del siglo XIX, mientras España luchaba por expulsar a los invasores franceses, Simón Bolívar y sus camaradas se propusieron liberar las colonias españolas americanas. Aunque lograron liberar una vasta región desde Panamá hasta la Patagonia, las rivalidades políticas y los intereses locales frustraron su sueño de una federación de todos los estados de América del Sur.

Como muchos jóvenes acaudalados, Simón Bolívar, hijo de un rico hacendado de Caracas (Venezuela), emprendió el *Grand Tour* de Europa para ampliar horizontes y cono-

Véase también: La conquista europea de América 122–125 ▪ La guerra de la Independencia de EE. UU. 172–177 ▪ La guerra de la Independencia española 192–193 ▪ Las guerras mexicano-estadounidenses 204–205 ▪ La guerra de Paraguay 224

Simón Bolívar

Simón Bolívar, nacido en 1783, tenía 16 años cuando fue enviado a Europa para completar su educación. Allí recibió la influencia de la Revolución francesa y de los escritos de autores como Voltaire. A su regreso a América del Sur se consagró a la lucha por la independencia, trabajando para crear un ejército rebelde estructurado y dirigido por profesionales. En 1817 fundó una guardia de honor de élite de 450 hombres como núcleo del ejército. También creó un Estado Mayor, con oficiales a cargo del conjunto del ejército y de cada división, y una estructura de mando clara con normas disciplinarias y un sistema de consejos de guerra.

Para evitar la creación de ejércitos privados, Bolívar insistió en que los generales reclutasen por méritos a personas ajenas a sus grupos de parentesco inmediatos. Es probable que su objetivo fuera protegerse del tipo de acceso al poder dictatorial que más tarde él asumió. Murió de tuberculosis en 1830.

cer la cultura del viejo continente. Fascinado ante las ruinas de Roma, se preguntó por qué, si el Imperio romano había caído, no podía ocurrir lo mismo con España. En 1807 estaba ya de regreso en Venezuela, planeando –con el militar revolucionario Francisco de Miranda– la lucha por la independencia de Venezuela. Los patriotas, como se hacían llamar, expulsaron a los españoles y declararon la Primera República de Venezuela en 1811.

Dura realidad

Los españoles no tardaron en volver a Venezuela, y Bolívar tuvo que huir a Cartagena, en Nueva Granada (actual Colombia). Reunió un ejército de 17 000 hombres y volvió a su país para establecer un gobierno provisional en Caracas. Su ejército derrotó a los españoles y los realistas locales y, en 1813, proclamó la Segunda República. Muchos llamaron a Bolívar –que solo tenía 30 años– el Libertador, pero la república pronto empezó a zozobrar. Para acabar con ella, los españoles se aliaron con los llaneros –ganaderos y jinetes del interior de Venezuela–, conservadores y apegados a la tradición.

Bolívar se vio obligado a exiliarse de nuevo, esta vez a Jamaica. En 1817 regresó a Venezuela, esta vez con una pequeña fuerza de unos 300 hombres, la mayoría oficiales. Bolívar creía que reunirían a miles de combatientes en su marcha hacia Caracas, pero costó varios intentos incluso desembarcar ante la vigilancia realista. Cuando lo consiguieron, el pueblo no respondió, temeroso sin duda de que una tercera república independiente fracasara como las otras y fuera el preludio de crueles represalias. Por temor a ser detenido, Bolívar regresó al exilio.

Juro por mi honor y juro por mi patria, que no daré descanso a mi brazo, ni reposo a mi alma, hasta que haya roto las cadenas [...] del poder español.

Simón Bolívar
en el Monte Sacro de Roma (1805)

Ayuda inesperada

El apoyo a la lucha independentista llegó entonces de una fuente inesperada: Gran Bretaña. Aunque monárquica y oficialmente aliada de España, Gran Bretaña buscaba nuevos mercados para sus productos industriales y miró a quienes podrían llegar a ser los nuevos gobernantes de América del Sur. Ofreció a Bolívar dinero, armas e incluso tropas. También llegó ayuda de unos EE. UU. rebosantes de fervor revolucionario y deseosos de asegurarse un papel influyente en la región. Con ello, Bolívar empezó a reconstruir un ejército.

Mientras tanto, en los territorios del sur, la revolución tomaba impulso. Las Provincias Unidas del Río de la Plata, en lucha por su libertad desde 1810, triunfaron en 1816 » y fundaron los actuales Argentina y Uruguay. El patriota chileno de ascendencia irlandesa Bernardo O'Higgins llamó a sus compatriotas a «vivir con honor o morir con gloria». Su campaña para liberar Chile comenzó con el desastre de la batalla de Rancagua, en octubre de 1814, en la que el ejército español se ensañó con sus 2000 soldados.

O'Higgins estuvo a punto de sufrir un destino similar tres años después en la batalla de Chacabuco, pero le salvó la llegada del Ejército de los Andes de su amigo José de San Martín, un militar argentino que había hecho atravesar las montañas a 5000 hombres con todos sus caballos, mulas de carga, armas y municiones (una hazaña ya de por sí extraordinaria), y luego lideró una carga de granaderos montados que destrozó a la caballería española.

Alarmada, España envió refuerzos. En Cancha Rayada (Chile), en marzo de 1818, el ejército del gobernador español de Chile, Mariano Osorio, derrotó al Ejército de los Andes. San Martín había juzgado mal la situación al ordenar una retirada táctica, que permitió al enemigo atacar por sorpresa.

San Martín retomó la iniciativa poco después, atacando al ejército de Osorio cuando cruzaba campo abierto en las montañas al sur de Santiago en abril de 1818. En la batalla de Maipú, la infantería de ambos bandos intercambió un fuego intenso, y los granaderos a caballo de San Martín atacaron el flanco izquierdo español. La caballería española contraatacó, pero fue puesta en fuga. El flanco derecho español resistió más, y la temida infantería del Regimiento de Burgos sufrió numerosas bajas. San Martín movilizó la reserva, apoyada por un intenso bombardeo artillero. No era rival para el Regimiento de Burgos, pero como San Martín esperaba, las tropas de élite del regimiento avanzaron tan rápido que su formación se deshizo. Los rebeldes recuperaron la iniciativa y vencieron.

La Batalla de Chacabuco, puede decirse, es la obra de los Granaderos a Caballo.
José de San Martín

Bolívar regresa

Al norte, el reforzado ejército patriota de Bolívar retomó algunos de los territorios venezolanos que antes había perdido. En 1819 avanzó al oeste, hacia Nueva Granada, que abarcaba los actuales Colombia y Panamá, y llevó a su pequeño ejército de unos 2500 hombres por una ruta difícil entre las montañas para desafiar a las fuerzas españolas en Bogotá (Colombia). El 10 de agosto, en la batalla de Boyacá, que duró dos horas, su ejército se impuso a sucesivas fuerzas realistas menores enviadas para interceptarlo.

El camino a Bogotá estaba abierto. Bolívar fue aclamado en todas las ciudades por las que pasaba, y hasta los llaneros se le unieron. En diciembre de 1819 pudo proclamar el nacimiento de la República de Colombia, o Gran Colombia. Esta federación se extendía por las actuales Venezuela, Colombia y Panamá, pero Bolívar aún no había tomado Caracas, su capital, y Ecuador seguía siendo una colonia española. En abril de 1821, cuando la provincia venezolana de Maracaibo se sublevó contra los españoles, el jefe de Estado Mayor de Bolívar, Rafael Urdaneta, y su lugarteniente, José Bermúdez, aprovecharon la confusión para atacar las guarniciones españolas de Caracas y Puerto Cabello.

El Ejército de los Andes logró la victoria en Chacabuco, pero le salió muy cara. San Martín perdió 2000 de sus hombres por las duras condiciones en que cruzaron las montañas.

Simón Bolívar celebra, tras la batalla de Carabobo en 1821, la que fue una victoria para sus patriotas y un gran paso hacia la liberación de todo el norte de América del Sur.

Bolívar se dirigía a Puerto Cabello con 6500 soldados cuando se encontró con la fuerza española de Miguel de la Torre en Carabobo, al oeste de Caracas. El Libertador intentó flanquear al enemigo enviando algunas tropas campo a través, pero Torre anuló esta maniobra enviando sus propias patrullas. Sus hombres podían disparar contra los patriotas desde un terreno más elevado.

La arriesgada maniobra de Bolívar parecía haber fracasado, sobre todo cuando su columna principal, que atacaba frontalmente a la fuerza de Torre, recibió una repentina lluvia de balas de unos 3000 mosquetes españoles. Desmoralizados, los patriotas huyeron. Los voluntarios enviados por los británicos demostraron entonces su valía. Respondieron al fuego enemigo con sus propias descargas antes de calar las bayonetas y cargar. Los realistas huyeron despavoridos. La victoria condujo a la creación de la Gran Colombia.

Batallas en los Andes

Ecuador seguía en manos españolas. Sus realistas repelieron dos invasiones de Gran Colombia en 1820 y 1821, y en 1822, el principal lugarteniente de Bolívar, Antonio José de Sucre, lo intentó por tercera vez. En mayo libró la batalla de Pichincha en las laderas de un volcán activo que domina Quito. A ambos bandos les afectó el mal de altura y una lluvia pertinaz que convirtió en papilla la ceniza bajo sus pies, pero el ejército realista del gobernador español Melchor Aymerich tenía el terreno más elevado. Cuando la fuerza de Sucre parecía condenada, de nuevo los voluntarios británicos fueron decisivos: llegaron tarde, pero inclinaron la balanza del lado patriota. Ecuador estaba libre del dominio colonial.

Quedaba Perú como último bastión del dominio español en América del Sur. Mientras Bolívar y Sucre avanzaban desde el norte, San Martín lideraba una invasión desde el sur. La batalla decisiva se libró en las afueras de Ayacucho (Perú), en diciembre de 1824. El ejército de Sucre, con 5700 hombres, se enfrentó a los 9000 del virrey Antonio José de la Serna en lo alto del altiplano. Sucre tardó solo 30 minutos en superar a los realistas españoles y hacerles huir, pese a su superioridad numérica. En agosto de 1825, Perú se convirtió en una nación independiente, al igual que el Alto Perú, llamado Bolivia en honor de Bolívar.

Sin embargo, la independencia fue agridulce. Apenas se había fundado la Gran Colombia cuando empezó a desintegrarse, arrastrada por la ambición personal y los programas localistas de sus gobernantes. Uno a uno, los generales de Bolívar le dieron la espalda. En 1831 la Gran Colombia se disolvió en los estados sucesores de Venezuela, Colombia y Ecuador.

La excepción brasileña

Brasil, colonia de Portugal, tomó un camino muy distinto hacia la independencia. Cuando Napoleón Bonaparte invadió Portugal en 1807, la corte portuguesa huyó a Brasil. Una vez restablecida la paz en Europa, el rey Juan VI volvió a Lisboa en 1821, dejando atrás a su hijo, que proclamó la independencia de Brasil y se autoproclamó emperador Pedro I. Él y sus sucesores se enfrentaron a la constante agitación de los republicanos, pero Brasil fue imperio durante décadas hasta convertirse en república en 1889. ■

Francisco de Miranda proclama la efímera **Primera República** de Venezuela en julio de 1811.

→

Simón Bolívar aprovecha el éxito de su **primera revolución** para crear la **Segunda República** en 1813.

→

En 1817, Bolívar **declara una nueva República, que no llega a instaurarse**. España resiste a las **fuerzas rebeldes** del norte y del sur.

→

En 1819 se crea la Gran Colombia, que se extiende desde Perú hasta Panamá, y desde Ecuador hasta el noreste de Brasil.

NO TODOS LOS HÉROES SON VIRTUOSOS

LAS GUERRAS MEXICANO-ESTADOUNIDENSES (1835–1848)

EN CONTEXTO

ENFOQUE
Auge del caudillo

ANTES
1813 El pueblo venezolano aclama a Simón Bolívar como «el Libertador». Gran parte de América del Sur se inspira en su ejemplo.

1829 Tras darse a conocer como caudillo, Juan Manuel de Rosas se convierte en gobernador de Buenos Aires y dictador oficioso de lo que será Argentina.

DESPUÉS
1854 El capitán general Rafael Carrera protege Guatemala de los intereses estadounidenses y los rebeldes locales. Muchos le consideran el salvador del país.

1876 El caudillo Porfirio Díaz toma el poder en México. Su dictadura dura 35 años.

1959 El líder guerrillero de izquierdas Fidel Castro toma el poder en Cuba.

EE. UU. se expandió hacia el sur y el oeste, sobre todo a expensas de México, a mediados del siglo XIX. La guerra de la Independencia de Texas de 1835–1836 pudo tener alguna justificación, pero la causa de la guerra de 1846–1848 fue una cínica apropiación de tierras.

Por entonces surgieron caudillos militares latinoamericanos con un gran poder político. Uno de ellos fue Antonio López de Santa Anna, héroe de la guerra de la Independencia mexicana (1810–1821). Tras alcanzar una posición de poder, hizo de su formación militar y su impaciencia con el proceso democrático el fundamento de su carrera política.

El Álamo cayó tras una batalla de 90 minutos en la que murieron todos sus defensores. La brutal represión por el ejército mexicano actuó de catalizador de la resistencia de la República de Texas.

La independencia de Texas

En la década de 1820, Texas era un estado de la república de México. Alentados por la Ley de colonización de 1824, que ofrecía tierras y beneficios libres de impuestos a colonos de todas las nacionalidades, un número creciente de estadounidenses se asentó en la región. La convivencia no fue fácil, y la ilegalización de la esclavitud en México (1829) agravió a los estadounidenses esclavistas.

En 1835, los colonos se rebelaron contra el gobierno mexicano y proclamaron la República de Texas. Ante el desafío, Santa Anna envió un ejército al norte para recuperar el territorio. Unos 200 rebeldes, entre ellos Jim Bowie y Davy Crockett, más tarde un héroe popular, se habían refugiado en la misión de El Álamo, en San Antonio, donde resistieron trece días hasta ser masacrados el 6 de marzo de 1836.

Véase también: Las guerras de la independencia hispanoamericana 200–203 ▪ La guerra de Secesión de EE. UU. 214–221 ▪ La guerra de Paraguay 224 ▪ Revolución y contrarrevolución en América Latina 298–299

¡La guerra en defensa de nuestros derechos, nuestros juramentos y nuestras constituciones es inevitable en Texas!
Sam Houston
(5 de octubre de 1835)

Al cabo de unas semanas, el 21 de abril, Santa Anna se enfrentó a una fuerza mayor de colonos en el río San Jacinto. El caudillo mexicano fue derrotado y capturado, y para ser liberado tuvo que reconocer personalmente la independencia de la República de Texas.

Guerra total

En diciembre de 1845, el presidente estadounidense James K. Polk se anexionó oficialmente Texas. A los cinco meses envió un destacamento estadounidense a un territorio en disputa entre los ríos Grande y Nueces. Al tratar las tropas mexicanas de detenerlo, Polk afirmó que México había cometido un «acto de agresión».

La guerra de 1846–1848, librada en un área de miles de kilómetros cuadrados, fue desastrosa para un México superado en armamento por EE. UU. De nada sirvió la experiencia militar de Santa Anna, derrotado en febrero de 1847 en una de las batallas clave de la guerra, en Buena Vista, cerca de Saltillo. En septiembre, en el castillo de Chapultepec, cerca de Ciudad de México, seis cadetes mexicanos –elevados a la misma categoría legendaria que los héroes estadounidenses de El Álamo– lucharon hasta la muerte en lugar de rendirse.

México tuvo que rendirse antes de dos años. El resultado de la guerra fue la pérdida de casi la mitad de su territorio: los actuales estados de EE. UU. California, Nevada y Utah; vastas zonas de Arizona, Colorado y Nuevo México, y una pequeña parte de Wyoming. ▪

Problemas económicos y divisiones **políticas** inspiran el deseo de un **gobierno fuerte**.

El **ejército** es el único **modelo** creíble de disciplina y orden disponible.

El caudillo parece ofrecer una solución.

El precio de la **estabilidad** bajo un caudillo es la **represión política**.

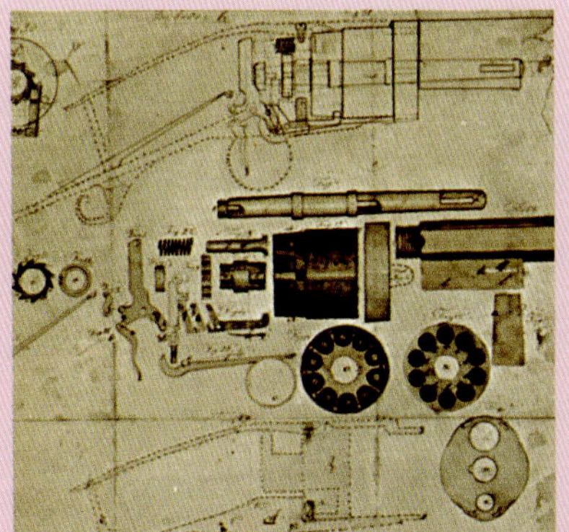

El dibujo de la patente de Samuel Colt indica que había previsto diez cámaras para cartuchos. El calibre también cambió antes de la producción.

El revólver Colt

Conocido en origen como Colt Walker por estar hecho según las especificaciones del capitán de los Rangers de Texas Samuel Hamilton Walker, el revólver Colt revolucionó las armas de fuego. En lugar de recargarlo después de cada disparo, el usuario podía disparar seis veces seguidas porque el tambor giraba automáticamente para colocar una nueva bala lista para ser disparada.

En 1847, el gobierno de EE. UU. encargó mil revólveres Colt para utilizarlos en la guerra contra México, pero hubo problemas: el tambor (elemento clave del arma) tendía a romperse por la tensión y la palanca que lo movía no siempre funcionaba a la primera. Una vez solventadas estas dificultades, el revólver Colt pasaría a ser conocido como «el arma que conquistó el Oeste». Irónicamente, su coinventor Hamilton Walker murió en la guerra mexicano-estadounidense, en la batalla de Huamantla, el 9 de octubre de 1847.

ESTOS HOMBRES MORIBUNDOS Y EXHAUSTOS

LA GUERRA DE CRIMEA (1853–1856)

EN CONTEXTO

ENFOQUE
Avances médicos

ANTES
1517 El cirujano Hans von Gersdorff publica un manual para el tratamiento de heridas.

1718 En Francia, el cirujano Jean-Louis Petit introduce el torniquete.

1799 El químico sir Humphry Davy emplea el óxido nitroso como anestésico.

DESPUÉS
1861 El microbiólogo Louis Pasteur publica un artículo sobre la teoría de los gérmenes y sus aplicaciones médicas.

1865 El cirujano Joseph Lister desarrolla antisépticos para prevenir la infección.

1879 Pasteur inyecta a pollos la primera vacuna contra el cólera.

1914 Las transfusiones de sangre se generalizan en la Primera Guerra Mundial.

A principios de la década de 1850, una disputa sobre el acceso de los cristianos ortodoxos rusos a Jerusalén dio a Rusia el pretexto que buscaba para poner a prueba la decadencia del Imperio otomano y declararle la guerra. En ayuda de los turcos acudieron Gran Bretaña y Francia, alarmadas por la perspectiva de la expansión rusa. Desde el punto de vista militar, la guerra de Crimea fue una de las primeras en que el armamento moderno dejó obsoletas convenciones bélicas asentadas, con un coste terrible para los combatientes. Sin embargo, los avances de la medicina militar redujeron el número de víctimas.

Comienza la guerra

En el verano de 1853, las tropas rusas ocuparon los principados otomanos de Moldavia y Valaquia (actual Rumanía). Hubo combates en el Danubio y el mar Negro. Tras destruir la flota de buques de guerra de madera del sultán Abdulmecit con nuevos proyectiles explosivos el 30 de noviembre en Sinope, al norte de Anatolia, los rusos, confiados, ocuparon la península de Crimea.

Gran Bretaña y Francia apoyaban a los otomanos desde el principio, y en marzo de 1854 su implicación era directa. En septiembre desembarcó la expedición anglofrancesa y superó de inmediato al ejército ruso enviado para cortarle el paso en el río Alma.

Fuerzas desiguales

Enfrentado a las potencias industriales europeas, las flaquezas del ejército ruso fueron pronto patentes. Sin ferrocarriles al sur de Moscú, los suministros tardaban tres meses en llegar; los de Francia y Gran Bretaña, tres semanas por mar. También había disparidad en las armas: el fusil rayado francés Minié y su copia británica Enfield tenían cinco

La muerte es siempre terrible, nadie debe avergonzarse de temerla.
Mary Seacole
Wonderful adventures of Mrs. Seacole in many lands **(1853)**

Véase también: El Imperio otomano 130–133 ▪ Las guerras de Catalina la Grande 178–179 ▪ Decadencia otomana y expansión rusa 232–233

La Brigada Ligera se enfrenta a las fuerzas rusas en esta litografía de 1855. La valentía de las tropas británicas inspiró a Alfred Tennyson el poema «La carga de la Brigada Ligera».

veces más alcance efectivo que los mosquetes rusos de ánima lisa. En cuanto a la estrategia, las viejas tácticas rusas, como cargas de caballería contra la infantería y la artillería, estaban condenadas al fracaso.

Confirmó dicha evolución la desastrosa carga de la Brigada Ligera de la caballería británica en la batalla de Balaclava (25 de octubre de 1854), que hizo evidente la necesidad de una mejor comunicación en el campo de batalla. El teniente general lord Cardigan malinterpretó una orden y atacó el objetivo ruso equivocado, y la brigada cabalgó hacia una trampa mortal.

En Gran Bretaña se seguían los acontecimientos del campo de batalla gracias a los reportajes de un nuevo tipo de periodista, el corresponsal de guerra. El escándalo de los lectores al saber cuanto sufrían sus héroes alentó el empeño de mejorar la asistencia sanitaria en el frente, desde las normas de higiene hasta la formación del personal.

Ataque a Sebastopol

Lo que precipitó el final del conflicto fue el asedio aliado de Sebastopol, base rusa del mar Negro en Crimea. Muchas de las acciones durante este asedio (octubre de 1854–septiembre de 1855) fueron intentos rusos de socorrer a la ciudad. La batalla de Balaclava había sido uno de ellos, como lo fue la de Inkerman el 5 de noviembre. Durante esta batalla, los ejércitos se perdieron en la densa niebla y tuvieron que luchar cuerpo a cuerpo. Las bajas fueron numerosas.

Las potencias occidentales desgastaron poco a poco al ejército del zar. El invierno afectó a rusos y aliados: abundaban las enfermedades, y a muchos se les congelaron partes del cuerpo. El 5 de septiembre de 1855, los aliados lanzaron el asalto final contra Sebastopol, que cayó el 9 de septiembre tras duros combates. Esto puso fin a las principales operaciones militares, y las partes, agotadas, iniciaron negociaciones que concluyeron en el tratado de París el 30 de marzo de 1856. ■

Cuidados en la guerra

La británica Florence Nightingale y la jamaicana Mary Seacole fueron las precursoras de la enfermería profesional moderna. Sus logros durante la guerra de Crimea transformaron el tratamiento médico en el campo de batalla y en los hospitales.

Nightingale puso orden y eficacia en el hospital militar de Scutari (Üsküdar, hoy en Estambul), que albergaba sobre todo a moribundos, haciendo frente a las míseras condiciones del hospital y presionando a las autoridades para que evacuaran a los enfermos y heridos con rapidez y eficacia. Seacole creó el Hotel Británico, cerca de Balaclava, que funcionaba como cantina para los militares que necesitaban comer.

Ambas consideraban claves para la curación el descanso y la comodidad (por desgracia, trabajaban una década antes de poder contar con la ayuda de los antisépticos). En el bando aliado murieron muchos más soldados por enfermedad (120 000) que en combate (45 000).

Florence Nightingale atiende a un soldado herido en el hospital de Scutari, según una ilustración de 1855.

UNA BANDERA, UNA ESPERANZA

LAS GUERRAS DE LA UNIFICACIÓN ITALIANA (1848–1870)

EN CONTEXTO

ENFOQUE
Garibaldi, héroe de los dos mundos

ANTES
1835 Garibaldi lucha en la guerra de los Farrapos de Brasil junto con los rebeldes republicanos. Una de sus exigencias es la abolición de la esclavitud.

1843 En la Guerra Grande de Uruguay, Garibaldi apoya al Partido Colorado liberal y recluta voluntarios entre la comunidad de inmigrantes italianos de la capital.

DESPUÉS
1871 Garibaldi declara su apoyo a la Comuna revolucionaria de París.

1880 Pocas semanas antes de que Italia adquiera su primera posesión colonial en Eritrea, muere Garibaldi.

***C.* 1922** El dictador italiano Benito Mussolini afirma honrar los valores patrióticos de Garibaldi.

La unificación de Italia como país surgió a partir del movimiento político llamado *Risorgimento*. Las fuerzas que impulsaron el movimiento fueron las maquinaciones políticas de Víctor Manuel II, rey de Piamonte-Cerdeña, y el patriotismo popular del general Giuseppe Garibaldi, más tarde conocido como el «héroe de los dos mundos», por su intervención en América del Sur.

Un impulso unificador

A mediados del siglo XIX, Italia era un mosaico de Estados separados, entre ellos Lombardía-Venecia (posesión austriaca) y Piamonte-Cerdeña, en el norte. En los Estados Pontificios del centro, el papa ostentaba el poder tanto religioso como secular, mientras que, en el sur, Nápoles y Sicilia formaban el Reino de las Dos Sicilias, gobernado por parientes de los Borbones españoles.

En marzo de 1848, durante una serie de revoluciones nacionalistas por toda Europa, el pueblo de Milán expulsó a sus gobernantes austriacos. Piamonte-Cerdeña prestó apoyo a los rebeldes, pero los austriacos restablecieron su dominio tras ganar la primera batalla de Custoza, cerca de Verona (22–27 de julio).

En febrero, Roma también se sublevó y se declaró república, pero el futuro emperador francés Napoleón III intervino para restaurar el dominio papal. Garibaldi, un patriota revolucionario que había luchado en

Gran parte de **Italia** está bajo la autoridad despótica de **potencias extranjeras**.

→ Los ciudadanos de **Milán y Roma se alzan con éxito** contra sus **gobernantes**.

→ **Garibaldi** contribuye a la independencia del **Reino de las Dos Sicilias**.

→ **Víctor Manuel II se convierte en rey de una Italia unificada.**

Véase también: Las guerras de Italia 120–121 ▪ La guerra de Sucesión austriaca 159 ▪ Las guerras revolucionarias francesas 180–187 ▪ El ascenso de Prusia 210–213 ▪ Una guerra en expansión 252–255

No tengo otra ambición que ser el primer soldado de la independencia italiana. ¡Viva Italia!
Víctor Manuel II de Piamonte-Cerdeña

América del Sur, volvió a Italia para unirse al levantamiento y dirigir al pueblo en la resistencia contra el asedio francés a Roma. Fracasó, pero el patriotismo italiano ganaba terreno.

Política de poder

Piamonte-Cerdeña, uno de los pocos Estados gobernados por una dinastía italiana, emergió como líder natural de una nación independiente. Víctor Manuel II atrajo a Napoleón III a la causa italiana, pese a su intervención en Roma en 1849.

El 4 de junio de 1859, tropas francesas y piamontesas derrotaron al ejército austriaco en Magenta, a las afueras de Milán, y de nuevo el 24 de junio en Solferino, cerca de Mantua. El norte de Italia se había liberado de sus gobernantes austriacos, pero estaba en deuda con Napoleón III.

Los Camisas Rojas en marcha

En el Reino de las Dos Sicilias, Francisco II había aplastado cualquier atisbo de revuelta, pero, en 1860, su despotismo había alimentado nuevos disturbios en Sicilia. En mayo, Garibaldi desembarcó en la isla para apoyar a los insurgentes. Al frente de los Mil, una tropa de soldados también conocidos como los Camisas Rojas, tomó Palermo en junio, y Nápoles, en septiembre. Los Mil eran en realidad 20 000, pero aun así se hallaron en inferioridad numérica en la batalla del Volturno, al norte de Nápoles. El combate quedó estancado hasta que llegaron fuerzas piamontesas.

Los patriotas ganaron, pero tuvieron que reconocer la soberanía de los Estados Pontificios, protegidos de Napoleón III. En marzo de 1861, Víctor Manuel II se proclamó rey de Italia. La verdadera unificación llegó con la guerra franco-prusiana en 1870: los franceses abandonaron Roma, los Camisas Rojas se instalaron allí, y en 1871 la ciudad se convirtió en la capital de Italia. ■

Los Camisas Rojas actuaron por vez primera en Uruguay. La tela roja estaba pensada en origen para los petos de los carniceros, pues disimulaba la sangre.

Garibaldi en Gran Bretaña

El pueblo británico, sobre todo en las regiones industriales del norte, siguió de cerca la lucha de Garibaldi. En 1854 fue recibido como un héroe en South Shields (Tyneside), donde fue hospedado por el periodista de izquierdas Joseph Cowen, Jr., cuyos lectores sindicalistas admirarían su radicalismo. Pero no todo el mundo estaba subyugado por él. Karl Marx encontraba «imbécil» su nacionalismo idealista, y la reina Victoria lo consideraba una amenaza a la seguridad del reino. Con todo, el proyecto patriótico de Garibaldi, como su personalidad extravagante y carismática, tenía un gran atractivo romántico. En sus últimas giras por Gran Bretaña, atrajo a multitudes.

El legado de Garibaldi en Gran Bretaña incluye la camiseta del Nottingham Forest, inspirada en sus Camisas Rojas, y la galleta Garibaldi, fabricada por primera vez en 1861, que lleva una capa de pasas de Corinto entre dos capas de masa y se hornea hasta que se dora.

GUIAR A LA PATRIA HACIA UN FUTURO BENDITO

EL ASCENSO DE PRUSIA (*c.* 1860–1871)

EN CONTEXTO

ENFOQUE
Aparición del nacionalismo

ANTES
1740–1786 Federico el Grande supervisa el ascenso de Prusia a la categoría de gran potencia.

1834 El Zollverein, unión aduanera alemana, es el modelo para una unificación más amplia.

1848 Federico VII de Dinamarca intenta integrar Schleswig en su reino.

1860 El republicano italiano Giuseppe Garibaldi lidera la expedición de los Mil, dando así un gran paso hacia la unificación italiana.

DESPUÉS
1871 Roma se convierte en capital de una Italia unida.

1879 Alemania y Austria-Hungría firman un tratado de alianza; Italia se les une en 1882, y se crea la Triple Alianza.

A partir de 1815, 39 territorios –reinos, ducados y ciudades-repúblicas– integraron la Confederación Germánica. Los dos Estados dominantes eran Austria y Prusia. Esta última fue la impulsora de la creación de un único Estado nacional alemán, un objetivo que no se alcanzó hasta 1871, después de tres guerras.

En la década de 1860, Austria y Prusia se disputaron la preeminencia sobre los Estados alemanes, y Prusia se impuso en 1866. Bajo Guillermo I y su «canciller de hierro» Otto von Bismarck, Prusia consolidó su posición mediante la diplomacia,

Véase también: La guerra de los Siete Años 162–165 ▪ Las guerras de la unificación italiana 208–209 ▪ Estallido de la Primera Guerra Mundial 242–247 ▪ La Segunda Guerra Mundial en Europa: el ascenso de Alemania 266–271

Otto von Bismarck, primer ministro prusiano desde 1862, creía que la unificación alemana se lograría por «la sangre y el hierro».

El nacionalismo alemán

El comienzo del siglo XIX fue una época de nacionalismo romántico en toda Europa, pero en Alemania parece que este movimiento lo pudo desencadenar la guerra. Las victorias del emperador francés Napoleón I sobre varios Estados alemanes, seguidas de las grandes pérdidas territoriales y onerosas reparaciones de la paz de Tilsit de 1807, humillaron profundamente a los alemanes y contribuyeron a unirlos frente a los franceses.

En este contexto de resentimiento comenzó a gestarse el sueño alemán de un Estado nación unido. En un intento de distanciarse de las ideas ilustradas francesas, los nacionalistas alemanes se inspiraron en el romanticismo artístico y literario. Sus fuentes iban de la poesía de los autores de los siglos XVIII y XIX Novalis y Johann Wolfgang von Goethe a los cuentos populares de los hermanos Grimm, cuyas obras subrayaban la identidad, la lengua y la cultura comunes del pueblo alemán.

la amenaza y la guerra. Un Estado Mayor cuidadosamente seleccionado llevó a cabo profundas reformas organizativas y tecnológicas en el ejército para hacer de Prusia una superpotencia militar y, de hecho, el líder de una nación alemana unida.

Los ducados del Elba

A Bismarck le parecía una anomalía que los ducados del Elba germanoparlantes de Schleswig y Holstein, al sur de Jutlandia, pertenecieran a Dinamarca. El intento danés de integrar formalmente Schleswig en 1848 había provocado disturbios en el ducado y una guerra con Prusia. Inesperadamente, Dinamarca ganó, pero otras potencias europeas bloquearon la anexión.

En 1864, al volver Dinamarca a intentarlo, Bismarck colaboró con Austria en una invasión conjunta. En la segunda guerra de Schleswig, los daneses perdieron, y en la convención de Gastein, en 1865, se determinó que Holstein sería administrado por Austria y Schleswig pasaría a formar parte de Prusia.

Bismarck no perdió tiempo en deshacerse de su aliado: antes de acabar el año había urdido una disputa con Austria sobre la administración de Schleswig-Holstein. El 14 de junio de 1866 comenzó la guerra austro-prusiana (o de las Siete Semanas), que terminó el 23 de agosto con la victoria de Prusia. El resultado estaba claro desde la victoria del comandante en jefe prusiano Helmuth von Moltke en la batalla de Königgrätz, cerca de Sadowa, en la actual República Checa, el 3 de julio.

Estructuras para el éxito

Königgrätz se ganó gracias al talento organizativo de Moltke. Este llevó a sus hombres al lugar de la batalla en tren, por seis líneas férreas. Luego convergieron sobre los austriacos desde tres flancos. Un fallo en las comunicaciones dejó a un ejército prusiano varado a cierta distancia, pero con una marcha forzada frenética, estas tropas magníficamente »

Guillermo I a lomos de un caballo negro, flanqueado por Bismarck, Moltke y otros, observa la victoria prusiana en la batalla de Königgrätz de 1866, según un óleo del pintor alemán Georg Bleibtreu.

entrenadas llegaron con solo unas horas de retraso.

Esa victoria subrayó el valor de la *Kriegsakademie* (Academia de Guerra) que Moltke había creado. Bien formados e instruidos en una serie de materias, sus graduados estaban perfectamente equipados para ocupar puestos en el Estado Mayor de Moltke, que se reclutaba por méritos y estaba rigurosamente regulado. Los ejércitos prusianos eran tan grandes que ya no tenía sentido tener un único comandante, por brillante que fuera. Mientras los generales prusianos trabajasen dentro de los límites del sistema en general, tenían una libertad considerable en el campo de batalla. Aunque Bismarck era un tirano –políticos y diplomáticos de toda Europa daban fe de sus maneras caprichosas y prepotentes–, no interfería en las decisiones militares. En última instancia, Moltke, sus camaradas militares y todos los soldados prusianos eran servidores de confianza de su Estado, y Bismarck respetaba su pericia y experiencia.

Los generales prusianos también tenían la ventaja de contar con la última tecnología militar, como el fusil de aguja de retrocarga. Este se recargaba mucho más rápido que los mosquetes de avancarga de los austriacos en Königgrätz. La artillería prusiana también era superior: sus cañones de campaña tenían cañones estriados en lugar de lisos, lo cual proporcionaba mucha mayor precisión a mayor distancia. Las cifras de bajas en Königgrätz reflejaron los avances tecnológicos: 9000 prusianos muertos o heridos frente a 24000 austriacos. En total, la guerra de las Siete Semanas costó hasta 65000 vidas, incluyendo las muertes debidas a enfermedades.

El Estado se mantiene o cae con el ejército.

Helmuth von Moltke

Comandante en jefe prusiano

Los **distintos Estados** alemanes están divididos por tradiciones **religiosas** y líneas **dinásticas**.

La lengua es lo único que tienen **en común**.

El romanticismo en **el arte, la poesía y el folclore** alimenta **el nacionalismo** en toda Europa.

La aspiración a un Estado nación alemán está reforzada por la **experiencia de la derrota** en las guerras napoleónicas.

El éxito de Prusia en la guerra une al país en el optimismo y el orgullo.

El plan maestro de Bismarck

La victoria en la guerra de las Siete Semanas aseguró Sajonia, Hannover y Hesse-Kassel para Prusia, pero Bismarck quería mucho más: su intención era unificar toda Alemania. Sin embargo, a corto plazo firmó la paz, prefiriendo una Austria debilitada y no destruida a un vacío de poder en Europa central que pudieran ocupar Francia o Rusia. Sin alternativa real, Austria aceptó disolver la Confederación Germánica y dejar a Prusia la iniciativa de la unificación alemana. En 1867, Bismarck se anexionó Schleswig-Holstein y todos los demás territorios al norte del río Meno, que se unieron a una nueva Confederación Alemana del Norte bajo dominio prusiano.

Tensiones con Francia

El emperador francés Napoleón III veía el ascenso de Prusia con cierta alarma, temiendo que una Alemania unida pudiera desplazar a Francia como primera potencia europea. Bismarck era reacio a iniciar una guerra contra Napoleón III, sobre todo por si los recién derrotados austriacos se

Guillermo I de Prusia proclamado emperador de una Alemania unida en el Salón de los Espejos de Versalles en París, el 18 de enero de 1871, diez días antes de caer la ciudad en manos prusianas.

aliaban con los franceses, y esperó la ocasión de provocar a Francia para que declarara la guerra a Alemania, creyendo que un acto de agresión uniría a todos los Estados alemanes contra Napoleón.

La excusa que necesitaba llegó en 1870, cuando Napoleón III intentó impedir que el príncipe Leopoldo de Hohenzollern-Sigmaringen, al que habían ofrecido el trono vacante de España, lo aceptara. Leopoldo pertenecía a la rama meridional y católica de la familia Hohenzollern, pero estaba emparentado también con la protestante dinastía gobernante prusiana, cuya influencia Napoleón III no quería ver reforzada. Temiendo la respuesta francesa, el rey de Prusia, Guillermo I, era reticente, pero Bismarck alentó la oferta porque sabía que iba a irritar a Napoleón III.

Guillermo vaciló de nuevo en julio de 1870, cuando Napoleón III le envió un mensaje exigiendo que se disculpara por haber planteado siquiera la candidatura de Leopoldo. Guillermo redactó un telegrama negándose con firmeza, pero con tacto; sin embargo, una vez revisado por Bismarck, el texto era seco hasta la grosería. Filtrado a la prensa prusiana y francesa, elevó la tensión, y Francia declaró la guerra el 19 de julio.

La guerra franco-prusiana

Muchos patriotas prusianos se alistaron como voluntarios en las filas del ejército regular y las reservas. Moltke trasladó de nuevo a las tropas en tren para llegar rápido a Francia. Un ejército prusiano marchó al oeste por el valle del Mosela; otro, por el valle del Sarre; y un tercero avanzó desde Baviera, más al sur. La movilización francesa, en cambio, fue mucho más lenta. Napoleón III tenía fuerzas numerosas y bien armadas, pero no la capacidad de desplegarlas con rapidez. En Fröschwiller (Alsacia), el 6 de agosto de 1870, los defensores franceses, superados por tres a uno, se vieron abrumados.

En la batalla de Mars-la-Tour, diez días más tarde, los dos bandos estaban igualados numéricamente y parecía que la lucha acabaría en tablas, pero las tropas francesas del mariscal François Achille Bazaine fueron derrotadas por la última gran carga de caballería de Europa occidental, con el avance inicial de los jinetes prusianos al amparo del humo de la artillería francesa. Las tropas de Bazaine lucharon valientemente en Gravelotte-St. Privat (cerca de Metz), el 18 de agosto, y hasta estuvieron a punto de ganar, pero la artillería prusiana finalmente las obligó a rendirse.

Prusia se impone

Mientras decaía el entusiasmo de los franceses por la guerra, Napoleón III decidió que debía ponerse al frente de su ejército como un rey medieval, y lo hizo en Sedán, en las Ardenas (noreste de Francia), el 1 y 2 de septiembre de 1870. Los franceses fueron masivamente superados en número y pulverizados por 400 poderosos y precisos cañones prusianos. Finalmente, Napoleón III y 100 000 de sus hombres fueron capturados. Indignados, los trabajadores franceses se sublevaron, depusieron a su emperador encarcelado y proclamaron la Tercera República.

Los prusianos siguieron avanzando hacia el oeste y acabaron con varios ejércitos republicanos reunidos a toda prisa antes de que fuera sitiada la capital francesa. París resistió durante cuatro meses, pero finalmente fue sometida y cayó el 28 de enero de 1871. Para entonces, Bismarck ya había reunido a príncipes de toda Alemania para proclamar a Guillermo emperador. Las aspiraciones nacionalistas habían quedado satisfechas, y el Estado nación alemán era una realidad. ■

TIENEN MIEDO DE NUESTROS FUSILES DE REPETICIÓN

LA GUERRA DE SECESIÓN DE EE. UU. (1861–1865)

EN CONTEXTO

ENFOQUE
La primera guerra moderna

ANTES
1853 Se introduce el fusil rayado (rifle) británico Enfield P53, que mejora el alcance y la precisión.

1857 Durante la primera guerra de independencia de India, el nuevo telégrafo eléctrico permite a los británicos sofocar la rebelión.

1859 Los franceses botan el primer acorazado de vapor, el Gloire.

DESPUÉS
1866 El ingeniero británico Robert Whitehead diseña el primer torpedo autopropulsado.

1901 El inventor italiano Guglielmo Marconi transmite el primer mensaje de radio transatlántico.

1914–1918 En la Primera Guerra Mundial se utilizan ametralladoras, gas venenoso, tanques y aviones.

El arte de la guerra es bastante sencillo. Averigua dónde está tu enemigo. Alcánzalo cuanto antes. Golpéalo tan fuerte como puedas.
General Ulysses Grant
al comienzo de la campaña del río Tennessee (1862)

Lincoln ganó las elecciones presidenciales de 1860 como candidato del antiesclavista Partido Republicano con el apoyo de 180 de los 303 miembros del Colegio Electoral.

Desde la guerra de la Independencia de EE. UU. (1775–1781), el lema *E pluribus unum* («De los muchos, uno») fue la consigna oficiosa del país. Sin embargo, menos de un siglo después, la joven nación se desgarró en una guerra civil. El conflicto tenía su origen en antiguas diferencias regionales sobre la política económica y el alcance de la soberanía nacional frente a la estatal, pero la causa fue la existencia de la esclavitud en el Sur. En los estados del Norte, donde estaba prácticamente prohibida, muchos querían que se aboliera en todo el país, incluidos los territorios occidentales que aún no se habían convertido en estados. Los estados del Sur, cuya economía dependía del trabajo no remunerado de los esclavos, esperaban que la expansión de la esclavitud a estos territorios occidentales les ayudaría a conservarla.

Al final, la tensión extrema entre los estados estalló y generó la primera guerra moderna, con rifles de repetición, barcos acorazados, submarinos, globos de reconocimiento, ferrocarriles para transportar tropas rápido y comunicaciones por telégrafo. La nueva tecnología militar tuvo un coste sangriento: 620 000 combatientes murieron, es decir, uno de cada cincuenta habitantes de EE. UU.

Elecciones e insurrección

En noviembre de 1860, el país estaba tan dividido en cuanto a la esclavitud que se presentaron cuatro candidatos a las elecciones presidenciales. El ganador, Abraham Lincoln, elegido gracias únicamente a los electores del Norte, no logró ni mayoría popular, ni un solo voto electoral del Sur. Su experiencia militar era limitada, pero tenía un juicio agudo y era buen estratega. También había dejado clara su postura contraria a extender la esclavitud.

Desconfiando de los propósitos del presidente electo, siete estados del Sur (que después fueron once) se separaron de EE. UU. y formaron los

Véase también: Las guerras civiles inglesas 148–149 ▪ La guerra de la Independencia de EE. UU. 172–177 ▪ La guerra anglo-estadounidense de 1812 198–199 ▪ La guerra de Crimea 206–207 ▪ El ascenso de Prusia 210–213

Estados Confederados de América. Para Lincoln, la Unión era indisoluble, y, como el presidente Andrew Jackson –que se había enfrentado a amenazas de secesión similares en la década de 1830–, estaba dispuesto a luchar por ella.

Lincoln esperó a que los sudistas (confederados) iniciaran las hostilidades, lo cual hicieron el 12 de abril de 1861, atacando el Fuerte Sumter, en Charleston (Carolina del Sur). Lincoln declaró entonces que la Confederación suponía una insurrección contra la legítima autoridad federal y convocó a 75 000 voluntarios para invadir los estados rebeldes. Pronto habría un número mucho mayor de ciudadanos soldados luchando en la guerra de Secesión.

La estrategia de Lincoln gira inicialmente en torno a **preservar la Unión** y sofocar la insurrección.

→ Planea presionar a **la Confederación** mediante **bloqueos** y luego dividirla **controlando el río Misisipi**.

→ Luego trata de **recuperar** los **estados fronterizos**, **derrotar al ejército de Lee** y tomar Richmond (Virginia).

→ Más tarde añade a su estrategia la **oposición a la esclavitud**, **alineando al Norte** con la causa de **la libertad**.

→ **Lincoln sale victorioso y trata con indulgencia a los derrotados sudistas.**

→ Finalmente, los estados del Sur aceptan **ratificar la 13.ª enmienda** a la Constitución de EE. UU., que **abole la esclavitud**.

Fase inicial

A grandes rasgos, la estrategia de la administración Lincoln fue impedir que otros países, sobre todo la ávida de algodón Gran Bretaña, reconocieran a la Confederación como Estado legítimo. La Armada de EE. UU. bloqueó los puertos del Sur, dificultando así que recibiera armas y ayuda del extranjero. Lincoln esperaba dividir a la Confederación tomando el control del Misisipi y ayudando a los simpatizantes de la Unión en el oeste de Virginia, el este de Kentucky y el este de Tennessee.

El escenario oriental de la guerra estaba a las puertas de la sede del presidente, en Washington D. C. Desde el 8 de mayo de 1861, cuando Richmond (Virginia) se convirtió en la capital confederada, el principal campo de batalla fueron los 160 km de bosques y tierras de cultivo que separaban las dos ciudades, así como el valle de Shenandoah al oeste. Allí tendrían lugar al menos una docena de batallas importantes e innumerables choques menores durante los cuatro años de guerra.

El escenario bélico occidental fue sobre todo la vasta extensión entre los Apalaches y el río Misisipi. Los generales del Norte y del Sur estudiaron los mapas del extenso territorio y planearon estrategias similares, aunque inversas. Ambos bandos esperaban ganar los estados fronterizos, sobre todo Kentucky y Tennessee, y esto lo reflejaban los nombres de los ejércitos. La principal fuerza confederada en el Oeste fue el Ejército »

La primera batalla de Bull Run, en 1861, acabó en una humillante retirada del ejército unionista del general Irvin McDowell, con casi 3000 de sus hombres muertos, heridos o desaparecidos.

de Tennessee, y las principales fuerzas de la Unión llevaban nombres de ríos: los ejércitos del Tennessee, el Cumberland y el Ohio. A las regiones montañosas no tardaron en llegar tropas de ambos bandos.

Primeros combates

El 21 de julio de 1861 se libró la primera gran batalla de la guerra en Bull Run (Virginia), con una gran victoria confederada que vio surgir a un héroe sureño, el general Thomas J. «Stonewall» Jackson. Sin embargo, a principios de 1862, las tornas cambiaron a favor de Lincoln. Los fuertes Henry y Donelson, que dominaban los ríos Tennessee y Cumberland, cayeron en manos del Ejército del Tennessee, dirigido por el general de división Ulysses S. Grant. Esto aseguró dos vías fluviales vitales para la Unión.

En abril, dos victorias más habían hecho avanzar la campaña de la Unión para hacerse con el Misisipi: la caída de la isla Número Diez confederada, cerca de Memphis; y la toma de Nueva Orleans, la mayor ciudad del Sur. Pronto solo quedó bajo control confederado un tramo del río de 176 km entre Port Hudson, en Luisiana, y Vicksburg, un asentamiento fortaleza bien defendido encaramado a gran altura sobre el río, en Misisipi.

Los días 6 y 7 de abril tuvo lugar la batalla de Shiloh en el río Tennessee. Grant venció, pero el gran número de bajas –más que en todas las guerras anteriores de EE. UU. juntas– anunciaba la larga y cruenta lucha que se avecinaba. Las cosas fueron distintas en Virginia, donde la pequeña fuerza de Jackson ubicada en el valle de Shenandoah derrotó a tres ejércitos mayores de la Unión.

General Robert E. Lee

En las batallas de los Siete Días, en junio de 1862, el general sureño Robert E. Lee expulsó al numeroso y bien equipado Ejército del Potomac, del general George McClellan, de las puertas de Richmond. Un impaciente Lincoln ordenó al Ejército Federal volver a Washington D. C., pero los ejércitos de la Unión estaban ganando en Kentucky y Tennessee. Un gran avance confederado en Ken-

Las batallas más sangrientas de la guerra –las de Gettysburg, de los Siete Días, Chickamauga, Chancellorsville y Antietam– se libraron entre junio de 1862 y septiembre de 1863, todas (menos la de Chickamauga) en el escenario oriental. Algunos combates con muchas menos bajas –en Vicksburg y en los fuertes Henry y Donelson– también fueron estratégicamente cruciales.

Clave

- Estado de la Unión
- Estado fronterizo
- Estado de la Confederación
- *Gran batalla*
- Bloqueo de la Unión

tucky acabó en derrota en Perryville y, a finales de 1862, una batalla salvaje cerca de Murfreesboro (Tennessee) hizo de Nashville una importante base de suministros de la Unión.

Incluso Lee estaba casi deshecho. Había llevado a su ejército de Virginia del Norte a Maryland, amenazando Washington D. C. El 17 de septiembre, McClellan y el Ejército del Potomac le atacaron a orillas del Antietam, cerca de Sharpsburg. El feroz choque fue un empate táctico y una victoria estratégica de la Unión, pero McClellan dejó a Lee escapar a Virginia.

Se proclama la emancipación

Aunque el antiesclavista Partido Republicano mantuvo el Senado, perdió el control de la Cámara de Representantes en las elecciones de 1862–1863, en parte debido al ascenso de los llamados *copperheads*, miembros del Partido Demócrata partidarios de los derechos inalienables de los estados individuales y que culpaban a los abolicionistas de la guerra y querían una paz inmediata. Algunos de sus temores se hicieron realidad cuando Lincoln, movido por la esperanza de dar al esfuerzo bélico un fin ético elevado y por la necesidad de levantar la moral, anunció la Proclamación de Emancipación. Así, el 1 de enero de 1863 se declaró libertos a 3,5 millones de esclavos en los estados confederados, pero no a los alrededor de medio millón que aún permanecían en Kentucky, Maryland y Washington D. C., zonas fronterizas cuya lealtad necesitaba la Unión.

Cambia la suerte

Mientras tanto, en Virginia, Lee frustraba los intentos de varios comandantes de la Unión: McClellan, Pope, Burnside y Hooker. La estrategia de Lincoln no solo se centraba en capturar Richmond y destruir al ejército de Lee, sino en tomar varias plazas: Vicksburg para controlar el río Misisipi; Chattanooga para controlar todo Tennessee, y Charleston para cerrar otro importante puerto confederado.

La racha de victorias de Lee continuó, aunque la más audaz y decisiva, en Chancellorsville, en mayo de 1863, se logró a costa de perder a Stonewall Jackson, mortalmente herido. Entonces Lee montó una segunda invasión del Norte para minar aún más la moral de la Unión, pero que acabó mal en los campos del sur de Pensilvania. La batalla de Gettysburg, del 1 al 3 de julio de 1863, la más sangrienta de la guerra, destrozó muchas de las mejores divisiones de Lee y culminó con la «carga de Pickett», en la que la Unión repelió a 12 000 soldados de infantería confederados, dejando más de 8000 heridos o muertos. Sin embargo, Lee consiguió una vez más sacar a muchas de sus tropas y volver a Virginia.

El 4 de julio, Lincoln tuvo noticias aún mejores. La brillante campaña de Grant para tomar la fortaleza de Vicksburg logró su rendición. Tras la posterior caída de Port Hudson, la Unión había cortado el corredor que mantenía unida a la Confederación. Ahora que sus cañoneras podían »

¡No olvidéis hoy que sois de la vieja Virginia!

General confederado George E. Pickett

Discurso a sus tropas en la batalla de Gettysburg (julio de 1863)

Fusiles y ferrocarriles

Mosquetes-fusil, ferrocarriles y telégrafos tuvieron un papel importante en la guerra de Crimea (1853–1856), pero los historiadores militares suelen considerar la guerra de Secesión la primera guerra moderna. Había más rifles que nunca, en manos de grandes ejércitos de ciudadanos, y eran letales a mucha mayor distancia que los mosquetes de ánima lisa.

Un factor más importante fue que EE. UU. poseía una de las redes ferroviarias más extensas y densas del mundo, con 32 000 km de vías en el Norte y 14 500 en el Sur. Junto a la mayor parte de las vías discurrían cables telegráficos. Como el ferrocarril era el medio más eficaz para trasladar soldados, armas, caballos y suministros médicos, definió la geografía de la guerra, determinando dónde se montaban las campañas e incluso el curso de los combates.

Las tropas en retirada destruían vías férreas y puentes para frenar al enemigo. Las que avanzaban empleaban ingenieros para repararlos de nuevo.

patrullar todo el Misisipi, Arkansas, el oeste de Luisiana y Texas –donde los confederados obtenían caballos, hombres y suministros–, el enemigo estaba completamente aislado. En junio y julio de 1863, la Unión logró otro importante objetivo estratégico: el Ejército del Cumberland, del general William Rosecrans, superó a las fuerzas confederadas de Braxton Bragg en el centro de Tennessee y las obligó a retirarse al norte de Georgia. Esa zona clave ya parecía libre de resistencia rebelde organizada.

Nuevos enemigos y un nuevo estado

Entonces Lincoln tuvo que enfrentarse ahora a otro enemigo, esta vez interno. Como crecía el hartazgo por la guerra y las tasas de deserción se habían disparado, en marzo de 1863 firmó la Ley de Alistamiento, el primer reclutamiento masivo de la historia del país. La reacción en el Norte fue furibunda, en parte por la carga que recaía sobre los hombres más pobres, que no podían pagar a sustitutos que ocuparan su lugar. Las tropas tuvieron que sofocar un motín de tres días en Nueva York. Mientras tanto, demócratas *copperheads* y confederados hablaban de paz negociada. Las perspectivas de reelección de Lincoln parecían cada vez más dudosas.

En septiembre de 1863, el ejército nordista de William Rosecrans fue casi derrotado en la feroz batalla de Chickamauga, en el norte de Georgia, y hubo de retroceder hasta Chattanooga. Los confederados avanzaron y sitiaron la ciudad, amenazando con deshacer todos los logros de la campaña de Tennessee. En noviembre, Lincoln, bajo la lluvia, en los arrasados campos de Gettysburg, pronunció un discurso en un cementerio para los caídos en el que aludió a una vieja república que debía morir para que del sacrificio masivo surgiera un «renacimiento de la libertad».

Tan inspirada retórica pareció influir en que el año terminara con una creciente oleada de victorias nordistas. Los confederados fueron derrotados en Knoxville, y la Unión se hizo con la mayor parte del este de Tennessee. Grant llegó con su invicto Ejército del Tennessee, rompió el sitio de Chattanooga, derrotó al enemigo y lo hizo retroceder hasta Georgia. El oeste de Virginia era ya el nuevo estado de Virginia Occidental, de tendencia unionista.

La fase final

En marzo de 1864, Grant asumió el mando de todos los ejércitos de la Unión. Con la aprobación de Lincoln, planeó una estrategia para ganar la guerra ese año, destruyendo al Ejército de Virginia del Norte de Lee y tomando Richmond. A la vez, en el oeste, el general unionista William T. Sherman debía invadir Georgia y tomar Atlanta, centro ferroviario de suministros y municiones de la Confederación. Ambas ofensivas comenzaron a principios de mayo. La estrategia del Sur, por el contrario, era ganar tiempo para que los demócratas partidarios de la paz ofrecieran un acuerdo de independencia si lograban desbancar a Lincoln en las elecciones de noviembre.

Tras asumir el mando supremo de los ejércitos de la Unión, Ulysses S. Grant acompañó al Ejército del Potomac durante la llamada campaña Overland, entre mayo y junio de 1864.

Tras la llamada batalla de la Espesura, indecisa, hubo otros titánicos choques entre Lee y Grant en Virginia en mayo y junio. Los ingenieros de ambos bandos diseñaban terraplenes defensivos y ofensivos cada vez más complejos, que tuvieron un papel importante en Cold Harbor, cerca de Richmond, el 3 de junio, donde cayeron al menos 7000 soldados de la Unión en los primeros 30 minutos del ataque contra

Mayores cifras de muertes en tiempos de guerra de EE. UU.

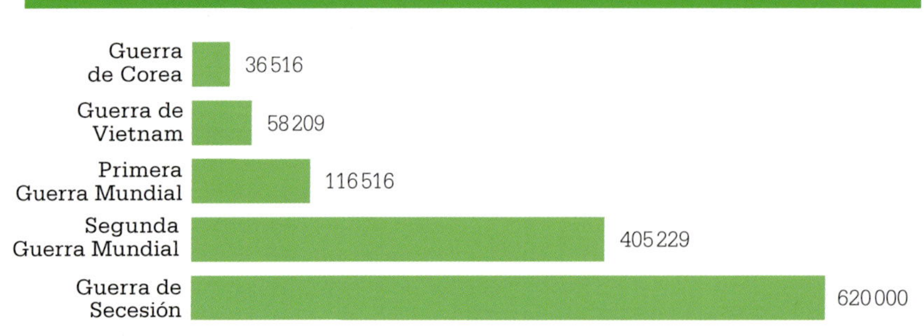

En mayo de 1864, en la llamada batalla de la Espesura, Grant se negó a ordenar la retirada pese a las graves pérdidas sufridas (17 500 muertos o heridos en dos días). No hubo un claro vencedor.

los confederados atrincherados. En julio, los ejércitos estaban atascados en una guerra de trincheras alrededor de Petersburg y Richmond, punto muerto que no dejó maniobrar a Grant y le obligó a una campaña de desgaste. En el vecino valle de Shenandoah, la suerte fue alternando hasta bien entrado el otoño, y un avance confederado casi alcanzó Washington D. C.

Mientras tanto, los ejércitos de Sherman se abrían paso hacia el sur desde Chattanooga hacia Atlanta. El general confederado Joseph Johnston erigió una fortificación provisional tras otra, pero las divisiones de Sherman las flanquearon todas, forzando nueve grandes retiradas confederadas en total. Batallas de maniobra sangrientas, pero indecisas, caracterizaron la retirada confederada, y a mediados de julio, los soldados de la Unión tenían a la vista las agujas de Atlanta.

Con Grant y Lee en punto muerto y Atlanta sitiada, las posibilidades de reelección de Lincoln seguían siendo escasas. La Convención Demócrata de 1864 en Chicago formó una plataforma influida por los *copperheads* que pedía el cese inmediato de la guerra y un acuerdo negociado, aunque el candidato demócrata, el general McClellan, no la respaldaba. Entonces, el 2 de septiembre, cayó Atlanta, cambiando así el curso de la guerra. El 8 de noviembre de 1864, un Norte más confiado reeligió a Lincoln.

Hemos devorado la tierra. Todos se retiran ante nosotros, y atrás queda la desolación. Para comprender qué es la guerra hay que seguir nuestros pasos.

General William Sherman

sobre la Marcha hacia el Mar (1864)

Hacia el final

La moral del Sur se derrumbó, y sus tasas de deserción se dispararon. Sherman destruyó Atlanta y emprendió la Marcha hacia el Mar (15 de noviembre–21 de diciembre) hasta Savannah (Georgia). Las fuerzas victoriosas de la Unión también arrasaron el valle de Shenandoah. El Ejército Confederado de Tennessee, tras perder Atlanta, fue casi aniquilado al sur de Nashville, quedando el Ejército de Virginia del Norte de Lee como la única fuerza rebelde importante que seguía en la lucha.

A principios de 1865, la victoria de la Unión parecía inminente. El 1 de abril, las divisiones de Grant finalmente rompieron el flanco derecho de Lee, forzando una retirada completa hacia el oeste desde las trincheras de Richmond y Petersburg. Lee esperaba unir sus tropas a las confederadas en Carolina del Norte, pero fue rodeado en Appomattox Court House, donde se rindió a Grant el 9 de abril de 1865. De acuerdo con los deseos de Lincoln, Grant ofreció condiciones generosas. Tras entregar las armas, se concedió a los cautivos la libertad condicional y se les permitió volver a casa. A las dos semanas, el 26 de abril, en Carolina del Norte, el general Joseph Johnston rendía todas las tropas confederadas al este del Misisipi. Sherman le ofreció las mismas condiciones, y ese fue el fin de la guerra.

Una victoria no disfrutada

El principal artífice de la victoria de la Unión no pudo disfrutarla. Cinco días después de Appomattox, el simpatizante confederado John Wilkes Booth asesinó a Lincoln. En su segundo discurso inaugural, apenas un mes antes del final de la guerra, Lincoln había dicho que se acercaba el momento de «vendar las heridas de la nación», pero solo gobernó durante la guerra y sus preparativos, y la historia no sabrá nunca qué clase de presidente habría sido en tiempos de paz. ■

MI PUEBLO DESEA LA PAZ

LA CONQUISTA DE AMÉRICA DEL NORTE (*c.* 1785–1890)

EN CONTEXTO

ENFOQUE
Asentamiento europeo en el territorio continental de EE. UU.

ANTES
Siglo XVI Las enfermedades europeas diezman los pueblos indígenas y causan despoblación en toda América.

1675–1678 Se libra la guerra del Rey Felipe, primera gran guerra entre indígenas y europeos, entre los wampanoag y los colonos de Nueva Inglaterra.

1784 Como Estado soberano, EE. UU. es libre para fijar sus fronteras de colonización.

DESPUÉS
1924 La Ley de Ciudadanía India concede la ciudadanía a todos los pueblos indígenas de EE. UU.

1968 La Ley de Derechos Civiles de los Indios concede al fin a los indígenas muchos de los beneficios de la Declaración de Derechos.

En 1890, la Oficina del Censo de EE. UU. decretó que «la zona no colonizada está tan entreverada de zonas de asentamiento aisladas que no puede decirse que haya una línea de frontera». EE. UU. se extendía ya por todo el continente norteamericano, después de crecer desde las Trece Colonias originales hasta cubrir un área de unos 3 millones de km^2.

En torno a esta gesta de expansión insaciable se fue creando una mitología sobre «la conquista del Oeste»: un relato idealizado de colonos y soldados que triunfaban sobre «indios salvajes». Para los indígenas, la larga serie de las llamadas guerras indias fue un genocidio prolongado.

¡Vergüenza! Os atrevéis a gritar «libertad», cuando nos tenéis en lugares contra nuestra voluntad, llevándonos de aquí allá como a bestias.

Sarah Winnemucca
Escritora, activista y miembro de la tribu paiute (1883)

Con la independencia en 1776, y la condición de Estado soberano ocho años más tarde, los colonos estadounidenses, ávidos de tierras, se libraron de los límites a la expansión hacia el oeste impuestos por los más cautelosos británicos. En el Territorio del Noroeste –la tierra al oeste de Pensilvania y al este del Misisipi–, milicias de colonos aplastaron a la Confederación de Pueblos Indígenas del Noroeste en la batalla de Fallen Timbers en 1794, y después a los últimos restos de resistencia en la batalla de Tippecanoe en 1811.

Senderos de lágrimas

En el sur, los guerreros indígenas lucharon por sus tierras en la guerra de los creek de 1813–1814 y las prolongadas guerras seminolas de 1817–1858. Vencidos en ambos conflictos, estos pueblos perdieron la mayor parte de su territorio en Alabama, Georgia y Florida. Tras la aprobación de la Ley de Traslado de Indios de 1830, las agencias gubernamentales estadounidenses reubicaron por la fuerza a varias tribus del sur en áridas reservas mucho más al oeste. Miles de personas murieron de hambre, frío

Véase también: La conquista europea de América 122–125 ▪ La guerra en América del Norte 150–151 ▪ La guerra franco-india 160–161 ▪ La guerra de la Independencia de EE. UU. 172–177 ▪ La guerra anglo-estadounidense de 1812 198–199

El 7.º de Caballería de EE. UU. acampado tras la matanza de Wounded Knee, donde acabó con la resistencia indígena organizada matando a casi 300 hombres, mujeres y niños.

y enfermedades por el camino. La migración forzosa de los cheroquis y otros pueblos en la década de 1830 se conoció como el Sendero de las Lágrimas, porque una cuarta parte de ellos murió durante el trayecto.

Oro y ganado

Al descubrirse oro en California en 1849, afluyeron en masa colonos a la costa oeste, y con ello se desató una masacre de la población indígena. En 1870, los asesinatos, la esclavitud y las enfermedades habían reducido el número de indígenas de 150 000 a solo 31 000.

En el Medio Oeste, el hambre de tierra, sobre todo para criar ganado, y el deseo de abrir corredores de transporte transcontinentales causaron las llamadas guerras de las Llanuras (1854–1879). Pese a los éxitos de algunos líderes indígenas, como Toro Sentado y Caballo Loco (que derrotaron al comandante estadounidense George Custer y sus hombres en Little Bighorn en 1876), fue una guerra desigual, y en última instancia prevaleció el poderío militar. Además, la matanza masiva de búfalos destruyó la economía y el vigor de la sociedad indígena.

Casi el último acto de esta secuencia brutal de conflictos fue la matanza de varios cientos de lakotas en Wounded Knee (Dakota del Sur), en 1890. En esa fecha, la mayoría de los casi 300 000 indígenas que sobrevivían en EE. UU. estaban confinados en reservas que solo representaban el 2 % de la superficie del país. ■

Sarah Winnemucca

Nacida en 1844 en el actual estado de Nevada, Sarah Winnemucca procedía de un linaje de jefes paiute. Hablaba varias lenguas y, pese a que la caballería estadounidense había matado a su madre y al resto de su familia en 1865, trabajó como intérprete y negociadora entre el ejército y las tribus indígenas.

Tras el traslado forzoso de parte de su pueblo a la reserva de Yakima, en el noreste del país, fue una enérgica defensora de los derechos territoriales y el bienestar de los indígenas. También denunció la corrupción y los abusos de los agentes de la reserva nombrados por el gobierno, que planteó en una reunión en 1880 con el presidente Rutherford B. Hayes. En 1883 fue la primera indígena norteamericana en publicar un libro, *Life Among the Piutes [sic]: Their Wrongs and Claims.* Su defensa ayudó a arrancar al gobierno compromisos de reforma y promesas de restitución de tierras que nunca se cumplieron. Murió en 1891.

LA GRAN GESTA NAVAL DE LOS [...] ACORAZADOS

LA GUERRA DE PARAGUAY (1864–1870)

EN CONTEXTO

ENFOQUE
Guerra fluvial

ANTES
1811 Paraguay declara su independencia de España.

1854 Se construye una formidable fortaleza en Humaitá, junto al río Paraguay, para impedir que Brasil invada Paraguay a través del río.

1861 Durante la guerra de Secesión de EE. UU., una armada fluvial patrulla el río Misisipi.

DESPUÉS
1947 La marina francesa crea las divisiones Dinassaut para patrullar los ríos Mekong y Rojo en la Indochina francesa frente a la guerrilla comunista.

1965 Una armada fluvial de la Marina de EE. UU. patrulla los ríos en la guerra de Vietnam.

2022–presente Las batallas clave de la guerra ruso-ucraniana se dan a lo largo de ríos como el Dniéper.

La guerra de Paraguay, también llamada guerra de la Triple Alianza, fue el conflicto más mortífero de Latinoamérica en el siglo XIX. Transformó la suerte de los cuatro países implicados y cambió la guerra en el continente.

La caída del virreinato del Río de la Plata en 1825 dejó sin definir las fronteras fluviales de Paraguay, que para tratar de ganar territorio declaró la guerra a sus vecinos Argentina, Brasil y Uruguay.

En una región con pocas carreteras, la mayoría de los combates se libraron cerca de ríos que atravesaban selvas pantanosas. Todos los países implicados sufrieron numerosas bajas, muchas de ellas por enfermedades mortales, como cólera, viruela y fiebre tifoidea, comunes en áreas subtropicales.

Cambios profundos

Al inicio de la guerra, los ejércitos estaban mal entrenados y equipados con anticuadas armas de fuego europeas. En 1870 estaban mejor adiestrados y usaban fusiles de percusión mejores. También adoptaron tácticas más eficaces, como luchar en cruces fluviales estratégicos. Tras un año de asedio, la caída de la fortaleza de Humaitá en 1868 marcó el principio del fin de las ambiciones territoriales de Paraguay.

La densa vegetación selvática y el clima húmedo a lo largo del río Paraguay creaban malas condiciones higiénicas y contribuyeron a la propagación de enfermedades entre los soldados.

La guerra cambió profundamente a Paraguay, que perdió el 70 % de su población y tuvo que ceder territorio a Brasil y Argentina. Brasil comprendió la importancia de controlar el río Paraguay, ya que era el único acceso a su vasto territorio del Mato Grosso. ■

Véase también: La conquista europea de América 122–125 ▪ Las guerras de la independencia hispanoamericana 200–203

INDIA FUE EL EJE DE NUESTRO IMPERIO

LA CONQUISTA BRITÁNICA DE INDIA (1803–1857)

EN CONTEXTO

ENFOQUE
Gran Bretaña y los cipayos

ANTES
1600 La reina Isabel I de Inglaterra aprueba la creación de la futura Compañía Británica de las Indias Orientales (CBIO) para traer especias, índigo y algodón de Asia.

1751 Las tropas de la CBIO se enfrentan a fuerzas francesas en Arcot (Tamil Nadu), ambas con cipayos indios.

1757 Las tropas de la CBIO al mando de Robert Clive derrotan al nabab de Bengala y a sus aliados franceses en la batalla de Plassey.

DESPUÉS
1895 Se incorporan soldados indios al Ejército Indio Británico y se contempla que puedan ser oficiales, aunque esto será raro en la práctica.

1947 El subcontinente indio se divide en dos naciones: India y Pakistán.

En la década de 1750, la Compañía Británica de las Indias Orientales, que competía con compañías francesas por el control del lucrativo comercio de especias del sur de Asia, fortificó sus almacenes y trató de extender su territorio. También había creado un ejército privado con soldados de infantería indígenas reclutados en el país, llamados cipayos, bien adiestrados en tácticas militares europeas y con oficiales británicos. En su apogeo, el ejército de la compañía tenía unos 300 000 soldados, y más del 95 % de ellos eran cipayos.

La victoria del general Robert Clive en Plassey en 1757 consolidó el dominio de la Compañía Británica de las Indias Orientales en el sur de Asia durante el siglo siguiente. Apoyada por su ejército de cipayos, la compañía impuso la ley y los valores culturales británicos, hizo del inglés la lengua oficial y saqueó los recursos naturales de India.

La resistencia a los gobernantes británicos continuó hasta la derrota de los principados del Punyab en varios conflictos, entre ellos la segunda guerra anglo-maratha (1803–1805) y las dos guerras anglo-sijs (1845–1846 y 1848–1849).

En 1857, el creciente resentimiento por las políticas de la Compañía Británica de las Indias Orientales desembocó en un motín de los cipayos que acabó en rebelión generalizada contra el dominio británico. La rebelión tuvo algunos éxitos, pero la dura respuesta británica causó la muerte de 800 000 indios, y el gobierno británico sustituyó a la compañía como gobernante de India. ■

Por el lugar corría literalmente la sangre hasta los tobillos [...]. Miré abajo y los vi amontonados.

Mayor George Bingham
sobre la masacre de Kanpur (1857)

Véase también: El Imperio maurya 42–43 ■ Las invasiones mongolas 96–101 ■ Las conquistas de Tamerlán 105 ■ Conquistas de los mogoles en India 140–141

EL REPARTO DE ÁFRICA

GUERRAS COLONIALES EN ÁFRICA (*c.* 1880–1900)

EN CONTEXTO

ENFOQUE
Imperios en África

ANTES
1482 Portugal funda Elmina, base comercial en la costa occidental africana, que marca el inicio de la invasión europea en África.

1847 Antiguos esclavos reasentados de EE. UU. fundan el Estado de Liberia.

DESPUÉS
1935 La Italia fascista invade Abisinia, en la última conquista imperial en África.

1956–1968 Los movimientos independentistas ponen fin al dominio colonial directo en muchas partes de África.

1975 Angola y Mozambique se liberan del dominio portugués.

2020 El rey Felipe de Bélgica pide perdón por los crímenes coloniales de su antepasado Leopoldo II.

A principios de la década de 1880, el descubrimiento de que el rey Leopoldo II de Bélgica se había labrado sigilosamente mediante subterfugios, diplomacia, comercio y violencia una vasta colonia en el corazón de África alarmó a las potencias europeas rivales. En 1884, el canciller alemán Otto von Bismarck invitó a representantes de las potencias europeas a Berlín para formalizar lo que más tarde se llamó «la carrera por África», que iba

Véase también: Reinos de Zimbabue 104 ▪ Guerra en el norte de África 126–127 ▪ Las guerras revolucionarias francesas 180–187 ▪ La segunda guerra de los bóeres 234 ▪ Las guerras de independencia africanas 300–303

Si se me encarga dirigir operaciones contra los zulúes [...], les mostraré lo desesperadamente inferiores que son a nosotros en potencia militar.

Lord Chelmsford
General del ejército británico (1878)

a dividir el continente en esferas de influencia europea. En pocos años, estas esferas cristalizaron en posesiones coloniales bajo gobierno directo. Todo el continente, salvo Liberia y Abisinia (actual Etiopía), fue conquistado por la fuerza de las armas europeas.

Partición progresiva

Algunos Estados europeos habían tenido zonas de influencia en África desde hacía siglos, pero el control directo se limitaba a enclaves costeros. Varios factores impulsaron el afán de mayor control.

En el norte de África, la desestabilización social y política generada por un siglo o más de imperialismo creciente había dejado vacíos de poder en zonas antes bajo el control del Imperio otomano. Egipto, por ejemplo, se independizó nominalmente como Jedivato de Egipto en 1867, pero su gobierno era débil y quedó bajo dominio británico en 1882. Las potencias imperiales europeas también buscaban prestigio y ventajas estratégicas con la conquista y permitieron a veces cierta autonomía a los territorios. En el norte de Nigeria, por ejemplo, Gran Bretaña forjó una alianza con el Califato de Sokoto para mantener así la autoridad sobre sus súbditos mientras resistía los avances de otros países coloniales.

El ansia de control de las potencias europeas en África se sustentaba en ideologías interesadas y prejuicios raciales y religiosos, así como en el nacionalismo.

Las conquistas imperiales en el continente se vieron favorecidas por los avances tecnológicos en medicina, armamento, transporte y comunicaciones. Durante mucho tiempo, el riesgo de contraer enfermedades tropicales limitó las expediciones europeas al interior de África, problema que aliviaron en gran medida los nuevos medicamentos, en particular la quinina sintetizada para tratar la malaria, una enfermedad mortal transmitida por mosquitos. Inventos como los barcos de vapor, el ferrocarril y el telégrafo hicieron fácil y rápido viajar y comunicarse a gran distancia. Los europeos también tenían la ventaja de disponer de fuerzas militares mejor organizadas, pero igualmente importantes fueron los avances en la tecnología del armamento.

Armamento mortífero

En la década de 1870 circulaba por África un gran número de armas europeas obsoletas. Como bienes codiciados, estas sirvieron a menudo para lograr tratados y concesiones de los poderes locales. A la vez, las fuerzas armadas europeas se modernizaban con nuevas armas que cambiarían radicalmente el carácter de la guerra, como los fusiles rayados de retrocarga. Incluso cuando estos se vendieran a los africanos –como en 1889, cuando la Compañía Británica de Sudáfrica negoció una concesión con Lobengula, rey del pueblo matabele (o ndebele del norte) en lo que hoy es Zimbabue, ofreciéndole »

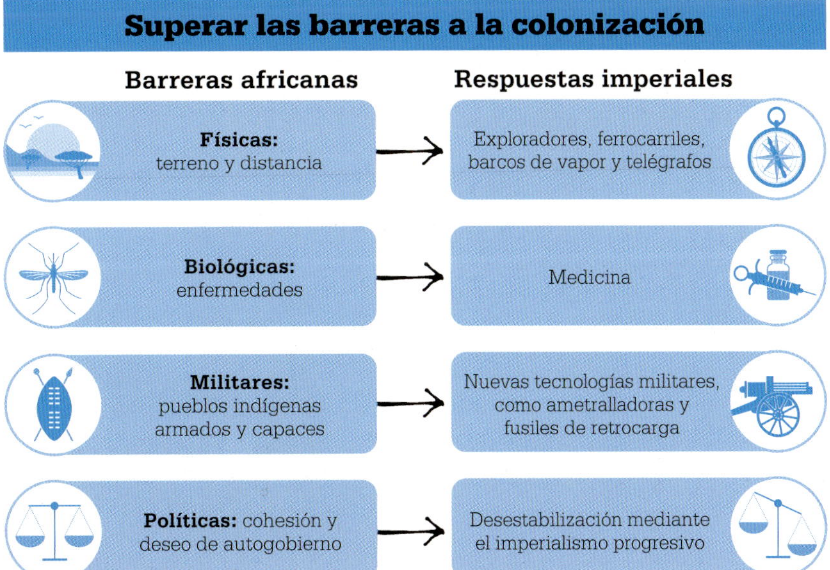

Uereani Maharero

Nacido en 1856, Uereani Maharero, más conocido como Samuel, era hijo de un jefe herero de la actual Namibia. Su padre, rechazado una y otra vez por los británicos al buscar protección, sucumbió a regañadientes a la ocupación alemana en 1885. Samuel se educó en una escuela misionera alemana y sucedió a su padre como jefe al morir este en 1890. Al principio buscó el apoyo alemán concediendo derechos sobre la tierra a los colonos, pero como estos invadían cada vez más territorio herero, reunió apoyos para una rebelión.

En enero de 1904 exhortó al pueblo herero a «levantarse [...] contra los alemanes [...], muramos luchando antes que por el maltrato». La revuelta estuvo a punto de triunfar, pero un ejército alemán al mando de Lothar von Trotha derrotó a Maharero en la batalla de Waterberg en agosto de 1904. En octubre, Trotha ordenó el genocidio del pueblo herero. Maharero, junto con unos mil de sus hombres, huyó al exilio en el Protectorado de Bechuanalandia (actual Botsuana), donde murió en 1923.

mil de los últimos rifles Martini-Henry–, los europeos conservaban la ventaja tecnológica al disponer de ametralladoras. Estas las mantuvieron fuera del alcance de las fuerzas locales, lo cual dio pie a unos versos de 1898 del poeta franco-británico Hilaire Belloc sobre el desequilibrio de poder entre africanos y europeos: «Pase lo que pase, tenemos / la ametralladora Maxim, y ellos no».

La ametralladora Maxim, inventada por el estadounidense-británico Hiram Maxim en la década de 1880, se servía del retroceso, era refrigerada por agua y totalmente automática, y fue el arma más asociada con la colonización de África. Aunque voluminosa y de difícil manejo, disparaba al menos 600 balas por minuto con un efecto devastador. En la primera guerra matabele de 1893–1894, una fuerza británica de solo 700 hombres, equipada con solo cinco prototipos Maxim, se enfrentó a 5500 guerreros matabele y mató a muchos.

Intereses franceses

Armadas con fusiles de retrocarga, ametralladoras, artillería y barcos de vapor, las potencias europeas vencieron la resistencia local allá donde fueron. Francia ya se había anexionado Argelia en 1830 y en la década de 1870 aspiraba a unir sus posesiones norteafricanas con sus nuevos territorios en África occidental. Durante la expedición a Dahomey de 1892, solo 2000 franceses bajo el mando de Alfred-Amédée Dodds ofrecieron un modelo de cómo podían luchar y vencer en África las fuerzas imperiales, incluso contra enemigos valerosos, al derrotar a unos 12 000 soldados del pueblo fon en lo que hoy es Benín, matando a 5000 con solo 77 bajas francesas.

[África] está ahora abierta [...], tratad de abrir un camino al comercio y al cristianismo.

David Livingstone

Explorador escocés, en un discurso en la Universidad de Cambridge (1857)

El imperialismo británico

El ejército británico se implicó cada vez más en el gobierno del territorio nominalmente otomano de Egipto y Sudán. En 1885, en un levantamiento de los sudaneses mahdistas contra el dominio británico fue asesinado el gobernador general Charles Gordon en Jartum.

En el otro extremo del continente, los británicos lucharon por el control del sur de África. Allí, la expansión del reino zulú bajo el rey Shaka (r. 1816–1828) había creado un adversario poderoso de los imperialistas británicos, además de galvanizar a otros poderes regionales, como los suazi y los tsuana.

Hiram Maxim fabricó en 1884 un prototipo de ametralladora que los británicos usaron por primera vez contra el pueblo yoni de África occidental tres años más tarde.

Los éxitos iniciales de los zulúes contra los británicos en la guerra anglo-zulú de 1879 desataron todo el poder de la maquinaria bélica imperialista, que causó una derrota decisiva al reino zulú. El vacío resultante desestabilizó la región y contribuyó a exacerbar el conflicto entre británicos y bóeres, colonos de ascendencia neerlandesa, alemana y francesa. La tensión era ya grave por la competencia por explotar las reservas de diamantes y oro de la región. Británicos y bóeres libraron cruentas guerras en 1880–1881 y 1899–1902.

Adquisiciones hostiles

Al principio, el rey belga Leopoldo II se hizo con una vasta colonia en el Congo mediante tratados y concesiones comerciales con dirigentes locales. Agotada esta estrategia, su ejército tomó territorios por la fuerza. En la brutal y despiadada explotación de la región por Leopoldo II murió cerca de la mitad de la población.

Alemania se apoderó de territorio en Camerún y creó el África del Suroeste Alemana (Namibia) y el África Oriental Alemana (Tanzania), a menudo con extrema violencia. En 1904, sus tropas reprimieron con brutalidad la rebelión de los herero –de los que mataron al 75 %– en el África Suroccidental Alemana, así como la revuelta maji maji del año siguiente en el África del Suroeste Alemana.

Italia también estaba decidida a reclamar sus propios dominios africanos y se anexionó Eritrea en 1885 y partes de Somalilandia en 1889. En cambio, su intento de conquistar Abisinia fue rechazado con su derrota en la batalla de Adua en 1896. Junto con Liberia, en África occidental, Abisinia era la única parte de África no anexionada por potencias europeas en 1914. El resto del continente se dividió en 30 nuevas colonias o protectorados, poblados por unos 110 millones de africanos. El desprecio imperial por los pueblos sometidos quedó patente en los mapas del continente dividido: alrededor del 30 % de las fronteras eran líneas rectas que no tenían en cuenta los límites tribales ni los reinos locales. ■

En la batalla de Omdurman, en Sudán, en septiembre de 1898, el ejército del general Herbert Kitchener vengó el asesinato de Charles Gordon durante la rebelión mahdista.

SI HEMOS DE MORIR, ¿POR QUÉ NO LUCHAR HASTA LA MUERTE?

CHINA EN CRISIS (1840–1911)

EN CONTEXTO

ENFOQUE
Decadencia de la China qing

ANTES
206 a. C.–220 d. C. Bajo la dinastía Han, China se unifica, centraliza y enriquece.

1644 La dinastía Qing toma el control de Pekín.

1755–1792 Las Diez Grandes Campañas del emperador Qianlong dan a la China imperial su mayor expansión.

DESPUÉS
1937–1945 Japón se apodera de vastas zonas de China en la segunda guerra chino-japonesa.

1949 Tras cuatro años de guerra civil, los comunistas derrotan al Partido Nacionalista Chino, o Kuomintang, que se retira a Taiwán mientras los comunistas toman el control de China.

1964 China ocupa un lugar central en la escena mundial al detonar su primera bomba atómica.

La China de la dinastía Qing era una de las naciones más ricas del mundo en el siglo XIX, y la más poblada, pero no pudo competir con los avances militares de Occidente ni con el desarrollo económico, político y social subyacente a su fuerza militar. Un desencadenante de futuros desastres fueron las guerras del Opio de 1839–1842 y 1856–1860, en las que la diplomacia de las cañoneras británicas (la amenaza de la fuerza naval) impuso tratados a China. Las guerras se debieron a que Gran Bretaña pretendía inundar los mercados chinos con el opio cultivado en sus colonias indias, pese a estar prohibido el opio en China.

La primera guerra del Opio comenzó al confiscar y destruir un comisionado imperial cargamentos de opio de comerciantes británicos. En respuesta, 16 buques de guerra británicos tomaron Hong Kong en junio de 1840 y luego remontaron el río Bei para ocupar la ciudad amurallada de Cantón (Guangzhou). Para recuperarla, China tuvo que pagar una suma colosal.

La segunda guerra del Opio llegó después de que oficiales chinos abordaran e incautaran un barco

El hambre, las catástrofes naturales y la injerencia extranjera **desestabilizan el país**.

Siguen disturbios, insurrección y **guerra**.

China tiene que **ceder el control** a señores de la guerra locales y **potencias extranjeras**.

La autoridad qing disminuye.

China es incapaz de modernizarse y equiparse para hacer frente a los crecientes desafíos.

Véase también: Orígenes del Imperio chino 44–47 ▪ El Imperio Han 48–49 ▪ La fundación de la China manchú 142–143 ▪ Las Diez Grandes Campañas 166–167 ▪ La segunda guerra chino-japonesa 264–265 ▪ La Guerra Civil china 294

El cañón Armstrong fue usado por los británicos en Pekín en 1860. William Bowlby, corresponsal de *The Times* de Londres, observó que «destroza todo aquello con lo que entra en contacto».

británico, el Arrow, en 1856. Los británicos lanzaron una expedición militar junto con fuerzas francesas contra el norte del país e incluso llegaron a ocupar Pekín en 1860.

La rebelión Taiping

La derrota en las guerras del Opio dañó la economía china, exacerbó los problemas monetarios y socavó la autoridad central. Proliferaron bandas criminales, caudillos y sociedades secretas, y el hambre y la inestabilidad asolaron el país. En 1844, la rebelión de un poderoso culto cuasi cristiano, el Taiping Tianguo, desembocó en una de las guerras civiles más sangrientas de la historia. Entre 1853 y 1860 el territorio Taiping ocupó una vasta porción de China alrededor de Jiangxi, Anhui y Zhejiang, y fue necesario el Ejército Imperial Siempre Victorioso, entrenado por occidentales, para sofocar a los rebeldes. La capital del Taiping, Nankín, cayó en julio de 1864, pero la guerra y el hambre costaron entre 20 y 30 millones de vidas.

El fracaso de las reformas

China necesitaba urgentemente modernizar su economía, su política y su ejército, pero bajo la emperatriz viuda Cixi (regente), la dinastía Qing se aferró al poder cediendo el control regional a líderes guerreros y fomentando a la vez movimientos reformistas y nacionalistas.

La insuficiencia de la reforma de las fuerzas armadas –en particular el movimiento de autofortalecimiento de la década de 1860– fue evidente en la primera guerra chino-japonesa, librada para asegurar la influencia en Corea. La elogiada Flota Beiyang china fue derrotada en la batalla del mar Amarillo en septiembre de 1894.

La autoridad qing se debilitó aún más y, desesperada, Cixi apoyó la rebelión de los bóxers, iniciada en 1899. Las potencias extranjeras se aliaron con caudillos locales para ocupar Pekín y aplastar el levantamiento en 1901. Tras la muerte de Cixi, los movimientos reformistas y revolucionarios desembocaron en la Revolución china de 1911, que puso fin al dominio imperial qing. ■

Ahora han iniciado la agresión, y la extinción de nuestra nación es inminente.

Emperatriz viuda Cixi
Declaración al Gran Consejo (1900)

La emperatriz viuda Cixi

Yehe Nara Xingzhen, nacida en 1835, era hija de un noble manchú de rango medio. Enviada al palacio imperial como concubina de quinta categoría del emperador Xianfeng, adquirió un gran poder no solo por su astucia, sino también por dar a luz al único hijo varón del emperador. A la muerte de este, en 1861, se confabuló con los príncipes imperiales para derrocar a los regentes de su hijo y convertirse en emperatriz viuda (regente) con el nombre de Cixi («maternal y auspiciosa»). A causa del protocolo de la corte respecto a la mujer, gobernó literalmente desde detrás de una cortina.

Durante el resto del siglo trató de proteger sus intereses dinásticos en un delicado equilibrio entre fuerzas reformistas y reaccionarias, en un contexto de guerras, sequías, inundaciones, hambrunas, fuerzas imperialistas invasoras y agitación económica y religiosa. Murió en 1908, y su último acto fue instalar en el trono a otro emperador niño, Puyi.

RUSIA NOS BORRARÍA DEL MAPA

DECADENCIA OTOMANA Y EXPANSIÓN RUSA (*c.* 1790–*c.* 1890)

EN CONTEXTO

ENFOQUE
Rivalidad ruso-otomana

ANTES
1681 Tras un conflicto de cinco años, los imperios ruso y otomano firman el tratado de Bajchisarái.

1783 Catalina la Grande se anexiona toda la península de Crimea.

DESPUÉS
1904–1905 Rusia es derrotada en la guerra ruso-japonesa. Sus mandos no logran comprender el sistema de guerra de la era industrial.

1912–1913 Los fracasos militares otomanos conllevan la pérdida de Albania y Macedonia en las guerras de los Balcanes.

1916–1917 Los fracasos de Rusia frente a la modernizada maquinaria bélica alemana en la Primera Guerra Mundial son un detonante de la Revolución rusa.

Dos vastos imperios en constante conflicto tanto en Europa como en Asia, el otomano y el ruso, se enfrentaban a retos análogos. Además de su tamaño y diversidad, a ambos imperios les resultaba difícil competir con la economía y los ejércitos en rápida modernización de las grandes potencias al oeste de sus propios dominios.

Reformas y reorganización

A pesar de los muchos problemas enfrentados, durante el siglo XIX, ambos imperios llevaron a cabo serios intentos por poner al día sus fuerzas armadas con un éxito parcial, cuando menos.

La humillante derrota en la guerra ruso-turca de 1787–1792, después de la anexión rusa de Crimea, había demostrado al sultán Selim III la necesidad de modernizar el ejército otomano y la burocracia asociada. En 1793 creó el *nizam-i cedid*, o «nuevo orden», cuyas tropas contaban con armas modernas y asesores extranjeros (principalmente franceses), que también fueron reclutados para supervisar la construcción naval y la creación de nuevos arsenales y fortificaciones. Sin embargo, el cuerpo de jenízaros –la infantería de élite del ejército otomano– desba-

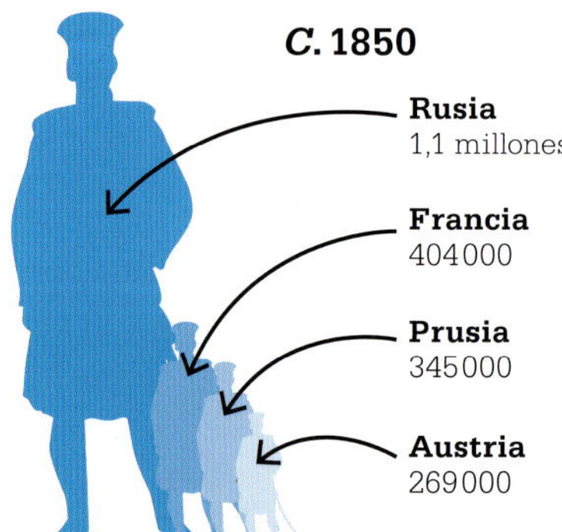

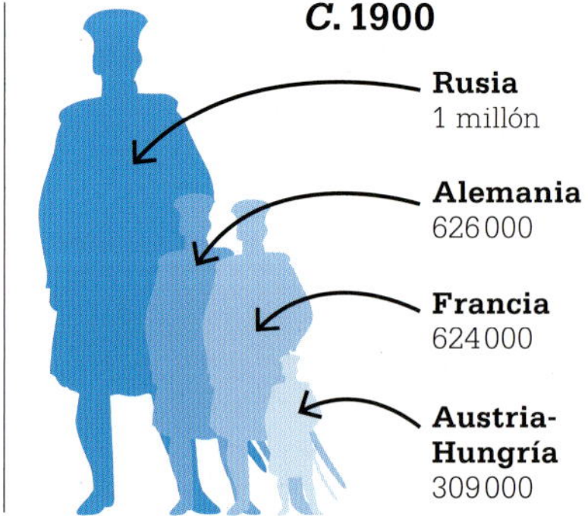

El tamaño del ejército ruso se redujo casi un 10 % entre 1850 y 1900 aproximadamente, mientras las fuerzas de otras naciones europeas aumentaban considerablemente.

Véase también: El auge de los turcos otomanos 112–113 ▪ El Imperio otomano 130–133 ▪ La Gran Guerra del Norte 158 ▪ Las guerras de Catalina la Grande 178–179 ▪ La guerra ruso-japonesa 235 ▪ Las guerras de los Balcanes 236–237

Mijaíl Skóbelev

Mijaíl Skóbelev, nacido en 1843 y llamado «el general Blanco» por el color del uniforme que llevaba en combate con total desprecio por su seguridad, se convirtió en un héroe del movimiento paneslavo, que aspiraba a unir a todos los pueblos de lengua eslava en un solo Estado nación.

En 1873 participó en una expedición rusa a Asia central, pero la verdadera fama la alcanzó al frente de una brigada cosaca en la guerra ruso-turca de 1877–1878. En combate, se le solía encontrar allí donde la lucha fuera más encarnizada.

Skóbelev se distinguió durante la liberación de Bulgaria del Imperio otomano y fue aclamado por la prensa rusa. Como resultado, sus tácticas audaces pasaron a ser el modelo de la práctica militar rusa de finales del siglo XIX («bayonetas antes que balas»), tácticas que resultarían inadecuadas en la guerra ruso-japonesa de 1904 y 1905. Skóbelev murió en 1882.

rató los intentos de reforma de Selim perpetrando un golpe de Estado y asesinando al sultán en 1808.

En 1826, el sultán Mahmud II aplastó al cuerpo de jenízaros, considerado un obstáculo para la modernización. Esto no impidió la derrota otomana en la guerra ruso-turca de 1828–1829. Mahmud se propuso entonces construir un nuevo ejército, entrenado por oficiales prusianos.

En Rusia, el ministro de la Guerra y antiguo oficial del ejército, conde Dimitri Alekséievich Miliutin impulsó una reforma militar durante las décadas de 1860 y 1870. Reorganizó el ejército en distritos autónomos, creó un sistema de tropas de reserva e introdujo el servicio militar obligatorio universal.

Reconfigurar la región

En 1877, cuando Rusia se vio arrastrada a un nuevo conflicto con los otomanos en apoyo de sus aliados balcánicos, su ejército estaba preparado. Empleando comunicaciones modernas para coordinar las maniobras, atacó en dos frentes, los Balcanes y el Cáucaso. En el paso de Shipka, en Bulgaria, de gran importancia estratégica, se libraron varias batallas. En la cuarta y última, en enero de 1878, el comandante ruso Mijaíl Skóbelev cortó el paso al grueso del ejército otomano en retirada. Esta victoria brindó a Rusia la oportunidad de amenazar la capital otomana, Constantinopla (Estambul).

El dominio del Imperio otomano en los Balcanes llegó a su fin, aunque conservara muchos territorios, y a Rusia solo le impidió ir más lejos la amenaza de intervención de las potencias europeas occidentales, alarmadas por sus éxitos. La victoria rusa sobre el Imperio otomano transformó el panorama político de los Balcanes, con la creación formal del nuevo Estado de Bulgaria y el reconocimiento de la independencia de Rumanía, Serbia y Montenegro. ■

Unos milicianos georgianos posan para una fotografía durante un periodo de calma en la guerra ruso-turca de 1877–1878. Por entonces, Georgia ya formaba parte del Imperio ruso.

BAJAS DE CASI 100 000 HOMBRES

LA SEGUNDA GUERRA DE LOS BÓERES (1899–1902)

EN CONTEXTO

ENFOQUE
Reforma del ejército británico

ANTES

1879 En la guerra anglo-zulú, la tecnología militar avanzada asegura la victoria de los británicos y alimenta su presunción de superioridad.

1880–1881 Comandos bóeres vencen a Gran Bretaña en la primera guerra de los bóeres.

DESPUÉS

1910–1914 Aplicando las reformas Haldane, el general de división Henry Wilson revisa todos los aspectos de la movilización, incluidos los planes de transporte ferroviario y naval de personal militar y caballos.

1914 Al estallar la Primera Guerra Mundial, la Fuerza Expedicionaria Británica es elogiada como la mejor entrenada, organizada y equipada desplegada por Gran Bretaña.

La tensión creciente entre Gran Bretaña y los bóeres, colonos de origen neerlandés del sur de África –alimentada por el descubrimiento de diamantes y oro en territorio bóer– se resolvieron en la segunda guerra de los bóeres, que estalló en 1899.

Desde la guerra de Crimea de 1853–1856, los británicos solo se habían enfrentado a pueblos indígenas a los que superaban en armamento. El enemigo era ahora muy distinto. Los soldados montados bóeres eran disciplinados, resistentes y estaban mejor armados que los británicos, pues habían comprado miles de fusiles máuser alemanes al ver venir el conflicto.

Justo es reconocer, como hace la gente de negocios, / que hemos recibido una lección sin fin, y nos hará un bien sin fin.

Rudyard Kipling
«La lección» (1901)

De vuelta del abismo

En octubre de 1899, algunas unidades especiales bóeres asediaron a los británicos en Mafeking y Ladysmith (en la actual Sudáfrica). A mediados de diciembre, una fuerza británica al mando del general Redvers Buller perdió tres batallas. Los británicos recabaron refuerzos de todo su imperio. A finales de 1900, un ejército de 150 000 hombres derrotó a las principales fuerzas bóeres, cuyas guerrillas resistieron otros dos años, obligando al general Kitchener a recurrir a tácticas de tierra quemada, hambre e internamiento en campos de concentración.

La guerra reveló deficiencias del ejército británico, desde armamento anticuado hasta escasez de tropas montadas, y dio impulso a una serie de reformas militares que dejaron a Gran Bretaña mejor preparada para la Primera Guerra Mundial. ■

Véase también: Las guerras de religión en Europa 134–139 ▪ La guerra de Crimea 206–207 ▪ Guerras coloniales en África 226–229 ▪ Una guerra en expansión 252–255

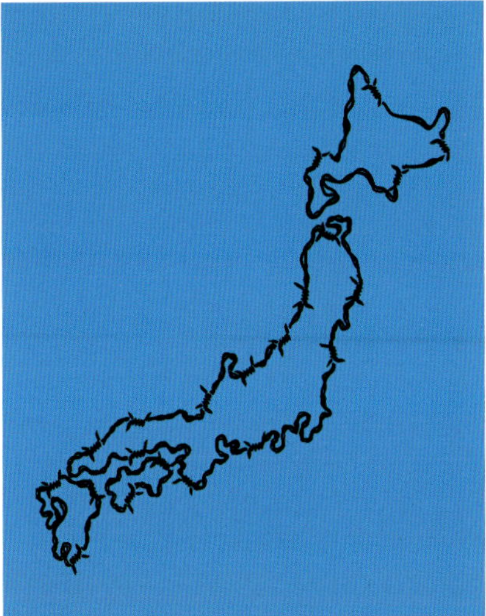

HA NACIDO UNA NUEVA FUERZA

LA GUERRA RUSO-JAPONESA (1904–1905)

EN CONTEXTO

ENFOQUE
La guerra industrial moderna

ANTES
1861–1865 La guerra de Secesión de EE. UU. es la primera «guerra industrial», con ferrocarriles, buques de guerra y producción masiva de armas.

1868 La Restauración Meiji pone a Japón en una senda modernizadora y militarista.

DESPUÉS
1912 En la primera guerra de los Balcanes entre el Imperio otomano y la Liga Balcánica se aplican nuevos métodos de guerra usados luego en la Primera Guerra Mundial, incluido el bombardeo aéreo.

Ago. 1945 Tras el desarrollo de las armas nucleares, EE. U.U. lanza las primeras bombas atómicas sobre las ciudades de Hiroshima y Nagasaki, precipitando así la rendición del Imperio japonés.

Muchos de los elementos que caracterizaron la Primera Guerra Mundial se vieron antes en la guerra ruso-japonesa, como frentes extensos y batallas prolongadas, guerra de trincheras, alambre de espino, ametralladoras, granadas, fuego indirecto, submarinos y minas marinas, e incluso algunas formas de guerra electrónica.

Rusia y Japón se disputaban la influencia sobre Corea y Manchuria (actualmente, noreste de China y Mongolia Interior). Rusia había arrendado tierras a China para establecer un puerto de aguas cálidas en Port Arthur (actual puerto de Lüshun), y la inminente finalización del ferrocarril transiberiano podía inclinar la balanza del poder en su favor y consolidar su presencia en la región.

El 8 de febrero de 1904, Japón lanzó un ataque por sorpresa contra la flota rusa en Port Arthur, antes de transportar sus fuerzas al continente asiático. Rusia, con el grueso de su ejército desplegado en Europa, no pudo enviar refuerzos lo bastante rápido a las tropas que se enfrentaban a los japoneses en Asia y se vio obligada a efectuar una serie de retiradas que dieron a Japón una clara ventaja territorial.

Unos soldados japoneses preparan sus armas mientras defienden una trinchera. La guerra de trincheras cobraría mayor protagonismo una década más tarde.

En enero de 1905 estalló la revolución en Rusia, en parte debido a la humillante actuación de su ejército contra Japón. Cuando la armada japonesa destruyó una flota rusa en Tsushima en mayo de 1905, Rusia no tuvo otra opción que pedir la paz. ■

Véase también: La segunda guerra chino-japonesa 264–265 ▪ El ascenso de Japón 280–283 ▪ Japón derrotado 284–285

UNA GUERRA DE LIBERACIÓN SE CONVIRTIÓ EN [. . .] UNA GUERRA DE EXTERMINIO

LAS GUERRAS DE LOS BALCANES (1912–1913)

EN CONTEXTO

ENFOQUE
El polvorín de los Balcanes

ANTES
1389 Los otomanos derrotan a los serbios en Kosovo y pasan a ser la potencia dominante en los Balcanes.

1878 La guerra ruso-turca termina con la victoria rusa. Algunos estados balcánicos, entre ellos Rumanía y Serbia, se independizan del Imperio otomano.

DESPUÉS
1914 La inestabilidad en los Balcanes y el asesinato del archiduque austriaco Francisco Fernando llevan directamente a la Primera Guerra Mundial.

1918 El Consejo Nacional de los Eslovenos, Croatas y Serbios crea el estado que luego será Yugoslavia.

1991–2001 Tras la caída del comunismo, Yugoslavia se desintegra y resurgen las tensiones nacionalistas.

En mayo de 1897, Austria-Hungría y Rusia firmaron un pacto para mantener el *statu quo* en la península de los Balcanes. Al mantener la rivalidad bajo control, Austria-Hungría podía centrarse en los disturbios políticos internos, y Rusia, en la expansión de Japón.

Siglos de dominio otomano en los Balcanes habían creado un mosaico de grupos con aspiraciones nacionalistas, étnicas y religiosas diversas, que fueron reprimidos. Con la ayuda de las grandes potencias (Alemania, Francia, Gran Bretaña, Austria-Hungría y Rusia) que trataron de mantener el equilibrio en Europa desde el siglo XVIII hasta la Primera Guerra Mundial, de tales aspiraciones surgieron varios estados sedientos de tierras, como Serbia, Montenegro y Rumanía. Al timón tuvieron algunos gobernantes ambiciosos con pretensiones imperiales propias, como el zar de Bulgaria, que soñaba con ser el líder de un Imperio bizantino renovado.

Estalla el conflicto

Serbia, Montenegro, Bulgaria y Grecia se aliaron en la Liga Balcánica. En 1912, las revueltas en Macedonia y Albania les dieron el pretexto para la que después se llamó prime-

Unos soldados búlgaros inspeccionan en noviembre de 1912 la zona de la primera batalla de Çatalca, que se saldó con la victoria del Imperio otomano.

Véase también: El Imperio bizantino 70–73 ▪ El auge de los turcos otomanos 112–113 ▪ El Imperio otomano 130–133 ▪ Decadencia otomana y expansión rusa 232–233

Ataque a unos camarógrafos mientras filman una batalla de la primera guerra de los Balcanes, según la ilustración de una revista. Se cree que en los dos conflictos balcánicos trabajaron hasta 300 reporteros de guerra.

ra guerra de los Balcanes. La Liga movilizó a casi un millón de hombres, derrotó a los otomanos y se repartió Macedonia y parte de Tracia.

Las tácticas y la tecnología desplegadas en los Balcanes fueron similares a las de la guerra ruso-japonesa (1904–1905) y anunciaron mucho de lo que vendría en la Primera Guerra Mundial: frentes extensos, trincheras a gran escala, artillería indirecta de tiro rápido, carros blindados y el uso generalizado de ametralladoras (la Liga Balcánica tenía 480, y los otomanos, 340). En uno de los primeros empleos de la aviación en la guerra, pilotos búlgaros lanzaron granadas de mano sobre posiciones otomanas durante el sitio de Adrianópolis (actual Edirne, en Turquía) en 1912–1913.

Superadas en armamento y número, las tropas otomanas centraron la mayor parte de sus esfuerzos en resistir los avances búlgaros que amenazaban Constantinopla. Finalmente, la presión de las grandes potencias contuvo a los estados balcánicos, y la guerra concluyó con la expulsión de los otomanos de los Balcanes. Posteriormente recuperarían la actual Tracia turca.

De una guerra a otra

Descontenta con el reparto de Macedonia tras la primera guerra de los Balcanes, Bulgaria atacó allí posiciones serbias y griegas en 1913. Al entrar Rumanía y los otomanos en la segunda guerra de los Balcanes, Bulgaria tuvo que pedir la paz. Las dos guerras balcánicas dejaron a Bulgaria «dolida, herida y despojada», en palabras del ministro británico de Asuntos Exteriores sir Edward Grey.

Ninguna guerra podía resolver las divisiones étnicas, religiosas y nacionalistas de la península de los Balcanes, y tampoco se redujo la tensión entre las grandes potencias, en particular en el seno del Imperio austrohúngaro, que veía las aspiraciones serbias con inquietud. Estas tensiones desembocarían en la Primera Guerra Mundial. ■

Las naciones emergentes del sureste de Europa están rodeadas de [...] enemigos [...]. El panorama es sombrío.

Edward Freeman

***Fortnightly Review* (junio de 1899)**

El zar Fernando I de Bulgaria

Fernando I de Bulgaria es un personaje contradictorio, considerado hoy día como un héroe de su país o denostado por su desastroso y ridículo fracaso. Nacido en Viena en 1861, en el seno de la casa alemana de Sajonia-Coburgo-Gotha, fue elegido príncipe de Bulgaria en 1887. Ridiculizado por su ostentosa vestimenta y su estilo de vida hedonista, fue, no obstante, un líder hábil y capaz.

En 1908 proclamó la independencia búlgara de los otomanos y se autoproclamó zar. Supervisó la rápida industrialización y expansión militar de Bulgaria, pero calculó mal por su obsesión por restaurar una Gran Bulgaria e incluso un nuevo Imperio bizantino. Contribuyó decisivamente a desencadenar la segunda guerra de los Balcanes, que se resolvió con una rápida derrota búlgara, y optó por apoyar a las Potencias Centrales durante la Primera Guerra Mundial.

Obligado a abdicar en 1918, se exilió en Coburgo (Alemania), donde murió en 1948. Sus restos fueron trasladados a Bulgaria en 2024.

LAS GUERR
MUNDIALES
1914–PRESENTE

AS
Y DESPUÉS

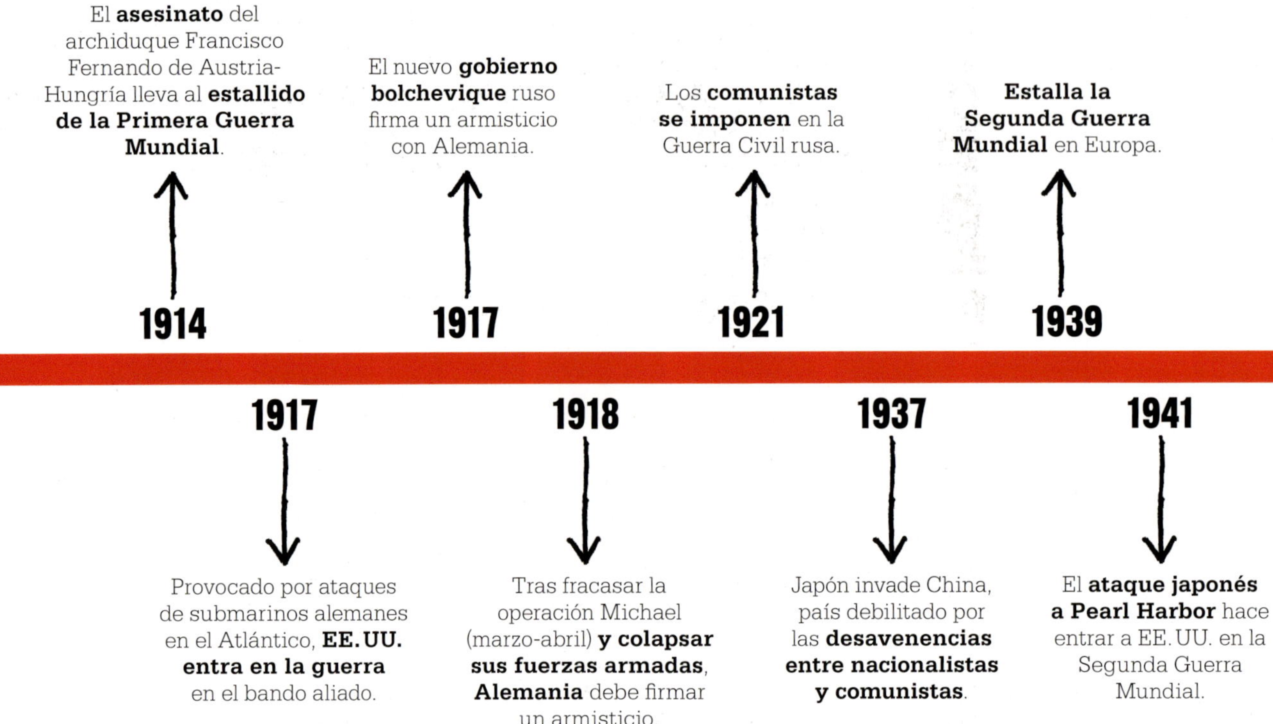

En 1906, Gran Bretaña botó el Dreadnought, un acorazado colosal pero rápido, maniobrable y con grandes cañones de recarga rápida. En 1908, Alemania botó el Nassau, igual de armado y mayor.

El siglo xx comenzó con una carrera de armamentos en la que la tecnología, la producción industrial y la organización militar alcanzarían niveles sin precedentes. La devastación de la guerra generó también innovaciones militares: aviones, tanques, submarinos y sistemas avanzados de señalización y comunicaciones. Fusiles mejorados, cañones de campaña, obuses y lanzallamas transformaron los campos de batalla de la Primera Guerra Mundial. La Segunda Guerra Mundial reveló el poder de la energía nuclear, y otras guerras posteriores sumaron nuevas tecnologías armamentísticas.

Ambiciones imperiales y alianzas entre países europeos rivales impulsaron el afán de rearmarse. Alemania, Austria-Hungría e Italia formaron la Triple Alianza en 1882; Gran Bretaña, Francia y Rusia firmaron la Triple Entente en 1907.

La guerra y sus consecuencias

En junio de 1914, en Sarajevo, un nacionalista serbio asesinó al archiduque Francisco Fernando, heredero del trono austrohúngaro, y a su esposa. Pronto, Austria-Hungría declaró la guerra a Serbia, y siguió un efecto dominó: Alemania declaró la guerra a Rusia, aliada de Serbia, y su largamente planeada invasión de Francia arrastró a Gran Bretaña a la guerra.

En el Frente Occidental, con el poder mortífero de nueva artillería, proyectiles de gran potencia, metralla y gas venenoso, los combates generaron una matanza por desgaste en las trincheras. La guerra se extendió hasta convertirse en el primer conflicto mundial de la historia, causando 22 millones de muertos. Las condiciones punitivas impuestas a la Alemania derrotada sembraron un gran resentimiento germano.

Acabada la Primera Guerra Mundial, la Rusia comunista se convirtió en la Unión de Repúblicas Socialistas Soviéticas (URSS), y Japón emergió como potencia expansionista en Extremo Oriente. El sentimiento de agravio de los germanos generó un nacionalismo desafiante de ultraderecha en Alemania, y Adolf Hitler y los nazis empezaron a rearmar al país en secreto.

La estrategia alemana en 1939 fue la *Blitzkrieg*, o «guerra relámpago». Tuvo éxito al principio, cuando sus tanques arrasaron Europa, pero fra-

La Segunda Guerra Mundial termina en Europa en mayo. A los cuatro meses, Japón se rinde tras los **bombardeos atómicos** sobre Hiroshima y Nagasaki.

1945

Los comunistas de Mao Zedong ganan la Guerra Civil china.

1949

EE. UU. apoya un **golpe de Estado de derechas** en Chile.

1973

Al Qaeda organiza los atentados del 11 de septiembre contra EE. UU., que se lanza a una **guerra** de décadas **contra el extremismo islámico**.

2001

1948

Comienza la primera **guerra árabe-israelí** cuando el nuevo Estado de Israel declara su **independencia**.

1952

Los **Mau Mau de Kenia** asaltan propiedades de los colonos, iniciando así la **guerra de independencia** de ocho años.

1989

Los muyahidines de Afganistán **expulsan** a los invasores soviéticos, pero emergen dos grupos islamistas rivales: Al Qaeda y los talibanes.

2022

Tras ocupar Crimea ocho años antes, **Rusia** organiza una **invasión** a gran escala de Ucrania.

casó contra la URSS en 1941. EE. UU., que había apoyado económicamente a sus aliados, entró en la guerra tras el ataque japonés a su Flota del Pacífico. Su rápida movilización y su importante aportación de recursos materiales y humanos inclinaron la balanza a favor de los Aliados en Europa. El desarrollo y empleo de las primeras bombas atómicas también forzó a Japón a la rendición final.

Guerra Fría y mundo árabe

La victoria en la Segunda Guerra Mundial dejó a la URSS y EE. UU. como las grandes superpotencias, y también como rivales acérrimos, con ideologías y estrategias económicas diametralmente opuestas. La Guerra Fría fue un punto muerto, pero el conflicto entre comunismo y capitalismo alimentó guerras en China, el Sureste Asiático y Latinoamérica, y también influyó en las luchas africanas por la independencia.

Oriente Próximo también fue un polvorín. Los países árabes se opusieron a la partición de Palestina aprobada por la ONU en 1947 para dar un hogar a las víctimas del Holocausto y a otros desplazados judíos. Al proclamarse el Estado independiente de Israel en 1948, los países vecinos lo invadieron en la primera de las siete guerras árabe-israelíes; el conflicto más reciente supuso un brutal ataque israelí a Gaza (sur palestino de Israel) iniciado en 2023.

Aunque la Guerra Fría acabó en 1991 tras la disolución de la URSS, sus repercusiones continúan. En la década de 1980, el apoyo de EE. UU. a las guerrillas muyahidines musulmanas que combatían contra los soviéticos en Afganistán alimentó el extremismo islámico, que desde entonces ha lanzado ataques terroristas en EE. UU., Europa, Oriente Próximo, África y otros lugares. En Rusia, entre el caos económico y político por la disolución de la URSS, ascendió al poder Vladímir Putin. Rusia ha intervenido indirectamente en Oriente Próximo y Asia, y directamente en Ucrania, que fue parte del territorio soviético.

Nueva tecnología militar

En Ucrania y en la guerra árabe-israelí de Gaza, los misiles y aviones no tripulados y el uso de IA e inteligencia militar avanzada han llevado la guerra a otro nivel. Los drones son relativamente baratos de producir, no así los sistemas de defensa antiaérea eficaces. La búsqueda de contramedidas nuevas, asequibles y de alta tecnología para proteger países y a poblaciones de futuras guerras teledirigidas ha comenzado. ■

LA CARRERA AL ABISMO

ESTALLIDO DE LA PRIMERA GUERRA MUNDIAL (1914)

EN CONTEXTO

ENFOQUE
El responsable de la guerra

ANTES
1839 Al firmar el tratado de Londres, Gran Bretaña se compromete a garantizar la neutralidad belga.

1871 Se funda el Imperio alemán.

1882 Triple Alianza de Alemania, Austria-Hungría e Italia.

DESPUÉS
1 jul. 1916 En el primer día de la batalla del Somme, la artillería y las ametralladoras alemanas causan más de 57 000 bajas británicas.

Década de 1930 El ejército alemán comienza a utilizar tanques y transporte motorizado en sus divisiones Panzer.

1939–1945 La Segunda Guerra Mundial es una guerra móvil; las trincheras rara vez se ocupan mucho tiempo.

Las lámparas se apagan en toda Europa, y no volveremos a verlas encendidas en nuestra vida.
Edward Grey
Ministro de Asuntos Exteriores británico (3 de agosto de 1914)

Tropas británicas intercambian disparos en su primer encuentro con las fuerzas alemanas, en Mons, el 23 de agosto de 1914, según el pintor británico William Barnes Wollen.

El artículo 231 del tratado de Versalles, firmado en 1919, culpaba a la «agresión» de «Alemania y sus aliados» del estallido de la Primera Guerra Mundial, también llamada Gran Guerra. Su aliada Austria-Hungría había iniciado el conflicto amenazando a Serbia en respuesta al asesinato, por un nacionalista serbio, del archiduque Francisco Fernando, heredero del trono austrohúngaro, el 28 de junio de 1914. Sin embargo, el primer país que ordenó la movilización total de sus fuerzas armadas fue Serbia, aliada de Rusia. Esto, a su vez, provocó la llamada a filas del ejército alemán el 1 de agosto.

Se ha debatido mucho si Alemania y Austria-Hungría aprovecharon la oportunidad que les brindaba el magnicidio para librar guerras cortas y preventivas contra Francia, Rusia y Serbia, que pronto se descontrolaron. Algunos historiadores opinan que todos los combatientes fueron culpables, que sus líderes «caminaron sonámbulos» al borde del abismo hacia una guerra horrible y arrastraron a sus ciudadanos con ellos.

La estrategia alemana

Sea de quien fuera la culpa del inicio de la guerra en agosto de 1914, una vez fracasó la diplomacia en tratar de evitar que la crisis entre Austria-Hungría y Serbia se agravara, Alemania ocupó el centro de la escena. Su estrategia militar intentó minimizar los problemas de una guerra en dos frentes, tanto contra Francia como contra Rusia, lanzando un golpe rápido y decisivo contra Francia antes de enfrentarse a Rusia, cuyas fuerzas tardarían más en movilizarse y desplegarse sobre el terreno. El plan de guerra de Alemania –el Plan Schlieffen– se basaba en una doctrina que más tarde se denominó «culto a la ofensiva», en la que la victoria se aseguraba con un golpe decisivo. Su modelo fue la guerra franco-prusiana de 1870–1871, librada mucho antes de la llegada de las armas automáticas y la artillería pesada de tiro rápido. El resultado en la Primera Guerra Mundial sería una carnicería espantosa.

El Plan Schlieffen –llamado así por Alfred von Schlieffen, el oficial que pasó años desarrollándolo– evitaba atacar Francia a lo largo de la fortificada frontera común y consistía en enviar el grueso del ejército alemán al

Véase también: La guerra de Crimea 206–207 ▪ El ascenso de Prusia 210–213 ▪ Decadencia otomana y expansión rusa 232–233

oeste, a través de Bélgica, para luego girar hacia el sur sobre la retaguardia del ejército francés y asestar un golpe final y decisivo. Eso suponía violar la neutralidad belga, garantizada desde 1839 por Gran Bretaña. Si Gran Bretaña, con su poderosa armada, podía mantenerse neutral, el Estado Mayor alemán consideraba factible una victoria global contra Francia y Rusia. En las primeras fases de la contienda, Gran Bretaña y su pequeño ejército desempeñaron un papel limitado, pero su enorme poder naval y económico serían decisivos a medida que se iba desarrollando la guerra. Muchos alemanes esperaban que Gran Bretaña se mantuviera neutral, pero finalmente decidió hacer respetar la neutralidad belga y optó por luchar.

Primeros enfrentamientos

Al principio, el Plan Schlieffen funcionó bien. A los diez días de la invasión alemana de Bélgica el 4 de agosto, más de un millón de sus soldados llegaron a la frontera. Sin embargo, una vez iniciada la batalla, el objetivo del Plan Schlieffen se vio puesto a prueba, ya que preveía tomar la ciudad fortificada belga de Lieja en dos días, pero hicieron falta once. Este retraso permitió a más divisiones francesas y a la Fuerza Expedicionaria Británica (BEF) tomar posiciones en Bélgica.

Mientras tanto, las fuerzas francesas emprendieron un asalto masivo a Lorena, en manos alemanas desde la guerra franco-prusiana. El 22 de agosto de 1914, dos ejércitos franceses atacaron las posiciones alemanas en los bosques de las Ardenas. Vestidos de azul y escarlata, y empuñando sables con guantes blancos los oficiales, los franceses atacaron confiados, pero, al final del día, 27 000 de ellos habían muerto por fuego de artillería y ametralladoras. »

Soldados de los Royal Welch Fusiliers y del Regimiento de Cheshire –parte de la Fuerza Expedicionaria Británica– descansan en una ciudad belga en agosto de 1914 de camino al frente en Mons.

Alfred von Schlieffen

Alfred von Schlieffen, nacido en Berlín en 1833, era hijo de un general prusiano. Tras un breve periodo de formación como abogado, ingresó en la Escuela General de Guerra a los 25 años de edad. Tras licenciarse, participó en la guerra de las Siete Semanas contra Austria (1866) y en la guerra franco-prusiana (1870–1871). En 1891 fue nombrado jefe del Estado Mayor alemán, cargo que ocupó hasta principios de 1906. Fascinado por la influencia de la orografía y del clima en la guerra, finalizó el Plan Schlieffen en 1905, poco antes de su retiro forzoso tras ser coceado y herido por un caballo.

En la actualidad es una figura controvertida debido a su defensa, en 1904, de las políticas genocidas dirigidas contra los pueblos herero y namaqua en el África del Suroeste Alemana (actual Namibia). Murió en 1913, antes de ver aplicado su plan, pero sus ideas no solo influyeron en el intento de invasión alemana de Francia en 1914, sino también en las estrategias alemanas y aliadas en los primeros años de la Segunda Guerra Mundial.

La ametralladora

En 1884, el inventor británico-estadounidense Hiram Maxim fabricó la primera ametralladora portátil totalmente automática, capaz de disparar con una alta cadencia de tiro. Esta arma se usó con efectos devastadores en la guerra Ruso-Japonesa (1904–1905), y su despliegue aumentó rápidamente en la Primera Guerra Mundial. En agosto de 1914, el ejército alemán contaba con 12 000 ametralladoras; en 1918, el número superaba las 100 000 unidades.

Las ametralladoras eran propensas a sobrecalentarse y muy pesadas, pero disparaban hasta 600 proyectiles por minuto con un alcance de hasta 4000 metros. Pocos mandos militares predijeron su poder destructivo sobre los soldados que avanzaban, que dejó sin efecto las tácticas clásicas de infantería basadas en avanzar en líneas o columnas. La ametralladora fue un componente clave de la táctica defensiva de trincheras que dominó la guerra en el Frente Occidental.

Una dotación de ametralladoras francesa ocupa una posición al este de París en la primera batalla del Marne en septiembre de 1914.

Los británicos empezaron a cavar trincheras en septiembre de 1914, al igual que los franceses y alemanes. Las trincheras acabaron por extenderse de Bélgica a la frontera con Suiza.

Menos de 24 horas después, en Mons (Bélgica), las tropas regulares de la BEF descargaron una enorme cantidad de fuego de fusilería contra los atacantes alemanes, pero tuvieron que retirarse. El fuego preciso de los fusiles había sido mucho tiempo una parte eficaz del ataque de infantería, pero, en 1914, las consecuencias de la introducción generalizada de las ametralladoras fueron mucho mayores. La artillería y las ametralladoras fueron la nueva referencia para juzgar la fuerza de los ejércitos.

La guerra se estanca

A las tres semanas del inicio de la guerra, el Plan Schlieffen empezó a fallar. La presión para cumplir los rígidos calendarios atascó las carreteras, y los retrasos se acumularon. Esto fue acompañado de atrocidades contra la población civil, como incendios de casas y pueblos y la ejecución sumaria de los considerados guerrilleros.

El avance alemán por Bélgica y Francia había sido la ofensiva militar más masiva de la historia. Millones de soldados, caballos, carros llenos de armamento, ambulancias y refugiados civiles se vieron empujados al sur durante los calurosos y polvorientos días de finales de agosto. Los aliados retrocedieron en todo el frente, y algunas tropas francesas mantuvieron posiciones en las afueras de París, temiendo por la seguridad de la capital.

El 5 de septiembre de 1914, la primera batalla del Marne cambió el curso de los acontecimientos. El tremendo enfrentamiento de tres días a lo largo de un frente de 160 km frenó inicialmente el avance de los alemanes, a los que detuvo y, finalmente, obligó a retirarse. Eso fue el

[Toda la] historia de la Primera Guerra Mundial [...] es la historia del resultado del Plan Schlieffen.

John Terraine

***White Heat* (1982)**

fin del Plan Schlieffen. En sus nuevas posiciones al norte del río Aisne, los alemanes se atrincheraron, y los Aliados hicieron lo mismo en la ribera opuesta.

La situación empeoró para Alemania tras la relativa rapidez de la movilización de Rusia, que avanzaba con dos ejércitos hacia Prusia Oriental. Los mandos del ejército alemán en el este empezaron a alarmarse y a exigir refuerzos que estaban destinados al oeste. La guerra en dos frentes, tan temida por el alto mando alemán, se había hecho realidad.

Los combates en el Frente Oriental fueron tan espantosos como en el occidental, pero la geografía del campo de batalla impedía las líneas de trincheras continuas, pues las llanuras y los bosques eran demasiado vastos. En otoño de 1914 hubo grandes batallas de embolsamiento y contraembolsamiento, y continuaron las embestidas recurrentes y retiradas a tierra quemada, hasta que la Revolución bolchevique de 1917 puso fin a la guerra para Rusia.

Artillería y desgaste

Los combates fueron encarnizados en el este, pero en última instancia la guerra se decidiría en el Frente Occidental, donde permanecía el grueso del ejército alemán, en redes de trincheras cada vez más elaboradas que ofrecían cierta protección, pero no contra la artillería enemiga, más mortífera incluso que las ametralladoras. En la guerra franco-prusiana de 1870–1871, alrededor del 96 % de los heridos alemanes lo fueron por balas de fusiles franceses. Según los estudios sobre los heridos británicos en la Primera Guerra Mundial, el 59 % lo fueron por obuses, morteros y metralla, y solo el 39 % por impactos de bala. Ondas expansivas de gran potencia causaban también conmoción cerebral, que dejó fuera de combate a decenas de miles de soldados.

En definitiva, la artillería fue más versátil que las ametralladoras: podía atacar tanto la retaguardia como el frente enemigos. Había desde morteros portátiles contra trincheras hasta gigantescos cañones montados en vías férreas que lanzaban proyectiles a más de 32 km. Con munición cada vez más letal y tácticas perfeccionadas de bombardeos selectivos y en cortina, era el arma más destructiva, pero no pudo romper el estancamiento del Frente Occidental a fines de 1914. Los planes alemanes de victorias rápidas contra Francia y Rusia se habían desvanecido, y la guerra se prolongaría otros cuatro devastadores años. ■

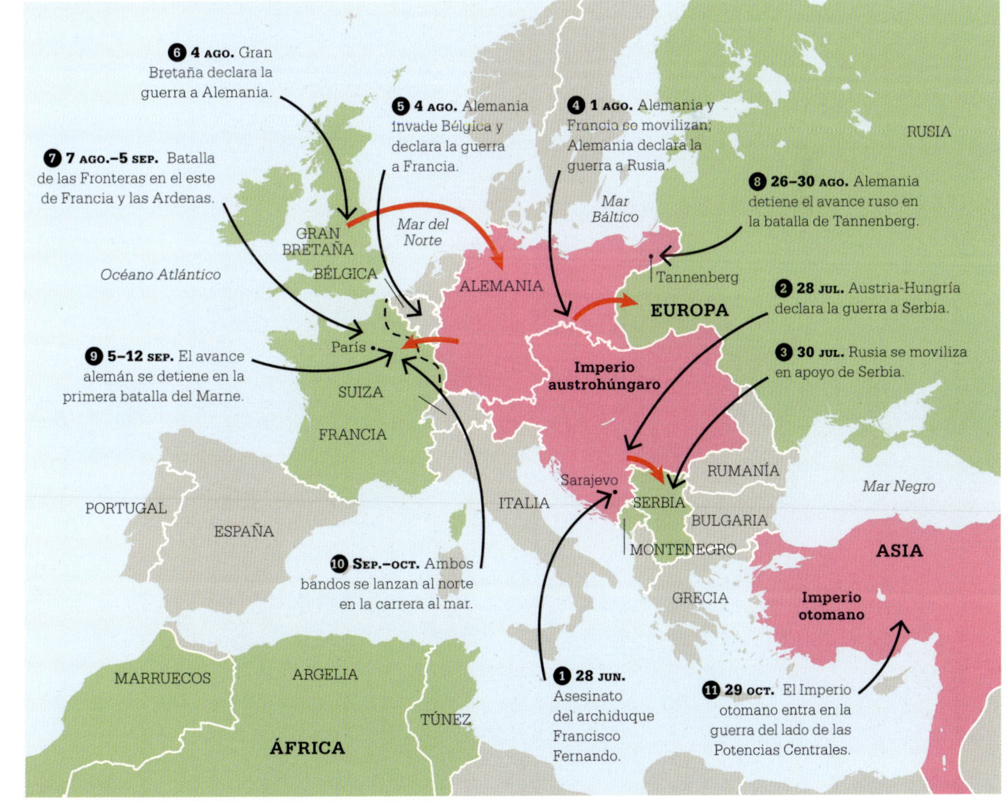

Cuando Austria-Hungría declaró la guerra a Serbia en julio de 1914 puso en marcha una reacción en cadena, ya que las principales potencias europeas, vinculadas por las alianzas existentes, se vieron arrastradas a nuevas declaraciones de guerra. A fines de 1914, el Imperio otomano se había unido también al conflicto, que, al cabo de tres meses de ofensivas y contraofensivas, se había paralizado en el Frente Occidental.

Clave

- Potencias Centrales
- Aliados
- Países neutrales

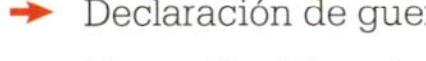

- Declaración de guerra
- Frente Occidental

JURAMOS A TRAVÉS DEL BARRO

ESTANCAMIENTO EN EL FRENTE OCCIDENTAL (1915–1917)

EN CONTEXTO

ENFOQUE
Neurosis de guerra

ANTES
1865 El director médico confederado William Carrington reclama un hospital para tratar «locura y demencia» causadas por la guerra de Secesión.

1901 El cirujano militar británico Anthony Bowlby observa «síntomas nerviosos» en combatientes de la guerra de los bóeres.

DESPUÉS
1940 La fatiga de combate representa en torno a una décima parte de los ingresos en los puestos de socorro de los regimientos durante la retirada aliada a Dunkerque.

1980 La Asociación Estadounidense de Psiquiatría emplea por primera vez la expresión trastorno de estrés postraumático (TEPT).

Década de 1980 Se estima que un 15,2 % de los veteranos varones de Vietnam padecen TEPT.

Los cientos de miles de hombres que se unieron a la lucha en Francia y Bélgica a partir de 1914 no podían imaginar los horrores del Frente Occidental ni prever la larga guerra de desgaste que supondría. Ninguno estaba preparado para los bombardeos implacables, el despiadado fuego de las ametralladoras o los ataques con gases tóxicos que destrozarían cuerpos y mentes en trincheras infestadas de ratas e inundadas de barro. En diciembre de 1914, en torno al 10 % de los oficiales

Véase también: La guerra de Secesión de EE. UU. 214–221 ▪ La guerra ruso-japonesa 235 ▪ Estallido de la Primera Guerra Mundial 242–247 ▪ La Segunda Guerra Mundial en Europa: el ascenso de Alemania 266–271

Un soldado con neurosis de guerra espera tratamiento en una trinchera del Frente Occidental. En 1916, más del 40 % de las bajas eran víctimas de este trastorno debilitante.

británicos y al 4 % de la tropa sufrían «conmoción nerviosa y mental». Dos meses después, la revista médica británica *The Lancet* acuñó el término *shell shock* («neurosis de guerra») para casos de «pérdida de memoria, visión, olfato y gusto». Otros síntomas eran escalofríos incontrolables, pesadillas recurrentes y ceguera repentina. Se habían observado traumas mentales en conflictos en Europa y EE. UU. durante el siglo XIX, pero nunca a la escala registrada durante la Primera Guerra Mundial.

Obligados a atrincherarse

Al estallar la guerra, muchos estrategas la esperaban corta y drástica, pero la derrota de Alemania en la primera batalla del Marne en septiembre de 1914 frustró cualquier victoria rápida en Francia. A finales de año, cuando las bajas en ambos bandos se contaban por cientos de miles, la enorme potencia de fuego de la artillería obligó a abandonar la guerra móvil y a cavar trincheras.

Una década antes, las trincheras se habían usado ampliamente en la guerra ruso-japonesa, pero, ahora, los millones de proyectiles de alto poder explosivo lanzados exigían un sistema más profundo y sofisticado, de tres líneas más o menos paralelas: una de vanguardia protegida por alambre de espino y sacos de arena, respaldada por trincheras de apoyo y reserva, todas unidas por otra de comunicación, y con refugios para descansar y prepararse para el combate.

A medida que la guerra se convertía en un lento desgaste, atrincherarse resultó esencial, y cada bando intentaba penetrar las defensas enemigas. El estancamiento exacerbó la angustia mental, pues combinaba periodos de tedio con otros de terror cuando había un ataque. El hacinamiento, la humedad y la insalubridad de la vida en las trincheras aumentaron la crisis anímica de las tropas.

El terror de los soldados era aún mayor cuando se les ordenaba atacar: en cuanto salían corriendo de las trincheras se enfrentaban al denso fuego de las ametralladoras y a la metralla de los proyectiles de mortero y artillería, causa del 60 % de las muertes en la Primera Guerra Mundial.

La estrategia de desgaste

Durante tres años, de 1915 a 1918, las posiciones variaron relativamente poco a lo largo de las líneas de trincheras aliadas y alemanas que se extendían a lo largo de 765 km desde el mar del Norte hasta la frontera suiza. Los generales trataban de romper la línea enemiga y hacer colapsar todo el sector. Los salientes (o protuberancias) de la línea eran los puntos débiles evidentes, pues ofrecían tres flancos para atacar. La estrategia aliada consistió siempre en mantenerse a la ofensiva para recuperar territorio francés ocupado. Los alemanes, por su parte, alternaban fases de ataque y, especialmente contra las fuerzas rusas en el »

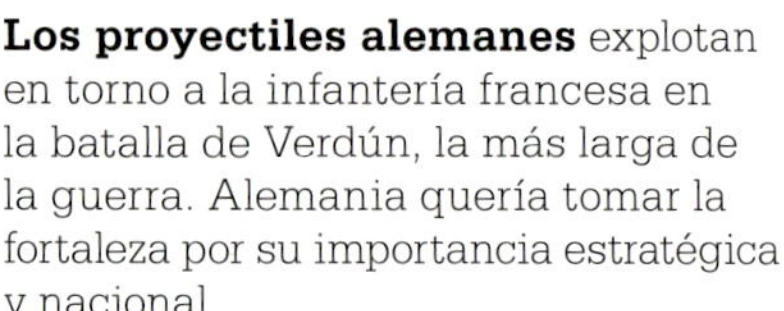

Los proyectiles alemanes explotan en torno a la infantería francesa en la batalla de Verdún, la más larga de la guerra. Alemania quería tomar la fortaleza por su importancia estratégica y nacional.

Preferimos perder una pierna, ser heridos, cualquier cosa menos neurosis de guerra.

Edwin Bigwood

Regimiento de Worcestershire

Frente Oriental, de defensa obstinada de sus líneas.

En febrero de 1915, el ejército francés atacó el sector norte de la línea del frente alemán en Artois y el sector sur en Champagne, y persistió a lo largo del año, aunque con poco éxito. Los alemanes contraatacaron en el saliente de Ypres, en Bélgica, que protegía un enlace clave por carretera y ferrocarril que abastecía a la Fuerza Expedicionaria Británica (BEF). En la segunda batalla de Ypres (22 de abril-15 de mayo de 1915) murieron casi 100 000 hombres, y Alemania introdujo un arma nueva diseñada para romper el estancamiento: el tóxico gas de cloro, que flotaba hacia las líneas aliadas en nubes de color verde amarillento. Resultó letalmente eficaz, ya que ampollaba la piel y quemaba la garganta y los pulmones de los soldados enemigos. El gas mató a cientos de hombres y dejó cicatrices en miles.

En la batalla de Loos (25 de septiembre-8 de octubre), los británicos (ya equipados con máscaras) también usaron gas de cloro, pero, en algunos lugares, el gas retrocedió hacia sus propias líneas. El fracaso en Loos minó la moral de las tropas británicas, que sufrieron unas 60 000 bajas a cambio de casi nada, pues los alemanes rechazaron todos los avances.

Las batallas más largas

Recién iniciado 1916, Alemania planeó una campaña diseñada para «desangrar a Francia» atrayendo a sus fuerzas a una trampa en Verdún, antigua ciudad fortificada en la frontera oriental. Una lucha titánica de diez meses terminó sin avances, sin que ningún bando ganara terreno y con más de 700 000 muertos.

La batalla de Verdún seguía su curso cuando los británicos, tratando de aliviar la presión sobre los franceses, lanzaron una ofensiva para romper la línea alemana en el río Somme. Tras una semana de bombardeos aliados, el 1 de julio de 1916, 100 000 soldados británicos y Aliados cruzaron la tierra de nadie. No esperaban resistencia, pero los alemanes habían sobrevivido en trincheras profundas, y, bajo el fuego de la artillería y las ametralladoras alemanas, las tropas británicas sufrieron 57 000 bajas en el que fue el día más sangriento de la historia del ejército británico.

La campaña del Somme duró casi cinco meses y causó más de un millón de bajas en total. Los Aliados solo avanzaron 10 km. No todas las heridas fueron físicas: hasta una quinta parte de los heridos –alrededor de 63 000 hombres– pudo ser víctima de trastornos psíquicos incapacitantes.

Acciones inútiles

A principios de 1917, los generales aliados persistieron en la confianza en que faltaban solo meses para romper el frente y vencer. En abril fue rechazado un gran asalto francés cerca de Reims. Los alemanes supieron con antelación del masivo bombardeo francés, se refugiaron en sus profundas trincheras y luego acribillaron a la infantería francesa cuando avanzó. Sin ver el final de la guerra y con la moral por los suelos, las tropas francesas comenzaron a amotinarse a lo largo del Frente Occidental. Finalmente, el alto mando reprimió el motín, y 629 hombres fueron condenados a muerte, de los cuales 49 fueron ejecutados.

Mientras tanto, los alemanes replegaron la parte central de sus defensas a lo que los Aliados llamaron Línea Hindenburg, una zona de 145 km desde Ypres (en el norte) hasta Lorena (en el sureste). En julio de 1917, la BEF trató de reforzar su posición en el saliente clave de Ypres tomando una cresta controlada por los alemanes a 3 km al este, al otro lado de una llanura y coronada por una aldea llamada Passchendaele.

Passchendaele llegaría a rivalizar con el Somme como símbolo de la tragedia, el despilfarro y la futilidad de la guerra. Durante los tres meses siguientes hubo 300 000 muertos o heridos británicos en la llanura anegada, ya que las lluvias otoñales fueron tempranas y persistentes e hicieron del campo de batalla un mar de barro, sangre y cadáveres. Finalmente tomaron la aldea el 6 de noviembre, pero el coste de ganar tan poco territorio había sido terrible.

Pese a los horrores de la batalla, el ejército británico solo registró 5346 bajas por neurosis de guerra, cifra que suele considerarse que subestima la verdadera, dadas las espantosas condiciones vividas. La actitud oficial ante el síndrome se endureció tras la batalla del Somme, cuando el director general británico del servicio médico del ejército, el teniente general Alfred Keogh, declaró que estos casos «bajo ninguna circunstancia deben registrarse como bajas en combate».

Era barro, barro, por todas partes [...], un mar de lodo sucio y viscoso.

John Palmer
Artillero británico, batalla de Passchendaele

El fin... para algunos

Un año después de Passchendaele, la masiva Ofensiva de Primavera alemana de marzo de 1918 rompió el estancamiento en el Frente Occidental y las líneas de los Aliados, que contraatacaron en agosto. Con la llegada masiva de tropas estadounidenses, los Aliados finalmente rompieron la Línea Hindenburg. Alemania estaba exhausta; los Aliados tenían el impulso y los recursos que necesitaban, y en noviembre dictaron los términos de la paz.

A muchos soldados, en cambio, la guerra nunca les abandonó. Miles sufrieron lesiones físicas incapacitantes permanentes y muchos pagaron un alto precio psicológico. A lo largo de la guerra, más de 600 000 soldados alemanes fueron tratados en hospitales militares por «enfermedades nerviosas», y a 80 000 combatientes británicos se les diagnosticó neurosis de guerra. Más de una década después de acabada la guerra, el Ministerio de Pensiones británico seguía dando prestaciones a unos 75 000 veteranos con daños neurológicos. Es probable que miles más sufrieran en silencio. ■

Reconocer la neurosis de guerra

Charles Myers, capitán del Royal Medical Corps desde 1915, describió como *shell shock* («neurosis de guerra») tres casos que estudió en 1914. Nombrado psicólogo asesor de los ejércitos británicos en 1916, creó cuatro unidades especializadas para los casos leves y envió a los más graves a hospitales de campaña. Tras las batallas de 1917, los casos aumentaron, lo cual alarmó a los mandos, que temían un hundimiento de la moral de las tropas, pero Myers convenció a la Oficina de Guerra de que financiara cursos de psiquiatría militar y creara hospitales especializados. Las primeras terapias incluían anestésicos y descargas eléctricas, pero el neurólogo británico William Rivers, del Hospital de Guerra de Craiglockhart (Escocia), comprendió mejor los efectos del trauma y optó por la cura por el habla. Décadas después, la neurosis de guerra fue reconocida como un tipo de trastorno de estrés postraumático (TEPT).

UN VASTO CAMPO DE BATALLA

UNA GUERRA EN EXPANSIÓN (1915–1917)

EN CONTEXTO

ENFOQUE
La vocación imperial

ANTES
1756–1763 En la guerra de los Siete Años, Gran Bretaña y Francia luchan por territorios en América del Norte y el Caribe.

1871 Alemania comienza a crear un imperio de ultramar.

1885 En la conferencia de Berlín, las potencias europeas dividen África en colonias.

1912–1913 El Imperio otomano pierde territorio a medida que las guerras de los Balcanes redefinen las fronteras del sureste de Europa.

DESPUÉS
1919 El tratado de Versalles despoja a Alemania de sus colonias en África, China y el Pacífico.

1920 Al caer el Imperio otomano, Francia se apodera de Siria y Líbano, y Gran Bretaña, de Palestina y Mesopotamia.

El estallido de la guerra en Europa en 1914 implicó rápidamente a todas las grandes potencias imperiales y con ello se convirtió en un conflicto global. Las colonias debían suministrar materias primas, alimentos y mano de obra. La guerra iba a suponer el fin de los imperios alemán, otomano, ruso y austrohúngaro, y las colonias francesas y británicas pronto buscarían una identidad y un destino propios, y la independencia.

Dominios británicos

En 1914, el Imperio británico era el mayor del mundo, con una exten-

Véase también: El Imperio otomano 130–133 ▪ La guerra de los Siete Años 162–165 ▪ La guerra de Crimea 206–207 ▪ Guerras coloniales en África 226–229 ▪ La Segunda Guerra Mundial en Europa: el ascenso de Alemania 266–271

sión de casi una cuarta parte de las tierras emergidas del globo. Sus principales fuentes de reclutas eran India y los dominios imperiales autónomos de Canadá, Australia, Nueva Zelanda y la Unión Sudafricana. Los jóvenes de los dominios, la mayoría de origen británico, se unieron a la causa. Se crearon depósitos militares y campos de instrucción, y los primeros reclutas empezaron a llegar a los principales escenarios de la guerra a finales de 1914.

Los canadienses fueron enviados directamente al Frente Occidental, donde su tenacidad en el Somme, la cresta de Vimy y Passchendaele en 1916–1917 movió al secretario de Estado británico para la Guerra, David Lloyd George, a llamarles las «tropas de asalto» del Imperio. Los miembros de los Cuerpos de Ejército de Australia y Nueva Zelanda (conocidos como Anzacs) cruzaron el océano Índico para entrenarse en Egipto. En una de las campañas más devastadoras de la guerra, fueron desplegados en abril de 1915 en Galípoli, una península que flanquea el estrecho de los Dardanelos, que conecta el mar Egeo y el mar de Mármara, en el noroeste de Turquía. Acorralados por escarpados acantilados en cabezas de playa poco profundas, los Anzacs, junto con tropas británicas, indias, francesas y coloniales africanas, lucharon valientemente durante ocho meses en penosas condiciones por el calor y las enfermedades contra la implacable oposición otomana, hasta que fueron retirados por el alto mando aliado en diciembre. En 1916, la mayoría de los Anzacs habían sido reasignados al Frente Occidental, mientras que algunos permanecieron en Oriente Medio, luchando principalmente en Egipto y Palestina de 1917 a 1918.

El papel crucial de India

La Gran Bretaña imperial obtenía su mayor reserva de tropas de India. Al estallar la guerra, el Ejército de India lo formaban más de 78 000 soldados británicos y 154 000 indios, cuyo número llegaría a 573 000 en 1918. Más de la mitad de estos procedían de la región septentrional del Punyab: sijs, gurkas, musulmanes y otros grupos a los que los británicos consideraban «castrenses». La infantería y la caballería de la Fuerza Expedicionaria India lucharon en Ypres (Bélgica), en octubre de 1914, y en Neuve Chapelle, en marzo de 1915. Los regimientos de caballería »

La caballería sij del Ejército Indio cabalga cerca de la frontera franco-belga en 1915. El año anterior, muchos jinetes sijs habían muerto en la primera batalla de Ypres.

indios siguieron en el Frente Occidental hasta el fin de la guerra; las divisiones de infantería, mal equipadas y poco hechas a las condiciones europeas, se enviaron a Mesopotamia en octubre de 1915 en el marco de la misión principal del Ejército de India de proteger las instalaciones petrolíferas británicas clave alrededor de Basora, en la cabecera del golfo Pérsico.

El éxito de los avances del ejército indio por los ríos Éufrates y Tigris en 1915 alentó una infructuosa ofensiva contra Bagdad, que terminó en rendición ignominiosa a los otomanos tras un asedio de 147 días en Kut al-Amara. Bagdad cayó en marzo de 1917, a costa de numerosas bajas indias. De los 675 000 soldados indios que desembarcaron en Basora antes de finales de 1918 –cinco veces más que los que fueron a Francia–, más de 32 000 fueron heridos y unos 30 000 murieron.

Desde 1915, unos 144 000 indios participaron también en las campañas contra los otomanos en Palestina y Egipto, junto con fuerzas británicas, francesas, Anzacs y árabes. En septiembre de 1918 representaban dos tercios de la infantería controlada por los británicos y un tercio de la caballería que aplastó a los otomanos y alemanes en la batalla de Megido, que supuso el fin de la guerra en Oriente Próximo y dividió aún más el Imperio otomano.

Tropas del Imperio francés

Francia poseía el segundo mayor imperio del mundo y reclutaba indígenas en sus fuerzas coloniales desde 1750. Al comienzo de la Primera Guerra Mundial los movilizó en masa, entre ellos 175 000 argelinos, 80 000 tunecinos y 40 000 marroquíes del norte de África; 180 000 hombres de las ocho colonias del África Occidental Francesa; más de 38 000 hombres de la Guayana Francesa, Guadalupe, Martinica y Reunión, y otros 43 000 de Indochina. Un número aún mayor de indochinos trabajó en las fábricas de munición francesas. Al final de la guerra, Francia había movilizado a unos 600 000 soldados coloniales.

La mayoría de los soldados indígenas de las colonias francesas eran *tirailleurs* (fusileros), mientras que los argelinos de origen francés servían en los regimientos de caballería de *chasseurs d'Afrique* («cazadores de África»), y en unidades de infantería de los llamados *zouaves* (zuavos).

El cartel de guerra titulado «Día del ejército de África y de las tropas coloniales», del pintor francés Lucien-Hector Jonas (1880–1947), ensalza la aptitud militar de los reclutas africanos.

Muchos africanos fueron enviados al Frente Occidental, pero algunos sirvieron en Galípoli, en 1915, y en los Balcanes, de 1915 a 1918. Los *tirailleurs* senegaleses lucharon en todos los frentes. El reclutamiento forzoso provocó levantamientos en toda el África Occidental Francesa en

Lawrence de Arabia vestía ropa tradicional árabe como disfraz y en señal de su identificación con el pueblo árabe implicado en la rebelión.

La rebelión árabe

En junio de 1916, Hussein ibn Alí, emir de La Meca, en Arabia, declaró una revuelta contra el Imperio otomano en un contexto de creciente nacionalismo árabe, hambre y represión imperial. La rebelión contaba con el respaldo de las promesas británicas de que, una vez derrotados los otomanos, se establecería una Gran Arabia independiente.

Coordinados en parte por el capitán británico T. E. Lawrence (Lawrence de Arabia), los árabes lanzaron incursiones desde bastiones del desierto para apartar tropas otomanas de otros frentes, tomaron el puerto de Aqaba y destruyeron gran parte del ferrocarril otomano en Arabia y el Sinaí. El ejército árabe continuó hostigando a las fuerzas otomanas hasta el final de la guerra, facilitando el avance aliado por Palestina y Siria. Acabada la guerra, la promesa de una Gran Arabia se esfumó. Gran Bretaña y Francia protegieron sus propios intereses coloniales y controlaron gran parte de Oriente Próximo.

Askaris de la Schutztruppe del África Oriental Alemana en posición de firmes ante un oficial en 1914. A finales de 1916, las fuerzas alemanas habían reclutado más de 11 000 *askaris*.

1915 y 1916, pero, en 1918, al ofrecer prestaciones sociales a los soldados africanos y sus familias, el gobierno francés atrajo a 72 540 nuevos reclutas en cuatro meses.

Como en Gran Bretaña, en Francia prevalecía la opinión racista de que los indígenas de sus colonias eran inferiores. Los africanos, tenidos por más feroces y más resistentes al dolor que los occidentales blancos, fueron tropas de choque en primera línea, y un estudio internacional estimó en más de 71 000 los soldados coloniales franceses muertos en la guerra.

Guerra en Asia y África

Alemania perdió la mayoría de sus colonias poco después de comenzar la guerra. La región de Asia-Pacífico fue el más amplio teatro de operaciones de la Primera Guerra Mundial, pero también el menos sangriento y destructivo. A finales de 1914, fuerzas neozelandesas, australianas y japonesas habían tomado la Samoa y Nueva Guinea alemanas, el archipiélago Bismarck de Papúa Nueva Guinea y los de las Marianas, Carolinas, Marshall y Palaos, así como el puerto fortificado de Tsingtao, en el este de China.

Los Aliados atacaron las cuatro colonias africanas alemanas: Togolandia (Togo), Kamerun (Camerún), África del Suroeste Alemana (Namibia) y África Oriental Alemana (Tanzania). Togolandia se rindió en agosto de 1914. En enero de 1915 la Fuerza de Defensa de la Unión (UDF) de Sudáfrica, mayoritariamente blanca, invadió el África del Suroeste Alemana y la ocupó en seis meses. En Kamerun, el Schutztruppe –ejército colonial alemán en su mayoría de *askaris* (soldados nativos africanos)– resistió hasta febrero de 1916. La lucha continuó en el África Oriental Alemana hasta finales de 1918, al favorecer las vastas extensiones de matorral de la colonia las tácticas de guerrilla del general Paul von Lettow-Vorbeck. Con un ejército veinte veces menor que el del enemigo, resistió hasta el 25 de noviembre de 1918, quince días después del fin de la guerra.

Las tropas negras [...] tienen [...] el instinto de combate, la ausencia de nervios y un poder de choque incomparable.

General Charles Mangin

Defensor de reclutar en África Occidental (*La force noire*, 1910)

El fin de los imperios

En 1917, Rusia vivió una revolución de inspiración marxista. Los desintegrados imperios alemán, austrohúngaro y otomano se los repartieron los vencedores mediante las posteriores conferencias de paz. Gran Bretaña y Francia se enfrentarían pronto al reto de la lucha de sus súbditos coloniales contra la dominación imperial. En cincuenta años, y tras otra guerra mundial, perderían sus colonias a medida que las naciones lograban alcanzar la independencia plena. ■

LA MAYOR AMENAZA [...] EN ESTA GUERRA

LA GUERRA EN EL MAR Y EN EL AIRE (1914–1918)

EN CONTEXTO

ENFOQUE
Submarinos y bombarderos

ANTES
1864 En la guerra de Secesión de EE. UU., el H.L. Hunley es el primer submarino en hundir un barco enemigo en combate.

1906 Alemania lanza su primer *Unterseeboot* (submarino).

1911 Un piloto italiano lanza granadas desde su avión en la guerra italo-turca, el primer ataque aéreo con bombas.

DESPUÉS
1937 Aviones alemanes bombardean Guernica durante la Guerra Civil española.

1939–1945 En la Segunda Guerra Mundial, Alemania construye más de mil submarinos y hunde unos tres mil barcos aliados.

1945 Aviones B-29 estadounidenses matan a más de 100 000 personas en Tokio (Japón) con 1667 toneladas de bombas incendiarias.

La carrera armamentística naval entre Gran Bretaña y Alemania que precedió a la Gran Guerra se centró en los *dreadnoughts* (acorazados con cañones pesados y enormes), pero fue el submarino el que tomó la iniciativa estratégica. En 1914, Gran Bretaña bloqueó el canal de la Mancha y el estrecho entre Escocia y Noruega para cortar los suministros a Alemania y sus aliados por el mar del Norte. Alemania reaccionó en febrero de 1915 amenazando con atacar los barcos con rumbo a puertos británicos o franceses.

La amenaza submarina

Con su flota de superficie encerrada, Alemania recurrió a sus submarinos *(U-boote)*, con los que atacó buques aliados en el Atlántico Norte a mediados de 1915. Los británicos contraatacaron con buques Q (barcos de guerra camuflados como mercantes), que atraían a los submarinos a la superficie y los hundían. En respuesta, los alemanes atacaron sumergidos sin previo aviso, contra la norma acep-

El acorazado británico Monarch, fotografiado aquí en 1914, participó en 1916 en la batalla de Jutlandia, la única gran batalla naval de la guerra, librada cerca de Dinamarca, en el mar del Norte.

Véase también: La guerra ruso-japonesa 235 ▪ Una guerra en expansión 252–255 ▪ La derrota de las potencias centrales 258–261 ▪ La guerra en el mar 272–273

Desarrollo del submarino

1776 Turtle: el primer sumergible usado en combate, contra el Eagle, en la guerra de la Independencia de EE. UU.

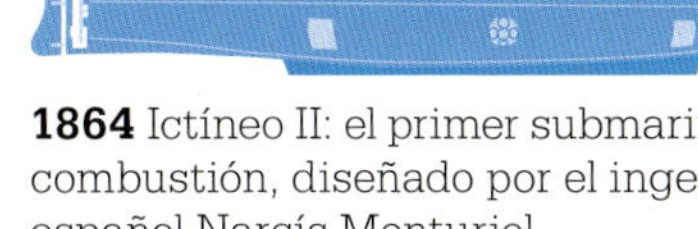

1864 Ictíneo II: el primer submarino de combustión, diseñado por el ingeniero español Narcís Monturiol.

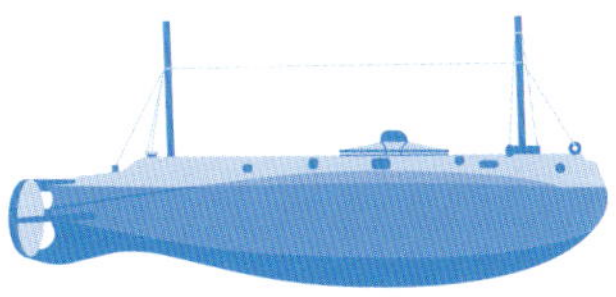

1897 Holland (SS-1): el primer submarino encargado por la marina de EE. UU.

1902 A-1: el primer submarino de diseño británico: hundido tras una colisión realizando ejercicios.

1914 U-35: el submarino de mayor éxito de la Primera Guerra Mundial: hundió 226 mercantes.

1959 USS George Washington: el primer submarino nuclear capaz de lanzar misiles balísticos.

tada hasta entonces, y causó indignación el hundimiento del buque de pasajeros británico Lusitania frente a las costas de Irlanda el 7 de mayo de 1915, con 1198 víctimas, 128 estadounidenses entre ellas.

Puntos de inflexión

Para no provocar más a EE. UU., los *U-boote* dejaron el Atlántico y fueron al Mediterráneo a finales de 1915. Allí hundieron más de 400 buques en 1916, pero el bloqueo aliado se mantuvo. A fines de año hubo disturbios en Austria-Hungría, y los alemanes se morían de hambre. Nuevos ataques en el Atlántico hundieron 430 barcos aliados y neutrales solo en abril de 1917. A partir de mayo de 1917, Gran Bretaña –también al borde del hambre por la campaña submarina contra la marina mercante– estableció un sistema de convoyes mercantes escoltados por el Atlántico por navíos británicos, equipados con cargas de profundidad y pintados con patrones abstractos para desorientar a la tripulación de los *U-boote*. Las pérdidas de barcos cayeron del 20 % a menos del 1 %.

En cuanto EE. UU. declaró la guerra a Alemania el 6 de abril de 1917, los Aliados crearon una flota común de transporte marítimo que transportó 10 millones de toneladas de alimentos por el Atlántico entre julio de 1917 y julio de 1918, mientras los civiles alemanes carecían de suficientes víveres. La victoria aliada era casi inevitable, pero los submarinos alemanes habían revolucionado la guerra naval. ■

Bombarderos

Durante la Primera Guerra Mundial, el desarrollo de la aviación militar y naval fue aún más acelerado que el de los submarinos. En 1903, los hermanos Wright habían logrado el primer vuelo de una aeronave con motor; poco más de diez años después, monoplanos y biplanos libraban batallas en el aire. Sin embargo, los aeroplanos adquirieron mayor importancia estratégica como bombarderos, dada su capacidad para atacar industrias y otros objetivos (incluidos civiles) más allá de las líneas enemigas.

En agosto de 1914, zepelines alemanes atacaron las ciudades belgas de Lieja y Amberes. Habían atacado París y Londres en la primavera de 1915, pero las incursiones disminuyeron en 1917. Los dirigibles fueron sustituidos por los bombarderos pesados Gotha G.IV, que mataron a 162 personas en Londres en junio de 1917. Pronto hubo equivalentes británicos, franceses e italianos.

La tecnología continuó avanzando: a inicios de 1918 ya se usaban visores de bombas y se tiraba de cables para liberar los proyectiles. La lluvia de explosivos sería un rasgo definitorio de la guerra futura.

El Zeppelin-Staaken R.VI, con una envergadura de 42 m, se unió a los Gotha G.IV en sus incursiones sobre Gran Bretaña y Francia desde mediados de 1917.

SE NOS AGOTAN LOS RECURSOS

LA DERROTA DE LAS POTENCIAS CENTRALES (1918)

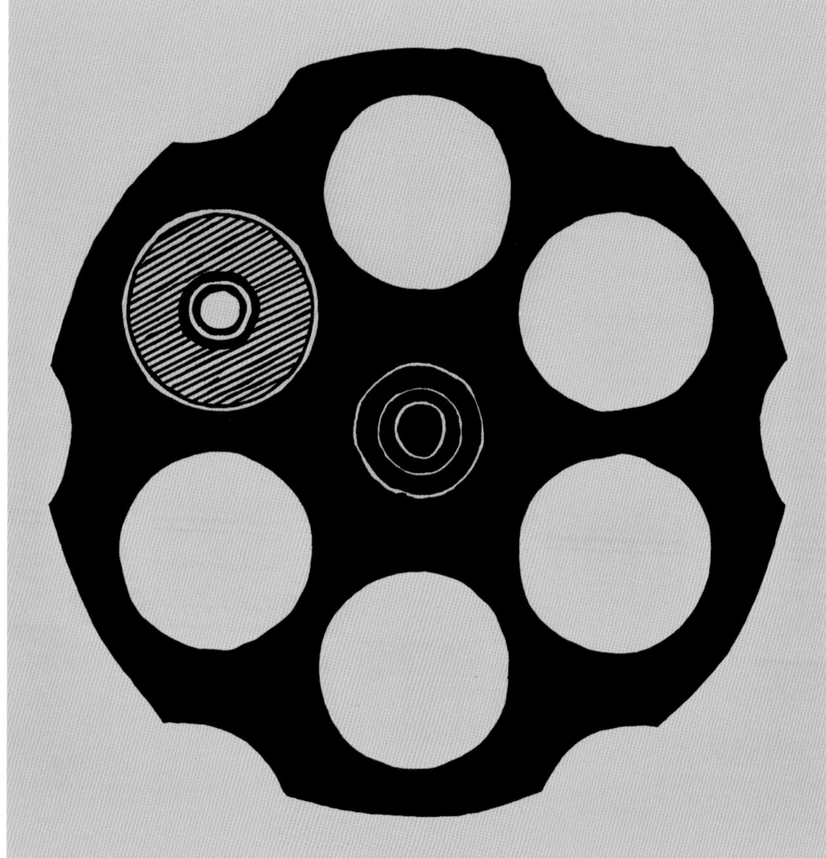

EN CONTEXTO

ENFOQUE
La moral del frente interno

ANTES
1914 Las Potencias Centrales sufren escasez de alimentos al bloquear Gran Bretaña sus puertos.

1916–1917 «Invierno de los nabos»: una mala cosecha de patatas lleva a Alemania al borde de la inanición.

1917 La Revolución rusa inspira a los socialistas en Alemania y otros países.

DESPUÉS
1919 El fracaso de una revuelta de la Liga Espartaquista pone fin a las esperanzas de revolución en Alemania.

1920 Los tratados de paz de París desmantelan los imperios otomano y austrohúngaro.

1941 Los nazis diseñan el Plan Hambre para diezmar a la población soviética y tener un excedente de alimentos en Alemania.

El arma más eficaz en la guerra total –sin restricciones– es la que ataca cimientos de la sociedad como la alimentación, el trabajo y las condiciones de vida. La incapacidad de un gobierno para satisfacer las necesidades más básicas socava la moral de una nación y la voluntad de sus fuerzas militares para luchar.

Crisis en el frente interno

A inicios de 1918, todos los beligerantes de la Primera Guerra Mundial sufrían escasez de alimentos y mano de obra, pero la situación de las Potencias Centrales era la más som-

Véase también: Estallido de la Primera Guerra Mundial 242–247 ▪ Estancamiento en el Frente Occidental 248–251 ▪ Una guerra en expansión 252–255 ▪ La Segunda Guerra Mundial en Europa: el ascenso de Alemania 266–271

La mayoría de **los ciudadanos** no pertenece a las **Fuerzas Armadas**.

Los combatientes **dependen del apoyo civil**, y este, de **una moral alta**.

Alimento abundante y otras **provisiones básicas** son necesarios para **la moral civil**.

El **bloqueo** de las Potencias Centrales y las **malas cosechas** causan **hambre** y **disturbios civiles**.

La caída de la moral en el frente interno de las Potencias Centrales provoca disturbios y una revolución.

bría. A mediados de 1916, Austria-Hungría y Alemania, rodeadas y con sus puertos bloqueados, impusieron el racionamiento de alimentos, y Alemania se vio sacudida por la mala cosecha de patatas ese otoño, que dio lugar al llamado «invierno de los nabos». El hambre hizo también estragos en partes del Imperio otomano. Gran Bretaña y Francia, en cambio, tras superar la amenaza de los submarinos a la navegación mercante, no aplicaron un racionamiento limitado hasta inicios de 1918.

Alimentar a millones de soldados era la prioridad de las Potencias Centrales, y la población civil pasaba cada vez más hambre. Con tantos trabajadores reclutados, faltaban manos en el campo. En 1918, el rendimiento agrícola alemán era la mitad que antes de la guerra, y el consumo de carne había caído casi un 80 %.

El continuo deterioro de las condiciones de vida alimentó el descontento en el frente interno. En enero de 1918, tras reducirse a la mitad las raciones de harina, cientos de miles de trabajadores hicieron huelga en toda Austria-Hungría, cuyas muchas nacionalidades mutuamente hostiles hablaban ya abiertamente de secesión, paz e independencia. A la vez, en Berlín, casi medio millón de trabajadores alemanes, cada vez más atraídos por el Partido Socialdemócrata o la Liga Espartaquista, de inspiración marxista y más radical, se declararon en huelga para exigir el fin de la guerra.

Últimas esperanzas

Otra crisis a la que se enfrentaban los mandos militares alemanes en 1918 era la disponibilidad decreciente de soldados, con cerca de 6 millones ya muertos o heridos. Sin embargo, la retirada de Rusia de la guerra en marzo permitió trasladar casi 50 divisiones –alrededor de un millón de soldados– a la Línea Hindenburg, que serpenteaba a lo largo de 145 km a través de Francia y Bélgica. Esto dio a los alemanes la ventaja numérica, al menos hasta que empezaron a llegar tropas de EE. UU., que había entrado en la guerra en abril de 1917.

Con Austria-Hungría dividida por nacionalidades, el Imperio otomano perdiendo cada vez más tropas por deserción y Bulgaria, la cuarta potencia central, convulsionada por demandas de paz, a Alemania le quedaba una sola ocasión más de ganar la guerra, pero tendría que golpear duro, y pronto.

Ofensiva y contragolpe

El 21 de marzo de 1918, la artillería alemana emprendió la llamada *Kaiserschlacht* («batalla del Káiser»), durante la cual lanzó más de un millón de proyectiles, el mayor bombardeo de la guerra. Escuadrones de soldados de asalto altamente móviles y »

Mujeres alemanas buscan restos de comida en un vertedero de Berlín durante la Primera Guerra Mundial. Solo en 1918, más de 290 000 alemanes murieron de hambre e hipotermia.

Prisioneros alemanes –algunos de los más de 29 000 capturados durante la batalla de Amiens en agosto de 1918– esperan el traslado a un campo. La rendición masiva mermó seriamente el poderío alemán.

bien armados, entrenados para infiltrarse en posiciones enemigas, causaron estragos en lo más profundo de las líneas aliadas, y se rompió el estancamiento de tres años en el Frente Occidental. Durante dos semanas, la feroz batalla (luego llamada Ofensiva de Primavera) se asemejó a los conflictos de agosto de 1914, un incesante movimiento de ataque y retirada que dejaba a su paso confusión y bolsas de tropas aisladas.

El objetivo de la Operación Michael, el primer y mayor ataque alemán, era hacer retroceder a los británicos hasta sus bases, los puertos de Calais, Boulogne, Dunkerque y Dieppe, pero los Aliados siguieron reagrupándose y detuvieron este y varios ataques secundarios. Alemania había avanzado hasta 64 km, pero también sufrió 240 000 bajas; los únicos reemplazos posibles eran ya reclutas adolescentes.

Si [la Línea Hindenburg] la hubieran defendido los alemanes de hace dos años, sin duda habría sido inexpugnable.

General Henry Rawlinson

Comandante del Cuarto Ejército Británico en el canal de San Quintín (1918)

En julio, la llegada de unos 10 000 soldados estadounidenses cada día empezó a dar a los Aliados la ventaja numérica, agotadas las reservas alemanas. El contragolpe decisivo llegó el 8 de agosto, cuando fuerzas británicas y francesas rompieron las defensas alemanas cerca de Amiens, al norte de Francia, y tomaron miles de prisioneros desmoralizados. Al mes siguiente, el comandante alemán Erich Ludendorff ordenó la retirada a la Línea Hindenburg, desde donde creía que el ejército alemán podría aún lanzar ataques.

Efecto dominó

Bulgaria, que había entrado en la guerra a regañadientes, fue la primera potencia central en desmoronarse. El deseo de paz había calado en el ejército, abrumado el 15 de septiembre en el frente macedonio por el multinacional Ejército Aliado de Oriente; además, los motines en las filas búlgaras se convirtieron en revolución contra el gobierno del zar Fernando I. El 29 de septiembre, sus emisarios firmaron el armisticio de Salónica, que sacó a Bulgaria de la guerra.

La retirada de Bulgaria alarmó a Alemania, que envió fuerzas para proteger los pozos de petróleo rumanos capturados, y también inquietó al Imperio otomano. Con el grueso de sus mermadas fuerzas dispersas por los frentes del Cáucaso, Mesopotamia y Palestina, había poco para detener el avance del Ejército de Oriente sobre Constantinopla.

En septiembre tuvo lugar una dura batalla entre la Fuerza Expedicionaria Estadounidense (AEF) y el ejército francés contra los alemanes en el noreste de Francia. El día 26, un ataque con gas y un bombardeo artillero iniciaron la Ofensiva del Mosa-Argonne, y, pocos días después, los Aliados atacaban por toda la Línea Hindenburg. Británicos, australianos y estadounidenses abrieron la primera brecha en la línea en el canal de San Quintín el 29 de septiembre, y pronto los alemanes que no se habían rendido se retiraron al este. El 3 de octubre, las ofensivas aliadas convencieron de la inevitable derrota a los mandos alemanes, que enviaron una propuesta diplomática al presidente de EE. UU. Woodrow Wilson.

Mientras tanto, el Imperio austrohúngaro se fracturaba rápidamente, sacudido por huelgas fabriles y levantamientos socialistas que agravaban las divisiones étnicas. Hungría había roto ya relaciones formales con Austria cuando, el 24 de octubre, Italia lanzó una ofensiva decisiva contra las hambrientas y desmoralizadas tropas del Imperio austrohúngaro en Vittorio Veneto, al norte de Venecia. Los manifestantes inundaron las calles de Viena, la capital austriaca, y el 28 de octubre se proclamó en Praga la independencia checa. Al día siguiente, los eslavos del sur se unieron en el Estado de los Eslovenos, Croatas y Serbios (la futura Yugoslavia). El Imperio austrohúngaro se había derrumbado.

La revolución alemana

El Imperio alemán también se tambaleaba, aunque –a diferencia de los imperios austrohúngaro y otomano– evitó fragmentarse en múltiples Estados. A mediados de octubre de 1918, los combates se recrudecían a lo largo del Frente Occidental, y la diplomacia transatlántica estaba atascada acerca del futuro de Guillermo II, el káiser alemán. Los socialistas del Reichstag (Parlamento alemán) eran cada vez más influyentes con sus demandas de poner fin a la guerra.

¡Obreros y soldados! La matanza ha terminado. [...] ¡Viva la República!

Philipp Scheidemann
Proclamación de la República (9 de noviembre de 1918)

El 24 de octubre se ordenó a la Flota de Alta Mar alemana (sin la aprobación del gobierno) adentrarse en el mar del Norte y atacar a la Gran Flota británica. Las tripulaciones se rebelaron en lugar de cumplir la directiva suicida, iniciando una revuelta que se extendió rápidamente en las calles de una Alemania hambrienta. El 3 de noviembre –día de la firma del armisticio de Villa Giusti entre Austria e Italia, y cuatro días después del armisticio de Mudros entre otomanos y británicos–, la revolución agitaba la mayoría de las ciudades alemanas.

El 9 de noviembre, Guillermo II fue obligado a abdicar y huyó a Países Bajos. Philipp Scheidemann y Karl Liebknecht, líderes del Partido Socialdemócrata y de la Liga Espartaquista respectivamente, proclamaron la República y pidieron un armisticio inmediato. Este se firmó en un vagón de tren en el bosque de Compiègne, al norte de París, el 11 de noviembre de 1918, marcando así la derrota de Alemania y el final de la Primera Guerra Mundial.

Lecciones aprendidas

A pesar de la rendición, muchos alemanes creían que su ejército podría haber seguido luchando y que la derrota se debía a la falta de patriotismo. Uno de los desilusionados fue Adolf Hitler, que regresó del Frente Occidental como soldado alemán. Nunca olvidó el efecto paralizante que tuvo en la moral nacional la falta de artículos de primera necesidad o que Alemania no preparara a la población para una guerra prolongada. Posteriormente, ya como líder del Tercer Reich alemán (1933–1945), tomó medidas –algunas drásticas y criminales– para asegurar que el pueblo alemán no volviera a pasar hambre. ■

Mujeres manipulando proyectiles en una fábrica británica en 1915. En 1918, casi un millón de mujeres británicas fabricaban municiones.

Mujeres en la guerra

Aunque la mayoría de las naciones beligerantes no les permitía combatir, las mujeres jugaron un papel vital en el frente como enfermeras –papel que había ido creciendo desde la guerra de Crimea (1853–1856)– y conductoras de ambulancias, así como en tareas administrativas y de intendencia y otros trabajos de apoyo auxiliar; en 1918 había hasta 50 000 activas en el ejército austrohúngaro.

En Alemania, muchos puestos de trabajo vacantes a causa de la movilización de millones de hombres los ocuparon mujeres, incluso en la industria pesada y la agricultura. En la enorme acería alemana Krupp, en Essen, donde apenas se veían mujeres antes de la guerra, en 1917 representaban casi el 30 % de los 175 000 empleados y hacían turnos de 24 horas. Casi 1,5 millones de mujeres fueron mano de obra del esfuerzo bélico alemán. Rusia fue el único país con una unidad de combate solo femenina, el Batallón de la Muerte de Mujeres, con 2000 efectivos, que luchó en la Ofensiva Kerenski de 1917.

OS DISPARARÁN COMO A PERDICES

LA GUERRA CIVIL RUSA (1917–1921)

EN CONTEXTO

ENFOQUE
El Terror Rojo

ANTES
1903 El Partido Obrero Socialdemócrata de Rusia se divide en bolcheviques y en los menos radicales mencheviques.

1905 El 22 de enero (Domingo Sangriento), la muerte de 200 manifestantes pacíficos en San Petersburgo desata la revolución en Rusia.

Mar. 1917 Tras varias huelgas y protestas, el zar Nicolás II abdica, pero Rusia continúa luchando en la Primera Guerra Mundial.

DESPUÉS
1922 Se crea la Unión de Repúblicas Socialistas Soviéticas (URSS) a partir de los restos del Imperio ruso.

1936–1938 En la Gran Purga, el líder soviético Stalin manda matar a casi un millón de opositores, algunos de ellos antiguos aliados y oficiales de alto rango.

El 3 de marzo de 1918, cuatro meses después de llegar al poder, el gobierno bolchevique de Rusia, dirigido por Vladímir Lenin, firmó la paz con Alemania en el tratado de Brest-Litovsk. Con ello cedió franjas del territorio ruso, incluidas Ucrania y Finlandia.

El tratado no puso fin al conflicto dentro de Rusia. El régimen revolucionario «rojo» se enfrentó a la resistencia feroz de los «blancos», partidarios del zar, liberales e incluso socialistas, que contaban con el respaldo de Francia, Gran Bretaña, EE. UU., Japón y otros países que veían en el comunismo una amenaza para las democracias capitalistas. Con el Ejército Rojo de campesinos, obreros industriales y algunos antiguos oficiales imperiales, el gobierno bolchevique tuvo que luchar para sobrevivir. En nombre de la pureza ideológica, atacó a sus adversarios políticos y los sometió mediante la campaña de violencia e intimidación conocida como «Terror Rojo».

Una guerra civil despiadada

En todo el antiguo Imperio ruso se fraguó una guerra civil a gran escala. Gran Bretaña y Francia enviaron varios miles de soldados para ayudar a los blancos, que hasta 1919 controlaban vastas zonas del sur de Rusia y eran fuertes en Siberia y Extremo Oriente. Los bolcheviques, sin embargo, controlaban el núcleo indus-

Un cartel de reclutamiento de 1920 pregunta «¿Ya te has alistado?», instando a los ciudadanos a alistarse en el Ejército Rojo y luchar en la Guerra Civil rusa.

Véase también: La derrota de las potencias centrales 258–261 ▪ La Segunda Guerra Mundial en Europa: el ascenso de Alemania 266–271 ▪ La Guerra Fría 286–293

Los bolcheviques consideran que el **proletariado** ruso ha sido **reprimido y explotado** por el viejo orden **burgués**.

Para que la **revolución bolchevique triunfe**, el viejo orden debe ser **destruido por completo**.

Elementos burgueses como los leales al zarismo e infiltrados extranjeros **amenazan la revolución**.

Solo un «reino del terror» puede destruir a la burguesía, cohesionar al pueblo y salvar la revolución.

trial y de transportes de Rusia en torno a Petrogrado (San Petersburgo) y Moscú, lo cual les permitía atacar a los blancos, más dispersos.

La guerra se extendió también a los países vecinos. Los bolcheviques, resentidos por la pérdida de territorios a raíz del tratado de Brest-Litovsk, apoyaron revoluciones comunistas en Finlandia, Lituania, Letonia, Estonia, Bielorrusia, Ucrania, Moldavia y el Cáucaso. Los rojos se anexionaron las naciones bajo su control, mientras que donde prevalecieron los blancos, como en Finlandia y las zonas bálticas, surgieron Estados independientes.

Polonia contraataca

En febrero de 1919, la recién fundada Segunda República Polaca invadió Ucrania y, con la ayuda de los blancos locales, estuvo a punto de tomar la capital, Kiev. El Ejército Rojo contraatacó rápido, y parecía que iba a conquistar Polonia, pero finalmente fue rechazado en la batalla de Varsovia en agosto de 1920. A finales de año, los polacos habían recuperado la mayor parte del territorio perdido en 1919.

La paz de Riga (1921) dividió Bielorrusia y Ucrania entre Polonia y la Rusia bolchevique, pero, por entonces, la guerra civil ya había terminado: el Ejército Rojo había acabado con la última resistencia importante de las tropas blancas en Crimea en noviembre de 1920. Sin embargo, la victoria tuvo un coste enorme: la industria y la agricultura rusas quedaron devastadas, y hasta diez millones de personas, la mayoría de ellas civiles, murieron a causa del hambre, las enfermedades o las masacres perpetradas por ambos bandos. ■

El Terror Rojo

La lucha de los blancos contra la represión bolchevique dio un giro peligroso en 1918. El 30 de agosto, un cadete asesinó a Moiséi Uritski, jefe de la policía secreta (checa) de Petrogrado, y la socialrrevolucionaria Fania Kaplán disparó e hirió de gravedad a Lenin. El periódico bolchevique *Pravda* instó a los lectores a «aplastar a la burguesía» y a principios de septiembre, el gobierno sancionó la utilización del Terror Rojo contra sus enemigos.

Para erradicarlos, la policía secreta, o Checa (precursora del KGB), creció enormemente durante los cuatro años siguientes. Tras una purga de socialrrevolucionarios (cientos de ellos ejecutados y miles enviados a campos de trabajo), se persiguió a todo posible opositor. El clero, los zaristas, los liberales, los *kulaks* (campesinos terratenientes) y hasta obreros en huelga fueron perseguidos, y algunos torturados y asesinados.
En 1922, los blancos fueron derrotados y nació el nuevo Estado de la URSS.

Lenin se dirige a sus partidarios en la plaza Sverdlov de Moscú, el 5 de mayo de 1920. Era famoso por su apasionada oratoria.

CRÍMENES ATROCES CONTRA LA HUMANIDAD

LA SEGUNDA GUERRA CHINO-JAPONESA (1937–1945)

EN CONTEXTO

ENFOQUE
Masacre en China

ANTES
1894–1895 Japón derrota a China en la primera guerra chino-japonesa y emerge como gran potencia mundial.

1912 Las rebeliones llevan a abdicar al último emperador de China, Puyi, en el fin de la dinastía Qing.

1928 Los nacionalistas chinos de Chiang Kai-shek forman un nuevo gobierno y reunifican en parte la nación.

DESPUÉS
2014 Proyecto de ayuda de hospitales de Shanghái (China) a las víctimas supervivientes de la guerra biológica de la Unidad 731 de Japón.

2015 El primer ministro japonés Shinzo Abe expresa pesar –pero no se disculpa– por las violaciones y asesinatos masivos de ciudadanos y soldados chinos en Nankín (China) en 1937.

En 1937, un intercambio de disparos entre fuerzas chinas y japonesas en el puente de Marco Polo, cerca de Pekín, inició un conflicto que duraría hasta 1945, se fusionaría con la Segunda Guerra Mundial, implicaría a fuerzas aliadas y del Eje y generaría algunas de las peores atrocidades de la guerra mundial.

Japón era una potencia expansionista y ávida de recursos, dispuesta a aprovecharse de los conflictos internos que fracturaban China, su rival regional, desde la caída de la dinastía Qing en 1912. En 1931, Japón había ocupado Manchuria, en el noreste de China, y tomó más territorio en el norte mediante escaramuzas contra fuerzas chinas durante los seis años siguientes.

Que nuestro pueblo comprenda plenamente el significado de «el límite de la resistencia», y la magnitud del sacrificio que implica. Pues, llegados a ese punto, solo podemos sacrificarnos y luchar hasta el amargo final.

Chiang Kai-shek
17 de julio de 1937

Resistencia china

Unos meses antes del incidente del puente de Marco Polo de 1937, los nacionalistas del Kuomintang (KMT) de Chiang Kai-shek, en el poder en China, habían formado a regañadientes el Frente Unido con el rival Partido Comunista Chino (PCC) de Mao Zedong. Alemania ayudó a Chiang a entrenar a sus tropas, pero no fueron rivales para los japoneses, que pronto tomaron Pekín y la ciudad portuaria de Tianjin. En agosto de 1937, Japón exigió la retirada de las tropas chinas de Shanghái. Chiang se negó, y siguió una dura batalla de tres meses.

Los horrores de la guerra

Los chinos resistieron al principio, pero finalmente se vieron abrumados por la superioridad numérica de las fuerzas aéreas, navales y terrestres japonesas. El Ejército Imperial japonés avanzó sobre la capital china, Nankín, la tomó el 13 de diciembre y cometió atrocidades terri-

Véase también: China en crisis 230–231 ▪ La guerra ruso-japonesa 235 ▪ El ascenso de Japón 280–283 ▪ Japón derrotado 284–285 ▪ La Guerra Civil china 294

bles durante tres meses, saqueando, destruyendo propiedades, violando y matando indiscriminadamente. Las estimaciones varían, pero se han propuesto hasta 80 000 violaciones y hasta 300 000 asesinatos. Estos hechos se conocen como la masacre de Nankín.

A principios de 1938, Japón dominaba los mares y cielos chinos, y bombardeaba ciudades a su antojo. Los bloqueos japoneses privaban a China de suministros esenciales, pero las fuerzas chinas siguieron luchando con tácticas de guerrilla.

Una paz difícil

Tras el ataque a Pearl Harbor (Hawái) en 1941, que llevó a EE. UU. a declarar la guerra a Japón, la guerra chino-japonesa se sumió en la Segunda Guerra Mundial. Con el apoyo de los Aliados, el gobierno nacionalista chino sobrevivió hasta 1945, a pesar de la gran ofensiva japonesa del año anterior, la Operación Ichigo. Ni siquiera el final de la Segunda Guerra Mundial trajo la paz: el Kuomintang se vio pronto inmerso en una guerra de cuatro años contra el PCC de Mao Zedong por el control de China. Fue una batalla que iban a ganar los comunistas.

Crímenes de guerra

En 1948 se condenó a 25 acusados japoneses de alto rango por crímenes de guerra contra prisioneros de guerra y civiles. Las autoridades japonesas han pedido perdón por algunas de estas atrocidades. En 2002, un tribunal de Tokio admitió por primera vez la guerra biológica practicada por la Unidad 731, con base en el noreste de China. Esto incluía la vivisección y el lanzamiento de pulgas infectadas de peste sobre aldeas. El tribunal no compensó a las víctimas. ▪

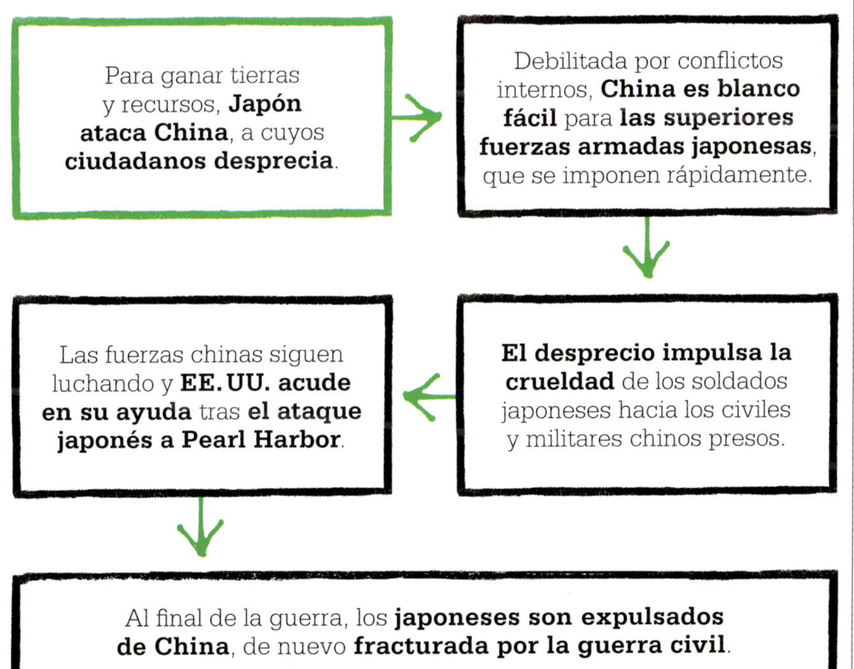

Soong Mei-ling (Madame Chiang)

Nacida en 1898, hija de un rico hombre de negocios de Shanghái, Soong Mei-ling se educó en EE. UU. y regresó a China en 1917. En 1927 se convirtió en la segunda esposa del líder nacionalista chino Chiang Kai-shek. Pronto desempeñó un papel activo en la política china, ayudando a su marido a tratar de unificar China política y culturalmente.

Al principio de la guerra chino-japonesa, movilizó a las mujeres chinas para que apoyaran la causa del Kuomintang, ayudó a crear batallones femeninos y coordinó la ayuda internacional. Célebre por su encanto, diplomacia y valentía, viajó a EE. UU. durante la Segunda Guerra Mundial para lograr apoyo para China. Habló en mítines y, junto a su marido, apareció en la portada de la revista *Time*. Tras la derrota del Kuomintang en la Guerra Civil china de 1949, huyó con Chiang Kai-shek a Taiwán, donde colaboró con organizaciones benéficas internacionales. A la muerte de su marido, en 1975, regresó a EE. UU. Murió en Nueva York en 2003, a los 105 años.

LA MÁQUINA DE GUERRA NAZI

LA SEGUNDA GUERRA MUNDIAL EN EUROPA: EL ASCENSO DE ALEMANIA (1939–1943)

EN CONTEXTO

ENFOQUE
El triunfo de la *Blitzkrieg*

ANTES
1914 Al comenzar la Primera Guerra Mundial, fracasa la versión modificada de la estrategia militar de Schlieffen de 1905 para derrotar rápido a Francia.

1933 Adolf Hitler, líder del Partido Nazi, es nombrado canciller de Alemania.

1936 Alemania reocupa Renania en su frontera occidental, y dos años después se anexiona los Sudetes, en el norte de Checoslovaquia.

DESPUÉS
Jun. 1944 Las fuerzas aliadas desembarcan en Normandía (Francia) durante el Día D y avanzan gracias a su supremacía aérea y su mayor potencia de fuego.

Abr.–mayo 1945 Hitler se suicida, y Berlín cae en manos del ejército soviético.

El 1 de septiembre de 1939, Alemania lanzó un ataque contra Polonia planeado desde hacía tiempo y que desató la Segunda Guerra Mundial. En los dos años siguientes, sus sucesivas victorias hicieron de Alemania la potencia suprema de la Europa continental. Su éxito militar inicial se debió a estrategias bien planificadas y rápidamente ejecutadas, luego llamadas *Blitzkrieg* («guerra relámpago»), que sorprendían y abrumaban a sus adversarios.

Róterdam arde tras un bombardeo aéreo de la Luftwaffe el 14 de mayo de 1940. Amenazados con la destrucción de otras ciudades, Países Bajos se rindió un día después.

Invasión de Polonia

En 1935, el canciller alemán Adolf Hitler anunció la reintroducción del servicio militar obligatorio y el rearme alemán. Los Aliados y la Sociedad de Naciones lo condenaron, pero nada hicieron para detenerle, pese a los límites impuestos tras la Primera Guerra Mundial por el tratado de Versalles, cuyos términos Alemania juzgaba humillantes. Hitler comenzó a construir una nueva fuerza aérea (Luftwaffe) con aviones de combate rápidos y modernos, y a suministrar a sus fuerzas armamento avanzado y los últimos equipos de comunicaciones. Su despliegue se guiaría por una estrategia clave basada en ideas muy anteriores del alto mando alemán: atacar rápido en los puntos débiles del enemigo, sin dejar tiempo ni espacio a represalias. También se introdujo un sistema de mando flexible para tomar la iniciativa y reaccionar rápido.

En septiembre de 1939, Alemania aplicó la teoría en Polonia, atacando con brigadas de tanques, infantería y artillería apoyadas por la Luftwaffe. Polonia cayó en cinco semanas. Los británicos y los franceses no tu-

Heinz Guderian

Nacido en Kulm (Prusia Occidental, en la actual Polonia), en 1888, hijo de un oficial prusiano, Heinz Wilhelm Guderian luchó en la Gran Guerra y llegó a comandante de batallón de infantería. Fue uno de los 4000 oficiales autorizados a servir en el *Reichswehr*, el reducido ejército alemán de posguerra. Estudió tácticas de guerra blindada y ayudó ilícitamente a desarrollar divisiones Panzer, de cuyo sistema de comunicación inalámbrico fue pionero. En 1936 escribió un libro sobre la guerra motorizada *(Achtung – Panzer!)* y puso en práctica sus teorías en Polonia en 1939 y en Francia en 1940. Impaciente y a veces insubordinado, era apreciado por Hitler, que le nombró inspector general de las tropas blindadas en 1943.

Después del complot para asesinar a Hitler en 1944, encabezó el tribunal que envió a los implicados a su juicio y ejecución. Evitó ser condenado como criminal de guerra en 1945, pero fue internado en un campo de prisioneros tres años. Retirado, siguió siendo un ardiente nacionalista. Murió en 1954, en Schwangau (Alemania).

Véase también: La guerra de los Siete Años 162–165 ▪ El ascenso de Prusia 210–213 ▪ Estancamiento en el Frente Occidental 248–251 ▪ La guerra en el mar y en el aire 256–257 ▪ La derrota de las potencias centrales 258–261

vieron tiempo de acudir en su ayuda, y el pacto germano-soviético repartió el país entre Alemania y la URSS.

Tras la caída de Polonia, comenzó la llamada «guerra de broma», una pausa incómoda en la que los Aliados confiaron en sus líneas fortificadas para desalentar las ambiciones alemanas. La guerra continuó en el mar, con submarinos y buques de guerra alemanes enfrentados a navíos aliados en el Atlántico. Hasta abril de 1940 no volvió a haber guerra terrestre en Europa. Los alemanes se apoderaron de Dinamarca y atacaron Noruega –ambas neutrales–, y rechazaron una respuesta británica mal planificada. Esto supuso el fin del gobierno del primer ministro Neville Chamberlain y la llegada de Winston Churchill como líder de guerra de Gran Bretaña.

La trampa alemana

Tras varias revisiones a lo largo del invierno de 1939–1940, el plan de ataque alemán en el oeste (*Fall Gelb*, o «Plan Amarillo») fue aceptado por Hitler. Preveía una ofensiva secundaria, pero potente, a través de Países Bajos y hacia Bélgica, mientras la ofensiva principal, encabezada por las divisiones blindadas (Panzer), tendría lugar más al sur, por los bosques de las Ardenas, en el sur de Bélgica. La intención era dividir y luego rodear a los ejércitos aliados.

El 10 de mayo, Alemania invadió los neutrales Países Bajos, que tomaron en una semana. A las pocas horas, las fuerzas aliadas avanzaron hacia Bélgica para hacerles frente. Más al sur, las divisiones Panzer irrumpieron de los bosques de las Ardenas, llegadas desde Bélgica a través de un tramo norte débil de la Línea Maginot (las fortificaciones fronterizas de Francia). Apoyados por bombarderos en picado, los batallones alemanes rompieron las líneas francesas y avanzaron hacia la costa para aislar a las tropas aliadas en Bélgica. El comandante de las unidades Panzer Heinz Guderian ignoró la orden de detenerse, y el 20 de mayo su división llegó a Abbeville, cerca de la desembocadura del Somme. Después avanzó por la costa del canal de la Mancha hacia Calais y Dunkerque.

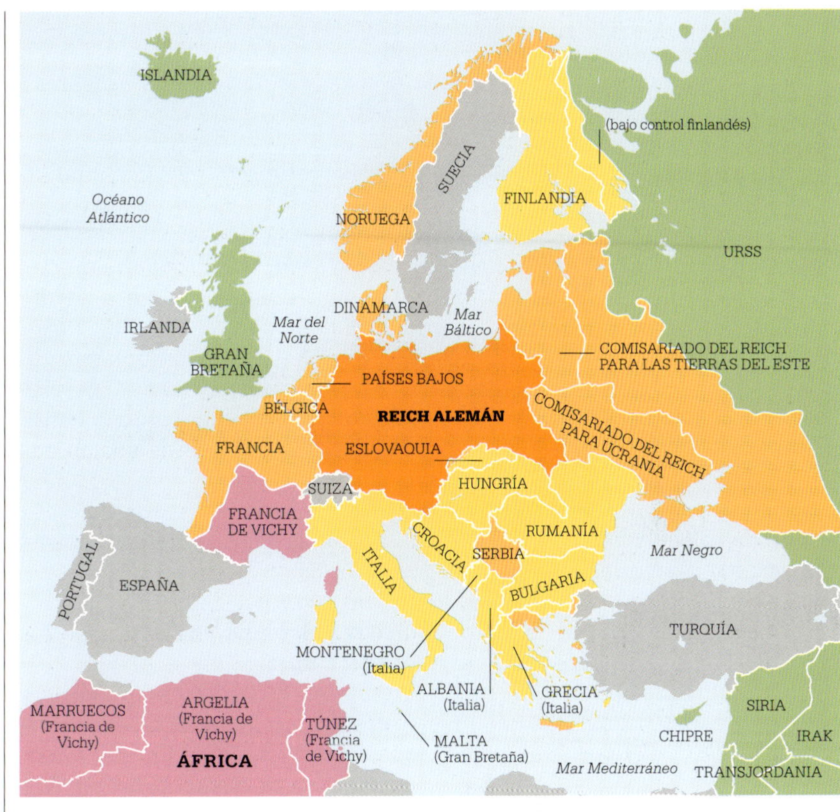

El Reich Alemán dominó rápidamente Europa en los primeros años de la Segunda Guerra Mundial. A mediados de 1941, junto con sus aliados del Eje controlaba un territorio de unos 3,28 millones de km^2, más de nueve veces la superficie de la Alemania actual. De todos sus homólogos europeos, el Reich solo estaba en guerra con Gran Bretaña y la URSS.

Clave
- Reich Alemán
- Zonas ocupadas por Alemania
- Aliados cobeligerantes y Estados títere de Alemania
- Nominalmente no ocupado
- Zonas bajo control aliado
- Países neutrales

Los alemanes empezaron entonces a rodear a las divisiones aliadas, cuya única salida era el Canal. Más de 338 000 hombres fueron evacuados de Dunkerque por buques de guerra y cientos de barcos civiles, aunque miles de soldados británicos quedaron en Francia. Los franceses habían perdido la mayoría de sus tanques y otros vehículos militares en Bélgica. El Plan Amarillo costó a »

El Panzerjäger I alemán era un Panzer I reconvertido con un cañón antitanque checo. En 1940–1941 se construyeron unas 200 unidades, usadas para destruir tanques pesados franceses.

los Aliados 61 divisiones; los alemanes ganaron terreno rápido, y la Luftwaffe se hizo pronto con la supremacía aérea. El 9 de junio se dirigieron hacia París, cruzando los ríos Sena y Aisne con relevos de tanques frescos, apoyados por bombarderos en picado que destruyeron gran parte de la resistencia francesa restante.

Francia cae

La siguiente parte del plan de conquista de Francia –*Fall Rot*, o «Plan Rojo»– estaba en marcha. El 10 de junio, Italia declaró la guerra a los Aliados, decidida a hacerse con territorio francés antes de que terminara la guerra. Al día siguiente, el gobierno francés abandonó París para evitar su destrucción. Tres quintas partes de la población de la ciudad también huyeron, uniéndose a millones de refugiados que se agolpaban en las carreteras, en lo que se conoció como «el éxodo». Francia se rindió oficialmente el 22 de junio. Las fuerzas alemanas ocupaban el 60 % de Francia; el 40 % restante quedaba bajo un gobierno colaboracionista y casi fascista dirigido por el mariscal Philippe Pétain, con base en Vichy, en el centro de Francia.

Gran Bretaña resiste, otros caen

Tras la evacuación de Dunkerque y otras en el Canal, Hitler esperaba que Gran Bretaña negociara la paz. La negativa de Churchill llevó a Alemania a considerar la posibilidad de invadir Gran Bretaña, aunque no formaba parte del gran plan. La Luftwaffe, confiada en que podría allanar el camino destruyendo a la Royal Air Force (RAF) –atacando aviones, fábricas de aviones y otras infraestructuras–, comenzó a atacar Gran Bretaña en 1940, pero los robustos Hurricanes y ágiles Spitfires demostraron ser rivales para la aviación alemana, con sus bombarderos en picado Junkers Ju-87 (Stuka) y cazas Messerschmitt Bf-109. El radar británico y las defensas terrestres completaban una red de defensa aérea eficaz.

A finales de octubre de 1940, la RAF había perdido 1744 aviones, y la Luftwaffe, 1977. El Reino Unido había ganado la batalla de Inglaterra. El bombardeo nocturno de ciudades continuó, pero la RAF conservó su superioridad aérea en el entorno de Gran Bretaña, y Alemania abandonó sus planes de invasión.

Hitler dominaba gran parte de Europa occidental. En 1941 añadió la invasión no prevista de Grecia y Europa oriental a sus conquistas. Sin alertar a Alemania, Italia había invadido Grecia y topado con una fuerte resistencia de los griegos y la RAF británica, que les proporcionó cobertura aérea. Mientras tanto, el príncipe Pablo, gobernante probritánico de Yugoslavia, se negó a unirse a sus vecinos de Europa del Este y los Balcanes en un pacto con Alemania. Hitler ordenó ataques aéreos y terrestres contra Grecia y Yugoslavia, y, con ayuda italiana, ambas cayeron a finales de abril de 1941.

En junio, los ataques aéreos alemanes habían expulsado a los británicos de Creta y del Mediterráneo oriental. La ocupación nazi de Europa tenía ya solo enfrente a los grupos nacionales de resistencia, que a

Ahora nos enfrentarnos a la tarea de trocear el pastel gigante según nuestras necesidades, para poder, primero, dominarlo; segundo, administrarlo; y tercero, explotarlo.

Adolf Hitler
(16 de julio de 1941)

veces trabajaban con agentes de la Dirección de Operaciones Especiales británica en actos de sabotaje, incursiones, espionaje y guerra de guerrillas.

El Frente Oriental

Pese al pacto germano-soviético de agosto de 1939, a finales de 1940 Hitler planeaba una invasión a gran escala de su gran vecino oriental para hacerse con sus codiciados recursos y el espacio vital *(Lebensraum)* que buscaba para una gran Alemania. En junio de 1941 lanzó la Operación Barbarroja, en la que participaron más de 3,5 millones de soldados del Eje en 148 divisiones, incluida una vanguardia de 17 divisiones Panzer con 3400 tanques y 2700 cazas de apoyo. Tres grupos de ejércitos avanzaron a lo largo de un frente de 2900 km: el Grupo de Ejércitos Norte, desde Prusia Oriental hacia Leningrado (San Petersburgo); el Grupo de Ejércitos Sur, en dirección a Ucrania y el mar Negro; y el Grupo de Ejércitos Centro, que incluía la fuerza blindada de Guderian y tenía como objetivo final la toma de Moscú.

Mientras la Luftwaffe bombardeaba aeródromos, artillería y tropas, los sorprendidos rusos ofrecieron poca resistencia. A mediados de julio, el Grupo de Ejércitos Norte se acercaba a Leningrado, y a finales de mes, el Grupo de Ejércitos Centro había rodeado a cinco ejércitos rusos y hecho más de 600 000 prisioneros. El Grupo de Ejércitos Sur se enfrentó a una dura resistencia, pero a principios de agosto había capturado a 100 000 rusos y sitiado Odesa, ciudad portuaria del mar Negro.

El dictador italiano Benito Mussolini se dirige a las fuerzas italianas enviadas en agosto de 1941 a ayudar a Alemania en la Operación Barbarroja de Hitler contra la URSS.

Contraataque soviético

En otoño de 1941, los alemanes empezaron a tener problemas de abastecimiento. En septiembre, la fuerza del norte inició el sitio de Leningrado, pero la ciudad resistió durante 890 días épicos, y no la tomaron. La batalla por Moscú comenzó en octubre, y pese a los avances iniciales, el Grupo de Ejércitos Centro quedó pronto atascado en el barro otoñal, dando tiempo a los rusos a enviar refuerzos. Entonces llegó el frío, y los alemanes quedaron atrapados en la nieve a solo 19 km de la capital. Las tropas soviéticas dirigidas por el mariscal Gueorgui Zhúkov les obligaron a retirarse 240 km.

En 1942, las fuerzas del Eje penetraron profundamente en el Cáucaso, pero no lograron tomar Stalingrado en enero de 1943. En julio, la URSS triunfó en Kursk en la mayor batalla de tanques de la historia, y al mes siguiente, Zhúkov recuperó Járkov, perdida 22 meses antes. Los alemanes tuvieron que emprender una retirada sangrienta, perseguidos por los rusos. Hitler había subestimado gravemente la capacidad de la URSS para contraatacar y la superioridad de sus tanques, fabricados cada vez en mayor número. Las estrategias militares alemanas empezaban a fracasar. ■

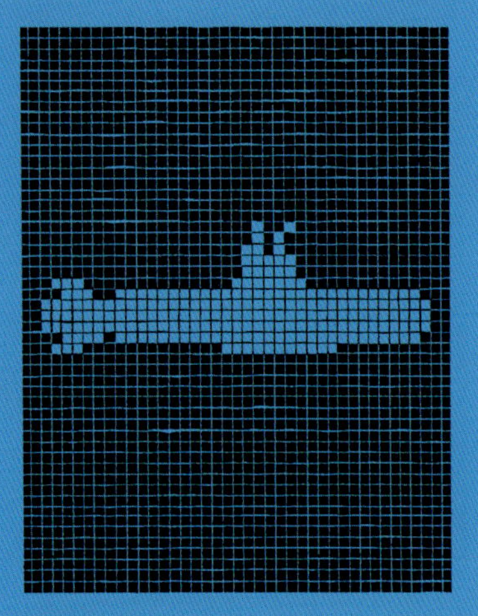

EL SUBMARINO [...] DEBE SER CAZADO

LA GUERRA EN EL MAR (1939–1943)

EN CONTEXTO

ENFOQUE
Descifrado de códigos

ANTES
1917 Los ataques de submarinos alemanes en la Primera Guerra Mundial casi paralizan la economía británica.

1935 El Acuerdo Naval Anglo-Germano permite a Alemania construir submarinos.

Jul. 1939 Unos criptógrafos polacos entregan las claves del código Enigma alemán a la inteligencia británica.

DESPUÉS
Jun. 1944 El descifrado de mensajes alemanes por criptógrafos de Bletchley Park facilita el desembarco del Día D.

Ago. 1944 La mayoría de los submarinos alemanes abandona Lorient, su mayor base francesa, tras rodear el puerto los Aliados.

1945 Al final de la Segunda Guerra Mundial, casi el 70 % de los 10 500 criptógrafos del ejército de EE. UU. son mujeres.

En tierra, a la invasión de Polonia por la Alemania nazi en septiembre de 1939 siguió un periodo de estancamiento, pero pronto estalló el conflicto en el mar. Nueve horas después de la declaración de guerra, un submarino alemán torpedeó el transatlántico británico Athenia frente a las costas de Irlanda, con la pérdida de 117 pasajeros. En seis semanas, la Marina Real británica se vio sacudida por el hundimiento del portaaviones Courageous, así como del navío de guerra Royal Oak en Scapa Flow, en las islas Orcadas escocesas, con la pérdida de 835 tripulantes. Parecía que la guerra marítima iba a depender del éxito de los submarinos, pero el arma clave en la batalla del Atlántico resultó ser la criptografía, la ciencia de descifrar códigos.

El enemigo conoce todos nuestros secretos, y nosotros ninguno de los suyos.
Almirante Karl Dönitz
Comandante de la flota submarina alemana (12 de noviembre de 1943)

La amenaza de los *U-Boote*

En 1939, Alemania no había completado la expansión prevista de su flota de superficie, y como no podía igualar a la británica, los mandos navales alemanes se concentraron en los submarinos *(U-Boote)*. El objetivo estratégico de ambos bandos era similar: imponer un bloqueo que privara al enemigo de los recursos necesarios para proseguir la guerra o incluso para sobrevivir. Para Alemania, esto implicaba el recurso al sigilo, la sorpresa y el poder destructivo de los submarinos para hundir los barcos británicos que cruzaban el Atlántico. Fue un éxito al principio, con más de 140 barcos hundidos entre septiembre de 1939 y febrero de 1940.

La ocupación alemana de Noruega, Dinamarca, Países Bajos y Francia entre abril y mayo de 1940 proporcionó nuevas bases navales para que la flota de submarinos pudiera aventurarse lejos en el Atlántico. La estrategia naval alemana se apoyó cada vez más en los submarinos, y más aún después de

Véase también: La guerra en el mar y en el aire 256–257 ▪ La Segunda Guerra Mundial en Europa: el ascenso de Alemania 266–271

La tripulación de un submarino alemán alineada en cubierta en la base naval de Kiel (Alemania). De los 1162 *U-boote* construidos durante la Segunda Guerra Mundial, 632 fueron hundidos en el mar por buques y aviones aliados.

que la armada británica eliminara amenazas clave como el Admiral Graf Spee en la batalla del Río de la Plata (diciembre de 1939) y el Bismarck (mayo de 1941). La batalla del Atlántico entre convoyes aliados y «manadas de lobos» de submarinos continuó hasta 1942. La balanza se inclinaba a favor de unos u otros al entrar en juego nuevas tecnologías y tácticas, como buques de escolta cargados con aviones de combate y audaces ataques nocturnos de los submarinos.

Descifrar los códigos

Sin embargo, la verdadera clave del éxito en la guerra marítima residió en la capacidad de cada bando para descifrar comunicaciones encriptadas del otro. En 1941, la operación británica Ultra descifró el código Enigma alemán, y los Aliados pudieron seguir los movimientos navales alemanes y salvar cientos de barcos. La inteligencia alemana tuvo un gran éxito en febrero de 1942, al descifrar en parte el Cifrado Naval n.º 3 aliado, el código para el control de los convoyes. El mismo mes, una máquina Enigma M4 mejorada con un rotor adicional frustró la acción de Ultra durante nueve meses, y hubo una serie de ataques devastadores de submarinos contra convoyes en el Atlántico Norte y el Ártico. En 1942, en el Atlántico Norte fueron hundidos más de mil mercantes aliados –el doble que el año anterior–, la gran mayoría por submarinos, y los Aliados tuvieron que suspender los convoyes árticos a la URSS a fines de ese año.

A finales de 1942 se logró descifrar Enigma de nuevo, y las tornas se volvieron decisivamente en contra de los *U-Boote*. Las pérdidas aliadas cayeron drásticamente en 1943, y en septiembre se hundieron más submarinos que buques aliados. No se puede saber con certeza, pero muchos historiadores creen que descifrar el código Enigma acortó meses, si no años, la Segunda Guerra Mundial. ■

Ultra y Enigma

Junto con el valor y el sacrificio del personal naval de ambos bandos, quizá los tres factores más decisivos de la batalla del Atlántico fueron la captura de las máquinas codificadoras alemanas Enigma, de los libros de claves y los rotores (ruedas) de codificación de los submarinos U-33 (feb. de 1940), U-110 (mayo de 1941) y U-559 (oct. de 1942). Enigma usaba una ingeniosa combinación de rotores para codificar mensajes. Durante mucho tiempo, ambos bandos la creyeron indescifrable, pero la operación británica de descifrado de códigos Ultra, con base en Bletchley Park –una casa en Buckinghamshire (Inglaterra)–, realizó avances, gracias en parte a la información suministrada por la inteligencia polaca antes del comienzo de la guerra. En febrero de 1942, la marina alemana confundió a Ultra al añadir un cuarto rotor a Enigma; no obstante, los criptógrafos británicos, gracias a la información obtenida en una incursión en el U-559 mientras se hundía, pudieron descifrar las transmisiones enviadas desde y a los submarinos alemanes, que se usaron para redirigir convoyes y unidades interceptoras de submarinos.

El ordenador Colossus, en servicio en Bletchley Park desde 1944, aceleró mucho el descifrado de claves, pero los criptógrafos manuales, humanos, eran aún vitales.

BOMBARDEADLES [...] LAS 24 HORAS DEL DÍA

LA GUERRA AÉREA (1939–1944)

EN CONTEXTO

ENFOQUE
Bombardeos de precisión o de área

ANTES
1911 Un aviador italiano realiza la primera misión de bombardeo aéreo, sobre Libia.

21 nov. 1914 Primer bombardeo estratégico, por aviones británicos contra los hangares de zepelines alemanes.

1922 La armada japonesa encarga el primer portaaviones destinado a ese fin, el Hōshō.

1937 Aviones alemanes e italianos bombardean Guernica (España).

DESPUÉS
1945 Bombarderos B-29 Superfortress de EE. UU. lanzan bombas atómicas sobre Hiroshima y Nagasaki (Japón).

1991 Durante seis semanas, en la Operación Tormenta del Desierto, EE. UU. y sus aliados lanzan 88 500 toneladas de bombas sobre Irak.

La tecnología aeronáutica, en su infancia al final de la Primera Guerra Mundial, había avanzado enormemente en 1939. La Luftwaffe (fuerza aérea alemana), empleada con efectos devastadores durante la Guerra Civil española (1936–1939) era la punta de lanza de la *Blitzkrieg* («guerra relámpago»), que consistía en el apoyo aéreo de cazas y bombarderos actuando conjuntamente con blindados móviles para aplastar a cualquier oposición. La superioridad aérea sería vital para decidir el resultado de la guerra, pero fueron los bombardeos estratégicos (ataques concentrados contra las infraestructuras, la industria y la población de un país) los que dejaron la huella más devastadora en la historia.

Los nazis entraron en esta guerra con la ilusión bastante infantil de que iban a bombardear a todos los demás y nadie les iba a bombardear a ellos.
Arthur «Bomber» Harris
Mensaje en un noticiario (1942)

Ganar en el aire

Al comienzo de la Segunda Guerra Mundial, Alemania disponía de tantos aviones como Gran Bretaña y Francia juntas. Además, aviones como el caza Messerschmitt Bf 109 y el bombardero en picado Junkers Ju 87 (Stuka) eran técnicamente más avanzados que la mayoría de los aviones aliados.

El papel de esta fuerza aérea fue vital en la conquista alemana de Europa occidental en mayo de 1940. Sin embargo, en la primera gran batalla aérea de la guerra, la de Inglaterra (julio-octubre de 1940), la Luftwaffe se vio limitada por la autonomía de sus aviones, que solo permitía misiones de corto alcance. También tuvo que vérselas con el caza británico Supermarine Spitfire, que podía igualar al Messerschmitt Bf 109 en velocidad y maniobrabilidad. Libre de la amenaza de invasión, Gran Bretaña pudo centrar su atención en el bombardeo estratégico.

En el Frente Oriental, Alemania usó sin piedad la estrategia de la

Véase también: Una guerra en expansión 252–255 ▪ La guerra en el mar y en el aire 256–257 ▪ La Segunda Guerra Mundial en Europa: el ascenso de Alemania 266–271 ▪ La derrota de Alemania 276–279 ▪ El ascenso de Japón 280–283

Blitzkrieg, destruyendo 1800 aviones soviéticos el primer día de la invasión de la URSS, el 22 de junio de 1941. La Luftwaffe se impuso rápidamente, pero con el tiempo fue perdiendo terreno: la inmensidad del frente y la prolongada lucha de desgaste, como en la batalla de Stalingrado (julio de 1942–febrero de 1943), hicieron mella en sus recursos.

Como Alemania, Japón buscó el dominio aéreo, y en 1941 contaba con unos 1500 aviones de combate, con los que sembró el caos en la base naval estadounidense de Pearl Harbor en diciembre de ese año. Durante dos años, los japoneses dominaron los cielos del Pacífico, con la ayuda de aviones de combate Mitsubishi A6M Zero, muy ágiles, bien armados y de largo alcance. Sin embargo, a finales de 1943, EE.UU. superaba a Japón en número y calidad de aviones, y el Zero halló un rival en el caza Grumman F6F Hellcat.

Bombardeo estratégico

Expulsadas sus fuerzas terrestres de Francia en 1940, Gran Bretaña golpeó a Alemania con bombarderos estratégicos de largo alcance que al principio sufrieron pérdidas terribles en misiones diurnas contra objetivos militares concretos. Entonces, el mariscal del aire Arthur «Bomber» Harris ordenó ataques nocturnos y bombardeos «de área» contra ciudades. Los incendios que causaron toneladas de bombas incendiarias infligieron daños generalizados e indiscriminados a la población y las infraestructuras. La primera «incursión de 1000 bombarderos», el 30 de mayo de 1942, mató a más de 450 personas y dejó sin hogar a 45000 en Colonia, y le siguieron otras.

Unos B-17 Flying Fortress de EE.UU. atacan la fábrica de aviones Messerschmitt cerca de Viena (Austria) en una misión diurna de precisión en noviembre de 1943.

EE.UU. rechazó la controvertida práctica de Harris y desde el verano de 1942 insistió en bombardeos diurnos de precisión de objetivos alemanes. Volar de día era especialmente peligroso, y se perdieron un gran número de aviones y tripulaciones estadounidenses; pero tal estrategia mejoró tras la introducción, en diciembre de 1943, del caza P-51 Mustang, fuertemente armado y de largo alcance, como escolta de los bombarderos. Más que un rival para los aviones de la Luftwaffe, este aseguró tasas de supervivencia mucho mayores y el control del espacio aéreo alemán a finales de 1944. Hubo bombardeos de área y de precisión –en la práctica, no muy precisos– hasta el final de la guerra en Europa. ■

Piloto y navegante de un avión de las «brujas de la noche» reciben instrucciones de última hora antes de una nueva misión de bombardeo.

Las «brujas de la noche»

De las 800000 mujeres que se enrolaron voluntariamente en el Ejército Rojo en la Segunda Guerra Mundial, quizá las más notables fueran las mil o más que sirvieron en la fuerza aérea como pilotos, navegantes aéreos y personal de tierra. En 1941, la navegante Marina Raskova convenció a Stalin de que le permitiera formar tres regimientos aéreos femeninos.

La piloto soviética Yevdokía Bershánskaia comandaba el 588.º Regimiento de Aviación de Bombarderos Nocturnos, que utilizaban endebles biplanos Polikarpov Po-2 de lona y madera contrachapada. Volando bajo de noche en formaciones de tres, las pilotos apagaban motores y planeaban hacia el objetivo, produciendo un inquietante silbido que les valió el apodo alemán de *Nachthexen* («brujas de la noche»). Entre 1942 y 1945 lanzaron más de 3000 toneladas de bombas y 26000 proyectiles incendiarios en 23000 misiones, alcanzando puentes, líneas de ferrocarril y otras infraestructuras alemanas vitales.

LA GUERRA EN EUROPA HA TERMINADO

LA DERROTA DE ALEMANIA (1944–1945)

EN CONTEXTO

ENFOQUE
Una guerra prolongada

ANTES
Sep. 1914 La victoria aliada en la primera batalla del Marne frustra la esperanza alemana de un fin rápido de la Primera Guerra Mundial.

1920 El tratado de Versalles impone restricciones punitivas al ejército alemán.

1933 Hitler y el Partido Nazi llegan al poder en Alemania.

1942 En la cima de su éxito militar, la Alemania nazi controla la mayor parte de Europa.

DESPUÉS
Ago. de 1945 Tres meses después del fin de la guerra en Europa, Japón se rinde, y acaba la Segunda Guerra Mundial.

1990 Tras la disolución de la URSS, Alemania Occidental y Oriental se unen y forman la Alemania reunificada.

A finales de la primavera de 1944, Alemania había empezado a perder ventaja en la Segunda Guerra Mundial. Había paralizado ofensivas aliadas en el Mediterráneo, pero las derrotas de Stalingrado y Kursk en el Frente Oriental habían invertido su marea de victorias y la habían puesto a la defensiva. En los cielos alemanes, nuevos cazas de largo alcance escoltaban con éxito a flotas de bombarderos estadounidenses en misiones diurnas, y la RAF británica bombardeaba las ciudades alemanas por la noche.

El 6 de junio de 1944, los Aliados abrieron un segundo frente largamente esperado. La Operación Overlord, o Día D, la mayor operación anfibia de

Véase también: El ascenso de Prusia 210–213 ▪ Estallido de la Primera Guerra Mundial 242–247 ▪ La derrota de las potencias centrales 258–261 ▪ La Segunda Guerra Mundial en Europa: el ascenso de Alemania 266–271 ▪ La guerra en el mar 272–273

la historia, llevó a más de 150 000 soldados a cinco playas de Normandía, en el norte de Francia. Cada día desembarcaban más tropas y equipos, y el 12 de junio habían afianzado una cabeza de playa desde donde lanzar ataques hacia el interior. A la vez, comandos británicos, unidades especiales estadounidenses y combatientes de la Resistencia francesa trabajaban tras las líneas alemanas, atacando baterías artilleras y volando puentes y líneas de ferrocarril para dificultar el contraataque.

La situación parecía sombría para Alemania, pero su negativa a rendirse y su insistencia en seguir luchando con medidas cada vez más desesperadas prolongaron la guerra casi un año más. Este periodo resultó ser el más sangriento de toda la guerra para Alemania, que registró casi la mitad de todas sus pérdidas militares y recibió el 60 % de todas las bombas lanzadas sobre sus ciudades.

Operación Valkiria

En julio de 1944, el régimen nazi se enfrentó a una grave amenaza interna por parte de un grupo de oficiales del ejército. Tras varios atentados contra Hitler, el complot respaldado por oficiales –la Operación Valkiria– parecía tener muchas posibilidades de dar un golpe de Estado y poner fin a la guerra, pues entre los conspiradores había altos cargos del Ersatzheer (Ejército de Reemplazo), fuerza de reserva que podía tomar objetivos clave y suprimir a la oposición pública. El 1 de julio, uno de los conspiradores, el coronel Klaus von Stauffenberg, fue nombrado jefe de Estado Mayor del Ersatzheer y accedió así a las reuniones en el cuartel general de Hitler en Prusia Oriental (la «Guarida del Lobo»). En una reunión, el 20 de julio, Stauffenberg, tal como había pactado con el general de división Henning von Tresckow –oficial superior de los ejércitos alemanes del Frente Oriental y cerebro de Valkiria–, colocó una bomba en un maletín bajo la mesa junto a Hitler. La bomba explotó, y la red del Ejército de Reemplazo entró en acción, pero Hitler había sobrevivido, protegido de lo peor de la explosión por la gruesa pata de la mesa. Antes de un día, Tresckow se suicidó y Stauffenberg fue fusilado. Unos 200 conspiradores fueron detenidos y fusilados o ahorcados, incluido el hermano de Stauffenberg, Berthold, cuya muerte fue filmada para que Hitler la viera. En el reinado del terror que siguió, hasta 7000 «enemigos del Reich» fueron asesinados o enviados a campos de concentración.

Sé que podré justificar […] lo que hice en la lucha contra Hitler.
Henning von Tresckow
(1944)

Prisioneros de guerra alemanes capturados en la bolsa de Falaise abandonan Normandía en agosto de 1944, vigilados por tropas británicas listas para seguir avanzando por Francia.

Negativa a ceder

A finales del verano de 1944, los Aliados salieron de su cabeza de playa y barrieron Normandía, destruyendo gran parte del VII Ejército alemán y la V División Panzer en la bolsa de Falaise y capturando hasta 50 000 soldados. En el Frente Oriental, las fuerzas alemanas perdieron 300 000 soldados en una victoria masiva del » ejército soviético en la Operación Bagration. Ante tales pérdidas, en otoño, el régimen nazi creó divisiones Volksgrenadier adicionales –formaciones improvisadas compuestas por hombres con experiencia militar previa– y formó una nueva milicia, la Volkssturm, compuesta por un grupo de varones de entre 16 y 60 años poco entrenados y armados.

Pese a sus reservas menguantes de combatientes, Alemania seguía produciendo un armamento formidable. En junio de 1944 atacó Gran Bretaña con el primero de más de 6500 misiles V-1, a los que siguieron, desde septiembre, unos 500 cohetes V-2. En su destrucción indiscriminada, estas armas causaron más de 30 000 víctimas civiles británicas.

Las fuerzas terrestres alemanas también contraatacaron. En septiembre, unos tanques alemanes desbarataron un ataque aliado de paracaidistas contra puentes de suministro vitales en la frontera germano-neerlandesa, en Arnhem. A los tres meses, más de 200 000 soldados alemanes, respaldados por casi mil tanques, lanzaron una ofensiva en la región boscosa belga de las Ardenas para romper las líneas aliadas y tomar el puerto de Amberes. Al principio, las defensas aliadas cedieron, pero, a finales de diciembre, las más numerosas y armadas fuerzas estadounidenses hicieron retirarse al ejército alemán.

Miembros de la Volkssturm reunidos en una calle alemana en marzo de 1945, portando armas antitanque Panzerfaust. El brazalete negro indica la pertenencia a la milicia.

Mujeres retirando escombros tras un bombardeo a principios de 1945 en Berlín, donde el peor ataque fue el del 18 de marzo de ese año, cuando 1221 bombarderos estadounidenses atacaron la ciudad.

A finales de 1944, a Alemania se le acababan el tiempo, el margen de maniobra y los suministros militares y domésticos. La dictadura de Hitler había erradicado a toda oposición que hubiera podido aprovechar el descontento. La fallida Operación Valquiria no hizo sino aumentar el poder de las temibles SS –guardia de élite nazi dirigida por Heinrich Himmler–, que se interponían entre un Hitler cada vez más errático y los líderes del ejército, que se detestaban recíprocamente.

Los enemigos de Alemania se acercan

Durante gran parte de la guerra, sobre todo en el Frente Oriental, los alemanes tuvieron la ventaja de disponer de líneas interiores de suministro y comunicación, pero a principios de 1945, los ataques aéreos aliados diarios habían destruido gran parte del sistema ferroviario, así como canales y carreteras. El acero, el carbón y el petróleo escaseaban.

Con el Ejército Rojo a las puertas de Alemania, el ministro de Propaganda Josef Goebbels avivó el miedo de los ciudadanos a la venganza soviética por las acciones alemanas, advirtiendo de que las hordas bolcheviques venían del este a aniquilar al pueblo alemán, violar a las mujeres, saquear y llevarse a los supervivientes a campos de trabajo. Comenzaron a llegar decenas de miles de refugiados de los países bálticos y Prusia Oriental. Miles más murieron tratando de huir, muchos al torpedear submarinos soviéticos barcos repletos de ellos, como el Wilhelm Gustloff y el General von Steuben, en el mar Báltico. Más de 9500 personas murieron ahogadas en el hundimiento del Wilhelm Gustloff, que supuso el peor desastre marítimo de la historia.

Había al menos 100 000 refugiados hacinados en Dresde cuando, del 13 al 15 de febrero de 1945, la aviación aliada bombardeó la ciudad y mató a casi 25 000 personas. A la vez, Budapest caía en manos soviéticas y, a principios de marzo, los Aliados occi-

Solamente quedarán los que son inferiores [...], pues los buenos ya han muerto.

Adolf Hitler

a Albert Speer, ministro de Armamento (18 de marzo de 1945)

dentales cruzaban el Rin y entraban en Alemania. Mientras se estrechaba el cerco, el 19 de marzo, Hitler –desde su búnker berlinés– decretó una política de tierra quemada, ordenando destruir toda la infraestructura de transporte e industrial restante para que no cayera en manos aliadas.

La imagen de hombres acusados de derrotistas ejecutados y colgados de las farolas fue un acicate eficaz para seguir luchando. El miedo a las represalias aliadas y a las duras penas por desertar hizo que los soldados alemanes siguieran combatiendo. El 16 de abril, el Ejército Rojo inició su asalto a Berlín contra miembros de las Juventudes Hitlerianas –incluso de doce años de edad– y unos 40000 miembros de la Volkssturm, muchos ancianos y enfermos. La lucha fue encarnizada: más de 80000 soldados soviéticos murieron en las dos semanas que tardaron en tomar la ciudad.

El final

Hitler se suicidó el 30 de abril, un día después de que el comandante de las SS Karl Wolff rindiera todas las fuerzas del Eje en Italia. El almirante Karl Dönitz, el sucesor elegido por Hitler, se rindió incondicionalmente a los Aliados una semana después. El retraso se debió al temor a las represalias del Ejército Rojo y al intento de llevar al mayor número posible de refugiados, ciudadanos y fuerzas militares al oeste de Alemania, ocupado por los ejércitos de EE.UU. y Gran Bretaña, pero una vez en vigor la capitulación formal el 8 de mayo de 1945 (Día de la Victoria en Europa), millones de soldados y civiles caminaban aún hacia el oeste. A finales de 1945, quienes seguían estando al este de una línea que iba desde el mar Báltico hasta Checoslovaquia tendrían un futuro muy distinto al de quienes estaban al oeste. ■

División de Alemania

En 1945, los Aliados estaban de acuerdo en que Alemania no debía volver a amenazar la paz en Europa. Se crearon cuatro zonas de ocupación aliadas, que reflejaban dónde estaban los respectivos ejércitos el 8 de mayo (británicos en el norte, estadounidenses en el sur, franceses en el suroeste y soviéticos en el este), pero el surgimiento inmediato de la Guerra Fría conllevó un cambio de planes: en 1947, Gran Bretaña y EE.UU. unieron sus sectores en una «bizona», a la que se sumaron los franceses en 1948.

En junio de 1948, la URSS inició el bloqueo de Berlín Occidental. La respuesta aliada fue el «puente aéreo», una operación de socorro de quince meses de duración, que reforzó el propósito de que Alemania Occidental hiciera frente al comunismo. En 1949 se crearon la República Federal de Alemania, en el oeste, y la República Democrática Alemana, satélite soviético, en el este.

Bombardeo aliado de Alemania

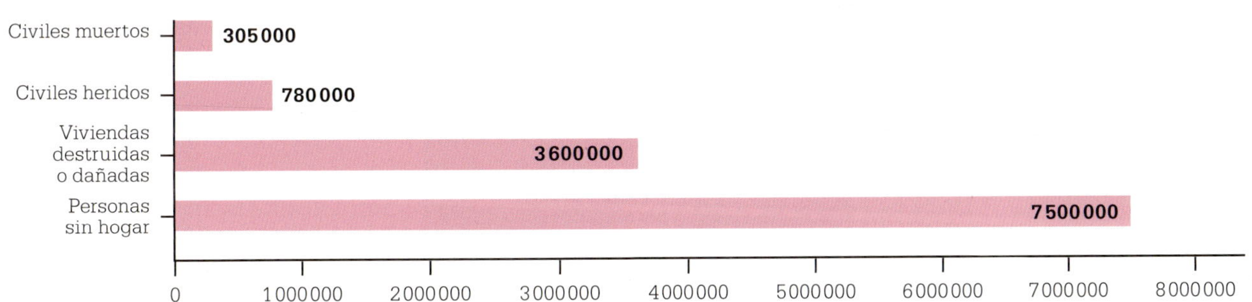

El informe estadounidense Strategic Bombing Survey for Europe, de septiembre de 1945, mostraba el impacto de los ataques aéreos aliados en Alemania (excluyendo cifras del este retenidas por la URSS). Costaron la vida a 79265 aviadores estadounidenses y 79281 británicos.

OCHO ESQUINAS DEL UNIVERSO BAJO UN SOLO TECHO

EL ASCENSO DE JAPÓN (1941–1943)

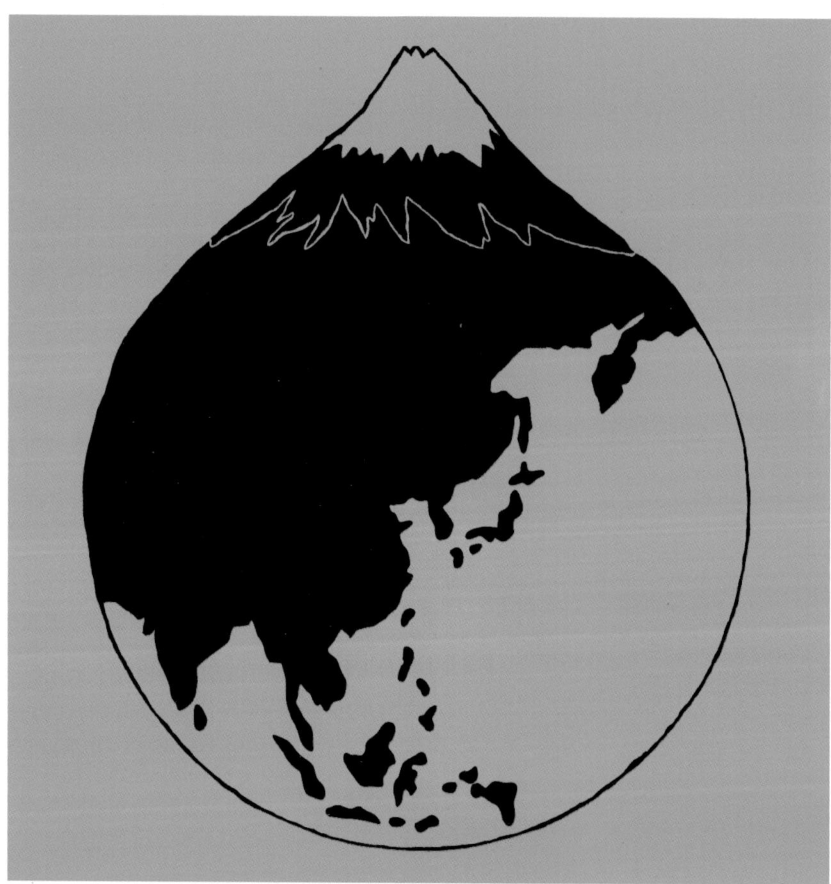

EN CONTEXTO

ENFOQUE
El fin de la supremacía europea

ANTES
1854 EE. UU. y Japón firman el tratado de Kanagawa, que prepara el camino para nuevas relaciones comerciales.

1860 Tras la segunda guerra del Opio, Occidente impone condiciones humillantes a China.

1894–1895 Japón derrota a China en la primera guerra chino-japonesa y emerge como potencia mundial.

DESPUÉS
15 ago. 1945 Japón se rinde y acaba la Segunda Guerra Mundial.

1952 Fin de la ocupación aliada de Japón, que comienza a reconstruir una economía potente.

Con el declive de la influencia china en el Sureste Asiático en el siglo XIX bajo la débil dinastía Qin, las potencias occidentales se volvieron más audaces. Varias, además de colonias de gobierno directo como las Indias Orientales Neerlandesas, la Indochina francesa, y las británicas Singapur y Malasia, crearon zonas de libre comercio en China.

Japón resistió toda limitación impuesta por Occidente a su poder, cultivó ambiciones imperiales propias y desarrolló sin pausa los recursos industriales y militares necesarios para sus objetivos. Al carecer de materias primas para sostener la expansión económica prevista a largo plazo, Japón se apoderó de territorios de la vecina China con espectaculares

Véase también: Japón en la era Sengoku 128–129 ▪ China en crisis 230–231 ▪ La guerra ruso-japonesa 235 ▪ La segunda guerra chino-japonesa 264–265 ▪ Japón derrotado 284–285 ▪ La independencia en el Sureste Asiático 296–297

El Arizona es bombardeado desde el aire y hundido durante el ataque a Pearl Harbor. Un monumento recuerda a los 1177 tripulantes que murieron en el lugar donde se hundió el buque.

victorias militares que pusieron en evidencia la falacia de las nociones occidentales de la supremacía blanca, con consecuencias duraderas en todo el este y el sureste de Asia.

La ruta del sur

En 1941, Japón llevaba muchos años de guerra en China. En 1931 tomó Manchuria, en el noreste del país, y seis años más tarde inició una invasión a gran escala que desató la segunda guerra chino-japonesa. En 1940, Japón propuso una unión panasiática –la Esfera de Coprosperidad de la Gran Asia Oriental–, muestra del deseo de expulsar a las potencias coloniales occidentales del sureste de Asia. En junio de 1940, cuando Alemania derrotó a Francia, Japón movió ficha en la Indochina francesa, exigiendo el cierre de las rutas de suministro a China desde el sur y, luego, el derecho a establecer bases aéreas y estacionar tropas en Indochina. La declarada doctrina *nanshin-ron* («avance hacia el sur») para expandir el comercio en el Sureste Asiático había adoptado un cariz claramente militarista. El 27 de septiembre de 1940, Japón firmó el Pacto Tripartito, aliándose así con Alemania e Italia, y en abril de 1941 acordó un Pacto de Neutralidad con la URSS, que le daba seguridad en el norte para perseguir sus objetivos en el sur.

Pearl Harbor

Las acciones de Japón suscitaron una desaprobación creciente en EE. UU., que embargó exportaciones a Japón y congeló activos japoneses en sus bancos. Japón no aceptó la exigencia del gobierno de EE. UU. de retirarse de China, y optó por un ataque rápido para reforzar su posición en el Sureste Asiático, inutilizando temporalmente a la marina estadounidense.

El 7 de diciembre de 1941, Japón atacó por sorpresa la base naval estadounidense de Pearl Harbor (Hawái). Aviones torpederos de portaaviones japoneses destruyeron 188 aviones y hundieron o dañaron los 8 acorazados presentes y otros 7 buques de guerra, aunque no hundieron ningún portaaviones, pues estos estaban fuera de puerto. Fue una victoria táctica japonesa, pero arrastró »

El auge del nacionalismo

Los éxitos militares de Japón en el Sureste Asiático alentaron a los partidos anticolonialistas de la región. Algunos dieron la bienvenida a los japoneses, pero pronto vieron que el principal objetivo nipón era dominar y explotar sus recursos naturales. Sukarno, líder del movimiento independentista de las Indias Orientales Neerlandesas, fue asesor de los japoneses, pero, una vez derrotado Japón, militó por la independencia. En Birmania, los japoneses apoyaron al ejército nacionalista de Aung San, que les había ayudado a invadir el país y luego llevó a este a la independencia tras la victoria aliada en 1945.

Los líderes comunistas de partidos nacionalistas resistieron contra Japón desde el inicio. En 1941, Ho Chi Minh fundó el Viet Minh contra los japoneses en la Indochina francesa (hoy en día Vietnam, Camboya y Laos). Desde 1949 colaboró con Mao Zedong, líder del Partido Comunista Chino y de la República Popular China. Las naciones de Indochina y la propia China se vieron más tarde envueltas en un conflicto entre Oriente y Occidente, secuela de la ambición japonesa y del dominio colonial europeo.

El primer ministro ruso Nikita Jruschov y Ho Chi Minh celebran con Mao Zedong (centro) los diez años de la República Popular China en 1959.

Soldados japoneses vadean un río en su avance hacia Singapur en 1942. La defendían 85 000 soldados británicos, pero la ciudad-estado cayó ante una fuerza japonesa de 35 000 hombres.

inmediatamente a la Segunda Guerra Mundial a EE. UU., que declaró la guerra a Japón al día siguiente.

Aprovechar la ventaja

Con las fuerzas británicas ocupadas en Europa y las estadounidenses aún sin movilizar, Japón campó a sus anchas por el sureste de Asia. No tenía una gran ventaja sobre los Aliados en número de tropas, pero tenía el control del aire y del mar. El 8 de diciembre, los bombarderos japoneses destruyeron 100 aviones estadounidenses en tierra en Filipinas y dos días después sorprendieron a la Marina Real británica, hundiendo su acorazado Prince of Wales y su crucero de batalla Repulse al norte de Singapur. Las tropas japonesas vencieron a Tailandia y dominaron a las fuerzas aliadas en Malasia, y, en febrero de 1942, Singapur cayó con relativamente poca resistencia. En mayo, Japón controlaba también las Indias Orientales Neerlandesas, las islas Salomón y la mayor parte de Nueva Guinea, y había expulsado a EE. UU. de Filipinas.

Mientras, en Birmania, invadida por Japón a finales de 1941, los británicos emprendían la retirada más larga de su historia militar, trasladando el frente a la frontera montañosa con India. Fue un golpe para el prestigio occidental en el Sureste Asiático.

La audacia y el éxito de Japón alentaron a los nacionalistas anticolonialistas del Sureste Asiático. Algunos veían a los japoneses como posibles libertadores; otros, como el Viet Minh, fundado por Ho Chi Minh en Indochina en 1941, adoptaron el comunismo.

Una gran mortandad

El trato que Japón dio a los soldados capturados y civiles conquistados horrorizó a sus adversarios. Las tropas japonesas que invadieron la península de Malaca tenían orden de no hacer prisioneros, y quienes se rendían, heridos o ilesos, eran asesinados, algunos rociados con gasolina y quemados. Los lugareños que ayudaron a los británicos fueron torturados y asesinados.

En Singapur, tras la victoria, los japoneses mataron a decenas de miles de chinos que vivían allí y también a pacientes y personal médico del Hospital Militar Alexandra. A muchos de los soldados y civiles presos se les obligó a trabajar en la construcción del ferrocarril Birmania-Tailandia, que duró un año.

En la línea de 415 km, apodada «ferrocarril de la muerte», trabajaron unos 200000 civiles y más de 60000 prisioneros de guerra británicos, neerlandeses, australianos y estadounidenses. De esta fuerza de trabajo, más de 12000 prisioneros y cerca de la mitad de los civiles murieron de hambre, enfermedades y malos tratos.

Dos batallas navales en el Pacífico

Tras su éxito en el Sureste Asiático, a Japón le resultó más difícil reforzar su posición en el Pacífico. A principios de mayo de 1942, la batalla del mar del Coral –la primera en que los barcos enfrentados no llegaron a avistarse unos a otros– concluyó sin un vencedor claro. Ambos bandos sufrieron graves pérdidas, y el encuentro frenó el avance japonés hacia el sur al frustrar su plan de ocupar Port Moresby, en Nueva Guinea, y establecer bases aéreas que amenazaran a Australia. Además, los graves daños sufridos por dos portaaviones japoneses les impidieron incorporarse a la batalla de Midway, punto de inflexión estratégico de la guerra del Pacífico.

Cuando estés ante el enemigo [...] piensa en ti mismo como un vengador que se enfrenta al fin cara a cara con el asesino de su padre. He aquí un hombre cuya muerte te alegrará el corazón.

Manual del ejército japonés
(1941)

Japón deseaba apoderarse del atolón de Midway, de gran importancia estratégica, a medio camino entre América del Norte y Asia. Tomar su base aérea estadounidense ayudaría a Japón a proteger la patria y dominar el Pacífico occidental. El 18 de abril de 1942, 16 bombarderos B-25 enviados desde el portaaviones Hornet realizaron la incursión Doolittle, el primer ataque estadounidense contra Tokio y otros objetivos en el territorio continental japonés. No se produjeron daños importantes en objetivos estratégicos, pero el ataque elevó la moral de EE. UU. –aún resentido por el ataque a Pearl Harbor– y disgustó profundamente al gobierno de Japón y a su ciudadanía.

Como respuesta, la armada japonesa, con el almirante Isoroku Yamamoto al mando, planeó tomar por sorpresa el atolón de Midway, eliminar la amenaza de los portaaviones de EE. UU. y asegurar una victoria concluyente en el Pacífico. Una flota japonesa zarpó hacia la isla, pero la inteligencia enemiga había descifrado el código del objetivo, y el almirante Chester Nimitz decidió la respuesta. En un momento clave de esa batalla de cinco días de junio, bombarderos en picado atacaron a los portaaviones japoneses mientras sus aviones repostaban, hundieron cuatro y eliminaron a la mayoría de los aviadores navales de primera línea, de las tripulaciones y de los aviones. Japón no recuperaría ya la iniciativa estratégica en el Pacífico. ■

Muertes de civiles en el este y el sureste de Asia en la Segunda Guerra Mundial

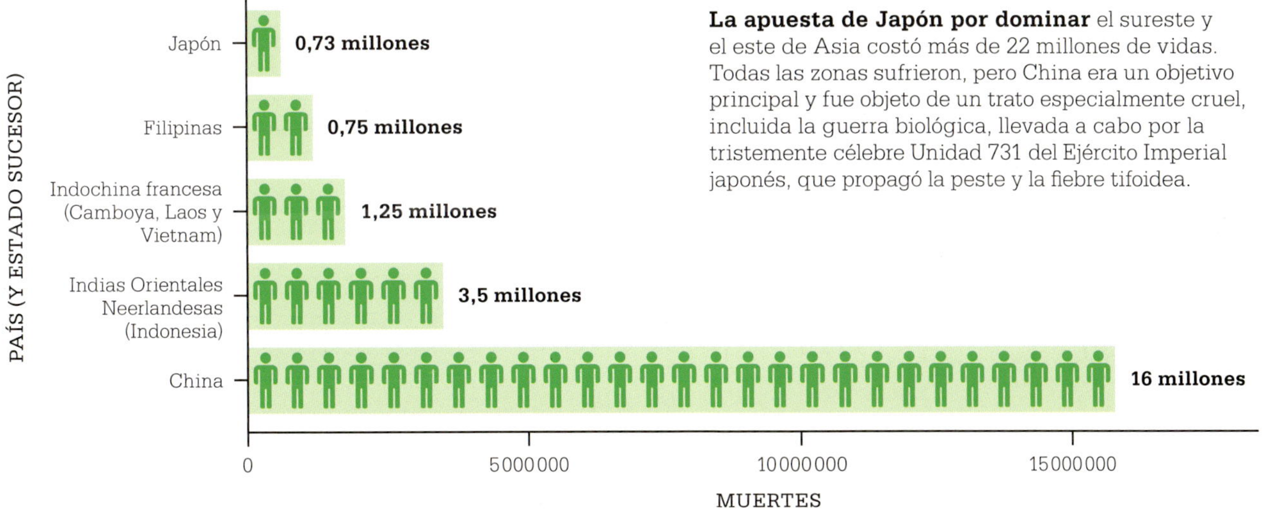

La apuesta de Japón por dominar el sureste y el este de Asia costó más de 22 millones de vidas. Todas las zonas sufrieron, pero China era un objetivo principal y fue objeto de un trato especialmente cruel, incluida la guerra biológica, llevada a cabo por la tristemente célebre Unidad 731 del Ejército Imperial japonés, que propagó la peste y la fiebre tifoidea.

TENÍAMOS LA ESPERANZA DE QUE LOS JAPONESES HICIERAN CASO DE NUESTRA ADVERTENCIA

JAPÓN DERROTADO (1943–1945)

EN CONTEXTO

ENFOQUE
La decisión de lanzar la bomba atómica

ANTES

1938 Los químicos alemanes Otto Hahn y Fritz Strassmann descubren la fisión nuclear, o división del átomo, que libera enormes cantidades de energía.

1939 El físico alemán Albert Einstein advierte al presidente Roosevelt de EE. UU. de que Alemania podría desarrollar una bomba atómica.

1941 El ataque japonés a Pearl Harbor (Hawái) lleva a EE. UU. a la Segunda Guerra Mundial.

DESPUÉS

1949 La URSS prueba su primera bomba atómica. A los tres años, Gran Bretaña prueba otra en islas deshabitadas cerca de Australia.

2006 Corea del Norte es el noveno país en poseer armas nucleares.

Una vez EE. UU. organizó una economía de guerra desde diciembre de 1941, su poder militar se multiplicó. La producción de munición se aceleró rápidamente, superando con creces a la de Japón, y todo el país se volcó en el esfuerzo bélico. El objetivo era la victoria total en el Pacífico.

Las fuerzas del general Douglas MacArthur en el suroeste del Pacífico y del almirante Chester Nimitz en el Pacífico central atacaron islas ocupadas por Japón en ambas zonas desde principios de 1942, para retomarlas una a una hasta que las cuatro islas principales de Japón estuvieran al alcance de los bombarderos pesados.

Si [los japoneses] no aceptan ahora nuestras condiciones, pueden esperar que les llueva una destrucción como nunca se ha visto en esta tierra.

Harry Truman
Declaración de la Casa Blanca (6 de agosto de 1945)

Las tropas estadounidenses y australianas de MacArthur iniciaron la reconquista de Nueva Guinea en 1942. La victoria, aunque incompleta hasta acabar la guerra, estaba casi asegurada en octubre de 1944, cuando MacArthur se trasladó a Filipinas. En la batalla del golfo de Leyte, la mayor batalla naval de la historia, MacArthur y Nimitz combinaron fuerzas, y Japón perdió la mayor parte de la flota que le quedaba al intentar impedir el asalto anfibio a Leyte, isla trampolín de la campaña de MacArthur. En marzo de 1945, este tomó Manila, y en junio casi había completado la reconquista de las islas.

Mientras tanto, las fuerzas navales de Nimitz ganaron la batalla del mar de Filipinas en junio de 1944, y en agosto, la toma de islas como Guam, en las Marianas, puso el archipiélago de Japón al alcance de los nuevos bombarderos estadounidenses B-29 Superfortress. A finales de 1944 se lanzaron los primeros ataques devastadores con bombas incendiarias sobre ciudades japonesas. Ya habían muerto millones

Véase también: Japón en la era Sengoku 128–129 ▪ China en crisis 230–231 ▪ La guerra ruso-japonesa 235 ▪ La segunda guerra chino-japonesa 264–265 ▪ La guerra aérea 274–275 ▪ El ascenso de Japón 280–283 ▪ La Guerra Fría 286–293

de civiles y soldados en el conflicto asiático, y en los seis primeros meses de 1945, los ataques kamikaze japoneses y los duros combates en islas como Iwo Jima y Okinawa convencieron a EE. UU. de que la invasión planeada de Japón podría costar cientos de miles de bajas.

Destrucción total

En la noche del 9 al 10 de marzo de 1945, 279 bombarderos B-29 lanzaron mortíferas cargas incendiarias sobre áreas residenciales de Tokio en la Operación Meetinghouse. Los muertos se estimaron en 110 000, pero pudieron ser muchos más. Con todo, los japoneses no se rindieron, y Harry S. Truman, presidente de EE. UU. tras la muerte de Franklin D. Roosevelt en abril de 1945, decidió usar la bomba atómica, recién desarrollada por el físico Robert Oppenheimer y el equipo del Proyecto Manhattan en el Laboratorio de Los Álamos (Nuevo México). El 26 de julio, tras una prueba con éxito, los Aliados emitieron la Declaración de Potsdam, exigiendo de Japón la rendición incondicional, o bien enfrentarse a una «pronta y total destrucción». Japón no respondió. El 6 de agosto, la bomba apodada «Little Boy» lanzada sobre Hiroshima mató al instante a 70 000 personas por lo menos. La segunda –«Fat Man»–, lanzada sobre Nagasaki a los tres días, mató a unas 40 000. El 15 de agosto, pese a la resistencia de sus líderes militares, el emperador Hirohito anunció que aceptaba los términos de la Declaración de Potsdam. La rendición de Japón se confirmó formalmente el 2 de septiembre de 1945. ■

Decisión controvertida

El bombardeo atómico de Japón sigue siendo polémico. Frente a quienes lo defienden como necesidad militar están quienes lo califican de crimen de guerra o incluso de genocidio. Al rendirse Japón en 1945, una encuesta de Gallup realizada en EE. UU. reveló que el 85 % de sus ciudadanos apoyaba los bombardeos. El porcentaje cayó al 56 % en una encuesta de 2015, con una generación más joven e informada de la destrucción y el sufrimiento que causaron.

El presidente de EE. UU. Truman consideró la posibilidad de invadir Japón. El 15 de junio de 1945, un memorando del Comité Conjunto de Planes de Guerra le informó de que las bajas podrían oscilar entre 132 500 y 220 000, o hasta 500 000 en el peor de los casos. El Ejército Imperial Japonés había prometido luchar hasta la muerte, y la invasión habría sido la más costosa de la guerra para EE. UU. Al final, el precio lo pagaron los civiles japoneses.

La devastación de Hiroshima es evidente en esta fotografía tomada tras el bombardeo atómico. Quienes estaban a menos de 1 km del epicentro murieron; los supervivientes sufrieron quemaduras extremas y radiotoxemia.

HA CAÍDO UN TELÓN DE ACERO

LA GUERRA FRÍA (1945–1991)

EN CONTEXTO

ENFOQUE
Espía contra espía

ANTES
1920 El estadista británico Winston Churchill afirma que «una paz bolchevique es solo otra forma de guerra».

1924 El *Daily Mail* publica la Carta Zinóviev, llamamiento falso a los comunistas británicos a presionar al Partido Laborista para respaldar un tratado anglo-soviético.

1938 El Comité de Actividades Antiestadounidenses de la cámara baja investiga la supuesta subversión comunista en el gobierno y la vida pública de EE. UU.

DESPUÉS
1995 El Servicio Federal de Seguridad (FSB) sucede al KGB soviético en Rusia.

1998 En mayo, las pruebas con bombas nucleares en India y Pakistán causan indignación en todo el mundo.

En 1945, la Segunda Guerra Mundial dio paso a un enfrentamiento inquietante entre la comunista Unión Soviética (URSS) y la capitalista EE. UU. Los estadounidenses disponían ya de armas nucleares, y la URSS no tardó en tenerlas: detonó su primera bomba atómica en septiembre de 1949. La guerra total supondría la aniquilación mutua.

Con la amenaza nuclear siempre presente, comenzó un conflicto ideológico de cinco décadas en el que entró en juego todo salvo la guerra abierta entre las dos superpotencias. Alimentado por la paranoia y sistemas de inteligencia basados en un espionaje cada vez más complejo, dejó su impronta en todos los ámbitos, desde los derechos civiles y las libertades personales hasta el deporte y la cultura. En 1945, el escritor británico George Orwell lo llamó «guerra fría».

Oriente y Occidente toman partido

A partir de 1945, la influencia y el control de la URSS se extendió en gran parte de Europa del Este, y formó un bloque soviético de naciones –Checoslovaquia, Polonia, Hungría, Rumanía, Bulgaria y Albania–, creando lo que Winston Churchill llamó «telón de acero» en 1947. La Alemania derrotada se había dividido en dos, el este comunista y el oeste capitalista, con nueva capital en Bonn. La antigua capital, Berlín, dividida a su vez, era un enclave en el este. En junio de 1948, las autoridades comunistas cortaron las comunicaciones por carretera y ferrocarril con Berlín Occidental, y EE. UU. y sus aliados organizaron un gran puente aéreo para hacer llegar a la ciudad todo lo necesario, desde alimentos hasta carbón.

En 1949 se creó la alianza del tratado del Atlántico Norte, cuyos signatarios se comprometían al apoyo mutuo contra ataques comunistas. El ingreso de la República Federal de Alemania en la Organización del Tratado del Atlántico Norte en 1955 llevó a los países comunistas –junto con la República Democrática Alemana– a firmar su propio tratado de defensa, el Pacto de Varsovia.

Una carrera armamentista nuclear

Aunque un ataque nuclear era, en teoría, impensable, EE. UU. y la URSS procedieron a construir sus

El Muro de Berlín

La división ideológica entre este y oeste tuvo su manifestación física en el Muro de Berlín. Las autoridades de la República Democrática Alemana empezaron a construirlo la noche del 12 al 13 de agosto de 1961. El flujo de desertores a Berlín Occidental para escapar del supuesto «paraíso de los trabajadores» había puesto en evidencia a la RDA, y también a la URSS.

El «muro» eran en realidad dos muros de hormigón, de hasta 3,6 m de altura, entre los cuales había una «franja de la muerte», protegida por vallas electrificadas con alarmas y patrullada por guardias con perros. Discurría a lo largo de 43 km entre Berlín Oriental y Occidental, y más allá con una longitud total de 155 km. Desde sus torres de vigilancia, los soldados vigilaban a quienes intentaran cruzar. Hasta 5000 personas lo lograron durante sus 28 años de existencia, pero unas 140 murieron en el intento, más de la mitad por disparos de los guardias. El Muro de Berlín simbolizó la cruda realidad de la Guerra Fría, y su demolición por una multitud en 1989 representó un nuevo comienzo.

Véase también: La Guerra Civil rusa 262–263 ▪ La derrota de Alemania 276–279 ▪ La independencia en el Sureste Asiático 296–297 ▪ Revolución y contrarrevolución en América Latina 298–299 ▪ Conflicto en Afganistán 312–313

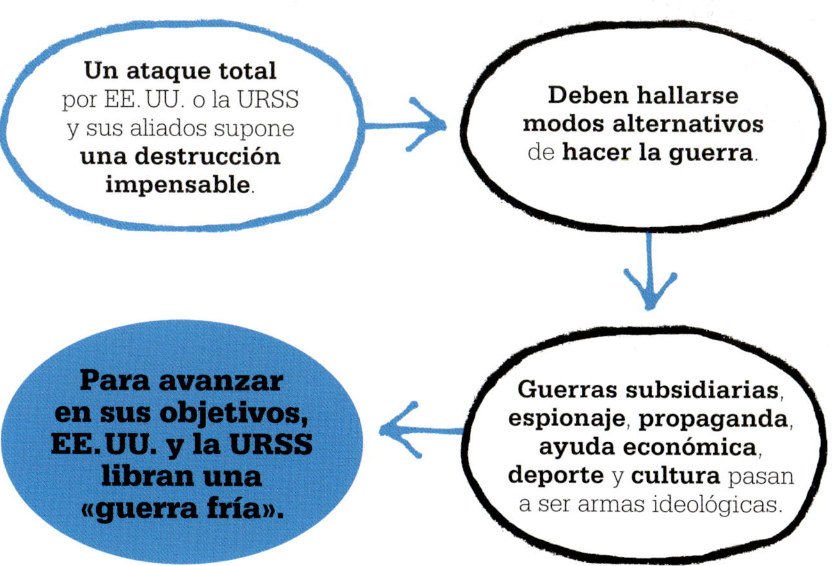

arsenales. EE. UU., con diferencia el país más rico de los dos, tenía en 1950 unas 299 bombas atómicas; la URSS, solo 5. El desequilibrio siguió aumentando, aunque el número de bombas era menos importante que el hecho de que bastaba un número limitado de explosiones nucleares para causar una catástrofe mundial.

En 1952, la amenaza se agravó al probar con éxito EE. UU. la primera bomba de hidrógeno, o bomba H, que combinaba los efectos de la fisión nuclear –principio de la bomba atómica– con los de la fusión. Para lograr la fisión, los científicos hallaron en la década de 1930 un modo de dividir el átomo, rompiendo el núcleo y liberando enormes cantidades de energía. Inmediatamente después de la Segunda Guerra Mundial, los investigadores estadounidenses descubrieron que la fusión de núcleos de hidrógeno radiactivo producía una reacción en cadena que desataba un poder destructivo mil veces superior al de la bomba lanzada sobre Hiroshima (Japón) en 1945. El modo de lanzar las armas nucleares también cambió, ya que a las bombas lanzadas desde aviones se añadieron los misiles balísticos intercontinentales (ICBM) desde 1958, en la URSS, y 1959, en EE. UU.

En 1960, EE. UU. seguía gozando de una superioridad aplastante sobre la URSS, y Gran Bretaña también disponía de más de cien armas nucleares. Con todo, en EE. UU. crecía el temor a la «brecha de misiles» respecto a la URSS, que poseía más de diez veces más misiles balísticos intercontinentales. Este temor fue alimentado por un conjunto de opositores del presidente Dwight D. Eisenhower ante las inminentes elecciones, así como empresarios y militares, a los que Eisenhower llamó complejo industrial-militar. A este grupo le interesaba mantener la amenaza soviética en la mente de los estadounidenses con el fin de contar con su apoyo continuado a un enorme programa de gasto en armamento.

Guerras subsidiarias y propaganda

La guerra nuclear podía parecer algo remoto, pero había un amplio margen para conflictos a menor escala. Finalizada la Segunda Guerra Mundial, EE. UU. y la URSS recurrieron a guerras subsidiarias –en las que interferían como terceros– para socavar la ideología y la estrategia del adversario. El modelo fue la Guerra Civil griega (1944–1949), entre partisanos de izquierdas que querían un Estado socialista y conservadores partidarios de restaurar la monarquía. En 1947, el apoyo del presidente de EE. UU. Harry S. Truman, impidió que Grecia fuera un Estado socialista. »

Prueba de un ICBM Atlas en Cabo Cañaveral (Florida), primer misil balístico intercontinental estadounidense, capaz de enviar una cabeza nuclear a una distancia de más de 10 000 km.

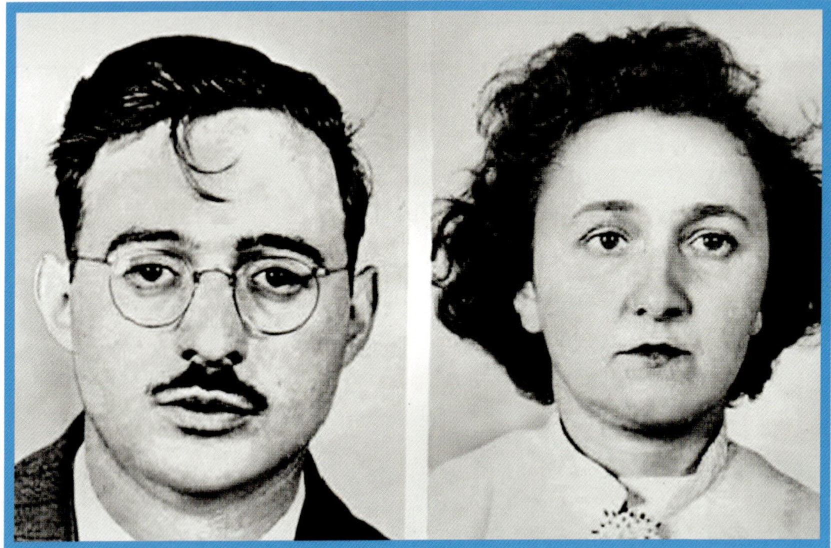

Julius y Ethel Rosenberg fueron los primeros estadounidenses ejecutados por espionaje. Los archivos soviéticos publicados en la década de 1990 parecen confirmar su culpabilidad.

Fue habitual que la URSS apoyara las luchas de liberación de izquierdas en todo el mundo, mientras EE. UU. respaldaba a sus contrarios invocando la «libertad». En 1950, la comunista Corea del Norte se benefició del apoyo soviético cuando invadió Corea del Sur, que a su vez recibió en la guerra subsiguiente (1950–1953) la ayuda de más de un millón de soldados estadounidenses. La URSS también ayudó a los insurgentes de izquierda de Laos y Vietnam a resistir los intentos de Francia de restaurar su ocupación colonial de 1946 a 1954.

En los frentes internos estadounidense y soviético se libraban distintas batallas para movilizar y manejar a la opinión pública. El comunismo soviético usó siempre la propaganda para apuntalar su ideología, en la prensa, la radio, las artes y el cine como instrumentos del Estado. Los medios de comunicación de EE. UU., incluidas la prensa, la radio y la televisión, en teoría independientes, pronto se vieron envueltos en el miedo y las sospechas anticomunistas –el llamado «temor rojo»– atizados desde finales de la década de 1940 por el gobierno.

¿Qué crees que son los espías? ¿Sacerdotes, santos, mártires? Son una procesión escuálida de idiotas vanidosos.

John le Carré

El espía que surgió del frío

(1963)

A partir de 1950, Joseph McCarthy, senador por Wisconsin, empezó a perseguir a funcionarios que veía como comunistas que subvertían en secreto el sistema estadounidense. La intensidad de sus interrogatorios –que culminaron en 1954 con 36 días de audiencias televisadas– llevó a acuñar el término «macartismo», para designar la persecución excesiva basada en acusaciones infundadas.

Al mismo tiempo, el Comité de Actividades Antiestadounidenses de la Cámara de Representantes (HUAC, por sus siglas en inglés), creado en 1938, encontró una nueva razón de seguir investigando a supuestos comunistas y personas afines de izquierdas en el gobierno, los medios y el mundo del espectáculo, incluidos directores y actores de Hollywood. La fiebre anticomunista avivada por estos alarmistas contribuyó a garantizar el apoyo al programa armamentístico del gobierno, tanto nuclear como convencional.

Juego de espías

Existían servicios de inteligencia nacionales, sobre todo en Europa, ya desde el siglo XIX; sin embargo, la batalla ideológica a escala mundial exigía nuevas organizaciones. El presidente Truman fundó en 1947 la Agencia Central de Inteligencia (CIA), la primera de este tipo en EE. UU. La URSS reestructuró sus diversas agencias en el Comité para la Seguridad del Estado (KGB) en 1954, que trabajaba junto con el servicio de inteligencia militar del Ejército Rojo (GRU). Ambos bandos se emplearon a fondo en el espionaje.

Algunos temores al espionaje fueron fundados. En EE. UU., Julius Rosenberg y su esposa Ethel fueron detenidos en 1950 y ejecutados por espionaje tres años después. Julius había sido científico del gobierno, y Ethel le había ayudado a pasar secretos nucleares a la URSS, contribuyendo así a su desarrollo de la bomba atómica. De hecho, varios científicos del Proyecto Manhattan, que desarrolló la primera bomba atómica en 1945, también habían compartido algunos de sus descubrimientos con la URSS, por temor a que EE. UU. empleara el monopolio del poder nuclear.

Lo que aún parecía el proyecto utópico del comunismo soviético había atraído a muchos idealistas. En la década de 1930, algunos de los alumnos más brillantes de la Universidad de Cambridge de Gran Bretaña habían entrado en contacto con agentes de inteligencia soviéticos y les revelaron secretos de Estado al ascender en los servicios de inteligencia y en la clase dirigente británica en general.

En una guerra en punto muerto en la que se buscaba la ventaja, por minúscula que fuera, que perjudicase al contrario, el espionaje alcanzó una intensidad febril. Ambos bandos reclutaron «activos» –espías o informantes– en casi todos los ámbitos, desde el gobierno y el ejército hasta la industria y la educación, dedicando un esfuerzo infinito, no solo a espiarse a sí mismos, sino a frustrar (y hasta comprar) a los agentes del otro.

Esfuerzos e ingenio enormes se dedicaron a proyectos como la Operación Oro de 1954–1955, en la que agentes de la CIA y del MI6 británico cavaron túneles bajo Berlín Este para interceptar las llamadas telefónicas desde y al cuartel general del ejército soviético. Era tal el ambiente de engaño que, cuando el agente doble (o «topo») George Blake, del MI6, reveló la operación a agentes del KGB, estos decidieron ignorarla para no poner en peligro el papel de Blake.

Las interminables idas y vueltas del espionaje eran tan atractivas que generaron un boom de novelas, y de películas basadas en ellas, sobre la vida durante la Guerra Fría, como las de los autores británicos Ian Fleming y John le Carré. Ambos habían sido agentes de inteligencia: Fleming trabajó en la inteligencia naval, y Le Carré en el MI6 y el servicio de seguridad de contrainteligencia británico, el MI5.

Golpes comunistas

La Guerra Fría se libró en gran parte sin logros tangibles en combate, pero las fuerzas comunistas lograron algunas victorias que pusieron en evidencia a Occidente. En 1960, las defensas aéreas soviéticas derribaron un avión espía estadounidense Lockheed U-2 sobre los Urales, en la URSS, y capturaron al piloto, Gary Powers.

Como era típico en la época, la propaganda era tan importante como los hechos estratégicos de la misión y captura. La URSS y EE. UU. compitieron por sacar provecho del incidente. El derribo de un U-2 que volaba a más de 21 000 m de altura hablaba bien de los misiles tierra-aire soviéticos, y hacer prisionero a un piloto estadounidense era »

La Guerra Fría dividió a la mayor parte de Europa en dos alianzas militares: la OTAN, representante del Occidente capitalista; y el Pacto de Varsovia, del Este comunista. Ambas estaban basadas en el concepto de seguridad colectiva: un ataque contra un Estado es un ataque contra todos.

Clave

- Miembros fundadores de la OTAN (1949)
- Nuevos miembros de la OTAN: Grecia y Turquía (1952), Alemania Occidental (1955), España (1982)
- Miembros fundadores del Pacto de Varsovia (1955)
- Nuevo miembro del Pacto de Varsovia: Alemania Oriental (1956)
- Retirada del Pacto de Varsovia: Albania (1968)

Si el propósito era fortalecer el campo socialista [...], estábamos dispuestos a aceptarlos [los misiles].

Fidel Castro

a *Le Monde* (marzo de 1963)

un golpe obvio. El juicio de Powers fue televisado. EE. UU. se consoló con que otros U-2 entraran antes en el espacio aéreo soviético casi sin obstáculos, cosa humillante para la URSS. En 1962, el incidente se cerró canjeando a Powers por el agente soviético Rudolf Abel, el primero de muchos intercambios de espías durante la Guerra Fría.

Cómo presentar incidentes como el del U-2 al resto del mundo era de enorme importancia. EE. UU. y la URSS mantenían una lucha interminable por quedar bien o socavar la ideología del oponente. En 1959, la victoria del revolucionario marxista Fidel Castro en Cuba fue un gran espaldarazo para la causa comunista. El glamur heroico de Castro y sus seguidores, entre ellos el fotogénico líder guerrillero argentino Che Guevara, entusiasmó a estudiantes jóvenes del Este y de Occidente, y también a comunidades minoritarias que no se habían sentido justamente representadas en la vida política.

Castro llegó a Nueva York para dirigirse a la ONU en septiembre de 1960 y se alojó en el consulado de Cuba en el barrio de Harlem. Allí se reunió con líderes del incipiente movimiento por los derechos civiles en EE. UU., entre ellos, Malcolm X. El mensaje de Castro fue que se preocupaba más por los afroestadounidenses que el propio gobierno de EE. UU., lo cual fue un logro para la izquierda global.

La crisis cubana

Cuba fue escenario de un nuevo bochorno para EE. UU. en 1961, al ser fácilmente aplastado un pequeño ejército invasor de exiliados cubanos en la bahía de Cochinos, en la costa suroeste. John F. Kennedy, elegido presidente en 1960, había heredado el plan, pero redujo el apoyo ofrecido, condenando así una estrategia arriesgada a un miserable fracaso. El incidente se vio como humillación personal para el presidente.

Hubo mucho más que una pérdida de prestigio en juego al año siguiente, cuando un U-2 sobrevoló Cuba y fotografió las instalaciones en construcción para misiles suministrados por la URSS. En un intento de salvar su reputación, Kennedy puso la isla bajo «cuarentena» naval y exigió la retirada de los misiles. El líder soviético Nikita Jruschov se negó, sobre todo porque EE. UU. acababa de instalar una base de lanzamiento de misiles similar en el este de Turquía. La guerra nuclear parecía más cerca que nunca, pero, a los seis días, Jruschov cedió y retiró los misiles. Sin embargo, como parte del acuerdo, EE. UU. accedió también a retirar los suyos de Turquía e Italia.

Luchas de poder blando

A diferencia de otros conflictos a gran escala, la Guerra Fría se libró con armas «blandas» no destructivas: ambos bandos emplearon la generosidad como potente fuente de fuerza y lealtad. En 1948, EE. UU. promulgó el Plan Marshall –así llamado por su promotor, el secretario de Estado George C. Marshall–, que proporcionó 13 300 millones de dólares (unos 170 000 actuales) a die-

El presidente de EE. UU. Kennedy firma la proclamación que prohíbe la entrega de armas ofensivas a Cuba y aplica un bloqueo naval de la isla el 23 de octubre de 1962.

La presa de Asuán, financiada por la URSS, en construcción en enero de 1965. Controla las inundaciones regulando el caudal del Nilo y suministra agua para regar los cultivos de Egipto.

ciséis países europeos. Este plan ayudó a construir una nueva Europa próspera, democrática y proestadounidense. También la URSS ayudó a sus aliados con grandes proyectos de desarrollo, como la construcción de la presa egipcia de Asuán en la década de 1960.

Otro frente fue la cultura, pues ambos bandos convertían en arma todo lo que pudiera influir en las mentes y mostrar que su modo de vida era más favorable al pensamiento y la creatividad que el del otro. A partir de 1953, la CIA, disfrazada de Congreso para la Libertad Cultural, patrocinó *Encounter*, una influyente revista política y literaria británica. La CIA también presionó a la Real Academia Sueca de las Ciencias para que concediera el Nobel de Literatura de 1958 al escritor ruso Boris Pasternak, cuya novela de 1957 *El doctor Zhivago* había sido prohibida en la URSS por su sombrío y pesimista retrato de la vida soviética. Con el respaldo del Nobel, la obra se convirtió en un *bestseller* mundial, pero su autor tuvo que renunciar al premio a instancias de las irritadas autoridades soviéticas. La URSS también contraatacó con giras del Ballet Bolshoi de Moscú y el Ballet Kirov de Leningrado (actual San Petersburgo).

EE. UU. y la URSS usaron los Juegos Olímpicos como arma ideológica. En 1980, EE. UU. boicoteó los Juegos de Moscú, y la URSS contraatacó cuatro años más tarde anulando su participación en los de Los Ángeles. Desde 1974, la República Democrática Alemana (comunista) animó a sus atletas a doparse, en particular con esteroides, para asegurarse la gloria olímpica.

La rivalidad más espectacular se dio en el ámbito de la carrera espacial, en esencia una extensión de los respectivos programas armamentísticos. El primer ICBM, el cohete soviético R7, inició la carrera en 1957, lanzando el satélite Sputnik 1 al espacio. En 1961, otro cohete soviético envió al espacio al primer ser humano, Yuri Gagarin. EE. UU. se apresuró a competir desarrollando los nuevos cohetes del programa Apolo. La carrera fue una batalla por el prestigio, y EE. UU. tomó la delantera en 1969, cuando su misión Apolo 11 llevó al primer hombre a la Luna.

Fin de la partida para el Este

En la década de 1970, la tensión de la Guerra Fría se redujo algo, y EE. UU. y la URSS negociaron sobre el control de armamentos en la llamada «distensión». La tensión volvió en 1979, al invadir la URSS Afganistán, pero, desde 1985, el líder soviético Mijaíl Gorbachov conversó con el presidente de EE. UU. Ronald Reagan para lograr una reducción mutua de armas nucleares, que sumaban más de 60 000. La presión internacional y el coste militar forzaron la retirada soviética de Afganistán en 1989, mientras la *perestroika* («reestructuración») de Gorbachov alejaba a la URSS del comunismo. Desestabilizados por el malestar interno, los gobiernos comunistas de Europa del Este comenzaron a caer. Alemania no tardó en reunificarse, y después de la disolución de la URSS en 1991, se puso fin a la Guerra Fría. En última instancia, el poderío económico de EE. UU. había prevalecido sobre una URSS incapaz de mantener la clase de empeño que requería la rivalidad de la Guerra Fría. ■

El equipo de hockey sobre hielo de EE. UU. celebra tras vencer contra todo pronóstico a la URSS por 4–3 y ganar la medalla de oro en los Juegos Olímpicos de Invierno de 1980, en Lake Placid (EE. UU.).

EL CIELO NO PUEDE TENER DOS SOLES

LA GUERRA CIVIL CHINA (1945–1949)

EN CONTEXTO

ENFOQUE
Dominar a las masas

ANTES
1921 Se funda el Partido Comunista Chino (PCC).

1927 Comienza un conflicto armado entre el PCC y el Kuomintang (KMT).

1934–1935 El Ejército Rojo de Mao Zedong realiza la Larga Marcha, 9600 km a través de China, perseguido por el KMT.

1937–1945 Acaba la segunda guerra chino-japonesa con la rendición de Japón.

DESPUÉS
1954 EE. UU. firma un Tratado de Defensa Mutua con Taiwán y garantiza su seguridad frente a China.

1966–1976 La Revolución Cultural de Mao envía a millones de jóvenes urbanos al campo para su «reeducación».

2010 China supera a Japón y se convierte en la segunda economía mundial.

La invasión japonesa de China en 1937 había forzado al Kuomintang (KMT) –los nacionalistas gobernantes de China, bajo Chiang Kai-shek– y al Partido Comunista Chino (PCC), dirigido por Mao Zedong, a una tensa alianza. Derrotado Japón en 1945, reanudaron las hostilidades, y, en el verano de 1946, China había entrado en guerra civil. El PCC contaba con un ejército de más de 1,2 millones de soldados, y una milicia dos veces mayor, pero al principio, superado por las fuerzas del Kuomintang, tuvo que retroceder a su bastión del noreste en Manchuria.

Apoyo campesino vital

En 1947, el ejército de Mao Zedong pasó a la ofensiva, hostigando a los ejércitos del KMT con tácticas de guerrilla y rodeando sus principales ciudades. Mao, consciente de la importancia de la gran mayoría campesina de China, se ganó su apoyo con promesas de reforma agraria, mejores condiciones de vida y redistribución de la tierra, afirmando que sus fuerzas guerrilleras nadarían entre las masas campesinas como peces en el mar, aun enfrentándose a fuerzas superiores, hasta ganarse al pueblo chino.

La estrategia funcionó: los comunistas (ahora como Ejército Popular de Liberación, o EPL) derrotaron al Kuomintang en Manchuria en octubre de 1948, pasaron al norte de China y entraron en Pekín el 21 de enero de 1949. Nankín y Shanghái cayeron en abril. En octubre, Mao proclamó la República Popular China (RPC), y su victoria fue completa cuando el KMT huyó a Taiwán en diciembre. ■

El poder político surge del cañón de un arma.
Mao Zedong
(noviembre de 1938)

Véase también: China en crisis 230–231 ▪ La segunda guerra chino-japonesa 264–265 ▪ El ascenso de Japón 280–283 ▪ Japón derrotado 284–285

NUESTRO GRAN GENERAL [...] DEBE SER RELEVADO

LA GUERRA DE COREA (1950–1953)

EN CONTEXTO

ENFOQUE
Control civil de las fuerzas armadas

ANTES
1787 La Constitución de EE. UU. establece que el presidente será el comandante en jefe de todas sus fuerzas militares.

1832 El general prusiano Carl von Clausewitz postula en *De la guerra* que el estamento militar sirve a objetivos políticos.

1947 El presidente de EE. UU. Harry S. Truman promete apoyar a los «pueblos libres que se resisten a que los sometan».

DESPUÉS
1954 Tras la primera guerra de Indochina, Vietnam se divide entre el norte comunista y el sur apoyado por EE. UU.

1957 En *El soldado y el Estado*, el politólogo estadounidense Samuel Huntington aboga por un control civil objetivo de un ejército altamente profesionalizado que pueda actuar como mejor considere.

En 1945, la península de Corea, antes perteneciente al Imperio japonés, se dividió a lo largo del paralelo 38 en la República Popular Democrática de Corea (Corea del Norte), apoyada por la URSS, y la República de Corea (Corea del Sur), prooccidental. La tensión creció, y el 25 de junio de 1950 el Ejército Popular de Corea del Norte invadió Corea del Sur y tomó la capital, Seúl, en tres días. El Consejo de Seguridad de la ONU condenó el acto y envió una fuerza comandada por el general estadounidense Douglas MacArthur para apoyar a Corea del Sur.

Cuestionar la autoridad

MacArthur revirtió el avance norcoreano y, tras un desembarco anfibio en Inchon, liberó Seúl en septiembre de 1950. En octubre ya había avanzado hacia Corea del Norte. Entonces intervino el ejército chino e hizo retroceder a las tropas de la ONU hacia el sur.

MacArthur quería llevar la guerra a China, bloquear sus puertos y bombardear objetivos estratégicos.

Las fuerzas de la ONU se retiran de Corea del Norte en diciembre de 1950. La frontera –el paralelo 38– establecida tras la Segunda Guerra Mundial dividía Corea en dos Estados.

Cuando el presidente Truman anunció una propuesta de paz en 1951, MacArthur amenazó públicamente a China, desbaratando los planes de alto el fuego. Truman, como comandante en jefe, destituyó a MacArthur, y declaró que el ejército «debe ser controlado por la autoridad civil».

La guerra se estancó en un costoso punto muerto. Tras fracasar las conversaciones de paz se firmó un armisticio el 27 de julio de 1953, en el que se aceptaba la división de Corea. ■

Véase también: China en crisis 230–231 ▪ El ascenso de Japón 280–283 ▪ La Guerra Fría 286–293 ▪ La independencia en el Sureste Asiático 296–297

ALZAD LA BANDERA DE LA INSURRECCIÓN

LA INDEPENDENCIA EN EL SURESTE ASIÁTICO (1945–1975)

EN CONTEXTO

ENFOQUE
Guerra asimétrica

ANTES
1602 Nace la Compañía Neerlandesa de las Indias Orientales para proteger el comercio neerlandés en Asia.

1619 Batavia (actual Yakarta, Indonesia) pasa a ser capital de las Indias Orientales Neerlandesas.

1858 La guerra de Cochinchina marca el inicio de la invasión imperial francesa en Indochina.

1941 Japón conquista la mayor parte del Sureste Asiático.

DESPUÉS
1975 Los Jemeres Rojos toman una Camboya desestabilizada por la guerra de Vietnam.

1978 Fuerzas vietnamitas invaden Camboya para expulsar a los Jemeres Rojos.

1979 Vuelve a EE. UU. Robert Garwood, considerado su último prisionero de guerra en Vietnam.

La Segunda Guerra Mundial había reconfigurado el orden mundial, tensando hasta el punto de rotura los imperios de las potencias occidentales. En partes del sureste de Asia, cuando los antiguos amos coloniales, como Francia en Indochina –actual Camboya, Laos y Vietnam–, intentaron reafirmar su dominio, la resistencia fue feroz.

Durante la guerra, los pueblos del Sureste Asiático sufrieron ataques e invasiones japonesas que las potencias coloniales europeas no pudieron resistir, dejando en evidencia las pretensiones de superioridad occidentales. Entre estos pueblos crecía la convicción de que debían hacerse cargo de su futuro. EE. UU. se retiró de Filipinas, que se independizó en 1946, pero en otros lugares fueron necesarias guerras asimétricas para liberar sus naciones.

Libramos una guerra sin líneas del frente, pues el enemigo se oculta entre el pueblo.
William C. Westmoreland
Jefe del Estado Mayor del Ejército de EE. UU. (1967)

La guerra anticolonial se extiende

El conflicto estalló en la mayoría de los países colonizados del Sureste Asiático. En Indonesia, los neerlandeses cedieron el control en 1949, tras duros combates, y, entre 1948 y 1960, los británicos reprimieron con éxito la insurgencia comunista en la península malaya, que, con Borneo del Norte, Sarawak y Singapur, formó la Malasia independiente en 1963 (de la que Singapur se separó en 1965).

Los combates más intensos se dieron en lo que había sido la Indochina francesa. En la primera guerra de Indochina, el movimiento independentista Viet Minh, dirigido por el revolucionario comunista Ho Chi Minh, expulsó a los franceses en una campaña de ocho años que culminó con la derrota decisiva en Dien Bien Phu en 1954. En los Acuerdos de Ginebra resultantes, EE. UU. obligó a Francia a retirar sus tropas, otorgando la independencia a Laos y Camboya, y dividiendo Vietnam en

Véase también: La segunda guerra chino-japonesa 264–265 ▪ El ascenso de Japón 280–283 ▪ Japón derrotado 284–285 ▪ La Guerra Fría 286–293 ▪ La Guerra Civil china 294 ▪ La guerra de Corea 295

Porteadores del Viet Cong con bicicletas llevadas a pie (con palos de extensión del manillar para girar), llevan carga al frente cerca de Saigón en 1972.

un Norte comunista y un Sur respaldado por EE. UU.

En la segunda guerra de Indochina, o guerra de Vietnam, EE. UU. participó al principio indirectamente, pero, a partir de 1964, combatió plenamente contra la insurgencia comunista de Vietnam del Sur, más tarde llamada Viet Cong, apoyada por el ejército del Norte. A finales de 1967, con un número cada vez mayor de fuerzas terrestres y bombardeos aéreos masivos sobre el Norte, y con tecnología y potencia de fuego superiores, EE. UU. parecía estar ganando la guerra.

Cuando los estadounidenses y el Viet Cong se enfrentaban en combate directo, solían imponerse los primeros, pero el Viet Cong y su apoyo norteño, bajo la dirección de Vo Nguyen Giap, seguían un principio sencillo: lo único que tenían que hacer para ganar era sobrevivir. Lograron capear el asalto estadounidense con tácticas de guerrilla, conocimiento de la geografía local, fuerzas disimuladas entre la población local y la retirada a escondites al otro lado de la frontera, en un ejemplo clásico de guerra asimétrica.

Una vía de escape

El 30 de enero de 1968, fuerzas comunistas infiltradas lanzaron ataques coordinados en todo el Sur (ofensiva del Tet). Fue rechazada, pero el efecto negativo en la opinión pública estadounidense hizo que sus líderes empezaran a buscar salidas al conflicto. Esto culminó en la retirada militar de EE. UU. tras los efímeros acuerdos de paz de París de enero de 1973, que pronto se rompieron. En 1975 hubo una humillante evacuación del personal civil estadounidense y afines survietnamitas de Saigón poco antes de que la tomaran las fuerzas comunistas, lo que dio fin a la guerra. ■

Un Fairchild UC-123K de la Fuerza Aérea de EE. UU. fumiga con agente naranja el delta del río Soai Rap, al sureste de Saigón, hacia 1970.

El agente naranja

Un activo clave en la guerra asimétrica del Viet Cong era el conocimiento de la geografía selvática de Vietnam para contrarrestar o anular la superioridad del enemigo en el aire, en su blindaje o en su mayor potencia de fuego. El Viet Cong podía seguir rutas ocultas por la selva para tender emboscadas, mover tropas y llevar suministros.

A fin de hacer frente a esta amenaza, la Fuerza Aérea de EE. UU. lanzó la Operación Ranch Hand para defoliar vastas zonas de selva y destruir cultivos. Entre 1962 y 1971 se fumigaron extensas zonas con unos 86 millones de litros de herbicidas. Las mezclas químicas, denominadas por el color de los contenedores en los que llegaban, incluían el agente naranja, que convertía el bosque denso en una masa de árboles estériles. Además de no ser eficaz en términos militares, la Operación Ranch Hand causó un daño ecológico enorme, y trajo consecuencias espantosas para la salud de los civiles vietnamitas y combatientes de ambos bandos.

CUBA [...] LIBRE Y SOBERANA, SIN CADENAS QUE LA ATEN A NADIE

REVOLUCIÓN Y CONTRARREVOLUCIÓN EN AMÉRICA LATINA (1953–DÉCADA DE 1990)

EN CONTEXTO

ENFOQUE
La Revolución cubana

ANTES
1902 Cuba obtiene la independencia formal de España tras la guerra de Independencia cubana (1895–1898).

1909–1913 Bajo la «diplomacia del dólar», EE. UU. presta dinero a Estados latinoamericanos a cambio de control político.

1933 La política de buena vecindad del presidente de EE. UU. Roosevelt prioriza el comercio y la cooperación sobre la acción militar en Latinoamérica.

DESPUÉS
2002 EE. UU. es acusado de participar en un golpe de Estado fallido contra Hugo Chávez, presidente de Venezuela.

2018 Miguel Díaz-Canel sucede a Raúl Castro en la presidencia de Cuba.

Al ir adquiriendo EE. UU. poder económico a inicios del siglo XX, comenzó a intervenir en los asuntos internos de sus vecinos latinoamericanos, a veces militarmente, en general para proteger sus propios intereses comerciales. En la década de 1930, su política fue menos intervencionista, pero el miedo a la expansión del comunismo después de la Segunda Guerra Mundial lo movió a actuar contra todo país con inclinaciones izquierdistas de América Central y del Sur (su llamado «patio trasero»). El alcance de su injerencia fue variable en cada caso.

Estados Unidos no se limitaba a hacer negocios en Latinoamérica, sino que libraba allí una guerra contra el comunismo.
Dwight D. Eisenhower
Presidente de EE. UU. (1954)

Además de sus tres invasiones militares a gran escala –de la República Dominicana en 1965, Granada en 1983 y Panamá en 1989–, EE. UU. siguió sobre todo una estrategia de acción encubierta, como influir en políticos y entrenar y equipar a tropas de otros países. A través de la Agencia Central de Inteligencia (CIA), orquestó revoluciones y golpes de Estado liderados por grupos opositores locales en toda Latinoamérica, como en Bolivia (1971) y Nicaragua (1979). Sin embargo, no logró revertir la revolución comunista iniciada en 1953 en una de las islas más cercanas, Cuba, que estaba liderada por Fidel Castro desde 1959 y sería como una espina clavada durante el resto del siglo.

Proteger los negocios

Intereses empresariales motivaron a menudo la intervención de EE. UU. En la década de 1940, la United Fruit Company (UFCO), con sede en Boston, controlaba casi la mitad de Guatemala, en América Central, y era dueña de toda su producción bananera, del sistema telefónico y telegráfico y de la mayoría de los ferrocarriles. En 1951, el coronel del ejército Jacobo Árbenz, elegido ya como presidente, se propuso expropiar el 40 %

Véase también: Las guerras de la independencia hispanoamericana 200–203
▪ Las guerras mexicano-estadounidenses 204–205

de las tierras de la multinacional. El presidente Dwight D. Eisenhower respondió con un golpe de Estado dirigido por la CIA en 1953. Árbenz fue depuesto un año después.

En 1959, el líder revolucionario Fidel Castro y sus seguidores, entre ellos el guerrillero argentino Ernesto «Che» Guevara, derrocaron al presidente cubano Fulgencio Batista. EE. UU. aceptó al principio el nuevo gobierno, pero, al expropiar Cuba activos estadounidenses, como minas, ferrocarriles y haciendas azucareras, Eisenhower rompió las relaciones diplomáticas. La CIA planeó una invasión de exiliados cubanos, que tuvo lugar en 1961 en bahía de Cochinos, al suroeste de Cuba, con el consentimiento del recién elegido John F. Kennedy. El ejército cubano, de 20 000 soldados, aplastó a los 1400 invasores, y el régimen de Castro se afianzó e incrementó su carácter de aliado de la URSS.

Sembrar el malestar

En 1965, el presidente de EE. UU. Lyndon B. Johnson, temiendo un victoria comunista, ordenó invadir la República Dominicana. La posterior ocupación duró ocho años. En 1973, en Chile, la CIA ayudó a derrocar al presidente socialista Salvador Allende. En 1979 volvió a intervenir cuando el Frente Sandinista de Liberación Nacional (FSLN) de Nicaragua, apoyado por Cuba y la URSS, derrocó al dictador Antastasio Somoza. EE. UU. envió ayuda militar a la Contra, insurgentes de derecha nicaragüenses, que lanzaron una contrarrevolución desde la vecina Honduras. Conflictos entre facciones derechistas apoyadas por EE. UU. y activistas de izquierda también sumieron a Guatemala y El Salvador en guerras civiles hasta la década de 1990. ▪

Milicianos cubanos celebran su victoria sobre la fuerza invasora entrenada y equipada por EE. UU. que desembarcó en bahía de Cochinos en abril de 1961.

Fidel Castro

Nacido en Birán (Cuba) en 1926, Fidel Castro estudió Derecho y fue un activista estudiantil muy activo. Al tomar el poder Fulgencio Batista en 1952, Castro planeó un levantamiento, y en 1953 dirigió un ataque fallido contra un cuartel del ejército. Excarcelado dos años más tarde, viajó a México, donde conoció a su compañero revolucionario Che Guevara y planeó la vuelta a Cuba. Tras un desastroso desembarco en la costa oriental, Castro huyó a las montañas de Sierra Maestra, donde formó una guerrilla de 800 hombres que en 1958 consiguió derrotar a un ejército gubernamental de 30 000 hombres. Tras asumir el control político de Cuba en febrero de 1959 (por nombramiento), Castro se volvió cada vez más radical, y muchos cubanos de clase media se exiliaron. Cuando firmó un acuerdo comercial con la URSS en febrero de 1960, EE. UU. rompió relaciones diplomáticas. Castro gobernó como dictador y reprimió toda disidencia. Muchos cubanos se beneficiaron de sus reformas sociales, pero no creció la economía, para la que fue un duro golpe la disolución de la URSS en 1991. Castro entregó el poder a su hermano, Raúl, en 2006, y murió en 2016.

NO QUEREMOS EL NACIONALISMO DE OTROS

LAS GUERRAS DE INDEPENDENCIA AFRICANAS (1952–1990)

EN CONTEXTO

ENFOQUE
El fin de la dominación colonial

ANTES
1884–1885 En la conferencia de Berlín, las potencias europeas dividen África en colonias gobernadas por imposición.

1910 La Unión Sudafricana obtiene cierta independencia de Gran Bretaña, pero la gobierna la minoría blanca.

1945 En el V Congreso Panafricano celebrado en Gran Bretaña, políticos africanos destacados exigen el fin del dominio colonial.

DESPUÉS
1994 Fin del *apartheid* en Sudáfrica. Nelson Mandela, líder del CNA, es el primer presidente negro del país.

2013 El gobierno de Reino Unido acuerda compensar con 20 millones de libras a los supervivientes del Mau Mau torturados por los británicos en la década de 1950.

A inicios del siglo XX surgieron movimientos independentistas en África, espoleados por la crueldad y el racismo del régimen colonial en todo el continente. Entre 1885 y 1909, hasta diez millones de africanos murieron por la explotación colonial en el Estado Libre del Congo, propiedad del rey Leopoldo II de Bélgica. En la Namibia alemana, unos 100 000 herero y nama murieron entre 1904 y 1908, tras rebelarse contra la apropiación de su tierra y su ganado por los colonos. Muchos fueron llevados a campos de concentración, donde los ejecutaron o murieron por

Véase también Las guerras de la independencia hispanoamericana 200–203 ▪ Guerras coloniales en África 226–229 ▪ El África poscolonial 304–305

Los sospechosos de apoyar al Mau Mau, prisioneros en campos de Kenia, sufrieron calor extremo, malnutrición, torturas y agresiones sexuales de soldados liderados por británicos.

exceso de trabajo y mala salud. Cientos de sus cráneos fueron enviados a Alemania para ser examinados por eugenistas que buscaban pruebas de la inferioridad racial de los africanos.

Vientos de cambio

El mapa colonial cambió poco durante la primera mitad del siglo XX. En 1941, el primer ministro británico Winston Churchill y el presidente de EE. UU. Franklin D. Roosevelt firmaron la Carta del Atlántico, entre cuyas disposiciones figuraba «el derecho de todos los pueblos a elegir la forma de gobierno bajo la cual vivirán», pero Churchill afirmó que la cláusula no se aplicaba a las colonias británicas. Más importante fue la interacción de factores económicos.

La Segunda Guerra Mundial mermó las arcas de las grandes potencias europeas, en apuros cada vez mayores para sufragar la gestión de sus colonias. A la vez, la presión de los movimientos nacionalistas africanos movió a algunos a considerar la idea de ceder el control. Algunas colonias africanas lograron la independencia sin guerra armada a gran escala. Ghana, liderada por Kwame Nkrumah, luchó en gran medida con huelgas y boicots por la independencia, que logró de Gran Bretaña en 1957. Otras naciones se enfrentaban a luchas violentas.

Detención y guerra

Durante décadas, en la Kenia británica, los colonos blancos se habían apoderado de tierras antes habitadas y cultivadas por africanos. En 1952, frustrado por tal despojo, el KLFA (Ejército de la Tierra y la Libertad de Kenia), o Mau Mau, comenzó a asaltar propiedades de colonos blancos, y Gran Bretaña declaró el estado de emergencia; durante una guerra de ocho años, todo sospechoso de simpatizar con el Mau Mau fue encarcelado, torturado o, a menudo, asesinado. Más de un millón »

La crisis de Suez

En julio de 1956, el presidente egipcio Gamal Abdel Nasser nacionalizó la Compañía del Canal de Suez anglofrancesa. La medida enfureció a Gran Bretaña, que había conservado el control de esta ruta marítima clave tras la independencia de Egipto en 1922. Francia y Gran Bretaña urdieron rápidamente un plan y pidieron ayuda a Israel para ejecutarlo.

Israel invadió la península del Sinaí egipcia en octubre de 1956, con la complicidad de Gran Bretaña y Francia, que querían recuperar el control del canal de Suez. Por diferentes motivos, EE. UU. y la URSS exigieron detener la invasión ante la ONU, que envió una fuerza especial de paz e instó a las tropas británicas, francesas e israelíes a abandonar el Sinaí. El incidente humilló a Francia y Gran Bretaña. En el mundo árabe quedó fortalecida la figura de Nasser, que se incautó de activos británicos, franceses y judíos, expulsó a 12 000 ciudadanos británicos y franceses, deportó a israelíes e internó a 3000 judíos egipcios en cuatro campos de detención.

Las tropas francesas llegan a la zona de Port Fuad (en Port Said) para unirse a los británicos y ocupar la zona del canal de Suez.

Tras décadas de **represión y explotación** por potencias coloniales, la **población africana forma grupos de resistencia**.

Sus líderes usan **estrategias pacíficas** –huelgas y boicots– para presionar por sus **demandas de independencia**.

Al **negarse las potencias coloniales a negociar** y acceder a sus demandas, recurren a **tácticas de guerrilla**.

Ante las **dificultades económicas**, la **violencia y la condena internacional**, las potencias coloniales acaban capitulando.

Los países africanos logran su libertad e independencia.

de personas fueron hacinadas en campos, donde muchos denunciaron malos tratos físicos. Hasta 100 000 kenianos fueron detenidos sin juicio y al menos 20 000 partidarios del Mau Mau fueron ejecutados, unos 1000 de ellos en la horca. Entre los civiles africanos muertos hubo al menos 7000 mujeres kenianas y 26 000 niños menores de 10 años.

En 1960, Gran Bretaña comenzó al fin a negociar la independencia de Kenia, concedida en 1964. En 2011, los supervivientes intentaron demandar al gobierno británico, y se supo que los documentos relativos a los abusos en campos de detención kenianos se habían destruido sistemáticamente «para no avergonzar al gobierno de Su Majestad».

Violencia en ambos bandos

Argelia, en el norte de África, sufrió una brutal guerra de independencia entre 1954 y 1962, en la que su población, mayoritariamente musulmana, luchó contra Francia y un millón de colonos franceses blancos *(pied-noirs)* por la mayor autodeterminación prometida tras la Segunda Guerra Mundial. En 1954 se produjeron los primeros ataques guerrilleros del Frente de Liberación Nacional (FLN) argelino, que también pidió apoyo a la ONU, pues Francia había iniciado ya el proceso de independencia con los vecinos Marruecos y Túnez, lograda en 1956. Francia ignoró las peticiones del FLN y envió miles de soldados contra sus bases, y la violenta represión incluyó torturas y ejecuciones sumarias.

Los ataques del FLN incluyeron batallas alrededor de Argel en 1956 y 1957. Temiendo que Francia aceptara la autodeterminación argelina, oficiales del ejército francés disidentes y *pied-noirs* organizaron una contrarrevuelta en 1958. Ante las críticas francesas e internacionales a la guerra, el presidente francés De Gaulle se inclinaba cada vez más por la independencia. Para perturbar el proceso con atentados y asesinatos en Francia y Argelia, en 1961 se formó la Organización del Ejército Secreto (OAS), un grupo terrorista apoyado por los *pied-noirs*. Tras la independencia, en 1962, la mayoría de estos huyó a Francia por temor a represalias.

No gobernamos a los indígenas [de Argelia], los mandamos.

Adolphe Messimy

Ministro de la Guerra francés (1913)

Campañas largas

Portugal, la primera nación europea que tuvo territorios en África, fue la última en abandonar sus colonias: Angola, Guinea-Bisáu, Cabo Verde y Mozambique. En las revueltas contra el trabajo forzoso en las plantaciones de café en Angola en 1961 murieron unos 50 000 angoleños, y finalmente se inició una larga guerra de guerrillas librada por tres milicias: el Frente Nacional para la Liberación de Angola (FNLA), la Unión Nacional para la Independencia Total de Angola (UNITA) y el Movimiento Popular para la Liberación de Angola (MPLA).

En Guinea-Bisáu, donde los portugueses aplicaron medidas de «pacificación» brutales, los movimientos nacionalistas que habían ganado apoyo tras la Segunda Guerra Mundial se unieron como Partido Africano para la Independencia de Guinea y Cabo Verde (PAIGC) en 1956. En 1963, el PAIGC lanzó una campaña armada contra los portugueses, y a inicios de la década de 1970 controlaba gran parte del país. El Frente de Liberación de Mozambique (Frelimo), formado en Tanganica (actual Tanzania), atacó por primera vez el Mozambique portugués en 1964, y como guerrilla frustraría al ejército portugués durante la década siguiente.

En 1974, la Revolución de los Claveles, un golpe militar de izquierdas en Lisboa, conllevó la independencia de las cuatro colonias. En Angola, Portugal retiró sus agotadas fuerzas militares sin hacer un traspaso formal del poder, y el MPLA tomó el mando. También terminaron los conflictos en Guinea-Bisáu, Cabo Verde y Mozambique.

Vestigios del colonialismo

Los colonos blancos de los países vecinos de Mozambique, como Rodesia del Sur (Zimbabue), Sudáfrica y África del Suroeste Alemana (Namibia), se aferraron mucho más tiempo a su dominio sobre la mayoría negra. El gobierno blanco de Rodesia del Sur se negaba a admitir un gobierno mayoritariamente negro y declaró su propia independencia

El activista argelino Ali Boumendjel, cuya muerte se hizo pasar por suicidio, fue asesinado por militares franceses en 1957, según admitió en 2021 el presidente francés Emmanuel Macron.

en 1965. Dos partidos nacionalistas africanos apoyados por los comunistas libraron una larga guerra de guerrillas por un sistema de gobierno más democrático que, junto con otras presiones políticas y económicas, obligó a Rodesia del Sur a capitular en 1979. En las elecciones de 1980, Robert Mugabe llegó al poder en el país, rebautizado Zimbabue.

Mientras tanto, pese a las sanciones militares y económicas y a las reiteradas condenas de la ONU al régimen del *apartheid*, Sudáfrica mantuvo su gobierno de la minoría blanca. El Congreso Nacional Africano (CNA), después de una larga guerra diplomática y de guerrillas, fue ganando cada vez más apoyo internacional a lo largo de la década de 1980. En 1990, el secretario general del CNA, Nelson Mandela, fue liberado de su cadena perpetua y un año después firmaba con el presidente blanco F. W. de Klerk el Acuerdo Nacional de Paz, que conllevó la transición de Sudáfrica a un gobierno de mayoría negra.

A partir de 1978, Sudáfrica cedió gradualmente Namibia, que obtuvo la independencia plena en 1990, lo cual fue una victoria para la Organización Popular del África del Suroeste (SWAPO). África se había liberado por fin de sus cadenas coloniales, aunque las potencias y empresas extranjeras seguirían influyendo en la política y la economía de las nuevas naciones. ■

Amílcar Cabral

Nacido en Guinea-Bisáu en 1924, Amílcar Cabral fue a la escuela en Cabo Verde y estudió agronomía en Lisboa (Portugal), donde desarrolló sus ideas nacionalistas. En 1956 fundó, con otros cinco compañeros, el Partido Africano para la Independencia de Guinea y Cabo Verde (PAIGC), y ese año cofundó el Movimiento Popular para la Liberación de Angola (MPLA), junto con el poeta y político Agostinho Neto.

Después de que unos policías portugueses dispararan contra los manifestantes durante una huelga de estibadores en 1959, Cabral dispuso que los miembros del PAIGC se entrenaran en campos en Ghana para una guerra abierta contra las autoridades portuguesas. Iniciada en 1963, esta resultó muy eficaz.

A medida que el PAIGC –apoyado por la URSS– ganaba terreno, Cabral comenzó a hacer realidad su sueño para Guinea-Bissau. En 1972 creó la Asamblea Nacional del Pueblo Guineano, base de un nuevo gobierno independiente, pero en enero de 1973 fue asesinado por un miembro del PAIGC que se creía colaboraba con los portugueses.

LA POBREZA CONTINÚA GENERANDO CONFLICTOS

EL ÁFRICA POSCOLONIAL (1960–PRESENTE)

EN CONTEXTO

ENFOQUE
Implicación extranjera en los conflictos africanos

ANTES
1922 Gran Bretaña declara a Egipto independiente, pero sigue estacionando tropas allí y controla el canal de Suez.

Década de 1950 Francia se enfrenta a violentas campañas por la libertad en Argelia, Marruecos, Túnez, Camerún y Mauritania.

1957 Ghana se independiza de Gran Bretaña. Es el primer país africano que se separa de una potencia colonial europea.

DESPUÉS
Abr. 2023 Nueva guerra civil en Sudán. En un año, miles de personas mueren y millones son desplazadas o huyen del país.

Jun. 2024 La Academia de Derechos Humanos y Derecho Internacional Humanitario de Ginebra informa de más de 35 conflictos en África.

Siguiendo el ejemplo de Ghana en 1957, diecisiete países africanos se independizaron de potencias europeas en 1960, el llamado Año de África. Zimbabue, en 1980, fue el último. La independencia conllevó el reconocimiento político y cultural, pero los problemas no habían terminado. Las fronteras y jerarquías impuestas por las potencias coloniales enconaron la rivalidad entre grupos étnicos, y la tensión fue en aumento cuando compitieron por el control.

Guerra civil

Tras lograr la independencia en 1960, Nigeria comprendía tres zonas, dominadas respectivamente por las etnias yoruba, igbo y hausa-fulani. Después de un golpe militar en 1965 y un contragolpe en 1966, la gran comunidad igbo del este se separó en 1967 y formó un nuevo país llamado Biafra, desencadenando así una atroz guerra civil de tres años.

El gobierno federal nigeriano recibió armas de Gran Bretaña e, indirectamente, de la URSS; extraoficialmente, Francia envió armas a Biafra. Para romper el estancamiento inicial, Nigeria impuso un bloqueo que causó la muerte por inanición de hasta dos millones de biafreños. Esta guerra ampliamente seguida por televisión impulsó la creación de organizaciones no gubernamentales, como Médicos Sin Fronteras. A mediados de enero de 1970, las fuerzas nigerianas habían obligado a los biafreños a aceptar la derrota.

Genocidio

En 1962, Ruanda-Urundi, hasta entonces administrado por Bélgica, se dividió en dos naciones: Ruanda y Burundi. Bélgica había fomentado

Una madre biafreña aterrorizada y su niño yacen en el suelo. Las imágenes de africanos desnutridos atrapados en una guerra civil conmocionaron al mundo en la década de 1960.

Véase también: Guerra en el norte de África 126–127 ▪ Guerras coloniales en África 226–229 ▪ Las guerras de independencia africanas 300–303

Las naciones africanas se independizan.

Las antiguas colonias siguen **usando la moneda de la metrópoli**, lo cual permite **controlar economías y recursos**.

El uso de la moneda colonial **perjudica el comercio y el progreso industrial**.

Las empresas extranjeras construyen infraestructura para explotar los recursos minerales.

Las empresas **exigen la mayor parte de los beneficios** a cambio de su inversión.

Grandes potencias y traficantes **suministran armas a grupos y naciones rivales**.

El flujo de armas, a menudo **pagado con la riqueza mineral nacional**, mantiene vivo el **conflicto**.

La influencia extranjera sigue empobreciendo y desestabilizando a los Estados africanos.

abiertamente el dominio de la etnia hutu en Ruanda, causa de temor e ira entre los tutsis, muchos de los cuales huyeron a Burundi y Uganda.

La influencia colonial belga tuvo efectos duraderos. Las incursiones de tutsis desde Burundi precipitaron una masacre de tutsis ruandeses en diciembre de 1963. La tensión se prolongó treinta años, con golpes de Estado periódicos, asesinatos y masacres en ambos países. En 1994 fue derribado el avión en el que viajaban los presidentes ruandés Juvénal Habyarimana y burundés Cyprien Ntaryamira –ambos hutus– cerca del aeropuerto ruandés de Kigali. Los hutus de Ruanda respondieron asesinando a casi un millón de tutsis en un genocidio que duró cien días y desató una crisis humanitaria.

Catalizadores de conflictos

La corrupción y la manipulación de quienes buscan beneficiarse de las materias primas de África, como petróleo, cobalto, litio u oro, son aún factores que influyen en sus conflictos poscoloniales. La desviación de riqueza por parte de los líderes hacia los bolsillos de sus partidarios o de grupos étnicos o tribales favorecidos perpetúan unos índices de pobreza ya elevados. Los intereses privados, a menudo extranjeros, también compiten por el control de los recursos; exigen una parte importante de los beneficios de la minería, por ejemplo, pero a menudo ignoran o perpetran actos colaterales de violencia, explotación y daños medioambientales. Es poco probable que la presencia de actores como el grupo paramilitar Wagner (de origen ruso) contribuya al avance de África hacia la paz. ■

El Grupo Wagner

El Grupo Wagner empezó a operar en 2014 como fuerza de combate prorrusa en el este de Ucrania, dirigida por el oligarca Yevgueni Prigozhin, entonces estrecho colaborador del presidente ruso Vladímir Putin. Sus actividades se extendieron a Oriente Próximo y a países africanos, como la República Centroafricana (RCA), Malí, Mozambique y Sudán. El grupo ofrece apoyo militar a gobiernos a cambio de concesiones mineras y ha sido acusado por defensores de los derechos humanos de la ONU de participar en crímenes contra civiles, como torturas, violaciones y ejecuciones masivas.

Tras el desafío de Prigozhin a Putin en 2023 y su muerte, el grupo pasó a llamarse Africa Corps. Controladas ahora por el gobierno ruso, sus fuerzas, presentes en toda África occidental, han sustituido en gran medida a las francesas. Sus servicios se siguen pagando con riqueza mineral; entre 2022 y 2024, Rusia se habría asegurado oro africano por valor de 2500 millones de dólares.

BASTA DE SANGRE Y LÁGRIMAS. BASTA

LAS GUERRAS ÁRABE-ISRAELÍES (1948–PRESENTE)

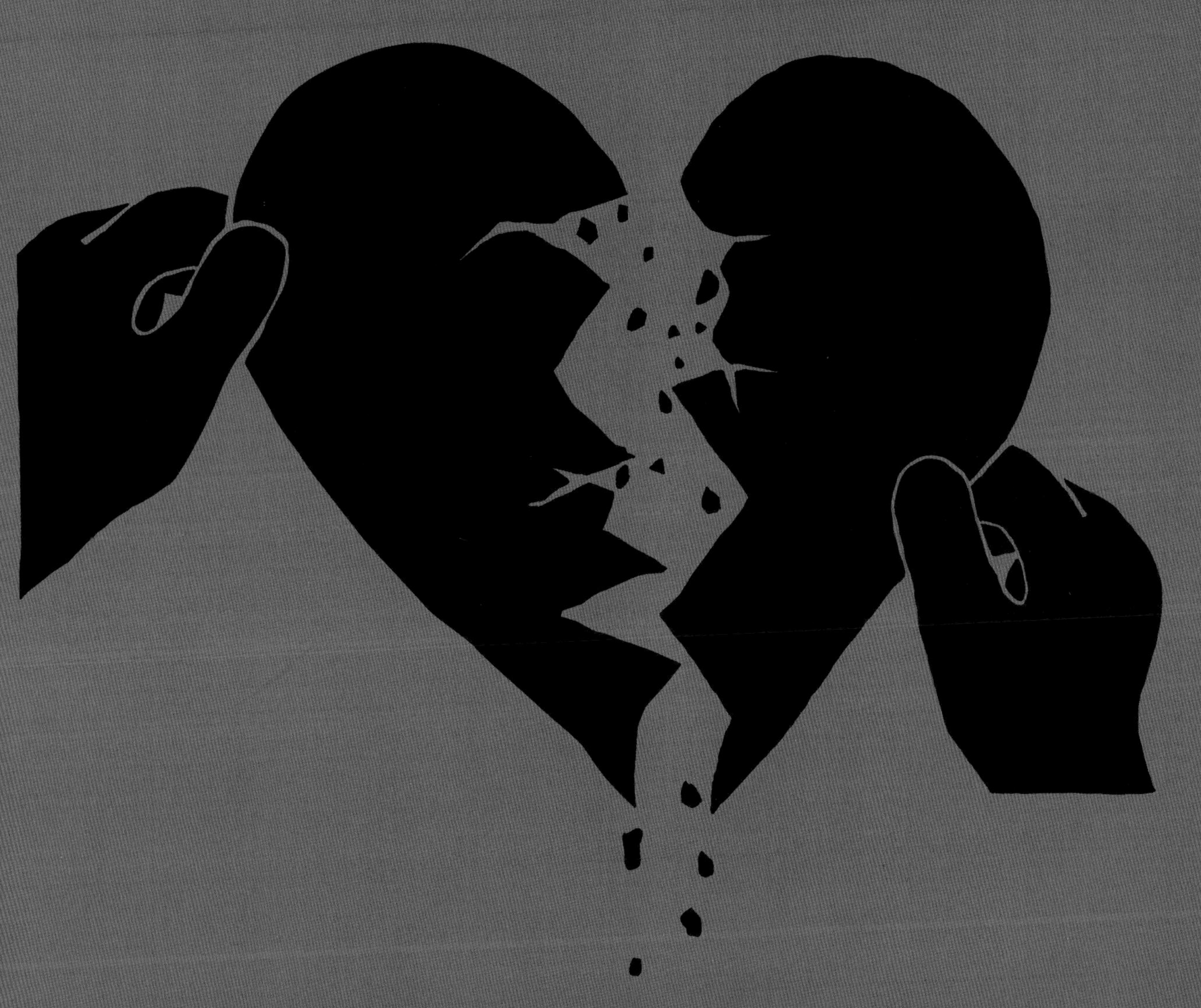

EN CONTEXTO

ENFOQUE
¿Solución de dos Estados?

ANTES
1897 En Basilea (Suiza), el primer Congreso Sionista lanza el movimiento sionista judío.

1917 La Declaración Balfour manifiesta el apoyo británico a una patria judía en Palestina.

1922 El Mandato para Palestina de la Sociedad de Naciones confirma el control británico de dicho territorio.

Década de 1930 Emigración de judíos europeos a Palestina por la persecución nazi.

1936–1939 Los palestinos, temiendo ser desplazados en masa de su patria, se rebelan contra el control británico.

1947 Mientras Gran Bretaña intenta limitar la inmigración ilegal judía a Palestina, sus tropas interceptan al Exodus 1947 y llevan a sus pasajeros –muchos supervivientes del Holocausto– a campos de detención en Chipre.

Desde la creación de Israel en 1948, una serie de guerras, insurrecciones e incursiones armadas en las que se han visto implicados el nuevo Estado y sus vecinos han provocado repetidos conflictos en Oriente Próximo. La tensión iba en aumento desde la década de 1920, al salir a la luz los planes occidentales de crear un Estado en la Palestina árabe para decenas de miles de judíos que huían de la persecución. En 1947, la ONU aprobó la partición de Palestina en dos países (uno judío y otro árabe), a lo cual se opusieron firmemente los palestinos y todos los países árabes.

Palestina es el cemento que mantiene unido al mundo árabe, o bien es el explosivo que lo hace estallar en pedazos.
Yasir Arafat
Líder de la OLP (1974)

Israel se expande

En mayo de 1948, cuando las tropas británicas abandonaron Palestina, el nuevo Estado de Israel declaró su independencia, y las naciones árabes cercanas –Egipto, Irak, Jordania, el Líbano y Siria– lo invadieron. El Departamento de Estado de EE. UU. había embargado la venta de armas a Palestina y a sus vecinos árabes, y Checoslovaquia, autorizada por la URSS, partidaria de la partición, había suministrado armas a las recién creadas Fuerzas de Defensa de Israel (FDI). Como resultado de este apoyo y de la falta de coordinación y cooperación entre los ejércitos árabes, las fuerzas israelíes se impusieron y aumentaron su proporción de territorio palestino del 55 % asignado por la ONU al 75 % en 1949. Más de 700 000 palestinos fueron expulsados o huyeron, en el proceso conocido como la Nakba («catástrofe»).

Se reanuda la guerra

En 1956, Israel se confabuló con un malogrado plan francobritánico para recuperar el control del canal de Suez, nacionalizado por el presidente egipcio Gamal Abdel Nasser. Las fuerzas israelíes avanzaron hacia Gaza y la península del Sinaí –ambas en poder de Egipto– y se apoderaron del estrecho de Tirán, puerta de entrada al golfo de Aqaba y al mar Rojo. EE. UU. obligó a Israel a retirarse, pero posteriormente se permitió a los barcos israelíes el paso por el estrecho, lo cual antes se les había negado.

Prevaleció una paz frágil hasta 1966, cuando Israel respondió a las

Muchos miles de palestinos huyen de sus hogares tras la creación de Israel en 1948, buscando seguridad en zonas árabes de Palestina o en países vecinos, como Jordania, el Líbano y Egipto.

Véase también: El Imperio otomano 130–133 ▪ Decadencia otomana y expansión rusa 232–233 ▪ Una guerra en expansión 252–255 ▪ La Segunda Guerra Mundial en Europa: el ascenso de Alemania 266–271 ▪ La Guerra Fría 286–293

incursiones de la guerrilla palestina con represalias violentas, incluidos ataques a Jordania y Siria. El presidente de EE. UU. Lyndon Johnson había suministrado a Israel tanques M48A3 y aviones A-4 Skyhawk, creyendo que una demostración de superioridad militar disuadiría a las potencias árabes vecinas de atacar.

Israel atacó primero, en 1967, siguiendo el lema «el ataque es la mejor defensa» que suele caracterizar su estrategia frente a vecinos hostiles. Cuando Nasser, en apoyo de Siria, bloqueó el acceso israelí al estrecho de Tirán, Israel lo consideró un acto de guerra y lanzó la llamada guerra de los Seis Días, con ataques preventivos contra aeródromos egipcios y aviones sirios. Jordania entró en la lucha y atacó Jerusalén Oeste, pero Israel expulsó a sus fuerzas y tomó gran parte de Cisjordania.

Al final de la guerra, Israel tenía el control total de Jerusalén y ocupaba todo el territorio palestino anterior a la partición, así como la península egipcia del Sinaí y los Altos del Golán, arrebatados a Siria en el norte. En noviembre de 1967, la ONU aprobó la resolución 242, que reconocía el derecho de Israel a vivir en paz, pero le exigía que se retirara del territorio recién ocupado. Israel no la cumplió y, como consecuencia, tuvo bajo su dominio a más de un millón de palestinos resentidos.

Tras la aplastante derrota de las fuerzas árabes, la Organización para la Liberación de Palestina (OLP), facción nacionalista militante formada en 1964, adquirió mayor protagonismo. Tras los ataques iniciales contra Israel y objetivos occidentales, la OLP ganó legitimidad internacional bajo Yasir Arafat –su líder desde 1969–, con presencia en la ONU como observador en 1974 y miembro de pleno derecho de la Liga Árabe en 1976.

En la guerra de los Seis Días, soldados israelíes avanzan sobre Jerusalén Este, entonces parte de Jordania como parte de Cisjordania. Jerusalén sigue bajo dominio israelí desde entonces.

Participación de EE. UU. y la URSS

Las hostilidades entre Israel y Egipto, que para entonces tenía apoyo soviético, continuaron a lo largo del canal de Suez después de 1967. Nasser murió en 1970, pero su sucesor, Anuar el Sadat, seguía decidido a recuperar el Sinaí. Al rechazar Israel una solución pacífica, Sadat ideó una estrategia militar de acuerdo con Siria, Jordania e Irak, que iniciaron la guerra del Yom Kippur el 6 de octubre de 1973: Siria atacó los Altos del Golán, mientras que Egipto avanzó por el canal de Suez hacia la península del Sinaí, rechazando un contraataque israelí. La URSS armaba tanto a Egipto como a Siria, para alarma de EE. UU., que comenzó a enviar armas por aire a Israel, las primeras de las cuales llegaron el 14 de octubre.

Mientras las FDI recuperaban terreno, Sadat presionaba para conseguir una resolución. El secretario de Estado de EE. UU. Henry Kissinger voló a Moscú para tratar de lograr un alto el fuego, adoptado por la ONU el 23 de octubre. Sin embargo, Israel seguía buscando la victoria en el Sinaí, y la URSS amenazó con enviar tropas a Egipto para imponer el alto el fuego. EE. UU. respondió el 25 de octubre poniendo sus fuerzas nucleares en alerta mundial, y al día »

Hanan Ashrawi

Nacida en Nablus (Palestina) en 1946, Hanan Mijail, como se llamaba entonces, se instaló con su familia en Ramala en 1950. Su padre, Daoud Mijail, médico y miembro fundador de la OLP, la animó a estudiar. Asistió a la Universidad Americana de Beirut, participó activamente en la política palestina y trabajó en campos de refugiados. Tras completar sus estudios en EE. UU., volvió a Cisjordania como profesora y después fue decana de la Universidad de Birzeit antes de su cierre en 1988 durante la primera intifada.

Ashrawi atrajo la atención mundial como defensora elocuente y apasionada de los derechos palestinos. En 1991 fue nombrada portavoz de la delegación palestina en la conferencia de paz de Madrid y más tarde trabajó con la Autoridad Palestina. En 2003 fue galardonada con el Premio Sydney de la Paz.

Decepcionada con la OLP, en 2005 creó la Tercera Vía, una alternativa al partido Fatah y a Hamás, y sigue defendiendo una solución de dos Estados que salvaguarde los derechos de israelíes y palestinos.

siguiente Israel aceptó una resolución revisada de la ONU. Había logrado otra victoria, pero el enfrentamiento entre EE. UU. y la URSS hacía evidentes las implicaciones mucho más amplias del conflicto, como el embargo de petróleo por los Estados árabes productores contra los países que apoyaban a Israel. En 1979, Israel y Egipto firmaron un acuerdo de paz, y Egipto recuperó la península del Sinaí en 1982.

Mientras, la OLP atacaba esporádicamente Israel, sobre todo desde el sur del Líbano. En junio de 1982, Israel invadió el país con el fin declarado de crear una zona de seguridad al otro lado de la frontera. Se detuvo en el valle de la Bekaa para destruir las baterías de misiles antiaéreos sirios que frustraban sus ataques contra objetivos de la OLP, y luego continuó hacia el oeste de Beirut.

Se cometieron atrocidades, y la matanza de refugiados palestinos en los campos de Sabra y Chatila a manos de la Falange, milicia cristiana libanesa bajo los auspicios de las FDI, a mediados de septiembre, causó indignación internacional. EE. UU. envió marines como parte de una fuerza multinacional de paz. Las FDI se retiraron finalmente de Beirut en septiembre de 1983. Al mes siguiente, 241 soldados estadounidenses fueron asesinados en Beirut por terroristas suicidas presuntamente vinculados a Irán, aliado de Siria. Israel mantuvo tropas en el sur del Líbano hasta 2000, combatiendo contra la milicia chií Hizbulá, que en 2006 entró en Israel y tomó como rehenes a dos soldados israelíes. Israel volvió a invadir el Líbano, y en 34 días de guerra murieron más de 1000 civiles libaneses.

Intifadas y Gaza

La mayoría de las guerras de Israel se habían librado con vecinos árabes, a menudo en sus territorios. Sin embargo, desde que ocupó Gaza y Cisjordania, Israel se enfrentó a una oposición palestina casi continua que estalló periódicamente en crisis llamadas intifadas (del árabe «levantamiento»). La primera intifada (1987–1993) incluyó protestas, huel-

Violencia desatada en la ciudad cisjordana de Ramala en 2000, durante la segunda intifada, a raíz de la muerte de un niño de 14 años en los enfrentamientos con tropas israelíes.

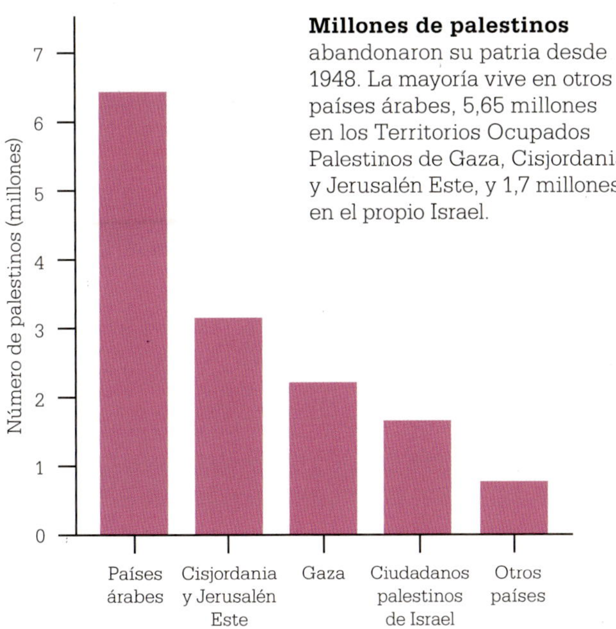

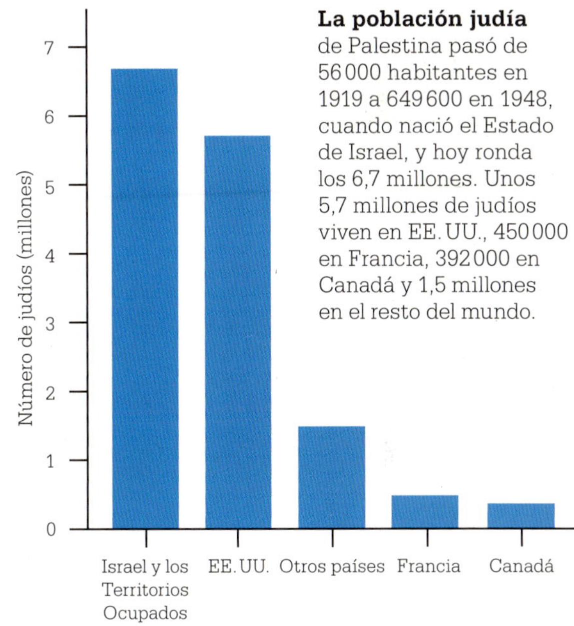

gas y otras formas de desobediencia civil, así como violencia, desde el lanzamiento de piedras hasta atentados suicidas. En la respuesta militar de Israel murieron más de 1000 palestinos y unos 160 israelíes.

Pese a los problemas (o quizá debido a ellos), los dirigentes palestinos e israelíes avanzaron hacia un acuerdo diplomático con respaldo internacional. Las conversaciones comenzaron en 1991, con la activista Hanan Ashrawi al frente de la delegación palestina. En 1993, los acuerdos de Oslo entre el líder de la OLP Yasir Arafat y el primer ministro israelí Isaac Rabin (laborista moderado) marcaron el camino hacia una solución de dos Estados con la mayor parte de Cisjordania y Gaza bajo control palestino, como preludio a la plena estatalidad. Sin embargo, no se resolvieron cuestiones cruciales, como el derecho de retorno de los refugiados y el estatuto de Jerusalén, lo cual minó las posibilidades de una paz duradera y hasta influyó en el asesinato de Rabin por un extremista judío en 1995.

En 2000, tras la ruptura de las conversaciones de paz, de la que cada parte culpó a la otra, estalló la segunda intifada, que duró hasta 2005. Ese año, Israel retiró sus fuerzas de la franja de Gaza y evacuó sus asentamientos, dejando un vacío de poder que no tardó en llenar el grupo islamista Hamás. En 2006, Hamás venció por sorpresa a Fatah, partido hasta entonces dominante, y obtuvo la mayoría de los escaños del Consejo Legislativo Palestino (CLP). Subió al poder en Gaza en 2007, y Egipto e Israel respondieron con bloqueos. Desde entonces se han sucedido múltiples ciclos de ataques de Hamás e incursiones israelíes preventivas y de represalia.

Debemos compartir esta tierra como un Estado, dos o cinco Estados. Si no, compartiremos este mismo pedazo de tierra como el cementerio de nuestros hijos.

Bassam Aramin
Combatientes por la Paz (2023)

El 7 de octubre de 2023, Hamás y otros grupos palestinos de Gaza lanzaron un despiadado ataque sorpresa contra el sur de Israel, durante el cual mataron al menos a 1200 personas y tomaron más de 240 rehenes. Israel respondió con un ataque masivo y continuado contra Gaza, destruyendo su infraestructura y matando a decenas de miles de personas. Las tensiones con Hizbulá se intensificaron, e Israel bombardeó objetivos en el sur del Líbano y asesinó a Hasán Nasralá, líder de Hizbulá, en septiembre de 2024. La solución de los dos Estados parece más lejana que nunca, aunque muchos palestinos, israelíes y otras potencias la ven aún como la única salida viable para una paz justa y duradera. ■

HUBO UNA GUERRA BUENA [. . .] Y UNA GUERRA MALA

CONFLICTO EN AFGANISTÁN (1979–2021)

EN CONTEXTO

ENFOQUE
Apoyo a los muyahidines

ANTES
1921 Tras la tercera guerra anglo-afgana, Afganistán se independiza de Gran Bretaña.

Década de 1950 Zahir Sah, rey de Afganistán, recibe fondos soviéticos para infraestructura y construye su ejército con ayuda soviética.

1973 Tras deponer a Zahir Sah en un golpe de Estado incruento, Muhammad Daud Khan es el primer presidente de Afganistán.

DESPUÉS
2022 Un atentado reivindicado por el Estado Islámico (EI) mata a seis personas cerca de la embajada rusa en Kabul, entre ellas, dos rusos.

2023 La Misión de Asistencia de la ONU en Afganistán (UNAMA) documenta asesinatos, detenciones y torturas de detenidos desde 2021.

En abril de 1978, el presidente afgano Muhammad Daud Khan fue asesinado en un golpe de Estado comunista. La tensión entre el gobierno de Daud Khan y el marxista-leninista Partido Democrático Popular de Afganistán (PDPA) se había agravado, y el PDPA había tomado el control de las fuerzas afganas. Tras un periodo de represión, disturbios e inestabilidad, la URSS invadió Afganistán para apoyar al gobierno procomunista. Entonces, la CIA estadounidense colaboró con el vecino Pakistán para armar y financiar a los combatientes de la resistencia, muyahidines afganos con motivaciones diversas, como el fervor islámico, el nacionalismo, el oportunismo y el anticomunismo. Entre ellos estaba Osama bin Laden (de origen saudí), luego fundador del grupo terrorista islámico Al Qaeda.

La tripulación de un tanque soviético se prepara para abandonar Afganistán en abril de 1988. Al mes siguiente, Afganistán, EE. UU. y la URSS acordaron poner fin a la intervención extranjera.

Una batalla perdida

En diciembre de 1979, decenas de miles de soldados soviéticos llegaron a Kabul, la capital afgana, y tomaron el control de la ciudad y parte de Afganistán. Aunque bien equipadas con cazabombarderos, helicópteros y tanques, a las tropas soviéticas les era difícil operar en el terreno accidentado y montañoso que históricamente había hecho muy difícil unificar o conquistar el país. Las tácticas de tierra quemada y los persistentes bombardeos de bastiones guerrilleros en las montañas solo reafirmaron a los muyahidines. El programa encubierto de la CIA, la Operación Ciclón, también dotó al grupo de lo último

Véase también: El auge del islam 76–81 ▪ Conquistas de los mogoles en India 140–141 ▪ La conquista británica de India 225 ▪ La Guerra Fría 286–293

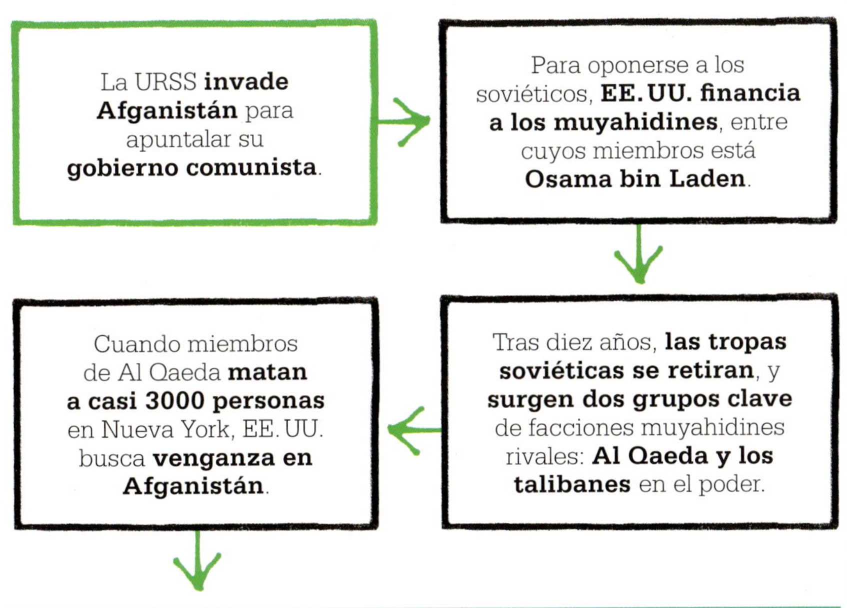

En 2021 se retiran las tropas de EE. UU. y otras occidentales, y vuelven los talibanes.

en equipamiento y armas, incluidos misiles Stinger para derribar los helicópteros artillados soviéticos Mi-24D con los que solían bombardear a la guerrilla.

La inesperada duración de una guerra costosa contribuyó a los problemas económicos de la URSS. En 1989, el líder soviético Mijaíl Gorbachov ordenó la retirada de las tropas.

Lucha contra los talibanes

La influencia muyahidín se extendió, pero surgieron rivalidades entre sus distintas facciones, entre ellas, los talibanes, en el poder desde 1996, que impusieron una estricta *sharía*, o ley islámica. Sus objetivos eran regionales; los de Al Qaeda de Bin Laden iban más allá, y empezó a planear ataques desde su base afgana contra EE. UU., incluidos los atentados del 11-S en 2001.

En octubre de 2001, EE. UU. puso en marcha la Operación Libertad Duradera para vengar los atentados de Al Qaeda y capturar a Bin Laden en su santuario afgano. En diciembre, sus fuerzas y las de sus Aliados occidentales habían derrocado al régimen talibán, pero no derrotaron a sus partidarios en el campo, ni crearon instituciones democráticas eficaces.

Bin Laden fue localizado y asesinado en 2011, y en 2013 el papel de las fuerzas de la coalición en Afganistán se centró en la seguridad, la formación y la lucha antiterrorista. Sin embargo, a ello le siguió un ciclo interminable de ataques de la guerrilla muyahidín, y en 2021 el gobierno afgano cayó. Los talibanes tomaron el mando, y las fuerzas de la coalición evacuaron a más de 120 000 soldados y personal aliado. ■

Operación Lanza de Neptuno

En 2011, EE. UU. acorraló al artífice de los atentados del 11-S, Osama bin Laden. Pruebas aportadas por informantes, escuchas telefónicas y drones confirmaron que un hombre que encajaba con la descripción de Bin Laden solía pasear por una residencia amurallada en Abbottabad, al noreste de Pakistán, de la que nunca salía, y donde lo visitaban mensajeros de Al Qaeda.

Descartado un ataque aéreo por ser una zona muy poblada y por no dificultar la identificación del cadáver, un grupo de operaciones especiales (SEAL) de la Marina de EE. UU. ensayó la Operación Lanza de Neptuno en lugares de Carolina del Norte y del desierto de Nevada. El 1 de mayo, sin informar al gobierno de Pakistán (en cuya discreción no se confiaba), los SEAL llegaron de noche desde Afganistán en un helicóptero Black Hawk, tomaron el complejo en 40 minutos y mataron a tiros a Bin Laden, a una mujer y a tres hombres. Después escaparon con el cadáver de Bin Laden, y, ya plenamente identificado, lo arrojaron al mar.

Bin Laden en la biblioteca de su escondite en la cueva de Tora Bora, en las montañas del este de Afganistán, hacia 2001.

ATAQUE PROFUNDO Y MANIOBRA DECISIVA

LAS GUERRAS DEL GOLFO (1980–1991)

EN CONTEXTO

ENFOQUE
Estrategia AirLand Battle

ANTES
1976 El consultor militar estadounidense John Boyd presenta su informe «Patterns of Conflict», base de la estrategia AirLand Battle adoptada seis años después.

1979 La revolución iraní lleva al poder al ayatolá Ruhollah Jomeini.

1979 Sadam Husaín llega a la presidencia de Irak.

DESPUÉS
2001 El ejército de EE. UU. adopta la estrategia Full Spectrum Operations como plan de batalla principal.

2014 El presidente de EE. UU. Barack Obama anuncia la vuelta de sus fuerzas aéreas a Irak para combatir al EI.

2021 El presidente de EE. UU. Joe Biden da por concluida la misión de su país en Irak y retira a la mayoría de las tropas.

Tras la retirada de las fuerzas militares británicas de los Estados de la Tregua en 1971, resurgieron los conflictos que antes arbitraban, exacerbados por disputas sobre yacimientos petrolíferos. Si la encarnizada guerra entre Irán e Irak de 1980–1988 fue las por fronteras, la del Golfo de 1990–1991, cuando Irak invadió Kuwait, fue por la producción de petróleo, y EE. UU. intervino. El terreno y la situación ofrecían a su ejército una ocasión ideal al para aplicar la estrategia AirLand Battle definida por el ejército de EE. UU. en 1986, centrada en unificar esfuerzos, atacar puntos vulnerables del enemigo y anticiparse a los acontecimientos del campo de batalla.

En 1980, el Irak de Sadam Husaín atacó la frontera occidental de Irán, aprovechando su inestabilidad tras la revolución de 1979. Quería recuperar territorio cedido en 1975 y anticiparse a cualquier conflicto que el nuevo régimen chií pudiera provocar en suelo iraquí. Tras un éxito inicial, sus tropas fueron rechazadas. Irán trató de aprovechar la ventaja, pero a Irak le fue mejor en su propio territorio. En esta gue-

Disputas por el petróleo en el golfo Pérsico

Cuando Gran Bretaña retiró sus tropas del golfo Pérsico en 1971, el panorama político cambió rápidamente. En agosto se independizó Baréin, y en septiembre, Catar. En diciembre, Abu Dabi, Dubái, Sarja y otros tres emiratos formaron los Emiratos Árabes Unidos (EAU). Estos habían gobernado las islas Abu Musa, Tumb Mayor y Tumb Menor, en el estrecho de Ormuz del golfo Pérsico, una vía navegable de gran importancia estratégica por la que pasan la mayoría de los petroleros de la zona. En noviembre de 1971, Irán envió a su armada y tomó las islas, que aún están bajo su control.

Entre 1974 y 1975, Irán e Irak se enfrentaron debido al apoyo iraní a la creación de un Estado kurdo iraquí independiente. También resurgió la tensión entre EAU y Arabia Saudí por el oasis rico en petróleo de Buraimi, en la frontera entre Omán y EAU. Pese a un tratado firmado en 1974, la disputa continúa.

Véase también: Mesopotamia y Antiguo Egipto 18–21 ▪ Persia 23 ▪ El auge del islam 76–81 ▪ Las cruzadas 88–93 ▪ Una guerra en expansión 252–255 ▪ Las guerras árabe-israelíes 306–311 ▪ Conflicto en Afganistán 312–313

Tanques iraquíes destruidos en el desierto tras los ataques aéreos que precedieron a la Operación Tormenta del Desierto y mataron a unos 12 000 iraquíes. Hasta 100 000 murieron en la guerra terrestre.

rra larga y sangrienta, Irán llegó a enviar a reclutas inexpertos al frente, e Irak usó armas químicas. Con todo, temiendo una victoria iraní, los regímenes occidentales armaron a Sadam. Los combates continuaron hasta el alto el fuego mediado por la ONU en 1988.

La AirLand Battle en práctica

En agosto de 1990, Irak invadió Kuwait. Tras meses de esfuerzos diplomáticos para que se retirarse, EE. UU. lanzó la Operación Tormenta del Desierto en enero de 1991. A seis semanas de bombardeos siguió una corta pero brutal campaña terrestre de 100 horas, en la que las fuerzas de la coalición bajo mando estadounidense destruyeron la mayor parte del ejército iraquí y tuvieron a Sadam a su merced. El temor a desestabilizar el régimen llevó a detener la guerra y dejarle al mando.

Nuestra estrategia para perseguir a este ejército [iraquí] es muy simple: primero lo aislaremos, y luego lo aniquilaremos.

Colin Powell

Conferencia de prensa en el Pentágono (1991)

La estrategia AirLand Battle del ejército de EE. UU. fue la sucesora de la Active Defense de 1979, ambas a la medida de una posible guerra con la URSS en Europa. La Active Defense se centraba en la actividad en la línea del frente, mientras que la AirLand Battle se anticipaba al campo de batalla, usando potencia aérea avanzada para degradar las capacidades del enemigo y destruir unidades de reserva y refuerzo en lo más profundo de su territorio. Luego, una operación combinada aérea y terrestre, con tecnología avanzada, como potentes blindados móviles y helicópteros de ataque, perforaría las líneas del frente y sembraría el caos en una zona profunda del campo de batalla.

Bajo la dirección del comandante Norman Schwarzkopf, helicópteros de avanzada lanzaron misiles y cohetes contra las instalaciones de defensa antiaérea en Kuwait, abriendo así un corredor aéreo por el que aviones de combate, misiles de crucero y otras armas alcanzaron objetivos muy diversos. A esto siguió una clásica operación de cerco, atrayendo la atención iraquí hacia el sur mientras una fuerza blindada móvil giraba desde el oeste. Entonces, la aviación de ataque terrestre devastó las formaciones iraquíes que intentaban retirarse.

Full Spectrum Operations

En 2003, cuando EE. UU. y Gran Bretaña invadieron Irak, el papel del poder militar abrumador y la tecnología armamentística avanzada formaban parte de la nueva estrategia Full Spectrum Operations. Con ella, las fuerzas de la coalición lograron deponer rápidamente a Sadam, pero otros objetivos, como construir nuevas infraestructuras e instaurar un gobierno estable, nunca se alcanzaron plenamente antes de la retirada de las tropas estadounidenses a finales de 2011. ■

ESTA CONFLAGRACIÓN SE EXTENDERÁ

GUERRAS POSCOMUNISTAS (1991–PRESENTE)

EN CONTEXTO

ENFOQUE
La estrategia rusa en el Cáucaso

ANTES
1817–1864 Rusia conquista los pueblos del Cáucaso.

1922 Tras la breve independencia de cada nación tras la Primera Guerra Mundial, Armenia, Georgia y Azerbaiyán se agrupan como Transcaucasia, república bajo control soviético.

1936 La segunda Constitución de la URSS dispone que Armenia, Georgia y Azerbaiyán sean repúblicas separadas.

1988 Estalla la violencia en el enclave de mayoría armenia de Nagorno Karabaj (Azerbaiyán), que Armenia intenta recuperar.

1989 El ejército soviético mata a manifestantes independentistas georgianos desarmados en Tiflis.

1989 Azerbaiyán impone a Armenia un bloqueo que devasta su economía.

La disolución de la URSS en 1991 dio lugar a una serie de conflictos regionales desde los Balcanes hasta Asia central, donde grupos étnicos, nacionalistas y sectarios competían por el dominio. El principal objetivo de Rusia era y sigue siendo su estrategia en el Cáucaso, donde busca preservar su influencia histórica y reforzar los lazos políticos y económicos en una región rica en recursos pero inestable.

Política y músculo

Situado entre el mar Caspio y el mar Negro, en la frontera entre Europa y Asia, el Cáucaso comprende Georgia, Armenia y Azerbaiyán. Tras la disolución de la URSS, el declive del poder ruso desató la inestabilidad en zonas largo tiempo resentidas por el dominio soviético. En el Cáucaso Norte, Rusia libró dos largas y sangrientas guerras (1994–1996 y 1999–2009) para reprimir a la población de mayoría musulmana de Chechenia.

Rusia también enfrentó a sus vecinos del Cáucaso Sur, Azerbaiyán y Armenia, y armó a ambos. En 1992, los separatistas armenios se apoderaron del enclave de Nagorno Karabaj, en Azerbaiyán, poblado por armenios. La paz mediada por Rusia se mantuvo en gran medida hasta 2020, cuando Azerbaiyán recuperó el enclave en un conflicto violento al que Rusia no se opuso, aunque asumió el papel de pacificador.

Después de 1991, el deseo de Georgia de alinearse con Europa disgustó a Rusia, que la invadió en 2008. Rusia sigue desincentivando enérgicamente la influencia occidental. ■

El Cáucaso Norte […] que la Rusia postsoviética considera clave para la integridad del Estado ruso.

Philip Remler
Exdiplomático estadounidense (2020)

Véase también: La guerra de Crimea 206–207 ▪ Las guerras de los Balcanes 236–237 ▪ La Guerra Civil rusa 262–263 ▪ La Guerra Fría 286–293

LA CORRUPCIÓN ES MÁS PELIGROSA QUE EL TERRORISMO

CONFLICTO EN IRAK (2003–2011, 2014–2019)

EN CONTEXTO

ENFOQUE
Auge del islamismo radical

ANTES
1989 La URSS se retira de Afganistán, expulsada por muyahidines islamistas radicales, entre cuyos miembros está el fundador de Al Qaeda, Osama bin Laden.

1991 EE. UU. y sus aliados expulsan a los iraquíes de Kuwait en la guerra del Golfo.

2001 Terroristas islamistas cometen los atentados del 11-S contra objetivos en EE. UU.

DESPUÉS
2019 La derrota del EI en la batalla de Baguz (en Siria) por fuerzas sirias apoyadas por EE. UU. marca el fin del EI como entidad territorial.

2023 Según el Índice de Terrorismo Global, en 2022, el EI y sus afiliados siguen siendo el grupo terrorista más mortífero por octavo año consecutivo, con atentados en 21 países.

Tras los atentados del 11 de septiembre de 2001, el presidente de EE. UU. George W. Bush puso de relieve la amenaza de las naciones hostiles. Su primer objetivo fue el régimen de Sadam Husain en Irak, del que adujo ocultaba armas de destrucción masiva (ADM), incluidos dispositivos químicos y nucleares, en contra de las resoluciones de la ONU. Una coalición de fuerzas, principalmente estadounidenses y británicas, invadió Irak en marzo de 2003 y venció rápidamente. Bush declaró el fin de las principales operaciones de combate a principios de mayo.

Una mujer iraquí y sus hijos huyen de Basora (Irak), mientras vehículos del Ejército Británico se dirigen a la ciudad en llamas en marzo de 2003.

Caldo de cultivo del terror

La ocupación de Irak por EE. UU. y la construcción de un gobierno estable fueron mucho más problemáticas. La lucha de las tropas de EE. UU., Gran Bretaña y locales contra milicias islámicas insurgentes llevó destrucción y miseria al pueblo iraquí. La división entre suníes y chiíes creció, la corrupción prosperó y el islamismo radical se extendió. La opinión pública de EE. UU. era favorable a la retirada, y la mayoría de las tropas británicas se retiraron en 2009. EE. UU. redujo sus efectivos a inicios de la década de 2010, y el Estado Islámico (EI) aprovechó el vacío de poder. En 2014 invadió gran parte de Irak y zonas de Siria, y estableció un califato de carácter fundamentalista. La lucha de cinco años para destruir al EI como ente territorial terminó en Siria en 2019, pero su ideología violenta ya se había exportado al África subsahariana, Asia central e Indonesia. ■

Véase también: El auge del islam 76–81 ▪ Una guerra en expansión 252–255 ▪ Las guerras árabe-israelíes 306–311 ▪ Conflicto en Afganistán 312–313

LA PRIMERA GUERRA DE DRONES

LA INVASIÓN RUSA DE UCRANIA (2022–PRESENTE)

EN CONTEXTO

ENFOQUE
Guerra de drones

ANTES

1917 Se prueba en Gran Bretaña el primer avión no tripulado controlado por radio, el Aerial Target.

1964–1975 El dron AQM-34 Firebee de la Fuerza Aérea de EE. UU. realiza más de 34000 misiones de reconocimiento en el Sureste Asiático.

1982 El papel de los drones de la Fuerza Aérea Israelí es clave para la destrucción de las defensas aéreas sirias en la guerra del Líbano.

1991 Ucrania declara su independencia tras la disolución de la URSS.

2001 Un dron Predator de EE. UU. dispara un misil táctico Hellfire contra un objetivo en Afganistán: el primer ataque armado de un dron.

2019 Drones kamikaze Shahed de fabricación iraní alcanzan dos instalaciones petrolíferas saudíes.

En febrero de 2022, Rusia inició la invasión de Ucrania. La subsiguiente guerra ha combinado combates de desgaste a la antigua –con ataques de infantería, apoyados por tanques y artillería pesada– y tecnología moderna, como misiles de largo alcance, ciberataques y vehículos aéreos no tripulados (*unmanned aerial vehicles*, UAV), o drones. El presidente ruso Vladímir Putin esperaba que Ucrania cayera pronto, pero su optimismo era infundado.

Véase también: La guerra de Crimea 206–207 ▪ Decadencia otomana y expansión rusa 232–233 ▪ La Guerra Civil rusa 262–263 ▪ La Segunda Guerra Mundial en Europa: el ascenso de Alemania 266–271 ▪ La Guerra Fría 286–293

El motor de un caza ruso derribado yace en una zona residencial de Chernígov, en el norte de Ucrania, en abril de 2022. Rusia perdió cerca de 300 aviones en el primer mes de la guerra.

Una Rusia resurgente

La vinculación de Rusia y Ucrania tiene más de mil años de antigüedad. Tras la disolución de la URSS en 1991, a los dirigentes rusos les inquietó que países antes satélites o plenamente soviéticos, como Polonia, Hungría y Letonia, trataran de garantizar su seguridad futura ingresando en la OTAN. Putin, que ha sido presidente desde 2000, excepto entre 2008 y 2012, alimentó el sentimiento de traición a Rusia y resolvió restaurar su dominio en lo que consideraba su legítima esfera de influencia. Puso su mira en el territorio ucraniano, y en 2014 se anexionó la estratégica península de Crimea y se apoderó de parte de la región de Dombás. En 2022, el inicio de la invasión a gran escala de Ucrania fue la acción militar más agresiva en Europa desde la Segunda Guerra Mundial.

La batalla por Kiev

Con hasta 190 000 soldados en Bielorrusia, en la frontera norte de Ucrania, Putin esperaba tomar la capital, Kiev, y neutralizar rápidamente al gobierno ucraniano. El plan dependía del engaño inicial: atacar en el sur y el este para desviar a las fuerzas ucranianas de Kiev, mientras se atacaba la ciudad y se tomaban los aeródromos clave de Antonov y Vasylkiv. Putin esperaba controlar y anexionar el país en diez días.

Con los ucranianos superados en número, el engaño pareció funcionar al principio, pero los hechos pronto se volvieron contra los invasores. El avance ruso fue frenado por la resistencia feroz de las Fuerzas Armadas Ucranianas (FAU), que desde 2014 habían recibido entrenamiento asistido por la OTAN y reservas de armamento de Occidente. Los paracaidistas rusos tomaron los aeródromos de Antonov y Vasylkiv, pero solo después de que los combates impidieran la llegada de refuerzos y suministros vitales. Así, los ataques rusos se detuvieron o fueron rechazados.

Una guerra de desgaste

A falta de un plan de apoyo para un avance tan lento, las fuerzas rusas se retiraron del norte de Ucrania y se concentraron en el este y el sur. Allí practicaron una guerra más tradicional, bombardeando al adversario con artillería en masa y desplegando un gran número de soldados de infantería, con el resultado de un índice de bajas hasta seis veces superior al del ejército ucraniano.

Los rusos tomaron el puerto meridional clave de Mariúpol en mayo de 2022, pero un contraataque ucraniano truncó su lento avance a partir de septiembre de 2022, aliviando así la presión sobre las ciudades sitiadas de Járkov, en el noreste, y Jersón, en el sur. Uno de los pocos lugares donde Rusia se mantuvo a la ofensiva fue en la ciudad oriental de Bajmut y alrededores, que desde agosto de 2022 fue el escenario de diez meses de lucha calle por calle, la batalla de infantería más sangrienta desde la Segunda Guerra Mundial, que se cobró hasta 100 000 bajas rusas.

Para encabezar el asalto a Bajmut, Putin, frustrado por los fracasos »

Cada día, cada metro lo da la sangre.

Valerii Zaluzhnyi
General ucraniano
***The Washington Post* (junio de 2023)**

de sus fuerzas convencionales, recurrió a los mercenarios del Grupo Wagner, organización paramilitar dirigida por el empresario ruso Yevgueni Prigozhin. Sus miembros –muchos reclutados en prisiones– estaban mejor organizados, equipados y dirigidos que el ejército ruso. Finalmente se tomó Bajmut, pero a costa de unos 20 000 combatientes del Grupo Wagner.

Estancamiento

Tras un reclutamiento masivo en otoño de 2022, que añadió 200 000 soldados más, los rusos pudieron estabilizar sus líneas. Aprovechando retrasos de los esfuerzos de Ucrania por rearmar y mejorar sus fuerzas, los rusos construyeron defensas profundas que frustraron una ofensiva ucraniana en junio de 2023. En particular, a fines de 2023 aprovecharon un retraso de seis meses del gobierno de EE. UU. en aprobar el apoyo militar a Ucrania.

En febrero de 2024, las fuerzas ucranianas solo disponían de 2000 proyectiles de artillería al día, frente a los 10 000 de los rusos. Ese mismo mes, las fuerzas rusas se apoderaron de Avdiivka, capital de la región industrial del Dombás, en el sureste de Ucrania, la primera victoria rusa importante desde Bajmut.

Un miembro de los servicios de emergencia ucranianos ayuda a evacuar, bajo el intenso fuego ruso, a una mujer de Toretsk, ciudad industrial de la región de Donetsk, en julio de 2024.

La tardía llegada de la ayuda estadounidense a Ucrania –parte de un paquete de 61 000 millones de dólares– estabilizó la situación, pero Rusia siguió aprovechando su mayor poder aéreo, con misiles, bombas y munición guiada para atacar infraestructuras y ciudades. Ante un conflicto prolongado y sanciones y bloqueos que afectaban a su capacidad de producir armas de alta tecnología, Rusia recurrió a estrategias militares relativamente baratas, pero devastadoras, como instalar alas y navegación por satélite en su arsenal de bombas no guiadas –para convertirlas en bombas de planeo inteligentes y altamente destructivas– y, sobre todo, al uso de ataques masivos con drones.

El poder de los drones

El término «dron» designa una amplia gama de dispositivos, desde los más básicos de venta al público hasta otros dotados de IA capaces de tomar decisiones en vuelo. Diseñados para prácticas de tiro y, luego, para misiones de reconocimiento, desde principios de la década de 2000 transportan explosivos y atacan objetivos enemigos, guiados por control remoto y navegación por satélite.

En la guerra de Ucrania se han lanzado miles de drones. En el frente, ambos bandos usan habitualmente drones con sistema de pilotaje con visión remota o FPV (de First Person View) para detectar formaciones y artillería enemigas, guiar contraataques y atacar a infantería y vehículos. Entre estos hay pequeños modelos comerciales con un dispositivo explosivo acoplado.

Yevgueni Prigozhin

Yevgueni Prigozhin nació en San Petersburgo en 1961. Dejó la escuela a los 16 años y cometió fraudes y robos menores, por los que pasó nueve años en prisión. En libertad en 1990, empezó vendiendo perritos calientes y, tras meterse en negocios como supermercados y juegos de azar, llegó a ser copropietario de restaurantes de lujo, donde se relacionó con la élite de San Petersburgo, incluido Vladímir Putin. Esto le valió el apodo de «chef de Putin».

Empresario rico y astuto, aprovechó la invasión rusa de Crimea para fundar el ejército mercenario privado Grupo Wagner, que luchó en el Dombás (Ucrania) desde abril de 2014 y extendió sus actividades a África y Siria. También creó una de las mayores «granjas de troles» de internet del mundo, que difunde propaganda prorrusa e interfiere en las elecciones de países occidentales. La guerra de Ucrania elevó aún más su perfil, pero su creciente antipatía hacia los militares rusos le llevó a lanzar un intento de golpe de Estado contra Putin en junio de 2023. Murió en un misterioso accidente aéreo dos meses después.

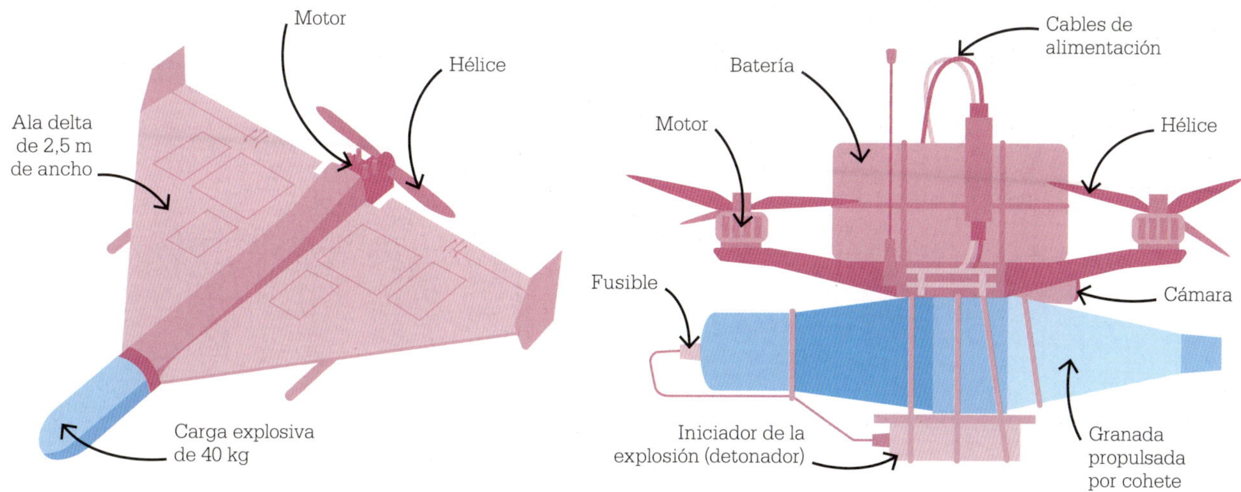

El dron Shahed-136 mide 3,5 m de largo, tiene alas delta y pesa unos 200 kg. Puede transportar una ojiva explosiva hasta 2500 km de distancia, con un coste mucho menor que un misil teledirigido.

El dron de combate FPV tiene un alcance de hasta 20 km y lo maneja un soldado desde tierra mediante un mando a distancia o un ordenador portátil y unos auriculares conectados a la cámara del dron.

Rusia y Ucrania envían también una variedad cada vez mayor de drones cargados de explosivos al territorio contrario. En febrero de 2024, Rusia usó más de 4600 drones «kamikaze» Shahed-136 de diseño iraní. Dada su lenta velocidad máxima de 186 km/h –y el uso cada vez más eficaz por Ucrania de radares y sensores para localizarlos–, entre el 75 y el 95 % son derribados, pero, aunque solo un pequeño número de ellos consiga su objetivo, pueden causar estragos.

Los drones han aportado nuevas dimensiones a la guerra. Su coste relativamente bajo –bastan 20 000 dólares para fabricar un dron de largo alcance, frente a los 500 000 dólares de un misil tierra-aire– permite a fuerzas con fondos limitados mermar los recursos de un adversario mucho más rico. También se despliegan mucho más rápido que los aviones pilotados o las baterías artilleras, y su capacidad para detenerse, planear y cambiar de dirección mientras buscan un objetivo introduce un nuevo nivel de terror en el frente de batalla.

Romper el estancamiento

En el verano de 2024, las líneas del frente de Ucrania permanecían prácticamente inalteradas. Entonces, el 6 de agosto de 2024, Ucrania sorprendió a sus aliados –y a Rusia– al atacar la región de Kursk, la primera invasión de territorio ruso desde la Segunda Guerra Mundial. Pese al éxito del ataque, las fuerzas rusas siguieron avanzando en el este. Después de 18 meses y unas 500 000 bajas rusas, el final de la guerra parecía aún lejano, mientras los contendientes dedicaban cada vez más soldados, misiles y drones a un enconado conflicto. ■

Un soldado ucraniano se prepara para pilotar un dron FPV cargado de explosivos. En marzo de 2024, el ejército ucraniano lanzaba unos 50 000 FPV al mes.

APÉNDIC

APÉNDICE

La historia de la guerra se remonta a hace milenios, como atestiguan el arte rupestre y la arqueología. Este libro analiza en detalle una amplia gama de conflictos bélicos que han tenido lugar en todo el mundo a lo largo de 4500 años y describe otros brevemente aquí. Cada entrada explica las causas de la guerra, que apenas han variado con el tiempo. Las naciones luchan por ganar territorios, riqueza, poder y recursos. Los oprimidos se alzan en armas, los grupos étnicos chocan, y la defensa o la propagación de creencias religiosas genera violencia. Sin embargo, la industrialización y la tecnología han cambiado radicalmente el combate. Los ejércitos siguen luchando sobre el terreno, pero las tácticas se basan cada vez más en la inteligencia militar y es posible controlar a distancia armas letales.

INVASIÓN CELTA DE LOS BALCANES
(281 a. C.)

La civilización celta surgió en el I milenio a. C. en Europa central y se expandió hacia el norte y el oeste. A partir de 281 a. C., los celtas avanzaron hacia el sureste de los Balcanes, convulsos desde la muerte de Alejandro Magno en 323 a. C. Una tropa llegó al norte de Grecia a través de Tracia y saqueó el santuario de Delfos en 279 a. C., antes de ser rechazada por los griegos. Algunos celtas llegaron a Asia Menor, donde fueron mercenarios de la realeza local y se asentaron en una zona montañosa de la actual Turquía luego llamada Galacia.

REVUELTA DE LOS MACABEOS
(167–163 a. C.)

En 167 a. C., los judíos de la Palestina helenística bajo el monarca seléucida Antíoco IV se rebelaron contra la supresión por el rey de la cultura y los rituales sagrados judíos, y la introducción de ritos griegos en el Templo de Jerusalén. Uno de ellos fue Judas, apodado Macabeo («martillo») por su ardor combativo, que se convirtió en el líder rebelde. La insurrección se extendió, y en 164 a. C. se restauraron los ritos judíos en el Templo. Los macabeos sucesores de Judas ampliaron el territorio, lograron la independencia y en 104 a. C. crearon un reino que perduró hasta que los romanos sometieron Palestina en 63 a. C.

GUERRAS SERVILES DE ROMA
(135–132 a. C., 104–100 a. C., 73–71 a. C.)

A partir de 135 a. C., el descontento a menudo latente bajo el dominio romano estalló en varias ocasiones. Los esclavos *(servi)*, cuyo trabajo forzoso había contribuido en gran medida a la prosperidad de Roma, protagonizaron importantes levantamientos en 135 a. C. en Sicilia y en Cilicia (Turquía occidental), y en 104 a. C. de nuevo en Sicilia. En 73 a. C., el esclavo y gladiador Espartaco encabezó una gran revuelta en Italia que, antes de ser sofocada, llegó a amenazar a la propia Roma.

GUERRA GOGURYEO-SUI
(598–614 d. C.)

Tras unificar China en 589 d. C., la dinastía Sui intentó extender su región nororiental a Goguryeo, el mayor y más septentrional de los Tres Reinos de Corea. En 598, un ejército Sui de 300 000 hombres invadió Goguryeo, pero quedó empantanado por las fuertes lluvias. Después, los Sui enviaron su fuerza naval, que también fue derrotada. Tras tomarse un tiempo para planificar y consolidar sus fuerzas (incluso construyeron el Gran Canal para el transporte de soldados y suministros), los Sui lanzaron un gran ataque terrestre y marítimo en 612, que también fue rechazado.

AUGE DEL IMPERIO JEMER
(802–1431)

El Imperio jemer surgió de Chenla, región de reinos rivales en la actual Camboya, durante el reinado de Jayavarman II (r. 802–835), que convirtió Indrapura en su capital, luchó contra los demás reinos e hizo de Camboya una potencia dominante en el Sureste

Asiático. Sus sucesores ampliaron el imperio y construyeron templos y palacios imponentes en los alrededores de Angkor, la capital posterior, como el templo budista Angkor Wat erigido por Suryavarman II en el siglo XII. La toma de Angkor por fuerzas del reino tailandés de Ayutthaya en 1431 puso fin a la supremacía jemer.

GUERRAS GORYEO-KITÁN (993–1019)

En 936, Wang Kon, rey de Goryeo (antes Goguryeo), había logrado unificar los Tres Reinos de Corea y había extendido las fronteras de Goryeo hacia el norte, lo cual le hizo enfrentarse a la dinastía Liao, descendiente de las tribus nómadas kitán de las actuales Manchuria y Mongolia. Los Liao emprendieron incursiones, y en 993, un ejército de 800 000 soldados invadió Goryeo. El resultado fue incierto, pero los Liao volvieron a invadirlo en 1009 y 1018. En 1019, ambos bandos reconocieron que ninguno podía conseguir una victoria definitiva y acordaron un tratado de paz en 1022.

CONQUISTA DE GALES Y DE ESCOCIA POR EDUARDO I (1282–1296)

En 1282, cuando el príncipe de Gales Llywelyn ap Gruffudd se negó a rendir homenaje (prestar juramento de vasallaje) a Eduardo I de Inglaterra, el rey invadió Gales e impuso su autoridad. Con el fin de mantener la paz rodeó de castillos el norte del país e instaló colonos ingleses. Escocia había sido un reino independiente, pero Eduardo aprovechó una disputa sucesoria para invadirlo en 1296. Su victoria en Dunbar acabó con la independencia escocesa, que fue restaurada por los escoceses en 1314 en la batalla de Bannockburn durante el reinado de su hijo, Eduardo II.

GUERRA DE LOS CUARENTA AÑOS (AVA-HANTHAWADDY) (1385–1423)

Entre los siglos IX y XII, hasta que las invasiones mongolas lo fragmentaron, el reino de Pagan ocupaba gran parte de la actual Myanmar (antes Birmania). La anarquía posterior fue controlada por los reinos rivales de Ava y Hanthawaddy. El de Ava dominaba el norte y el centro, y el de Hanthawaddy, la región del delta del río Irawadi, en el sur. El intento de Ava de apoderarse de las tierras de su rival en 1385 se prolongó casi cuatro décadas, interrumpido por monzones y largas treguas, y acabó de modo indeciso.

GUERRAS ANGLO-NEERLANDESAS (1652–1674)

Inglaterra y las Provincias Unidas de los Países Bajos fueron rivales comerciales en el siglo XVII. Debilitada por su reciente guerra civil, Inglaterra trató de ganar ventaja con leyes que penalizaban la importación de mercancías en barcos no ingleses. La lucha tuvo lugar sobre todo en el mar, y fue más el agotamiento que unos resultados decisivos lo que dividió el conflicto en tres periodos (1652–1654, 1665–1667 y 1672–1674). A inicios del siglo XVIII, Gran Bretaña se impuso como la potencia de la región.

REVOLUCIÓN GLORIOSA/ GUERRA JACOBITA (1688–1691)

A los tres años del ascenso al trono inglés del rey católico Jacobo II, su política disgustaba tanto a los nobles que estos conspiraron para deponerlo en favor del príncipe protestante holandés Guillermo de Orange, que invadió el país en otoño de 1688 invitado por un grupo de pares ingleses. Abandonado por los suyos, Jacobo huyó a la católica Irlanda, donde intentó luchar. Los protestantes irlandeses tomaron Derry en 1689, dando tiempo a Guillermo a llevar un ejército a Irlanda y vencer a Jacobo en la batalla del Boyne en julio de 1690. La derrota de sus fuerzas en Aughrim en julio de 1691 truncó las esperanzas de Jacobo de recuperar el poder.

REVOLUCIÓN HAITIANA (1791–1804)

Desde 1697, el actual Haití era la colonia francesa de Saint-Domingue, donde las periódicas rebeliones de esclavos se reprimían duramente. En 1792, el antes esclavo Toussaint Louverture, inspirado por la Revolución francesa, lideró una de ellas con éxito. Las tropas francesas retomaron la colonia en 1801 y deportaron a Louverture en 1802, pero no tardó en estallar otra sublevación. Su ejército negro venció en 1804 y rebautizó la isla con el nombre de Haití (Ayiti). Francia reconoció su independencia en 1825, pero a cambio de una cuantiosa indemnización: envió buques de guerra a la capital, Puerto Príncipe, para exigir 150 millones de francos, una deuda que asfixió la economía haitiana durante más de un siglo.

GUERRA DE LA INDEPENDENCIA GRIEGA (1821–1829)

Tras la conquista de Grecia por los otomanos en 1460, el pueblo se rebeló periódicamente sin éxito. La formación de la sociedad secreta griega Filikí Etería («Sociedad de Amigos») en 1814 dio impulso a su causa. Un levantamiento en 1821 fue sofocado, pero dio lugar a revueltas en toda Grecia, desde Macedonia hasta la isla de Creta. Los combates continuaron hasta 1827, cuando las flotas de Rusia, Francia y Gran Bretaña destruyeron la armada otomana en la batalla de Navarino. La derrota obligó a los otomanos a conceder a Grecia la independencia que tanto tiempo había deseado.

COLONIALISMO EUROPEO EN EXTREMO ORIENTE
(1823–1904)

La doctrina Monroe, proclamada por el presidente de EE. UU. James Monroe en 1823, designaba toda América como esfera de influencia propia. Esto animó a las potencias europeas a mirar a Oriente y establecer sus propias áreas de influencia. Desalojada de India por Gran Bretaña, Francia persiguió nuevos intereses coloniales en Indochina. En Indonesia, los neerlandeses convirtieron sus puestos comerciales en colonias y reforzaron su dominio con guerras en Sumatra occidental (1821–1837), Java (1825–1830) y Aceh, en el norte de Sumatra (1873–1904).

LOS FRANCESES EN MÉXICO
(1861–1867)

Alarmadas por la creciente deuda externa de México bajo la presidencia de Benito Juárez, Gran Bretaña, Francia y España trataron de cobrar lo que se les debía. El emperador francés Napoleón III envió una fuerza expedicionaria que depuso a Juárez en 1864 y nombró emperador de México al archiduque Maximiliano de Austria. Los republicanos se resistieron, y EE. UU., inmerso en la guerra de Secesión, intervino más tarde para ayudar a reinstaurar a Juárez. El emperador Maximiliano I fue fusilado en 1867.

CRISIS MARROQUÍES
(1905–1911)

Un acuerdo franco-británico en abril de 1904 sobre zonas de influencia en el norte de África enfureció a Alemania. El káiser Guillermo II visitó Marruecos en marzo de 1905 y prometió apoyo al sultán Abdelaziz para resistir al control francés. Enfrentada a Francia, Gran Bretaña y sus aliados, Alemania dio marcha atrás, pero desató una nueva crisis marroquí al enviar el cañonero Panther al puerto de Agadir en julio de 1911. En noviembre se acordó un intercambio: Alemania se retiró de Marruecos y se le asignó un territorio de África Ecuatorial Francesa para añadir a su protectorado de Camerún.

EL ALZAMIENTO DE PASCUA
(1916)

El lunes de Pascua de 1916, los Voluntarios Irlandeses de Pádraig Pearse y el Ejército Ciudadano Irlandés de James Connolly ocuparon la Oficina General de Correos de Dublín y proclamaron la república de Irlanda. Durante cinco días de combates con centenares de muertos, los británicos lucharon por reafirmar su autoridad. La opinión pública irlandesa, que al principio no simpatizaba con los rebeldes, se indignó cuando los británicos fusilaron a los principales líderes. Estas ejecuciones fomentaron el apoyo al Ejército Republicano Irlandés (IRA) en su guerra de Independencia (1919–1921).

GUERRA CIVIL ESPAÑOLA
(1936–1939)

El alzamiento militar del 18 de julio de 1936 en España y Marruecos no logró derribar al gobierno de la República, pero desencadenó una sangrienta guerra civil. Los monárquicos y otros grupos de derechas, que se llamaron nacionales, se unieron bajo el general Francisco Franco para luchar contra los republicanos. Fue un conflicto atroz para ambos bandos, con asesinatos en represalia brutales. En las filas republicanas combatieron voluntarios de todo el mundo, y la URSS les envió armas y suministros, pero los nacionales acabaron venciendo con ayuda de la Alemania nazi y la Italia fascista, y Franco declaró el fin de la guerra el 1 de abril de 1939.

CONFLICTOS INDO-PAKISTANÍES
(1947–1971)

En 1947, la solución de Gran Bretaña a la creciente disidencia en la India británica fue dividir el país en una India hindú y, al noroeste y al este, dos estados musulmanes: Pakistán Occidental (luego simplemente Pakistán) y Pakistán Oriental (luego Bangladés). Esta partición generó una migración religiosa masiva de hasta 14 millones de personas, y hasta 2 millones murieron en enfrentamientos violentos. Cachemira, con una población mayoritaria musulmana y una élite gobernante hindú, fue una fuente de conflictos aún por resolver, e India y Pakistán se la disputaron en 1965, 1971 y 1999.

CONFLICTO DEL SÁHARA OCCIDENTAL
(1975–1991)

Desde hace mucho tiempo, Marruecos considera suya la región desértica del sur de su territorio habitada por el pueblo nómada saharaui. En 1975, 350 000 civiles marroquíes y 20 000 soldados emprendieron la Marcha Verde para reivindicarla. Los independentistas saharauis (Frente Polisario) se les enfrentaron, mientras la vecina Mauritania atacaba desde el este y el sur para reclamar su propio territorio. El Tribunal Internacional de Justicia apoyó al pueblo saharaui, pero miles de personas murieron antes de que la ONU mediara con un alto el fuego en 1991. El conflicto sigue sin resolverse.

OCUPACIÓN INDONESIA DE TIMOR ORIENTAL
(1975–1999)

Tras una breve guerra civil en 1975, el izquierdista Frente Revolucionario de Timor Oriental Independiente (Fretilin) tomó el poder en la antigua colonia portuguesa y declaró la independencia. En diciembre, con el pretexto de combatir el comunismo, el presidente indonesio Suharto envió tropas a invadir Timor Oriental, y el Fretilin se defendió. Más de 100 000 personas murieron a causa de los combates, la hambruna consiguiente y las atrocidades cometidas por las tropas de Suharto.

GUERRA DE LAS MALVINAS
(1982)

Aunque se encuentran a 13 000 km de Gran Bretaña, las islas Malvinas (Falkland para los británicos) son una colonia británica desde 1840. La tierra firme más próxima es la Patagonia de Argentina, país que las reclama desde hace mucho tiempo. Alentada por la reducción de las patrullas de la Marina Real en torno a las islas, Argentina las invadió en abril de 1982. Una pequeña fuerza arrolló a la guarnición británica y miles de soldados argentinos la siguieron; en respuesta, Gran Bretaña envió una fuerza naval. El 2 de mayo, un submarino de la Marina Real torpedeó y hundió el crucero General Belgrano; dos días después, un cohete Exocet argentino hundió el Sheffield. Las fuerzas británicas se hicieron gradualmente con el control aéreo y marítimo de las islas, y lanzaron un asalto anfibio que les aseguró la victoria en una guerra de 74 días.

GUERRA CIVIL DE SRI LANKA
(1983–2009)

La mayoría cingalesa, que supera en número a la etnia tamil en una proporción aproximada de ocho a uno, se unió a los tamiles en 1948 para lograr la independencia de Sri Lanka (la antigua Ceilán británica), pero las viejas tensiones resurgieron posteriormente. A partir de 1983, la guerrilla de los Tigres Tamiles libró una guerra civil a gran escala contra el gobierno de Sri Lanka con la esperanza de formar un estado separatista tamil. Las fuerzas cingalesas llevaron a cabo pogromos antitamiles periódicos, y los Tigres Tamiles, inferiores en número y potencia de fuego, recurrieron a menudo a ataques terroristas como los atentados suicidas. En 2009, el gobierno de Sri Lanka aplastó a los rebeldes, los obligó a disolverse, y los tamiles tuvieron que aceptar la legitimidad del estado de Sri Lanka.

GUERRAS DE LA ANTIGUA YUGOSLAVIA
(1991–2001)

Después de la Segunda Guerra Mundial, un régimen comunista autoritario mantuvo unidos a los grupos étnicos de Yugoslavia. Cuando ese régimen cayó, el país se desintegró. En 1991, Croacia, Eslovenia y Macedonia se separaron de Yugoslavia, y los musulmanes de Bosnia buscaron también su libertad. Sintiéndose amenazada, la minoría serbia de Bosnia trató de impedir su separación, y Croacia intervino a favor de los croatas bosnios. Todos los bandos cometieron atrocidades, y murieron hasta 250 000 personas. Cuando los albaneses de Kosovo se liberaron en 1995, hubo nuevas matanzas. En 2001 se alcanzó una paz inestable.

GUERRA CIVIL SIRIA
(2011–presente)

Durante la Primavera Árabe de 2011 hubo protestas pacíficas en Siria contra el gobierno totalitario del presidente Bashar al Asad. El régimen mató a cientos de manifestantes y encarceló a muchos más, desatando una guerra civil que enfrentó a la clase dirigente musulmana alauí con la mayoría musulmana suní. Los países occidentales contrarios a las acciones de Al Asad apoyaron a los rebeldes, mientras que Rusia e Irán lo apoyaron, y el Estado Islámico aprovechó para ocupar territorios. En 2024, Al Asad aún era presidente y la mayoría de los combates había concluido, pero la guerra había costado al menos 500 000 vidas.

ÍNDICE

Los números de página en **negrita** remiten a las entradas principales

C

H

I

J

K

L

M

N

O

PQ

R

S

AUTORÍA DE LAS CITAS

GUERRA ANTIGUA

18 Enheduanna de Acad, sacerdotisa sumeria

22 Senaquerib, rey asirio

23 Ciro el Grande, fundador del primer Imperio persa

24 Tucídides, historiador ateniense

28 Arquidamo, rey de Esparta

32 Alejandro Magno, emperador macedonio

40 Antonis Chaliakopoulos, arqueólogo

42 Purushottam Lal Bhargava, historiador indio

44 Sunzi, teórico militar chino

48 Zhuge Liang, estratega chino

50 Virgilio, poeta romano

52 Polibio, historiador romano

54 Julio César, militar y político romano

56 Proverbio recogido por Alain de Lille, teólogo y poeta francés

58 Lord Byron, poeta británico

LA GUERRA EN LA EDAD MEDIA

70 Código de Justiniano I, emperador romano de Oriente

74 *Popol Vuh*, libro sagrado maya

76 Corán

82 Eginardo, escritor franco

84 Dudon de Saint Quentin, historiador francés

85 Guillermo de Poitiers, cronista normando

86 Yamamoto Tsunetomo, filósofo japonés

88 Grito de guerra de los cruzados

94 Federico I Barbarroja, emperador del Sacro Imperio Romano Germánico

96 Gengis Kan, fundador del Imperio mongol

102 Inocencio III, papa

104 Thomas Streissguth, escritor estadounidense

105 Sharaf al-Din Ali Yazdi, erudito e historiador persa

106 William Shakespeare, dramaturgo inglés

110 Pedro de Quintana, secretario de Estado español

112 Orbán, fabricante de cañones transilvano

114 Oración azteca al dios Tezcatlipoca

LA GUERRA EN LA EDAD MODERNA

120 Jan Westcott, novelista estadounidense

122 Simon Sebag Montefiore, historiador británico

126 León el Africano, erudito y viajero andalusí

128 Tokugawa Ieyasu, sogún

130 Gábor Ágoston, historiador estadounidense

134 Tratado de Westfalia

140 Principio de Akbar el Grande, emperador mogol

142 *Archivos de los antiguos manchúes* (*c.* 1775)

144 Gustav Freytag, periodista alemán

148 Carlos I de Inglaterra

150 Combatiente indígena estadounidense de la guerra del Rey Felipe

153 Philippe Henri, conde de Grimoard, historiador militar francés

158 Inscripción de una medalla al mérito naval rusa (1702)

159 Federico el Grande de Prusia

160 Robert Rogers, fundador y comandante de los Rogers' Rangers

162 Honoré-Gabriel Riqueti, conde de Mirabeau, político y orador francés

166 Hongli, emperador chino

REVOLUCIONES E IMPERIOS

172 Patrick Henry, abogado y político estadounidense

178 Catalina la Grande de Rusia

180 Declaración de guerra de Francia a Austria (1792)

188 Friedrich Nietzsche, filósofo alemán

192 Jacques-Joseph de Naylies, oficial francés

194 Teniente de infantería desconocido

198 Bandera izada en la fragata estadounidense Essex (julio de 1812)

200 Declaración de la independencia de Perú (1821)

204 Will Fowler, historiador británico

206 Florence Nightingale, enfermera y reformista social británica

208 Himno nacional italiano

210 Guillermo I, emperador alemán

214 Theodore F. Upson, soldado estadounidense de la Unión

222 Tecumseh, jefe shawnee

224 *Glasgow Daily Herald* (1868)

225 Lord Curzon, estadista británico

226 *The Times* (1884)

230 Cixi, emperatriz viuda china

232 Enver Pachá, ministro de la Guerra otomano

234 Spencer Jones, historiador y escritor británico

235 Konstantin Ippolitóvich Vogak, agregado militar ruso en Japón

236 Edward Grey, ministro de Asuntos Exteriores británico

LAS GUERRAS MUNDIALES Y DESPUÉS

242 Basil H. Liddell Hart, teórico militar e historiador británico

248 Wilfred Owen, poeta y soldado británico

252 Winston Churchill, político y escritor británico

256 John Arbuthnot Fisher, almirante y primer lord del Mar británico

258 Guillermo II, emperador alemán

262 El gobierno bolchevique a la ciudad portuaria de Kronstadt (1921)

264 *Journal of the History of Medicine and Allied Sciences* (enero de 2022)

266 Winston Churchill, político y escritor británico

272 Winston Churchill, político y escritor británico

274 Ira C. Eaker, general estadounidense

276 Winston Churchill, político y escritor británico

280 Lema político japonés de 1930–1940

284 James Francis Byrness, secretario de Estado estadounidense

286 Winston Churchill, político y escritor británico

294 Chiang Kai-shek, político chino

295 Harry S. Truman, presidente de EE. UU.

296 Ho Chi Minh, revolucionario y político vietnamita

298 Ernesto «Che» Guevara, revolucionario y guerrillero argentino

300 Jomo Kenyatta, presidente de Kenia

304 Mohamed el Baradei, premio Nobel de la paz

306 Issac Rabin, primer ministro israelí

312 Turki al Faisal al Saud, príncipe y exjefe de inteligencia saudí

314 *FM 100-5 Operations*, manual del ejército de EE. UU. (edición de 1982)

316 Aslán Masjádov, político y militar checheno

317 Haider al Abadi, primer ministro iraquí

318 Seth Cropsey, analista político y escritor estadounidense

AGRADECIMIENTOS

Dorling Kindersley desea dar las gracias a Vanessa Hamilton por las ilustraciones adicionales, a Mark Cavanagh por la asistencia en el diseño, a Alice Hughes y Laura Sandford por la asistencia editorial, a Oliver Drake por la corrección de pruebas y a Helen Peters por la elaboración del índice. DK Delhi agradece a Shipra Jain su ayuda en el diseño; a Kanika Kalra, Mohd. Zishan y Priyal Mote las ilustraciones adicionales y a Samrajkumar S su ayuda en la búsqueda de imágenes.

CRÉDITOS FOTOGRÁFICOS

El editor agradece a las siguientes personas su permiso para reproducir sus fotografías:

(Clave: a-arriba; b-abajo; c-centro; d-derecha; e-extremo; i-izquierda; s-superior)

20 Alamy Stock Photo: Science History Images (s). **21 Alamy Stock Photo:** Prisma Archivo (bd). **Dreamstime.com:** Radiokafka (bi). **23 Alamy Stock Photo:** CPA Media Pte Ltd / Pictures From History (cda). **25 Alamy Stock Photo:** George Atsametakis (bd). **26 Alamy Stock Photo:** Cola Images (si). **30 Bridgeman Images:** Look and Learn (bd). **Getty Images:** Bettmann (si). **31 Alamy Stock Photo:** De Luan (si). **34 Alamy Stock Photo:** Chronicle (bi). **37 Alamy Stock Photo:** Adam Eastland (b). **39 Alamy Stock Photo:** Atlaspix (sd). **Bridgeman Images:** Look and Learn / Illustrated Papers Collection (bi). **40 Alamy Stock Photo:** Sunny Celeste (bd). **41 Alamy Stock Photo:** Adam Eastland (sd). **42 Alamy Stock Photo:** Tuul and Bruno Morandi (bd). **45 Alamy Stock Photo:** YA / BOT (si). **46 123RF.com:** Bakai (cdb). **47 Alamy Stock Photo:** Ming WU (si). **48 Alamy Stock Photo:** CPA Media Pte Ltd / Pictures From History (bd). **49 Gary Lee Todd, Ph.D, Professor of History Sias University Xinzheng, Henan, China:** (bd). **50 Shutterstock.com:** Morphart Creation (bd). **52 Alamy Stock Photo:** Heritage Image Partnership Ltd / Docutres (bd). **53 Alamy Stock Photo:** Interfoto / Personalities (sd). **54 Alamy Stock Photo:** Volgi archive (bd). **55 Alamy Stock Photo:** IanDagnall Computing (si). **57 Alamy Stock Photo:** Adam Eastland (bi); Jon Arnold Images Ltd (sd). **60 Getty Images:** De Agostini / De Agostini Picture Library (sd). **61 Getty Images:** Corbis Historical / Stefano Bianchetti (bi). **63 Bridgeman Images:** Look and Learn (sd). **64 Getty Images:** Moment / Mikroman6 (s). **65 Alamy Stock Photo:** GRANGER - Historical Picture Archive (bi); Pictorial Press Ltd (sd). **71 Getty Images / iStock:** DigitalVision Vectors / Duncan1890 (bd). **72 Alamy Stock Photo:** The Picture Art Collection (b). **73 Alamy Stock Photo:** Niday Picture Library (bd). **74 Getty Images:** Universal Images Group / Werner Forman (c). **75 Alamy Stock Photo:** Heritage Image Partnership Ltd / Index (sc); J Marshall - Tribaleye Images / Ethnografia (bd). **78 Alamy Stock Photo:** CPA Media Pte Ltd / Pictures From History (bi). **79 Alamy Stock Photo:** Florilegius (si). **81 Alamy Stock Photo:** Gibson Green (sd). **83 Alamy Stock Photo:** GRANGER - Historical Picture Archive (bd); Science History Images / Photo Researchers (si). **85 Alamy Stock Photo:** Forget Patrick (bd). **87 Alamy Stock Photo:** The Picture Art Collection (bi). **Bridgeman Images:** Boltin Picture Library (sd). **90 Alamy Stock Photo:** Album (bi). **91 Getty Images:** De Agostini / Dea / G.dagli Orti (bd). **92 Alamy Stock Photo:** CPA Media Pte Ltd / Pictures From History (bi). **93 Alamy Stock Photo:** Science History Images / Photo Researchers (bd). **94 Alamy Stock Photo:** Interfoto / Personalities (bc). **95 Alamy Stock Photo:** Sunny Celeste (sd). **99 Alamy Stock Photo:** Interfoto / Fine Arts (bd). **100 Alamy Stock Photo:** Abu Castor (bi). **101 Alamy Stock Photo:** Classic Image (bi). **103 Alamy Stock Photo:** Heritage Image Partnership Ltd / © Fine Art Images (si); World History Archive (bd). **104 Alamy Stock Photo:** Christopher Scott (bc). **107 Alamy Stock Photo:** Heritage Image Partnership Ltd / Fine Art Images (sd). **108 Alamy Stock Photo:** Classic Image (bi). **109 Alamy Stock Photo:** GRANGER - Historical Picture Archive (bi). **111 Alamy Stock Photo:** CPA Media Pte Ltd / Pictures From History (sd); Prisma Archivo (bi). **113 Istanbul Metropolitan Municipality - Kültür A - Panorama 1453 History Museum:** (bd). **115 Alamy Stock Photo:** IanDagnall Computing (bi); Niday Picture Library (bd). **121 Alamy Stock Photo:** Art Collection 2 (sd); Historimages Collection / Yolanda Perera Sánchez (bi). **123 Alamy Stock Photo:** Travelpix (s). **124 Alamy Stock Photo:** Classic Image (si). **125 Getty Images:** De Agostini / Dea / A. Dagli Orti (si). **127 Depositphotos Inc:** Piccaya (si). **129 Alamy Stock Photo:** The Picture Art Collection (sd); Zoom Historical (b). **131 Alamy Stock Photo:** IanDagnall Computing (sd); Mccool (bc). **132 Alamy Stock Photo:** The Picture Art Collection (sc). **133 Getty Images:** De Agostini / Dea / A. Dagli Orti (bd). **137 Alamy Stock Photo:** Classic Image (bi). **Getty Images / iStock:** DigitalVision Vectors / ZU_09 (sd). **138 Alamy Stock Photo:** GRANGER - Historical Picture Archive (b). **140 Alamy Stock Photo:** The Picture Art Collection (bc). **141 Alamy Stock Photo:** Archivah (sd). **143 Alamy Stock Photo:** CPA Media Pte Ltd / Pictures From History (sc); Jon Arnold Images Ltd / Alan Copson (bd). **145 Bridgeman Images:** National Gallery of Victoria, Melbourne / Brozik, Vaclav (Wenzel von) (bd). **146 Getty Images / iStock:** DigitalVision Vectors / ZU_09 (b). **147 Alamy Stock Photo:** Classic Image (si). **149 123RF.com:** Candyman (bi). **Alamy Stock Photo:** World History Archive (sd). **150 © The Trustees of the British Museum. All rights reserved:** (bc). **154 Alamy Stock Photo:** History_Docu_Photo (bi). **155 Alamy Stock Photo:** Heritage Image Partnership Ltd (sc). **156 Alamy Stock Photo:** Realy Easy Star (bi). **157 Getty Images:** De Agostini / Dea Picture Library (sd). **158 Alamy Stock Photo:** GL Archive (cdb). **161 Alamy Stock Photo:** Artgen (bi); World History Archive (sd). **163 Alamy Stock Photo:** IanDagnall Computing (sd). **164 Alamy Stock Photo:** Sunny Celeste (bi). **165 Alamy Stock Photo:** Heritage Image Partnership Ltd / Fine Art Images (sd). **167 Alamy Stock Photo:** Maidun Collection (si). **174 Alamy Stock Photo:** GRANGER - Historical Picture Archive (sd); Incamerastock / ICP (bi). **175 Alamy Stock Photo:** Rana Royalty free (bd). **177 Alamy Stock Photo:** Everett Collection Inc / Ron Harvey (bi). **178 Alamy Stock Photo:** Album (bc). **179 Alamy Stock Photo:** Album (bi). **182 Alamy Stock Photo:** GL Archive (sd). **183 Alamy Stock Photo:** World History Archive (bi). **184 Alamy Stock Photo:** Josse Christophel (bi). **185 Alamy Stock Photo:** Pictorial Press Ltd (bd). **187 Alamy Stock Photo:** Shawshots (sd). **189 Alamy Stock Photo:** Niday Picture Library (bd). **190 Alamy Stock Photo:** GL Archive (b). **191 Alamy Stock Photo:** Lanmas (si). **193 Alamy Stock Photo:** Niday Picture Library (si). **195 Alamy Stock Photo:** Album (bd); Artgen (si). **196 Alamy Stock Photo:** Penta Springs Limited (si). **197 Alamy Stock Photo:** CBW (sd). **199 Alamy Stock Photo:** IllustratedHistory (bd); YA / BOT (si). **201 Alamy Stock Photo:** Chronicle (si). **202 Alamy Stock Photo:** Heritage Image Partnership Ltd / Index (bi). **203 Getty Images:** De Agostini / Dea / M. Seemuller (si). **204 Alamy Stock Photo:** North Wind Picture Archives (bc). **205 Alamy Stock Photo:** Science History Images / Photo Researchers (bi). **207 Alamy Stock Photo:** Historic Illustrations (si); Science History Images (bd). **209 Alamy Stock Photo:** Interfoto / Personalities (sd). **211 Alamy Stock Photo:** IanDagnall Computing (bd); World History Archive (si). **213 Alamy Stock Photo:** Interfoto / Fine Arts (si). **216 Alamy Stock Photo:** Hi-Story (sd). **217 Alamy Stock Photo:** North Wind Picture Archives (bi). **219 Alamy Stock Photo:** Ivy Close Images (bd). **220 Alamy Stock Photo:** Everett Collection Historical (sd). **Statista 2024:** United States; US Department of Defense; American Battlefield Trust; 1775 to 2024 / Data of The highest wartime death tolls for the US (b). **221 Alamy Stock Photo:** Stocktrek Images, Inc. (sd). **223 Alamy Stock Photo:** GRANGER - Historical Picture Archive (s); IanDagnall Computing (bi). **224 Dreamstime.com:** Tifonimages (cda). **228 Alamy Stock Photo:** Stocktrek Images, Inc. / Vernon Lewis Gallery (bc). **Getty Images:** Ullstein Bild (si). **229 Alamy Stock Photo:** Science History Images / Wellcome Images (b). **231 Alamy Stock Photo:** Ann Ronan Picture Library / Photo12 (bi). **Science Photo Library:** CCI Archives (si). **233 Alamy Stock Photo:** UtCon Collection (bi); World of Triss (sd). **235 Alamy Stock Photo:** GRANGER - Historical Picture Archive (cd). **236 Shutterstock.com:** Everett Collection (bd). **237 Alamy Stock Photo:** Chronicle (sd); World History Archive (si). **244 Alamy Stock Photo:** Lebrecht Music & Arts (sd). **245 Alamy Stock Photo:** PA Images (bi). **Getty Images:** Ullstein Bild (sd). **246 Alamy Stock Photo:** Royal Armouries Museum (sd). **Bridgeman Images:** Galerie Bilderwelt / Gervais-Courtellemont, Jules (1863-1931) (bi). **249 Alamy Stock Photo:** CBW (si). **250 Alamy Stock Photo:** Science History Images / Photo Researchers (si). **253 Alamy Stock Photo:** Historical Images Archive (bd). **254 Alamy Stock Photo:** Chronicle (bi). **Shutterstock.com:** Everett Collection (sd). **255 Alamy Stock Photo:** The Print Collector (sd). **256 Alamy Stock Photo:** Chronicle (bd). **257 Alamy Stock Photo:** Chronicle (bd). **259 Alamy Stock Photo:** Heritage Image Partnership Ltd / Historica Graphica Collection (bc). **260 Alamy Stock Photo:** Pictorial Press Ltd (sd). **261 Alamy Stock Photo:** Shawshots (bi). **262 Alamy Stock Photo:** Colaimages (bc). **263 Alamy Stock Photo:** Pictorial Press Ltd (bd). **265 Alamy Stock Photo:** CPA Media Pte Ltd / Pictures From History (sd). **268 Alamy Stock Photo:** Sueddeutsche Zeitung Photo / Scherl (bi). **Shutterstock.com:** Everett Collection (sd). **270 Getty Images:** Corbis Historical / Michael Nicholson (si). **271 Getty Images:** Popperfoto (bi). **273 Alamy Stock Photo:** Science History Images (bd); Süddeutsche Zeitung Photo / Scherl (si). **275 Alamy Stock Photo:** American Stock / Camerique (sd). **Mary Evans Picture Library:** Media Drum Images (bi). **277 Alamy Stock Photo:** Associated Press (sd). **278 Alamy Stock Photo:** akg-images (bi); Interfoto / History (sd). **281 Alamy Stock Photo:** Shawshots (s). **282 Alamy Stock Photo:** Japanese Military Photo Archives (sd). **Getty Images:** Corbis Historical / George Rinhart (bi). **283 Statista 2024:** Worldwide; National WWII Museum; Various sources; 1939 to 1945 / Data of Civilian deaths in East and Southeast Asia during World War II (b). **285 Alamy Stock Photo:** Geopix (b). **288 Getty Images:** Ullstein Bild (bi). **289 Alamy Stock Photo:** NG Images (bd). **290 Alamy Stock Photo:** Pictorial Press Ltd (sd). **292 Getty Images:** Bettmann (bd). **293 Alamy Stock Photo:** Associated Press (bd). **Getty Images:** Gamma-Rapho / Reporters Associes (si). **295 Alamy Stock Photo:** Science History Images (cd). **297 Alamy Stock Photo:** CPA Media Pte Ltd / Pictures From History (sd). **Getty Images:** The Chronicle Collection / Dick Swanson (bi). **299 Alamy Stock Photo:** GRANGER - Historical Picture Archive (sd); Süddeutsche Zeitung Photo / AMW (bi). **301 Getty Images:** Hulton Archive / Keystone (bd); Picture Post / Bert Hardy (si). **303 Alamy Stock Photo:** Abaca Press (sc); Keystone Press / Keystone Pictures USA (bi). **304 Alamy Stock Photo:** Mauritius Images GmbH / Starfoto (bc). **308 Alamy Stock Photo:** CPA Media Pte Ltd / Pictures From History (bi). **309 Alamy Stock Photo:** World History Archive (sd). **310 Alamy Stock Photo:** Associated Press / Jerome Delay (bd); Süddeutsche Zeitung Photo / Rainer Unkel (si). **311 Palestinian Central Bureau of Statistics (PCBS):** Number of the Palestinian Population by Country of Residence (si). **312 Getty Images:** Hulton Archive / Robert Nickelsberg (bc). **313 Alamy Stock Photo:** Everett Collection Inc (bd). **315 Shutterstock.com:** Everett Collection (sd). **317 Alamy Stock Photo:** Mirrorpix / Trinity Mirror (cd). **319 Alamy Stock Photo:** Sipa USA / Piero Cruciatti (si). **320 Alamy Stock Photo:** UPI (bi). **Getty Images:** Anadolu (sc). **321 Getty Images:** Anadolu (bd).